"十二五"职业教育国家规划教材
经全国职业教育教材审定委员会审定

国家级精品课程教材

国家文化产业资金支持媒体融合重大项目

U0674846

21世纪新概念教材："多元整合型一体化"系列

高等职业教育市场营销专业精品课程教材新系

市场营销策划

——理论、实务、案例、实训

（第五版）

张晓　王丽丽　主编

李为　黄志勇　丁晓慧　王琦　副主编

东北财经大学出版社
Dongbei University of Finance & Economics Press

大连

Marketing Management

图书在版编目（CIP）数据

市场营销策划：理论、实务、案例、实训 / 张晓，王丽丽主编.
—5版. —大连：东北财经大学出版社，2024.2
（高等职业教育市场营销专业精品课程教材新系）
ISBN 978-7-5654-5054-9

Ⅰ.市… Ⅱ.①张… ②王… Ⅲ.市场营销–营销策划–高等职业
教育–教学参考资料 Ⅳ.F713.50

中国国家版本馆CIP数据核字（2023）第256162号

东北财经大学出版社出版
（大连市黑石礁尖山街217号 邮政编码 116025）
网 址：http：//www.dufep.cn
读者信箱：dufep@dufe.edu.cn
大连图腾彩色印刷有限公司印刷 东北财经大学出版社发行
幅面尺寸：185mm×260mm 字数：400千字 印张：19.25
2024年2月第5版 2024年2月第1次印刷
责任编辑：许景行 石建华 责任校对：刘贤恩
封面设计：张智波 版式设计：原 皓
定价：49.00元

总序："'整体论'课程观"指导下的新时代中国特色高等职业教育专业课程与教材建设

"'整体论'课程观",是反映当代世界高等教育课程观发展的综合化趋势,通过"博采众多课程观之长"而"避其所短"所产生的一种新型课程理念和范式。这种理念和范式有着深刻的历史与逻辑反思背景,以及"多学科交叉融合"和"与技术交叉融合"的坚实基础与佐证。

一、西方发达国家课改回眸

以史为鉴,可知兴替。借鉴世界特别是西方发达国家课程改革及其指导理论的历史经验并吸取教训,有助于我们避免重蹈覆辙,相信"他山之石,可以攻玉"。

1.实践层面:西方发达国家课改历程

1)"知识本位"课改运动

(1)"学科结构"课改

第二次世界大战(以下简称二战)后初期,"'冷战'对抗"促成了美国中小学"第一次改革浪潮",即"学科结构"课程改革。

苏联第一颗人造卫星上天,引发了美国朝野震动。1959年9月,美国国家科学院在伍兹霍尔组织召开由35位科学家和教育家参加的会议,讨论如何改革中小学数理学科教材。会议的成果,由时任会议主席的教育心理学家、认知心理学家、哈佛大学的布鲁纳教授总结在《教育过程》(1960)一书中。该书被誉为"划时代著作""有史以来在教育方面最重要、最有影响的一本书"。

布鲁纳"'学科结构'课程改革"的主要诉求,是聚焦于"学科的基本结构",并将"'科学家发现'的'思维过程'或'思考顺序'",作为中小学学科教育"教学设计的过程模式"。该诉求以《教育过程》中的一个著名假设为据:"任何学科都能够采用智育上正确的方式,有效地教给任何发展阶段的任何儿童。"[1]

继美国之后,欧洲部分国家也一度进行了以"'学科结构'课程改革"经验为参照的中小学课程改革。

(2)"普通教育"课改

①基础教育和专科层次课改

随着美苏"'冷战'对抗"的加剧,科技竞争成为人们关注的焦点,西方主要发达国家都普遍重视"普通教育",把强化"普通教育"视为战胜苏联的手段。以美国和德国为例:

---

[1] 布鲁纳.教育过程 [M].邵瑞珍,译.北京:文化教育出版社,1982.

自20世纪70年代中期起，美国经历了自19世纪以来第三次也是规模最大、堪称主流的"普通教育课程改革运动"。这次运动遍及美国教育各个层面：在基础教育层面，以注重学术课程和人文学科为特征；在社区学院，加大开设以"学术课程"为内容的"转学教育"比例；在普通高校，致力于把博雅和人文传统注入大学的教育体制①，课程设置向"科学中心"的方向倾斜，旨在造就足够多的科学家和工程师。

此次改革运动的主要特点，是在教学内容上重新划分了科学知识领域，增设综合学科；在教学组织形式上建立了科学的现代课程组织体系，即各学科按照课程内容将其概念和原理分设不同水平，呈梯度纵向展开。

1968年，德国11个州建立了主要培养工程师的高等专科学校（Fachhochschulen），其学制四年，1~3学期学习专业基础课，4~8学期学习专业课程。第8学期同时为实习学期。1992年，全联邦有高等专科学校125所，管理类专科学校28所，两者合占德国高校总数的48%。

②本科及以上层次课改

A.美国普通高校课改

美国本科及以上层次大学课改经历了从最初二战后初期的"多种课程思想竞争"，到20世纪80—90年代"'整体知识观'指导下的课改"和"从'研究型'向'创业型'转型"，再到21世纪第二个十年的"21世纪技能"和"PISA 2018全球胜任力评估框架"诸阶段。

a.多种课程思想竞争

二战后初期，受哈佛大学《自由社会中的通识教育》报告（1945）和美国总统高等教育委员会《美国民主社会中的高等教育》报告（1947—1948）的影响，经历了自19世纪以来第三次也是规模最大的普通教育思想运动。这次运动致力于把博雅和人文传统注入大学的教育体制，为造就共同的美国公民而传递共同的文化传统与"民主"价值观，借以挽救普通教育，纠正大学本科过度专业化的偏向。

20世纪50年代末至60年代初，美国大学课程改革受国家功利主义和科学主义课程思想左右，将重点移至加强科学基础教育，课程设置向"科学中心"的方向发展，旨在造就足够多的科学家和工程师。

20世纪60年代末至70年代中期，美国大学教育规模迅速扩张。社会动荡和反"越战""柬战"所引发的学生运动相互交织，出现了冲击"普通教育"的反主流文化运动，大学课改一度转向"以学生为中心"，更多地关注与社会问题相关的知识需求，并向市场化、多元化、专业化方向发展。

20世纪70年代后期，强调大学"普通教育"课程思想的浪潮在美国高校重现。哈佛大学提出了强化"普通教育"课程思想的"核心课程计划"（1975—1978），推动了包括"分布必修型""核心课程型""名著课程型""自由选修型"

---

① 早在1945年，哈佛大学就发布了《哈佛通识教育红皮书》，明确指出高等教育的目标是培养"完整的人、有教养的人"。

等美国大学"通识"课程体系的研发。

b."整体知识观"指导下的课改

20世纪80年代至90年代，美国大学课改从"规模速度型"向"质量效率型"转变，致力于通过整合"普通教育"与"专业教育"，解决大学规模过度扩张和多种教育思想无序竞争导致的教育质量下降问题。其总体特征是：在"整体知识观"的指导下，建立融"'普通教育课程'（通识课程）和'专业教育课程'（专识课程）的平衡"、"自然科学课程、社会科学课程和人文科学课程的平衡"（"三种文化的平衡"）、"国际化课程的设置"、"理论与实践的统一"、"道德与伦理知识的渗透"，以及"批判思维与创新能力的培养"于一体的大学本科课程体系。

20世纪90年代以后，美国高校通过倡导自主学习、合作学习、实践学习（体验学习）和以研究为基础的学习（探究式学习），进行了与上述改革相配套的教学方法改革。

c.从"研究型"向"创业型"转型

自20世纪末以来，美国一些研究型大学凭借"知识创新"优势，投入"知识生产"浪潮，从"学术型共同体"走向"创业型共同体"，进而向"以创新性知识生产、应用和成果转让为中心"的"创业型大学"转型。这些"创业型大学"集"知识传承"、"科学研究"和"创新创业"三大任务于一体，依托大学内部的跨学科组织（研究中心、孵化器、科技园等），通过"大学、企业和政府的'三螺旋'"结构，在培养"高等'创新-创业型'人才"的同时，为国家经济发展服务。

美国研究型大学的"产学研结合"举措，是科研、教育、生产不同社会分工在功能与资源优势上的协同与集成化，是"技术创新"上、中、下游的对接与耦合，为世界高等教育可持续发展开了一个好头。

B.欧盟各国普通高校课改

1967年正式组建的"欧洲共同体"，到1993年发展成"政治经济一体化"的"欧洲联盟"（"欧盟"）。此时欧盟各国进入经济低速增长甚至负增长阶段。先前"福利国家"模式所推高的财政开支，与日益衰减的财政收入形成巨大反差：一方面，随着"一体化"边际效益递减，欧盟的认同感和凝聚力下降，欧洲已经走到"推进一体化"与"地缘政治碎片化"的十字路口；另一方面，经济低迷、失业率居高不下，迫使欧洲高等教育界反思其人才培养与劳动力市场需求如何匹配的问题。"欧洲高等教育一体化"进程就是在这一背景下展开的。

a.欧洲高等教育区资格框架（QF-EHEA）

1999年，欧洲29个国家在意大利博洛尼亚举行会议，签署了博洛尼亚宣言，确定到2010年建立包括"容易理解和可以比较的学位体系"、"一个以本硕连读为基础的高等教育体系"和"欧洲学分转换体系"在内的"欧洲高等教育一体化"发展目标。

"博洛尼亚进程"的主要产物，是为欧洲高等学历教育制定"欧洲高等教育区学术资格框架"，该框架以共同的参照标准将欧洲各国的高等教育区"学历资格"系统联系在一起。

该框架包括"学历类型"、"学习结果"和"预期胜任力"三个维度："学历类型"维度描述学历类型和层次如何融入欧盟国家参考水平；"学习结果"维度描述欧洲大学的"学位等级"和"学习目标"要求；"预期胜任力"维度描述特定学科和职业所需的"学术和实践能力"。

b. "外部质量管理"

"预期胜任力"（Competence）是"学习结果"的体现。其"外部质量管理"对标"就业能力"："培养毕业生的就业能力被列为未来十年优先发展事项"（《鲁汶公报》，2009）；"需要确保在每个学习阶段的最后，学生都能够掌握进入劳动力市场所需要的能力"（《耶烈万公报》，2015）。至于什么是"劳动力市场所需要的能力"，则要通过"收集当下劳动力市场的能力需求"、"与雇主对话"及"参考欧洲质量保证标准"等方式确定。

c. "内部质量管理"

QF-EHEA "预期胜任力"的"内部质量管理"规范，是"内部质量管理框架"（IQM）。IQM着眼于"学生'预期胜任力'模型"，以"学生理论认知能力和职业关键能力"为核心，以"能力提升效果"为绩效评价标准，以"不断优化迭代的教育过程"为设计理念，将学生的能力培养视为一个循序渐进的过程，根据由易到难的递进规律，通过设置不同水平和维度的教学方案实施教学活动。这些活动由"内部质量管理小组"把控，分"准备"、"实施"和"反馈"三阶段进行。"三个阶段"循环往复，驱动IQM从改进至完善。

d. "学习结果"描述

在QF-EHEA框架中，"学习结果"是指个体在结束一段正规、非正规或非正式学习后所获取的能够展示并可用"预期胜任力"囊括的"知识、理解和能力"。其中，可取得学士、硕士和博士三层次学历文凭的"学习结果"要求如下：

学士级

证明以普通中等教育为基础，具有学习领域的知识与理解能力，其程度包括学习领域中最重要的知识，此阶段通常有进阶教科书；能应用他们的知识与理解能力于专业职场，能对学习领域提出论点及解决问题；能收集与诠释相关资料（通常在他们的学习领域），反省相关社会、科学或伦理的议题；能与专家或非专家的听众沟通信息、想法、问题与解决之道；能养成继续高自主进修所必备的学习能力。

硕士级

证明具有以第一阶段为基础，将其延续或提高的知识或理解能力，通常可以在研究上用来发展或应用新观念；面对与个人学习相关的跨科系领域中新的或不熟悉的环境，能应用他们的知识、理解能力解决问题；能整合知识，处理复杂事务，并能对不完整的或有限的资讯做出判断，包括能反省与他们的知识及判断相关的社会与伦理责任；能向专家与非专家的听众清晰明确地传达他们的结论、见解与论证过程。

博士级

证明对某一领域有系统深入的研究，并精通与该领域相关的研究能力与方法；证明能完全构想、设计、实践和调整一个实际研究过程；对知识未开拓的领域做出原创性的贡献，拓展有价值的研究领域，取得可供他人参考的成果；能批判分析、评鉴新观念及复杂观念；能向同行、学术团体、社会介绍他们的专业领域；能够以学术与专业背景促进科技、社会或文化方面的发展。

e. "灵活的学习路径"

与"学习结果导向"相伴的"过程模式"，是"灵活的学习路径"。在QF-EHEA中，这些路径包括"多样的高等教育项目""对非正式、非正规学习的认可""对前阶段学习的认可""兼职学习的提供""流动性学习""远程学习""终身学习"等。

f. "以学生为中心"

2009年10月，欧洲学生联合会（ESU）发起"'以学生为中心'的学习时代"倡议。2013年10月，欧洲高等教育合作伙伴联盟（ESU，UNICA，KIC）颁布"'以学生为中心'的学生同伴评估计划"（PASCL），2015年，该计划推出"'以学生为中心'的学习同伴评估指南"。

至此，欧洲高等教育确立了由"以教师为中心"向"以学生为中心"和由"以教学为主"向"以学习为主"转变的教育理念。

g. 精英大学计划

"博洛尼亚进程"启动5年后，欧盟各国相继意识到其"一体化"与同期美国大学课改的质量差距，提出补救性的"精英大学计划"。

德国最先计划通过财力资助，把从全国遴选出来的5所大学打造成世界一流大学，随后又将"精英大学"的数量增加到10所。德国"精英大学计划"重点支持尖端科研项目，吸纳特殊人才，培养科学后备力量。

欧盟政府首脑和欧盟委员在2017年哥德堡峰会上发起"欧洲大学计划"，目标是到2024年建立由20多所欧洲精英大学共同组成的大学联盟。

h. 与美国大学课改差距

与同期美国高等教育改革相比，"博洛尼亚进程"的主要差距，是未经历"'整体知识观'指导下'普通教育'与'专业教育'整合的课程改革"。不经历这样的改革，就不会出现像美国20世纪90年代以后从"研究型大学"的"学术共同体"向"以创新性知识生产、应用和成果转让为中心""产学研结合"的"创业型大学"转型。

2）"能力本位"课改

随着经济迅速发展，制造业技能型人才供不应求，美欧各国职教各层面的课改朝着职业化、大众化和规模化方向发展，并经历了从"聚焦'专能'"向"'专能'与'通能'并重"和"'学术性'与'职业性'整合"的发展过程。

（1）聚焦"专能"的"职业性"课改

①北美DACUM课程

美国《职业教育法》（1963）出台后，初级学院规模迅速扩大，一些学院以此法为据，将目光转向"以'职业教育'为主"，"工作导向"的"非学术课程改革运动"成为一股新潮流。培训"与企业岗位对接"的技能型人才成为新潮流关注的重点，催生了20世纪60年代末美加共同开发的"基于工作任务分析"的DACUM课程。

②国际劳工组织MES课程

20世纪70年代末至80年代初，国际劳工组织开发出MES职业培训课程。MES同样从"职业分析"出发，以"为每个具体职业建立岗位工作描述表"的方式，确定该岗位应具备的全部职能，再把这些职能划分成不同的工作任务，以每项工作任务为一个模块（简称MU）。该职业岗位应完成的全部工作由这些模块组合而成，再根据每个模块的实际需要，确定出完成该模块工作所需要的全部知识和技能。每个单项的知识和技能称为一个"学习单元"（LE），由此得出该职业岗位的全部培训内容。

③英国BTEC课程

1986年英国成立国家职业资格委员会（NCVQ），由该委员会创设"国家职业资格证书"（NVQ）。同期，英国商业教育委员会（BEC）与工艺技术教育委员会（TEC）合并，成立商业与技术教育委员会（BTEC）。

"BTEC课程"是英国商业与技术教育委员会为取得NVQ证书而开发的课程。该课程开发同样"以职业岗位为根据"，由"学习单元"组成不同"工作领域"的"模块"，再通过不同模块组合形成不同的专业方向。

（2）"'专能'与'通能'并重"课改

20世纪70年代末至90年代初，新技术革命席卷欧美国家，传统工业时代的产业结构、市场需求结构和职业结构发生改变，行业内乃至跨行业的职业流动渐成常态。美国"职业群集课程"，通过导入"核心能力"或"通用能力"，将"能力本位"由"专能"提升为"'专能'与'通能'并重"。

1996年5月，德国各州文教部长联席会议颁布《职业学校职业专业教育框架教学计划编制指南》，提出"专业能力"与"关键能力"并重的"学习领域"课程模式。该模式要求学员依照"从生手到专家"的"工作情境"进行技能建构，将"职业成手"或专家的"行动顺序"，作为职业教育"教学内容序化"的依据。

（3）"'学术性'与'职业性'整合"课改

①美国：从AIO到"生技教育"课改运动

A.AIO指导下的课改

从20世纪90年代起，美国"非学术课程改革运动"所导致的过度"职业化"和教育质量下降受到关注，一种倡导"职业教育与学术教育有机结合"（AIO）的职业教育观应运而生。在AIO和相关立法推动下，美国各州社区学院进行了整合"学术课程"与"职业课程"的多种尝试。

B.STW 改革运动

美国同期开展的"从学校到工作"（School-to-Work，STW）改革运动，倡导校企合作，将课程领域的"整合"扩展到三方面，即"'学校本位学习与工作本位学习'的整合""'学术课程与职业课程'的整合""'中等教育与中等后教育'的整合"。

C."生技教育"阶段的课改

进入 21 世纪后，随着工业化时代向信息时代过渡，"柔性生产方式"取代传统"批量生产方式"，就业机会快速变动，就业技能需求不断升级。美国在延续"整合性"课改策略的同时，着眼可持续发展，"从学校到工作"（School-to-Work）的课改主题被"从学校到生涯"（School-to-Career，STC）课改主题取代，"职业技术教育"（Vocational and Technical Education）更名为"生涯与技术教育"（Career and Technical Education）（简称"生技教育"）。

a.社区学院的课程改革

在实施"'职业性'与'学术性'融合"策略的"生技教育"阶段，美国社区学院在"整合或融合"课程理念指导下，通过"学术性与职业性课程融合改革"，形成了诸多新课程模式，诸如"应用学术课程""连接课程和多学科课程""基于'学习共同体'的融合课程""基于'学习技术'的融合课程"等。

b.部分高等院校的课程改革

从 21 世纪第二个十年起，美国部分两年制社区学院、四年制公立和私立大学开始或计划增设"职业学位教育"。此类教育主要为在线学习的成人提供可授予学士学位的"'学习结果'导向"课程。

②欧盟各国：EQF课改运动

A.欧洲职业资格框架

2008年，欧洲议会和欧盟理事会颁布"欧洲职业资格框架"（EQF），在"职业教育与培训"领域建立了一个"以就业为目标"、可"实现学分转换"的欧盟各国职业资格互认的参照标准。该"框架"中的"职业教育与培训"，是指"一种与工作世界对接"的教育和培训。

2021年，欧洲议会通过《关于建立终身学习资格框架的提议》，强调"增加资格透明度"和"促进终身学习"，将"欧洲职业资格框架"拓展至继续教育和终身教育。

B."学习结果"描述

"学习结果"是指学生在结束一段正规、非正规或非正式学习后所获取并能够展示的最终结果，包括"知识、技能和'责任与自主性'"等具体指标，统称为"胜任力"。"知识"是指"理论的或事实的知识"；"技能"是指"认知技能（含运用逻辑的、直觉的和创造性思维）和实用技能（含动手灵敏性和方法、材料、工具和器具的运用）"；"责任与自主性"是指在工作、学习和研究中展示的"管理、监督、决策以及学术和专业的完整性"。

在 EQF 5~8 级描述中：

"知识要求"依次由"掌握某一工作或学习领域内综合的、专门的事实与理论性知识以及跨学科知识"，经过"掌握某一工作或学习领域内的高级知识""掌握高级专业知识、前沿知识和跨学科知识"，升至"掌握跨学科领域内最高级、最前沿知识"。

"技能要求"依次由"掌握创造性地解决抽象问题所需要的一系列综合性认识和实践技能"，经过"掌握专门工作或学习领域中解决复杂和不可测问题的高级技能和创新能力""掌握研究和创新方面解决问题的专门化技能，以及创造新的知识和程序、整合不同领域知识的技能"，升至"掌握研究工作中运用最高级、最专业的技术技能来综合评价和创造性解决关键问题的技能"。

"'责任与自主性'要求"依次由"能在不可预测的工作或学习环境中进行管理和监督、反思和发展自身及他人的行为"，经过"能管理复杂的专业技术活动或项目、负责不可预测的工作或学习环境中的决策工作""能对复杂、不可预测的需要采取新战略决策的工作或学习环境进行管理和改造"，升至"能在工作或研究的前沿展示实质性的权威、创新、自主、学术和专业的完整性，并能始终致力于发展新的理念或过程"。

C."学习途径"的多样性

EQF 支持学分转移和积累，倡导正规学习和非正规学习相结合，人们可在任何时间、任何地点、通过任何途径学习，只要获得所要求的"学习结果"，都会被 EQF 认可。

D."整合性"特征

欧盟各国 EQF 课程改革，相当于美国"生技教育"阶段的课改，即一种扩展到职业教育各层面的"融合性"课改。其中，EQF 5~8 级教育课程的"整合性"特征主要体现在如下方面：

其一，这些课程都"兼顾典型'职业性因素'与'学术性因素'"；

其二，这些课程都在其"学术性因素"中整合了"专业知识"、"跨学科知识"与"跨学科领域交叉知识"，在其"典型职业性因素"中整合了"专业能力"与"关键能力"（Key Competences）[①]；

其三，这些课程以之为导向的"学习结果"，整合了"知识""技能""综合素质""责任感""自主性""完整性"等内涵，体现为"胜任力"。

E.等值关系

经过欧盟委员会等多方努力，在"欧洲职业资格框架"和"高等教育区学术资格框架"之间建立了紧密联系。囊括欧盟成员及候选国共 46 个国家的 EQF，其 5~8 级实现了与 QF-EHEA 对应层次的等值关系，即其"职业资格"分别与 QF-EHEA 的"短期高等教育"（二年制专科）、学士、硕士和博士的"学历资格"等值。这种"'资格'等值关系"可视为欧盟版的"职普融通"。

---

① 被纳入 EQF 的"关键能力"（Key Competences）有 8 种，即"母语交流""外语交流""数学、科学和技术""数字化""学会学习""社会和公民""首创精神和企业精神""文化意识与表达"。

③为"全球胜任力"而教

A.观念演进

"全球胜任力"观念是随着美国国际教育交流协会发表《为全球胜任力而教》（Educating for Global Competence）（1988）报告，在美国高等教育领域逐步传播和发展的。

21世纪初，哈佛大学率先提出了"全球性大学"的教育理念，把"适应多元文化的素养"和"全球化素养"提升为大学最重要的教育目标之一。

2004年，美国里海大学的威廉姆·亨特（William D. Hunter）博士建构了包括"知识、技能/经历和态度"三个维度共十七个指标的"全球胜任力"模型。

2006年，布什政府宣布实施《美国竞争力计划》，提出通过培养具备STEM（Science，Technology，Engineering，Mathematics）素养的人才强化全球竞争力方案。

2010年，美国智库胡佛研究所《美国教育2030》报告提出了以"批判性思考"（critical thinking）、"沟通"（communication）、"合作"（collaboration）和"创意"（creativity）（简称"4Cs"）为核心的"21世纪技能"。

2016年，经济合作与发展组织（以下简称"经合组织"）发布了《全球素养：为了一个更加包容的社会》报告，将"全球胜任力"解构成知识、认知技能、社会技能、态度与价值四个维度，认为"全球胜任力"是指"在尊重人性尊严的前提下，个人拥有从多元观点批判性地分析全球与跨文化议题的能力；能充分理解差异是如何影响自我及他人的观点、判断与诠释；能够开放、适宜、有效率地与不同文化背景的人沟通的能力"。

2017年12月12日，经合组织在美国哈佛大学正式发布维罗妮卡·博克森·曼斯勒（Veronica Boix Mansilla）教授团队提出的"PISA 2018全球胜任力评估框架"，该框架包括"体察本地、跨文化和全球议题""理解、欣赏他人的看法和世界观""与不同文化背景的人进行开放、得体和有效的互动""为集体福祉和可持续发展采取负责任的行动"在内的"四个维度或步骤"。

B.发展趋势

无论是《美国教育2030》（美国智库胡佛研究所，2010）关注的"21世纪核心技能"（4Cs），还是"PISA 2018全球胜任力评估框架"确立的"四维度内涵"，都把"兼顾'专能'与'通能'"的"能力培养"和"整合'专识'与'通识'"的"学术教育"纳入高等教育视野。这就表明：20世纪末至21世纪初，美国大学教育与课程建设在实践层面已展现向"整合'整体知识观'与'整体能力观'"的"'整体论'课程观"发展雏形。

2.理论层面：从"两极对立"到"辩证超越"

1) 对立中的两极

（1）知识本位

①代表性理论

"知识本位"的代表性课程理论有杜威"实用主义课程理论"（《民主主义与

教育》，1916）、维果斯基"最近发展区理论"（《思维和语言》，1934）、泰勒"学习经验理论"（《课程与教学的基本原理》，1949）、布鲁纳"结构主义课程理论"（《教育过程》，1960）、皮亚杰"双向建构理论"（《儿童心理学》，1966）、施瓦布"实践课程理论"（《实践：课程的语言》，1969）、维特罗克"生成过程理论"（《作为生成过程的学习》，1974）、斯皮罗"认知弹性理论"（《认知弹性、建构主义和超文本》，1990）、冯·格拉塞斯菲尔德"激进建构理论"（《激进建构主义》，1996），以及融合"专识"与"通识"的"整体知识观"理论（欧内斯特·博耶、克拉克·克尔、德里克·博克和小贝诺·施密德特等，20世纪90年代以来）。

②长项与短板

A.可取之处

a.近代以来人类教育的主流方式

"知识本位"是文艺复兴以来，随着近代自然科学兴起，在培根"知识就是力量"口号的感召下，以斯宾塞"科学知识最有价值"论断、夸美纽斯"泛智"教育思想及其"将知识分学科进行传授"诉求为依据，产生的一种人类教育选择方式，体现了近代崇尚科学的时代精神，代表300多年来人类文化传递方式的主流。

b.在现代教育中举足轻重

在现代，随着科学知识、科研成果、技术开发转化为现实生产力，"知识密集型"产业大量涌现，"知识密集型"员工在人力资源需求中占据的比例越来越高。以"知识'传承-创新'"为主要任务的"知识本位"教育，在培养和造就"知识密集型"人力资源中举足轻重。[①]

c.通过"科学与技术融通"实现创新式发展

作为"知识本位"高端的"科学研究"，可通过创办高科技公司，由"知识创新成果"向"原创性科技成果"转化，催生产业创新，实现"产学研融合"的创新式发展。

d.理论层面的合理内核

理论层面的"知识本位"合理内核主要有三点：

其一，将"学会认知"作为课程教学的宗旨，依照"学会认知"依赖"知识迁移"，"知识迁移"依赖"知识学习"，"知识学习"依赖"课程设计"的基本思路进行课程建设。这样的宗旨和思路在今天也有生命力。

其二，泰勒"科学化课程开发理论"提出的"'连续性''顺序性''整合性'三原则"，为现代课程理论奠定了经验主义基础；施瓦布的"实践性课程理论"将"课程开发"解读为"基于'审议'的'多要素间的持续相互作用'"，将"开发主体"由布鲁纳的"学科专家或科学家"，扩充为"由校长、社区代表、

---

① 按照美国社会学家贝尔（Daniel Bell）的分析，在后工业社会，知识将居于中心地位，这意味着在科学和技术之间出现一种新型关系，社会的力量主要集中于知识领域，知识成为新的组织和中介原则。参见贝尔.后工业社会的来临——对社会预测的一项探索 [M]. 高铦，王宏周，魏章玲，译. 北京：新华出版社，1997：序言5-18.

教师、学生、教材专家、课程专家、心理学家和社会学家"组成的"多元课程集体"，并强调"'教师和学生是核心'，'教师起主导作用'"等，是对美国"结构课程"改革运动失败的理论反思与补救；维特罗克"生成学习理论"关于"学习过程"是"'学习主体'通过'原有认知结构'与'新信息输入'的'相互作用'，'主动建构信息与意义'过程"的主张，是对皮亚杰"'同化-顺应'理论"和加涅"信息加工理论"的继承与综合，拓展了现代课程设计"纵向为主"的组织原则，代表"知识本位"理论发展的后期成就。

其三，作为"知识本位"最高存在形式的"整体知识观"，反映了当代科学发展"分化与综合并行"的总趋势，实现了由"专识"到"通识"再到"'专识'与'通识'融合"的提升，堪称二战以来美国普通高校课改中最有成效的课程理念。

B.主要局限性

传统"知识本位"的局限性主要涉及三个层面：

其一，"知识本位"教育曾是人类历史上"体力劳动"与"脑力劳动"分工加剧时代的产物，反映了工业时代和后工业时代职业结构的特定需求，服务于该时段西方"博雅教育"和少数高端学术人才培养，轻视"能力本位"教育。这是其理论的历史局限性。

其二，传统"知识本位"侧重于"学会认知"，相对忽视"学会做事"和"学会做人"。如果用之于造就今日高等人才，不仅"行为自律"欠缺，其多数还将面临结构性失业。这是其理论的现实局限性。

其三，在"知识本位"的传统"过程模式"中，杜威强调"从做中学""从活动中学""从经验中学"；泰勒要求依照"连续性"、"顺序性"和"整合性"原则组织"学习经验"；布鲁纳的"学科结构"模式要求通过"发现学习"或"直觉"经验进行"知识建构"；维特罗克的"生成学习理论"、皮亚杰的"'同化-顺应'理论"、加涅的"信息加工理论"、冯·格拉塞斯菲尔德的"根据经验建构知识"等，皆专注学生学习的"经验习得"。这种关于"过程模式"的"经验主义共性"是其理论的哲学基础局限性。

（2）能力本位

①代表性理论

北美早期CBE课程理论以"学会在企业特定职业岗位做事"为宗旨，其"教学计划开发"着眼于"特殊技能培训"，"培训过程"对标"特定岗位'工作任务'"；美英德中期"能力本位"课程理论以"学会在行业职业群综合岗位做事"为宗旨，其"课程开发"着眼于"综合技能培训"，"培训过程"对标"综合岗位'工作任务'"；德国"学习领域"课程理论以"学会在行业职业群系统岗位做事"为宗旨，其课程设计着眼于"系统技能培训"，"培训过程"对标"系统岗位'工作任务'"；EQF 5~8级课程理论以"学会在高端'工作世界'做事"为宗旨，其课程设计的"目标模式"着眼于"胜任力"，"过程模式"对标"以学生为中心、以'学习结果'为导向"的"灵活学习路径"；美国"全球胜任力"

理论以"为全球做事"为宗旨，其教育目标着眼于"多元文化"、"跨文化"和"全球化素养"培养。

②长项与短板

A.可取之处

"能力本位"课程理论主要可取之处有四点：

其一，将"学会做事"作为课程教学宗旨，依照"学会做事"依赖"技能迁移"，"技能迁移"依赖"技能训练"，"技能训练"依赖"课程设计"的基本思路进行课程建设。这样的宗旨和思路有可取之处。

其二，着眼于企业对"'技术-技能'型"人才需求，发掘被单纯"知识本位"的"学科导向"课程忽视的"职业工作要素"，有助于克服传统"学科导向"课程观的片面性，历史上功不可没，现实中有借鉴价值。

其三，通过导入"横向组织"，将"职业要素"或"工作要素"融入课程设计是其亮点。在面向未来的高等职业教育课程改革中，"横向组织"是课程设计中不可或缺的维度。

其四，将体现"学习结果"的"胜任力"作为课程的"目标模式"，将"学习途径'灵活性'"作为课程的"过程模式"，标志着欧盟各国课程理论发展进入"后'工作导向'"时代，其动向值得各国高等职业教育界关注。

B.主要局限性

传统"能力本位"课程模式的局限性涉及以下层面：

其一，该理论早期产生于"脑力劳动"与"体力劳动"社会分工加剧的时代，在一定程度上满足了特定时期企业对技能工人的规模化需求。随着世界由"后工业时代"进入"知识经济时代"，反映旧产业结构和职业需求的传统"能力本位"课程观渐失根基。这是其历史局限性。

其二，该理论早期侧重"学会做事"，忽视"学会认知"和"学会做人"，与当代职业需求，特别是"知识密集型""技术密集型"产业需求不符。这是其现实局限性。

其三，该理论早期主张学校复制企业，教学模仿工作，学生模仿工匠或工程师，反过来又向企业输送"克隆工匠或工程师"，其所陷入的"克隆"怪圈，有导致产业结构落后和人才结构僵化的风险。这是其导向局限性。

其四，该理论早期囿于以近代自然科学为参照系的还原论和机械论，认为复杂的系统、事物可通过其各部分的组合来理解和描述，用"单一的"与"复合的"范畴规范课程开发。但"模块"之"组合"还不是有机系统。这是其方法论局限性。

其五，该理论早期是构造主义和行为主义的；在后期发展中，尽管立足于格式塔心理学反对构造主义和行为主义心理学，但始终未与经验主义彻底划清界限[①]。这是其哲学与心理学基础局限性。

---

　①　格式塔理论自诩秉承了康德先验论，然而它至多接受了康德的整体论，却始终未将整体论提升到超越经验论的先验论高度。

其六，该理论传统模式倡导的"横向为主"建构原则，要求学生模仿"从生手到专家"的"工作情境"进行技能或能力建构，是将"发生中的职业个体"混同于"职业成体"。这是其建构模式的经验主义局限性①。

其七，在该理论中，学员只扮演"工具理性"角色，重"功利"而轻"科学精神""人文精神"，特别是"健全职业人格"。这是其人才目标局限性。

（3）两极互渗

①从"学术性"向"职业性"延伸

A.理论层面

在理论层面，当代"知识本位"课程观发展呈现这样一种趋势：其"学习迁移"理论内涵经历了由E.L.桑代克的"文化共同要素"和"经验类化"、D.P.奥苏贝尔的"认知结构"迁移，向J.安德森"产生式迁移"和弗拉威尔"认知策略迁移"的发展；其"学习理论"指向的"知识"，经历了由概念原理知识、策略性知识和图式知识（鲁梅尔哈特，1977；威多森，1983；汤姆斯·迪瓦恩，1987）等"结构良好领域知识"，向"结构不良领域"的"情境知识""从生手到专家"的"实务知识"（斯皮罗和乔纳森，1990）发展；其研究重点经历了由一般性的"学术认知"向具体性的"职业认知"发展。

B.实践层面

在实践层面，欧洲高等教育区学术资格框架（QF-EHEA）以"'学生理论认知能力'和'职业关键能力'并重"为核心；美国普通高校以《美国教育2030》为前瞻，将"批判性思考"（critical thinking）、"沟通"（communication）、"合作"（collaboration）和"创意"（creativity）（简称"4Cs"）作为核心的"21世纪技能"。

C.趋势解读

欧美普通高等教育的发展趋势表明：以"学术性"自居的传统"知识本位"教育在发展过程中，出于"突破自身发展瓶颈"的内在需要，都通过导入"职业性"要素（"通能"）而渗入另一极，即"能力本位"的世袭领域。

②在"职业性"中导入"学术性"

A.理论层面

在理论层面，当代"能力本位"课程观发展呈现的是相反趋势：其课程"目标描述"关注的重点，依次由北美CBE的"特殊技能迁移"向美国"职业群课程"和英国BTEC的"关键能力迁移"、德国"学习领域"的"系统技能迁移"，直至欧盟EQF5~8级的"'职业性与学术性'并重"的"胜任力迁移"。

B.实践层面

在实践层面，"生技教育阶段"的美国实施了"'职业性'与'学术性'融合"课改策略；欧盟EQF5~8级课程兼顾了包括"专业知识"、"跨学科知识"与"跨学科领域交叉知识"的"'学术性'要素"。

---

① 究其根源，"发现学习"和"从做中学"，是美国实用主义教育家杜威首先倡导的。杜威强调：教学过程中"明智的学习方法"，就是"经验方法"。

C.趋势解读

欧美职业高等教育的发展趋势表明：无论由"特殊技能"走向"综合技能"、"系统技能"和"胜任力"的课程理论，还是在职业教育中注入"学术性要素"的课改实践，都是沿着"职普融通"的渐进路线发展的。

2）辩证超越

（1）课程社会学中的"辩证课程理论"

①代表性理论

课程社会学中"辩证课程理论"的代表是麦克·扬（Michael Young），他在1998年出版的专著《未来的课程》[1]中，对这一理论进行了系统阐述。

该理论揭示了教育和课程模式转换与时代、社会及其经济结构变化的密切联系，剖析了二战以来欧美特别是英国职业院校课程发展中"学术课程"与"职业课程"的分离过程及其课程理论的局限性，并着眼于后工业时代的经济变革及由此引起的职业结构变化，指明未来课程发展的总趋势是"'学术课程'与'职业课程'的整合"。

②启示与展望

麦克·扬关于"课程模式转换与社会经济结构变化相关"的研究，对于"学术学习与职业学习""作为事实课程（理论）与作为实践课程（工作导向）"等片面观点的批判，对于"以结果定义课程方式"（"学习结果导向"）和"模块化课程方式"利弊的分析，对于从"分化的专业化""总和的专业化"向"联系的专业化"发展趋势的描述，以及将"联系的策略"作为未来课程内容组织的新方式，特别是将"辩证形式"作为未来课程原则的主张，既是对美欧职业院校"整合性"课改的理论总结，也是对其未来发展的指导。

（2）21世纪教育"基本要求"

1996年，由雅克·德格尔任主席的国际21世纪教育委员会在其向联合国教科文组织提交的《教育：财富蕴藏其中》报告中，对"21世纪教育"提出了四个"基本要求"：使学生"学会认知、学会做事、学会共同生活、学会生存"。它们合起来构成了未来人才的四大支柱。其中，"学会共同生活"强调"与人合作"、"与人交流"和"团队精神"等社会协调能力，可并入"学会做事"；"学会生存"的核心是"学会做人"。

四个"基本要求"是在总结"整合"阶段世界特别是欧美发达国家教育和课改经验的基础上提出的前瞻性要求，是对"知识本位"与"能力本位"教育观的超越。

（3）21世纪学习框架

①框架要点

成立于2002年的"美国21世纪技能联盟"经过10年研究，提出了"21世纪学习框架"（以下简称"框架"）。根据该"框架"，"21世纪学习"正在由"师

---

① 扬. 未来的课程 [M]. 谢维和，译. 上海：华东师范大学出版社，2003.

本教学、直接讲解、聚集知识、覆盖内容、基本技能、事实与原理、掌握理论、设置课程、相互竞争、局限课堂、基于文本、总结性考试、为就业而学"等，加速转向由前者与"生本教学、互动交流、重视能力、落实过程、应用技能、设问与问题、重视实践、项目学习、彼此合作、放眼全球、基于网络、形成性评估、为生涯而学"携手并进的新平衡。

②倡导"新平衡"

"框架"倡导的不是在诸多对立环节中进行"非此即彼"的选择，而是要求这些对立环节"携手并进"，建立一系列"新的平衡"，诸如"'师本教学与生本教学'的'新平衡'""'直接讲解与互动交流'的'新平衡'""'聚集知识与重视能力'的'新平衡'""'覆盖内容与落实过程'的'新平衡'""'基本技能与应用技能'的'新平衡'""'事实与原理'同'设问与问题'的'新平衡'""'掌握理论与重视实践'的'新平衡'""'设置课程与项目学习'的'新平衡'""'相互竞争与彼此合作'的'新平衡'""'局限课堂与放眼全球'的'新平衡'""'基于文本与基于网络'的'新平衡'""'总结性考试与形成性评估'的'新平衡'""'为就业而学'与'为生涯而学'的'新平衡'"等。

③尝试"新超越"

"框架"体现了美国高校课程和教学设计理论发展研究的21世纪新成果。"新平衡"就是"新整合"。如果说在20世纪末，美国综合性大学的课程改革侧重"通识"与"专识"的"整合"（"融合"），欧盟的大学课改侧重"通能"与"专能"的"整合"，那么"框架"则开始关注"整体知识"与"整体能力"的进一步整合，开启了超越"整体知识观"与"整体能力观"的教育理论发展新征程。

二、逻辑反思

1. 传统教育模式

此处"传统教育模式"，是指关于"教育过程"的"知识本位"与"能力本位"传统模式："知识本位"的传统模式，是指布鲁纳"学科结构"课改倡导的模式；"能力本位"的传统模式，是指"工作导向"模式。

1）模式交集

（1）"结构-建构"主义

在方法论上，"两种本位"的"传统模式"都是"'结构-建构'主义"的。

一方面，它们都是"结构主义"的，都将"结构"视为"教学中心"："知识本位"传统模式将"知识结构"（学科结构）视为普通教育的"教学中心"；"能力本位"传统模式将"工作结构"（行动结构）视为职业教育的"教学中心"。

另一方面，它们都是"建构主义"的，都将"掌握'结构'"视为学生学习的"主要任务"："知识本位"传统模式将"掌握学科的基本结构"视为学生学习的主要任务①；"能力本位"传统模式将"掌握工作（职业行动）的基本结构"视为学生学习的主要任务。

（2）工作导向

就"教育途径"或"学习途径"而言，"两种本位"传统模式的"指导性理念"都是"工作导向"，都主张"学生学习"模仿"成体工作"：布鲁纳"学科结构"模式要求将科学家发现的"思维过程"或"思考顺序"作为教学设计的"过程模式"；"能力本位"传统模式要求将"职业成手"的"行动过程"或"工作顺序"作为教学设计的"过程模式"。

（3）"假设"与"信念"

布鲁纳的假设以所谓"中心信念"为前提，即"无论在哪里，在作为'知识高端'的科学家研究室也好，在小学生教室也好，其智力活动全都一样"②。

同样的"假设"和"信念"也为"能力本位"传统模式的倡导者所秉持。这些倡导者同样相信：无论在哪里，在作为"技术高端"的工程师实验室（或企业）也好，在职校学生的教室（或实训基地）也好，其技能活动全都一样③。

2）"交集"中的误区

（1）层次跳跃

在中小学生"智力活动"和职校生"技能活动"与科学家"学术活动"和工程师"技术活动"之间，存在"原格局"的层次差异。无论由中小学生"智力活动"升级为科学家"学术活动"，还是由职校生"技能活动"升级为工程师（或"职业成手"）的高端"技术活动"，其建构都面临"原格局"基础上的层次跳跃："跳跃"跨度越大，难度就越大。随之而来的，是该模式"适用性"的递进式"弱化"。

（2）经验论误导

"传统教育模式"关于"通过'基于学习经验'的'建构'来化解'层次跳跃'"的主张，是一种经验主义的误导④。

对于中小学生或职校生来说，无论是科学家的"学科结构"，还是工程师（职业成手）的"技术结构"，都远非"通过'发现学习'或'工作学习'的'学习经验'就能建构"那么简单。

（3）机制错位

要求学历教育在校生的"学力发育过程"模仿科学家和工程师"工作过程"的理论失误，更在于"机制错位"。

学历教育在校生的"学力发育"受制于其"发育机制"；科学家和工程师的"职业工作"受制于其"行动机制"。

---

① "学习任何学科，主要是使学生掌握其'学科结构'"。参见布鲁纳. 教育过程 [M]. 邵瑞珍，译. 北京：文化教育出版社，1982：31.
② 布鲁纳. 教育过程 [M]. 邵瑞珍，译. 北京：文化教育出版社，1982：33-34.
③ 劳耐尔就主张，职业教育应"以工作为导向"，以"企业场景"为依托，"学员学习"应对标"成手行动"，"教育过程"中"专业课的内容序化"应对标"工作过程的任务序化"。
④ 布鲁纳说过：在美国，"经验主义论点长期成为支配意见，而'学习理论'又长期充当它的扩音器"。遗憾的是，他的"发现学习"诉诸的"直觉主义表达"也强不了多少。

在校生的"学力发育机制"是指在内外教育环境影响和作用下，个体从"学力'结构–建构'初始"到"学力'结构–功能'分化"，再到"学力'形态发生'""学力'结构组织'相互影响"，直至"成熟为'胜任力'"的结构演化方式和过程；职业成体的"行动机制"是指基于"胜任力系统"既定组织结构与功能的工作方式和过程。

如果一位生物学者脑洞大开，倡导"发育改革"，要求"生物个体的发育过程"遵循"基于'成体内部组织结构与功能'的'生理活动序化进程'"，人们会有何感想呢？

"传统教育模式"的"'工作导向'诉求"正与此相仿[①]。

3）反驳与抵制

（1）对"经验主义"诉求的反驳

关于"中小学生或职校学生通过'发现学习'或'工作学习'的学习经验，就能够重构科学家'学科结构'或工程师（职业成手）'工作结构'"的主张，可"以生物学史和哲学史为鉴"予以反驳。

与"中小学生'智力活动'和职校生'技能活动'"不同，科学家和工程师的"工作活动"以"知识密集"和"技术密集"的"高层次结构"为基础。对于中小学生和职校生来说，这个"高层次结构"不能"经验发生"，正如"生命活动"所依据的"有机结构"不能"自然发生"一样。

在生物学领域，"自然发生论"认为生命及其有机结构可以随时由非生命的无机物质自然产生，如"腐肉生蛆""水生蝌蚪"。斯帕兰札尼（Lazzaro Spallanzani）和巴斯德（Louis Pasteur）用实验反驳了"自然发生论"，提出"现存生物只能源于生物"的"生源论"（1768，1859）。

在哲学领域，"经验发生论"也经历了由兴到衰的历史演变过程：

洛克（John Locke）的"白板说"主张"人类的一切知识都源于经验"（《人类理智论》，1690）。休谟（David Hume）质疑"经验发生的知识之普遍性和必然性"（《人类理智研究》，1748），提出"经验怀疑论"。康德（Immanuel Kant）用"先验论"取代了"经验论"，以其被海涅称为"精神解剖学"的"三批判"（《纯粹理性批判》《实践理性批判》《判断力批判》，1781—1790）证明：在近代，一切"普遍性和必然性的原理"——无论是"认知原理"、"实践原理"，还是"审美原理"——都"源于人类纯粹理性总源泉"，即一种"先验的'人文–心理'结构"，这个"结构"不能从当下的经验发生。

这是基于生物学史和哲学史的反驳。

（2）对"直觉"诉求的反驳

关于"发现学习"诉诸的"中小学生'直觉'"[②]，可"以物理学史为鉴"，

---

　　① 在劳耐尔倡导的"行动领域"课程模式中，这种诉求最为典型。在他那里，"教育过程"中"在校生的'学力发育机制'"从一开始就被混同于"职业成体的'行动机制'"："学力发育"的"复杂演变过程"被曲解为"职业成体"工作的不同水平经历，即"从生手到专家"的"五阶段发展过程"。
　　② 布鲁纳自称他的专著《教育过程》是"一本按照结构主义表达知识观、按照直觉主义表达认识过程的书"。

辨其真伪。

直觉告诉人们，使一个物体运动得越快，必须用越大的力去推它。亚里士多德（前384—前322）在他所写的《物理学》中，把这一直觉观念表述为："推动一个物体的力不再去推它时，原来运动的物体便归于静止。"

过了1 900多年，伽利略用科学观念纠正了直觉观念的错误。他在《两种新科学的对话》（1638）中将其表述为："一个物体，假如既没有人去推它、拉它，又没有人用别的方法去作用它，此物体将均速运动。"

又过了一代以后，牛顿在《自然哲学的数学原理》（1687）中把这个正确的结论写成惯性定律，即"任何物体，只要没有外力改变它的状态，便会永远保持静止或匀速直线运动状态"[1]。

人类对如此简单的物理现象认识，由"直觉观念"上升到"科学观念"，即便是科学家都要花费2 000多年时间，更不用说"凭学生的直觉经验"了。

这是基于物理学史的爱因斯坦反驳。

（3）"实践层面"的抵制

实践是检验真理的标准。以布鲁纳《教育过程》为理论指导的"'学科结构'课程改革运动"导致美国中小学教学质量下降，历时不久就以失败告终。主要抵制来自内外两方面：

"外部抵制"的主体是美国广大教师、学生和家长，其反对的理由大多基于直接感受，如"教材难度过大""教师素质太差""学生无法接受"等[2]。

"内部抵制"以"学科结构"课改运动的美国骨干成员、号称"第二号旗手"的施瓦布为代表。他在1969年出版的专著《实践：课程的语言》中指出："学科结构"运动使课程领域步入穷途末路，需要新的原则和方法才能继续推进课程的发展。

上述抵制虽未涉及本"总序"揭示的"机制错位"，却终结了美国"学科结构"课改运动，可视之为"基于'实践标准'"的反驳。

（4）"基于推理"的反驳

"交集中的'误区'"和"多重反驳"证明了一个事实，即布鲁纳在其《教育过程》中提出的"著名假设"是伪命题，其以之为据的"信念"更不足取。

由于"'两种本位'传统模式"的误区存在于上述"交集"中，所以其中一方"假设"和"信念"被证伪，另一方同类"命题"和"信念"也同时被证伪。

这是"基于充要条件假言推理"的反驳[3]。

2. 范式转换

随着"博洛尼亚进程"和"EQF课改运动"发起"范式转换"，一度成为主流模式的"工作导向"于21世纪初正式退出欧盟各国教育舞台，取而代之的是"学习结果"及其相关"范式转换"。

---

[1]　参见爱因斯坦，英费尔德.物理学的进化［M］. 张卜天，译. 北京：商务印书馆，2019：第1章"运动之谜"。
[2]　这些"基于直感"的"反对"，无非关于前述"层次跳跃"的主观表达。
[3]　"p当且仅当q，非q，所以非p"。

1）转向"学习结果"

进入21世纪，信息时代的经济结构变化导致欧洲"结构性失业"加剧。一方面，青年和失业群体的职业变动愈演愈烈，有波及其职业生涯之趋势，探求适合"终身学习"的"最佳学习范式"成为必要；另一方面，"欧洲高等教育一体化"（《博洛尼亚宣言》，1999）本身也迫切需要某种可以在不同国家和教育领域间提升能力与资格的透明度、可比较性、转换性和认可度的"通用学习范式"。

在此背景下，欧盟选择了"学习结果"（learning outcomes）①，将其作为一种重塑价值观和方法论的范式来引领 QF-EHEA 学术资格教育和 EQF 职业资格教育发展。

与侧重"输入端"课程与教学资源建设的传统教育不同，"转换"后的欧盟教育将研究重点转向对"学习结果"的示范、评估与验收，强化了教育输出端管理。这在世界教育史上是一种创新，具有积极意义，值得正视和借鉴。

2）转向"多样途径"

德国著名职教专家劳耐尔对"学习结果"转向极为敏感。他批评说："学习结果"将使"教育途径"问题变得无足轻重，并波及"工作导向"和"双元制"职教模式。劳耐尔教授说得不完全对。

首先，"学习结果"并没有特定化"学习领域"，而是全方位涵盖"正式的、正规的及非正式的、非正规的"各类学习，其中包括工作场所的经验习得和实践学习。②

其次，"学习结果"诉诸"'学习途径'的灵活性"，允许学习者自主选择适合自己的"学习途径"：这途径那途径，取得"学习结果"就是好途径。这对于青年、失业者和所有需要继续教育的人来说都是福音。

最后，"学习途径"的"多样性转型"是一把"双刃剑"：一方面，相对于固执"工作导向"单一途径的 DACUM、MES 和德国"学习领域"来说，允许"多样性选择"是一种思想解放，为各种"学习途径"享有同样的"正当性""合法性""平等性"打开了方便之门；另一方面，"转型"对于各种"学习途径"不分主次、一视同仁，无异于剥夺了"学历教育"和"校本学习"在各类教育中的主导地位，具有负面影响。

3）转向"学力发育"

"学习结果"包含的另一个"异中之同"诉求，是"结果取得"需要"一个过程"。

"Outcome"区别于 result，由"out"（向外）和"come"（出来）组成，引申词义是"经过一系列发展变化所导致的最终结局"。诉诸"学习进程"的"过程性"和"阶段性"，客观上将研究重心引向"学力发育"的"形态学描述"。

---

① "成果导向教育"（Outcome Based Education，OBE）由美国学者斯派狄（Spady）最早提出（参见其 1981 出版的专著《基于成果导向教育模式：争议与答案》），其方法论基础源于贝塔朗菲（Ludwig Von Bertalanffy，1901—1972）的"异因同果型"原理。
② 在欧盟"学习结果"范式转换背景下，如果劳耐尔教授对"高等职业教育"的"工作过程导向"仍情有独钟，当他获知本"总序"中"2）'交集'中的误区"和"3）反驳与抵制"各小节内容后不知会有何感想。

在 QF-EHEA 的 IQM 描述中，可以看到"预期胜任力"在"不断优化迭代的教育过程"中，"依照一定的逻辑线索和时空次序逐级提升"，直至"发育"成以最高"预期胜任力"为"标的"的"学术表型"；在 EQF 描述中，同样具体展现了"胜任力"（"职业资格"）从 1 级到 8 级，直至"职业表型"的"渐进性发育"经历。

"转向'学力发育'"，是"学习成果"逻辑发展的必然结果，是对前述"机制错位"的"潜在"纠正。

4）转向"胜任力建构"

传统职业教育"目标描述"中的"知识、技能、态度"只有一个向量，即展现于"任务模块"中的"横断描述"；与之不同，转换后的"目标描述"增加了一个向量，即"'胜任力建构'的纵向描述"。

在 QF-EHEA 中："预期胜任力建构"的"横向描述"兼顾"认知"与"实践"；"纵向描述"与"'预期胜任力'升级过程"相伴，且其内涵渐次丰富和深化，从最初"知识理解与应用"到"知识创新"，乃至"用'原创性'知识促进文化、科技和社会发展"。

在 EQF 中："胜任力建构"的"横向描述"兼顾"知识、技能、关键能力、综合素质、责任与自主性"；"纵向描述"随着"胜任力"的晋级，内涵逐步扩充与提升。

欧盟各国高等教育一并转向"双维度描述"的"胜任力建构"，表明基于单纯"横断描述"的传统"目标模式"已成明日黄花。

3. 其他反思

1）当"对接"遭遇"变化"

西方发达国家职业教育课程改革的共同诉求，是"与工作世界对接"。然而 20 世纪 90 年代以来，信息技术和生物技术双重革命改变着经济和社会，人工智能、区块链、基因工程、大数据算法和生物工程等新技术革命正在推动"工作世界"变化加速。在今日世界，"改变"成为"唯一不变的事"[①]。

面对变化日益加速的"工作世界"，除了依靠"事后补救"（"继续教育"和"终身教育"）外，对高职教育在校生还应要求些什么，这是包括专业教育在内的中国高等职业教育不能不考虑的。

2）"辩证超越"

新旧世纪之交，国际 21 世纪教育委员会向联合国教科文组织提交《教育：财富蕴藏其中》（1996）；英国伦敦教育学院著名教授麦克·扬在其课程社会学著作《未来的课程》（1998）中提出"辩证课程理论"；"美国 21 世纪技能联盟"提出"21 世纪学习框架"（2012）。这些文献顺应前述"从'两极对立'到'辩证超越'"的课程理论发展趋势，从不同侧面将"辩证超越"新任务提上日程，即通过"整合'整体知识观'与'整体能力观'"，建构"整体论"课程观。

①　赫拉利. 今日简史［M］. 林俊宏，译. 北京：中信出版集团股份有限公司，2018：251.

探索包括"新任务"在内的"辩证超越"，是新时代中国特色高等职业教育课程与教材建设的不二选择。

三、中国高等教育课改

习近平总书记在党的二十大报告中指出，"教育、科技、人才是全面建设社会主义现代化国家的基础性、战略性支撑""教育是国之大计、党之大计。培养什么人、怎样培养人、为谁培养人是教育的根本问题"。这是以习近平同志为核心的党中央对新时代教育事业的总体战略部署，也是面向未来的中国特色高等职业教育课程与教材建设的指导思想。

1. 课改历程

改革开放以来，中国普通高校课改与美国高校课改基本保持同步，中国职业高校课改则相对滞后。

1）普通高校课改

20世纪90年代，中国普通高校借鉴美国大学同期"以'整体知识观'为指导"的课改经验，探讨"素质教育"框架下的"通识课程"加"专业课程"的课程体系建设。

21世纪前十年，教高〔2001〕4号、教高〔2005〕1号、教高〔2007〕1号和教高〔2007〕2号文件要求将"注重学生创新精神和实践能力的培养""培养大学生的团队协作意识、创新精神和创新能力"等"通能"导入"普通高等教育"。

21世纪第二个十年，中国研究型大学启动"以人才、学科、科研三位一体的创新能力提升为核心任务，以高校、科研机构、企业协同创新中心为载体，以创新发展方式转变为主线"的"211计划"，开始向"创业型大学"转型，其课程建设进入与美国20世纪90年代以来"从'研究型'向'创业型'转型"发展相对应的阶段。

由教育部、财政部、国家发展改革委联合印发的《统筹推进世界一流大学和一流学科建设实施办法（暂行）》和《关于深入推进世界一流大学和一流学科建设的若干意见》，将"培养拔尖创新人才"，即"坚持立德树人，突出人才培养的核心地位，着力培养具有历史使命感和社会责任心，富有创新精神和实践能力的各类创新型、应用型、复合型优秀人才""全面提升学生的综合素质、国际视野、科学精神和创业意识、创造能力"作为"双一流"大学建设任务，标志着中国"双一流"大学的学科建设已进入与美国大学"向整合'整体知识观'与'整体能力观'发展"的相对应阶段。

2）职业高校课改

（1）"知识本位"课程重建

"文化大革命"后的中国职业高校课程改革与重建，是在普通高等教育的基础上开始的[①]。此时的中国高职高专教育部分受苏联影响，部分受普通本科教育影响，"知识本位"占主导地位。高职院校的主要类型，是"文化大革命"前就

[①]　直至2008年，教育部从"普通高等教育'十一五'国家级规划教材"中评选出来的高职高专精品教材，还被冠以"普通高等教育精品教材"名称。

已存在的"高等专科学校",其中有不少是借鉴20世纪50年代的苏联模式建立起来的。"专科"被理解为"专门学科",教学理论未摆脱凯洛夫的"三中心""五环节"框架①,开设的课程类型大都是"学科导向"。在这里,"专科"与"普通本科"的区别,被理解为"'专科'是'本科'的简化和压缩"。

（2）转向"能力本位"

在继起阶段,中国职教界的改革开放,以导入西方"能力本位"职教理念和课程模式为基本特征。随着德国"双元制"（江苏,1983;北京,1983;山东,1991;河北,1996）、国际劳工组织MES（北京,1989;上海,1989;山东,1996;湖北,1997）、北美DACUM（浙江,1990;四川,1991;山西,1998;重庆,2012）、英国BTEC（北京,1999;辽宁,2002;河北,2007）等课程模式被相继引进,职教界课程改革呈现"能力本位"的"多样化"格局。

从这时起,中国职业高校课程改革运动的总趋势,是借鉴西方发达国家20世纪70至80年代经验,转向"'专能与通能'并重"的"职业性"课改。

《职业教育提质培优行动计划（2020—2023年）》等文件的出台,以及中国教育发展战略学会国际胜任力培养专业委员会第一次全国会员代表大会暨国际胜任人才培养论坛（2021）的顺利举行,标志着"整体能力观"指导下的中国职业高校课改向纵深发展。

（3）"学术性"与"职业性"整合

从本世纪第二个十年起,与新兴产业相关的中国行业性高校开始从"学术型"向"应用技术型"转型,"探索'应用技术型''技术技能型'人才培养模式"（《关于全面提高高等教育质量的若干意见》(2012),《关于加快发展现代职业教育的决定》(2014)）,标志着中国普通高校的应用型本科课程建设开始进入"'学术性'与'职业性'整合"的发展阶段。

2.差距与机遇

1）职业高校课改差距

中国职业高校课程改革主要借鉴了西方发达国家20世纪70—90年代的经验,对其本世纪以来的课改动向和发展趋势关注不足,主要表现为:

（1）对反映当代特别是21世纪以来世界高等教育课程观发展综合化趋势的"'整体论'课程观"关注不够,其课程模式仍不同程度地受"传统方法论"的支配。

（2）对欧洲职业资格框架（EQF）中实现的"模式转型"缺少深入研究与全面评估。

（3）漠视"从'两极互渗'到'辩证超越'"的当代世界高等教育理论发展总趋势,对本应辩证处理的许多"矛盾"仍不同程度地持"非此即彼"的形而上学选择。

---

① 凯洛夫的"三中心"是指"以教师为中心,以课堂为中心,以知识为中心";"五环节"是指"组织教学,复习旧课,讲授新课,巩固新课,布置作业"。

2)"盲点"中的机遇

在正视差距的同时，也要看到：在西方发达国家的"知识本位"和"能力本位"传统课程模式中，迄今存在"教育理论"的"盲点"，即前述"交集"中的"误区"（特别是"机制错位"）。深入研究这些"盲点"或"误区"，是中国高等职业教育实现"弯道超车"的理论前提。

如果说"差距"意味着不足与挑战，那么率先克服"盲点"就是"机遇"。

3. 研究对策

1)"职普融通"与"类型定位"

习近平总书记在党的二十大报告中强调：统筹职业教育、高等教育、继续教育协同创新，推进职普融通、产教融合、科教融汇，优化职业教育类型定位。

"融通化"与"类型化"是当代中国高等教育发展中既相互区别，又互相联系的两个方面，是"教育链"通过"人才链"与"科学链""技术链""产业链"有机衔接的重要保证[①]。

"职普融通"是"当代科学、技术与产业融合发展"在"教育链"上的联系性体现；"类型定位"是"当代科学、技术与产业分化发展"在"教育链"上的区别性体现。

探索中国高等职业教育专业课程与教材建设"职普融通"与"类型定位"方式，是"对策"研究中的首要选项。

(1) 教育类型

区别"职普融通"中的高等教育类型，就是"普通本科教育"对标"基础学科链"，侧重"'基础学科知识'传承"，兼顾"融合"中的"科研创新"，旨在培养"高层次、高素质'学科知识型'"人才；"应用本科教育"对标"应用学科链"，侧重"'应用学科知识'传承"，兼顾"融合"中的"应用研究"，旨在培养"高层次、高素质'复合应用型'"人才；"高职高专教育"对标"技术链"，侧重"技术传承"，兼顾"融合"中的"技术研发"[②]，旨在培养"高层次、高素质'技术技能'型"人才；"中等职业教育"对标"产业链"，侧重"'技能传承'"，兼顾"融合"中的"技能创新"，旨在培养"中层次、高素质劳动者和技能型"人才。

(2) 教学内容

在高等职业教育专业教学内容上兼顾"职普融通"与"教育类型"，就是顺应当代世界职业教育由传统"'职业性'与'学术性'分离"向"'学术性-职业性'整合发展"的大势，将"当代'科学-技术-产业'融合发展"的教学内

---

① "产业链"包含从原料到成品的所有环节，由生产同质产品或服务的企业群构成；"技术链"是指由多种不同技术组成的整体系统，包括基本技术与核心技术。进入21世纪后，随着我国"产业链"从"劳动密集型"和"资本密集型"向"技术密集型"和"知识密集型"转型，"知识链"和"技术链"对推动"产业链"发展起着至关重要的作用。

② 在当代，"技术"是连接"科学"与"产业"的枢纽：一方面，"高新技术"以"基础科学研究"中的"新突破"为源头和指导；另一方面，整个"高新产业链"都建构在"高新技术链"上，"高新技术链"升级带动"高新产业链"升级。"职业技术学院"中的"技术"，应以这个"枢纽"为基本定位，以"技术的'传承-创新'与应用"为重心；其"高等教育类型""专业课程类型""课程教学内容"定位均应以此为据。

容，体现在相互联系、密不可分的"认知基础""技术延伸""情境表征""技术应用"诸环节，并且"重心"逐步后移，做到"理论教学"必需、够用，"实务教学"周详充分，"案例教学"典型多样，"实训教学"具体到位。

（3）价值取向

在高等职业教育专业课程与教材建设中坚持"职普融通"的"价值取向"，就是对标当代中国经济由"传统经济"向"集'自然价值''创新价值''市场价值''经济价值''社会主义核心价值'于一体"的"循环经济"转型，将"课程思政"（即关于"应当怎样"的知识）融入教学内容各环节，对学生进行"职业精神""科技精神""敬业精神""社会主义核心价值观"培养，激发学生"爱职业、懂科技、精专业、能思政"的"价值精神"。

（4）质量管理

无论是美国"学科结构"课改运动"第二号旗手""证伪者""终结者""实践性课程理论"倡导者施瓦布，还是欧盟 QF-EHEA "内部质量管理"、EQF5~8 级"课程开发"，都强调专业课程与教材建设需要行业代表和相关领域专家共同参与，这是专业课程与教材建设质量控制的重要保证。《教育部办公厅关于加快推进现代职业教育体系建设改革重点任务的通知》（教职成厅函〔2023〕20号）中的"开展职业教育优质教材建设"也强调了这一点。

中国高等职业教育专业课程与教材建设坚持"质量把关"，就是除了要求在课程与教材内容设计上必须有相关"产业链"的"企业行家"参与（借以把好"技能操作关"）之外，还要求相关领域的专家介入（借以把好"'技术链'向'产业链'转化"，及其"向'高职教育链'转化"的"全面质量关"）。

2）绕开"交集"

如前所述，要求"教育过程"中的"课程内容序化"模仿高等职业成体的"活动过程"，是"工作导向"与"学科结构"课改诉求的"交集"。学历教育"在校生"的"学力结构"与"职业成体"的"胜任力结构"之间的层次差异（特别是与"学术–技术"成体的差异）越大，此等诉求就越是行不通[①]。

布鲁纳"学科结构"改革运动的失败，证明这个"交集"是误区和陷阱。无论是"知识本位"还是"能力本位"教育，都应该绕开这个"交集"。

探索绕开"交集"的途径，是"对策"研究中的紧要选项；区别两种"不同机制"，即"'职业成体'活动机制"与"'学术–技术'个体发育机制"，是包括高等职业教育在内的各类教育与课程改革向纵深发展的理论前提。

3）补齐短板

缺少通识教育，特别是科学精神与人文精神教育，是欧盟各国"能力本位"职业教育的"短板"，与当代科学技术发展的主流趋势不符：一方面，当代科学精神与人文精神具有"融通共建"关系，科学精神是"求真"，是关于事实的

---

① 该诉求的适用领域，应限于技术含量不高的古代家庭手工业、中世纪"师傅带徒弟"的手工作坊，以及今日以"简单操作"为特征的驾车、厨艺、按摩、美容、汽修等服务业低端职业群体的技能培训。

"是什么、为什么"知识；人文精神是"向善"，是关于价值的"应当怎样"知识。另一方面，当代科学技术发展呈现传统学科、新兴学科、前沿学科、交叉学科、冷门学科等诸多学科交叉融合、自然科学与社会科学互相渗透、各种技术汇聚集成的总态势。

高等职业教育课程与教材建设要体现"融通共建"，就要将当代人文精神、价值观和思政要素浓缩于专业课程与教材的内容设计中；要反映"总态势"，就要将其浓缩于"通专相辅"的课程与教材体系架构中。

"科学精神"和"人文精神"是"科学素养"和"人文素养"的核心；"马克思主义"和"中华优秀传统文化"是"四个自信"的基石[①]。培育"科学精神"、"人文精神"和"四个自信"，应当与培育"政治素质"和"专业素质"一起，作为新时代中国高职高专"素质教育"的基本组成部分。

在我国，"关注科学精神与人文精神"的相关规定早在基础教育阶段就被列入《大纲》。在该阶段，培育"两种精神"是通过"教学内容综合化"和"多学科渗透"方式实施的。

中国高职高专教育应当更进一步，将"现代科学技术概论""人文社会科学概论""毛泽东思想和中国特色社会主义理论体系概论""中华优秀传统文化概论""马克思主义哲学原理"（以下简称"四论一理"）一并增补到公共基础课程体系中，作为各专业培育"科学精神"、"人文精神"和"四个自信"的必修通识课。

就可行性而言，美国社区学院、欧盟 QF-EHEA 短期专科和 EQF5 职业教育与培训的学制均为 2 年，中国高职高专学制为 3 年，学时介于美国高职与本科、欧盟 EQF5 与 EQF6 之间。增加一学年时间的中国高职高专教育，有条件将"四论一理"纳入其中[②]。

总之，体现"融通共建"并反映"总趋势"，理应作为"对策"研究中的重要选项。

4）发挥所长

忽视严格意义上的"技术教育"，既是北美 DACUM、国际劳工组织 MES、德国"双元制"等传统职业教育与培训的软肋，也是欧盟 QF-EHEA、EQF，乃至美国社区学院职业教育的软肋。DACUM 和 MES 课程开发仅基于"企业工作分析"；德国"学习领域"只关注"双元制"中的"产业链"；QF-EHEA 着眼"学术资格"，其"学习结果描述"从硕士资格到博士，专注"学科知识"的把握、研究与创新；EQF5~7 着眼于"职业资格"，其"学习结果描述"对标欧盟劳动力市场需要的"知识、技能、责任与自主性"（仅在 EQF8 级描述中出现"技术技能"述项）；在美国社区学院，"转学教育"是最重要、最基本的任务，"职业

---

① 习近平总书记强调：在五千多年中华文明深厚基础上开辟和发展中国特色社会主义，把马克思主义基本原理同中国具体实际、同中华优秀传统文化相结合是必由之路（《在文化传承发展座谈会上的讲话》，2023 年 6 月 2 日）。

② 像 EQF5 "二年制职业教育与培训"和 QF-EHEA "短期高等教育"那样，只要求学生"掌握某一工作或学习领域内综合的、专门的事实与理论性知识，以及跨学科知识"，将导致其底蕴不深，发展后劲不足，连欧盟各界都斥之为"学制过短"、"急功近利"和"浓重的商业化倾向"。

技术教育"的目标是培养学生的实际操作能力和职业技能，即便"生技教育"阶段开设的"连接课程""多学科课程""基于学习共同体的'融合课程'"等，其重心也未向"严格意义"上的"技术"倾斜。

西方学者通过现代统计方法指出，"技术创新"是经济发展新高潮的基础，历史上每一轮全球经济的再次复苏，都离不开"技术创新"。在当代，"技术创新"更是连接"科学发现"与"产业升级"的枢纽：一方面，"科学新发现"与"技术新发明"相互渗透，组成"科技创新系统"；另一方面，"技术创新"推动产业结构升级，使各个生产部门之间不断调整、创新、替代和重组。

中国职业教育的"所长"，在于高职高专院校均以"职业技术学院"命名，定位重在"技术"，抓住了当代西方职业教育与培训的软肋，难能可贵。

一般来讲，"技术"是关于人类改造世界，从事生产的原理、方法、工艺或服务的系统知识。严格意义上的"技术"，应指"基础理论"在"改造世界的'应用研究'"中"所有发明、创造和开发"的成果总称。[①]

"技术"（Technology）区别于"科学"和"技能"："科学"（Science）是关于人类对客观事物认识的可检验、可预测的系统知识；"技能"（Skill）是人类通过练习而形成的活动方式或动作方式。

中国高职高专教育中的"职业技术"指的是什么，各专业的"专业技术"内涵如何，每门专业课的"技术"内涵又如何，诸如此类的问题目前还很少有人能解释清楚。在多数场合，"技术"都被混同于"技能"。要真正"发挥所长"，就要把单纯"定位名称"中的"技术"变为"实际强项"，即赋予其与"技术创新"中"技术"相同的含义。这是"对策"选择中需要深入探究并在课改实践中具体落实的重要课题。

5）强化韧性

传统教育满足于"从学校到工作"（School-to-Work，STW）的"双向对接"。然而当今世界"一切都在改变，而且改变的步伐在不断加速"。

为应对流变，美国用"从学校到生涯"（School-to-Career，STC）的"生涯与技术教育"取代了"从学校到工作"的"职业技术教育"；欧盟强调：通向Career的路径不止School一条，能取得"学习结果"的"条条道路通生涯"（All Roads Lead to Career）。

对中国高等职业"生技教育"来说，至少有两点应当补充：

第一，"条条途径通生涯"不能以"不分'途径'主次"为代价，"应对探究"应当以"校本学习+"的主流途径为基础。"校本学习"除了对学生传递"与工作世界对接"的既定"知识、技能与态度"，还要教给学生如何选择、处理、理解、利用和创造性地转化信息以及"4Cs"。[②]

---

① 高职与中职在人才培养目标上的层次区别不在于"策略技能型"与"经验技能型"，而在于"技术技能型"与"技能型"。这也是国发〔2014〕19号文件中关于高职高专"培养产业转型升级和企业技术创新需要的技术技能型人才"中"技术"的应有之义。

② 此处"4Cs"，是指美国智库胡佛研究所《美国教育2030》报告提出的以"批判性思考"（critical thinking）、"沟通"（communication）、"合作"（collaboration）和"创意（creativity）为核心的"21世纪技能"，而非指市场营销组合的四个基本要素。

第二，"生技教育"除了以"学历教育的'校本学习'"为基础，通过"继续教育"不断重复地与变化的"工作世界对接"，更要培育和强化学生的"韧性"（resilience），即能够随机应变，学习新事物，在不熟悉的新环境里仍然保持心态平衡，不断重塑自己的能力①. 在这一点上，无论是欧盟 QF-EHEA 和 EQF 的"学习结果"，还是美国教育心理学家克朗伯兹（Krumboltz）关于生涯发展的"五种态度说"、美国职业管理学家萨柏（Donald E.Super）的"职业生涯发展理论"，乃至"美国 21 世纪技能联盟"的"21 世纪学习框架"，均未涉及。

将"4Cs""自主处理与转化信息能力""韧性能力"等内涵增补到"校本学习"的"框架"中，并贯穿于"学生学力建构"的全过程，理应作为"对策研究"中的"补救性"选项。

6）摆正关系

"摆正关系"是"对策研究"中的"思维方式"选项。所谓"摆正关系"，是指以马克思主义唯物辩证法为指导，借鉴"总序"的"逻辑反思"中"辩证超越"提及的各种课程理论之合理内核，将高等职业教育课程与教材建设涉及的诸多"对立"或"并行"模式，从"非此即彼"或"片面性"中解脱出来。诸如：

（1）对标"辩证课程理论"，将关于"课程类型"的"'学术性'与'职业性'""'人本主义'与'工具主义'""'道德主义'与'功利主义'"等传统"两极对立"，转型为"'整体论'课程观"指导下的"多元整合型"课程模式。

（2）对标"职普融通"，将关于"课程设置"的"'基于学科'的模式"与"'基于能力'的模式"传统"两极对立"，转型为"基于'学科-能力'融合的模式"。

（3）对标"新老三论"和"分子生物学"的系统论框架，将"'学术-技术'个体'学力发育'"中"预成论"与"渐成论"的"两极对立"，转型为"'目标模式'与'过程模式'辩证统一"模式。

（4）借鉴"21 世纪教育'基本要求'"和"21 世纪学习框架"，将关于"课程目标"的"重认知轻做事"与"重做事轻认知"的传统"两极对立"，转型为"以健全职业人格为导向""既会认知，也能做事，更懂做人"的"'整体论'学力框架"模式。

（5）对标"教育学中心法则"，将关于"课程方法"的"教师中心"、"学生中心"、"多中心"或"无中心"等传统模式，转型为"以'觅母表达过程'为中心的'教学闭环'"模式（详见下文）。

（6）借鉴"21 世纪学习框架"，将关于"课程取向"的"目标模式"（泰勒）与"'实践-历程'模式"（劳伦斯·斯滕豪斯）的传统"两极对立"，转型为兼顾两者与"情境模式"（劳顿、普林、英戈以及斯基尔贝克）的"'三者统一'"模式。

（7）对标"'学术-技术'个体的'发生-发育'机制"（详见下文），将关

---

① 赫拉利. 今日简史［M］. 林俊宏，译. 北京：中信出版集团股份有限公司，2018：254.

于"课程要素组织"的"纵向结构"与"横向结构"、"逻辑顺序"与"心理顺序"、"直线式"与"螺旋式"等传统模式，分别转型为"纵向为主、横向为辅、纵横交错""觅母表达顺序""'专识-专能'建构"之"直线式顺序"、"顺从级、认同级、内化级"的"道德建构顺序"及"初级、中级、高级"的"通能建构"之"螺旋式顺序"等"要素组织"模式。

（8）着眼不断加速的"知识更新"、"技术更新"和"产业更新"挑战，将关于"课程结构组织"的"层次结构单一"传统模式，转型为"合理配置'深层''中层''浅层'的'立体结构组织'"模式，并导入"基于'学习理论'、'学习方法'、'学习策略'和'4Cs'的'韧性学习'"方式。

（9）对标当代"'科学、技术、产业'发展"的辩证关系，将关于"教学途径"的"各环节'相互脱节'或'互不衔接'"的传统模式，转型为"原理、实务、案例、实训"的"协同性共建"模式。

（10）对标习近平总书记关于"积极探索新时代教育教学方法，不断提升教书育人本领"的殷切寄语（2020），将"教学方法"的"重鱼""轻渔"、教师"一言堂""满堂灌"、学生"轻交流""少体验"等传统模式，转型为"学导式教学法"、"互动式教学法"、"案例式教学法"、"讨论式教学法"、"体验式教学法"、"专题式教学法"、"分众式教学法"、"项目式教学法"和"自主学习"、"合作学习"、"实践学习"等"多种方式共存"，使其相辅相成、相得益彰。

（11）对标中共中央、国务院关于《深化新时代教育评价改革总体方案》（2020），将关于"考核评价"的各种"片面性"传统模式，转型为"融多种考核评价方式于一体"模式，即"改进结果评价，强化过程评价，探索增值评价，健全综合评价，完善素质评价，充分利用信息技术，提高评价的科学性、专业性和客观性"。

4. 弯道超车

"'学科结构'课改"和"'工作导向'模式"因"交集中的误区"，在"实践上遇挫折""理论上被证伪""课改中遭'范式转换'"的"多重打击"之后，世界各国教育界都在探寻新路径，中国教育界也责无旁贷。

此处"弯道超车"，是指随着人类进入"信息化时代"，在"文化信息层面"体现新时代中国特色高等职业教育课程与教材建设的"路径探索"，即以"'整体论'课程观"为"指导理念"、以"觅母表达"和"中心法则"为"'校本学习'的'过程模式'"、以"体现'内在目的性'的'预期胜任力'"为"目标模式"的相关探索。

1）"'整体论'课程观"

（1）"多元整合"内涵

世界高等教育课改历程表明：20世纪末，美国综合大学课程改革侧重"通识"与"专识"的"整合"（"融合"）；欧洲新体制下的大学课程改革侧重"通能"与"专能"的"整合"；"21世纪学习框架"关注"整体知识"与"整体能力"的全面整合，是超越"整体知识观"与"整体能力观"的尝试；"改革开放"以来中国普通高校课改大致经历了上述各阶段；中国职业高校课改正在阔步前行，有望迎头赶上。

"'整体论'课程观"中"整体论"的"多元整合"内涵，是指其中包括的三种"整合"，即"'专业知识'与'通用知识'整合为'整体知识'""'专业能力'与'通用能力'整合为'整体能力'""'整体知识'与'整体能力'整合为'整体知能'"。

这三种"整合"分别体现了当代世界高等教育课改不同阶段的发展成果，是当代"科学链""技术链""产业链"之"相互融合"在"'职普融通'教育链"中的综合反映，在当代高等教育不同类型的课改中各有侧重。

（2）概念重建

①从"一般系统论"到"有机整体论"

笛卡尔认为：对付复杂性的办法，是把它细分为组成部分，再把部分组合为整体。在作为"横断科学"的一般系统论中，也可以看到这一观点的痕迹。贝塔朗菲认为，系统是由"相互作用"的部分组成的"集合"（"相互作用的诸要素的复合体"），"集合"可以分解为"部分"，"部分"可组成为"集合"①。DACUM基于"工作任务分析"、MES基于"职业分析"、BTEC基于"工作领域分析"和德国基于"行动领域分析"的"模块课程"开发，其方法论依据皆在于此。

但是，"部分"与"集合"这对范畴在有机界中已无地位②，即便加上贝塔朗菲强调的"相互作用"或"强相互作用"，也帮不了多少忙：在无机界中也存在"相互作用"和"强相互作用"③；在有机界中，无论何种"相互作用"都居于"从属地位"。

欧盟QF-EHEA和EQF诉诸的"'学习结果'+'获取途径多样性'"，是将贝塔朗菲三种"系统目的性原理"之一的"异因同果性"（the-same-result-different-cause）作为其方法论基础。

将"异因同果性"作为有机界研究方法论基础的主导性原理也多有不便，在超有机界的人类教育研究领域就更加如此。其主要理由有三：第一，"异因同果性"不是"有机界"的特有属性，无机界中也存在可用"异因同果模型"描述的现象④；"异因同果"还可解读为"'因果关系'（机械力学范畴）与'统计关系'（量子力学范畴）的结合"。第二，"异因同果"尚不足以解释有机生命的"内在目的性"⑤。第三，"异因同果性"之"同果"也只是相对而言：一方面，

---

① 我国有学者用"生成整体论"反驳贝塔朗菲"系统整体论"，认为"整体"与"部分"不是"组成关系"，而是"生成关系"，即"部分"是"整体"生成的，没有"整体"就没有"部分"（参见Jin W-L. From systematic holism to generative holism［N］. Science Times，2006-11-30（B03））。两种理解殊途同归，都诉诸"整体"与"部分"这对"机械论"范畴。不仅如此，"种子的萌发——胚胎和生出来的动物，不能视为从'整体'中分出来的'部分'，如果这样看，都是错误解释"。（恩格斯语）
② "单一的"（"单元"或"部分"）和"复合的"（"组合"或"集合"）这对范畴在有机自然界中早已失去意义、不适用了。（恩格斯语）
③ 地球各圈层就是内外力"相互作用"的场所，原子核中存在"强相互作用"。
④ 在"水文模型"描述的现象中，"采用不同结构的模型或同一模型的不同参数组，均可获得可接受的同一模拟结果"，这就是"异参同效"（equifinality）。
⑤ 参见约纳斯的著作《生命的现象》（Jonas H，Jonas E. The phenomenon of life：toward a philosophical biology［M］. Chicago：Northwestern University Press，2001.）

凡物莫不相异（莱布尼茨的"相异律"）；另一方面，有机界在"自身同一性中包含差异性"（黑格尔和恩格斯）。

"路径探索"中的"'整体论'课程观"正视传统课程模式以之为方法论基础的"'整体'与'部分'""相互作用""异因同果"等范畴或原理的上述局限性，致力于对标严格意义"有机论"的"概念重建"，即基于"'有组织的'并且是'自组织的'"，以"一切机械论范畴在其中皆居从属地位的'内在目的性'"为主导原理的"概念重建"。

②从"基因"到"觅母"

分子生物学证明：一切现存生物个体都来自"生物复制因子"——"基因"（沃森和克里克，1953）。

在人文科学领域，休谟质疑"经验发生的知识之普遍性和必然性"；康德指明：作为"文化主体"的现存人类成体（无论是"科学成体"、"实践成体"还是"审美成体"）都有一个"人文结构"，这个"人文结构"不能"经验发生"，而只能"源于人类纯粹理性总源泉"；英国皇家科学院院士、牛津大学教授道金斯补充说：这个"人类纯粹理性总源泉"，存在于"人类文化复制因子"——"觅母"（meme）中[①]。

"路径探索"中的"'整体论'课程观"同样正视传统教育模式以之为方法论基础的"经验论"局限性，致力于对标"人类文化信息"层面"课程觅母"的"概念重建"。

③"课程觅母"

"路径探索"中的"'有机整体论'课程观"将作为"文化复制因子"的"觅母"理解为"人类文化信息"（波普尔的"世界3"，宇宙最高层次的"普遍性"）的存在方式，将"课程"理解为"特殊化"的"人类文化信息"（"自身特殊化的普遍性"），即包含"育人理念、类型、模式、内容、途径、程序及愿景"的特定"人类文化信息系统"，将"课程觅母"理解为在"人类教育系统"中合成的"文化'生殖细胞'"，将"预期胜任力"理解为设定在"文化'生殖细胞'"中的"内在目的性"[②]，将"教育过程"理解为"课程觅母"的"个体化"（"自身个体化的普遍性"），将"实现'内在目的'的'职业表型'"理解为"文化主体"的存在方式，将"产学研结合"中的"个体化"和"文化主体活动"理解为"'觅母'借以'更新自身'"（"重建自身的普遍性"）的方式。

2）觅母表达

在布鲁纳"学科结构导向"和传统"工作导向"的"能力本位"模式中，其课程设计及其教材建设的"过程模式"都着眼"'职业成体'的'活动机制'"，对标"科学家的研究过程"。

---

① "正如基因通过精子或卵子从一个个体转移到另一个个体，从而在基因库中进行繁殖一样，觅母通过广义上可称为模仿的过程从一个大脑转移到另一个大脑，从而在觅母库中进行繁殖。"（参阅道金斯.自私的基因［M］.卢允中，等译.北京：中信出版集团股份有限公司，2018：222.）
② 此处用"内在目的性"指代组织系统在与环境的非线性相互作用中表现出来的某种趋向预先确定状态的特性，即一种高于自然必然性的内在自由规定性。

新"路径探索"要求在皮亚杰"'同化—顺应'理论"、维特罗克"生成学习理论"、加涅"信息加工理论"的"经验习得"等"传统探索"上，增补"课程觅母"。正如"基因"控制"动物个体的'胚胎发生'"一样，"课程觅母"控制"人类职业个体的'教育发生'"。可以比照分子生物学的"中心法则"，将人类职业个体的"教育过程"解读为"课程觅母表达"。

该"路径"用"课程觅母"指代以教材为载体的"'人类文化传承与创新'信息编码系统"，将"职业个体的'发育过程'"理解为"以高中段'学力'为原格局的'课程觅母'后续表达过程"，即在教师（相当于"文化'信使RNA'"）的引导下，通过教学活动，将设计在教材中的"课程觅母"信息"转录"到学生头脑（相当于"文化'蛋白质'"）中，并通过全方位的训练、考核与评价（相当于"中心法则"中的"翻译"和"调控"机制），促成学生"学力发育"持续进行，直至体现高等职业教育"人才目标"的"预期胜任力"（目标模式）生成（相当于"成熟"）。

在人类"职业个体的'教育发生'"中，"觅母表达调控"起着关键作用。其主要机制是通过"教师备课"（"觅母转录"）和"'教学与训练'活动"（"觅母翻译"），调整"觅母表达"的时机、数量和位置，使生成的"学力要素"定位到"预期胜任力"的不同建构中，从而确保"职业个体"的正常发育；"觅母表达调控"可在多个层次上进行，包括"课程觅母"水平、"转录"水平、"转录"后水平、"翻译"水平和"翻译"后水平的调控。

3）"觅母表达"与"中心法则"

在分子生物学描述中，"生命发生过程"的"中心"既非"DNA"或"信使RNA"或"蛋白质"，亦非"转录"或"翻译"或"调控"，而是生物遗传信息从DNA传递给RNA，再从RNA传递给蛋白质，完成遗传信息转录和翻译的"基因表达"总体过程；该过程的规律，被称为分子生物学的"中心法则"。

同样地，在当代教育学描述中，也可以将"教育过程"的"中心"既非解读为"教师"或"学生"，亦非解读为"经验""活动""知识"或"课堂"中的任何个别要素，而解读为"'人类文化传承与发展'信息"。从以教材为载体的"课程觅母"，到"复制"（教师备课）和"转录"（教学与训练），再到学生"学力建构"（相当于"文化蛋白"）的"觅母表达"总体过程，并把关于这个"过程"的规律解读为当代教育学的"中心法则"①。

根据该"中心法则"，可以把以"内在目的性"为方法论主导原理，以"觅母表达"为中心，以"学力发育"为"过程模式"，以"预期胜任力建构"为"目标模式"，以教师为引导，以学生为主体，以"教学—训练—考核"为主线的"'教、学、做、评'合一"，作为校本学习"'教学闭环'内诸多要素关系"

---

① 德国"传统教育学派"的"老三中心"是"教师中心、知识中心、课堂中心"（Johann Friedrich Herbart，1776—1841）；美国"进步教育学派"的"新三中心"是"学生中心、经验中心、活动中心"（John Dewey，1859—1952）；苏联"知识教育学派"的"三中心"是"教师中心、知识中心、课堂中心"（Иван Андреевич Каиров，1893—1978）；欧盟QF-EHEA的"一个中心"是"以学生为中心"；我国部分职教专家的"教育执念"是"无中心"。根据此处提及的"中心法则"，无论是"多中心""并列中心"，还是"个别要素中心""无中心"，都不足取。

的"'整体论'课程观"定位。

4)"觅母表达"与"觅母突变"

有益"觅母突变"是人类文化（科学与技术）发展的重要因素之一，该"突变"可以发生在"觅母表达"过程的各个阶段。探索有益"觅母突变"机制，并将其运用于教材设计、课程教学和教育过程（包括"产学研结合"），是高等职业教育课程改革的重要任务。

有益"觅母突变"可以是自发的，也可以是定向诱发的。自发的"觅母突变"，是指通过"自主学习"，发生于"非典型模型"即"'课程觅母'⇌'学生学习'"中的"突变"；定向诱发的"觅母突变"，或指通过"教学闭环"发生于"典型模式"即"'课程觅母'⇌'教师'⇌'学生'"中的"突变"，或指通过"教学闭环"与"教育环境"的交互作用发生于"产学研结合"中的"突变"。

欧盟 QF-EHEA 框架中，"由'以教师为中心'向'以学生为中心'和由'以教学为主'向'以学习为主'转变"的模型，可归类于"非典型模型"。在其中，"自发'觅母突变'"所依据的"自主学习"并非"自发学习"，而是基于学习原理、方法和技巧的有计划学习与实践（详见本教材"附录一"的"自主学习"的"'知识准备'参照范围"和"附录三"中"自主学习"的"基本要求"、"'技术–技能'点"和"参照规范与标准"）。

在"教学闭环"中定向诱发"觅母突变"的因素可以有多种，如将"4Cs"的"批判性思考"（critical thinking）、"创意"（creativity）要素体现在教材设计、教学方式以及训练与考核评价方法中等。

关于"产学研结合"中"觅母突变"的"定向诱发"，参见"5)'觅母表达'与'教育环境'"。

5)"觅母表达"与"教育环境"

教育过程中从"课程觅母"到"'预期胜任力'成熟"即"职业表型"的建构，不是在自我封闭的系统，而是在与"教育环境"要素"非线性"相互作用的"开放系统"中进行的。

高等职业教育的"环境要素"包括"实体环境"与"虚拟环境"。"实体环境"又包括"内环境"与"外环境"：前者指由课堂、学校及其规章制度、教育技术、设备设施等构成的要素；后者指由家庭、社区、企业、行业组织、国家和世界政治、经济、科技、教育等现实发展构成的要素。"虚拟环境"是指以图书馆和互联网为载体和中介的关于"人类文化要素"的"信息数字云"（其中包括国内外同类竞争"课程觅母"）。

在这种"开放系统"中：一方面要坚持"以教促产、以产助教""产教融合、产学合作"，借以突破"觅母表达"的"教学闭环"；另一方面要通过"产学研结合"（包括与同类竞争"课程觅母"的交流互动和"超越"），融通"科学创新""技术创新""教育创新""产业升级"，即"技术链"主动承接并转化"科学链"的创新成果，进行从"渐进性"到"突变性"（"觅母突变"）的"技术创新"，促进"产业链"结构升级，借以更新"课程觅母链"（"觅母选择的进化"），走出前述"传统'能力本位'主要局限性"之三中提及的德国"双元制'克隆怪圈'"。这是党的二十大报告强调的"产教融合、科教融汇"的应有之义①。

　　着眼于"开放系统",可以将"教育过程"的"有机整体论"解读更具体地表述为:以"'整体论'课程观"为理念,以"内在目的性"为方法论主导原理②,以"课程觅母表达"为中心,以"预期胜任力建构"为"目标模式",以教师为引导,以学生为主体,以"教、学、研、用"为"教学闭环"主要环节,以"产教融合、科教融汇"为必要条件,受制于内外教育"环境要素"并与之"非线性互动"的"学力发育"过程。

6)"觅母表达"与"工作世界"

　　"人类文化信息"通过"教育过程"中"课程觅母表达"实现的"特殊化"和"个体化",与体现"人类文化信息"的"科学链""技术链""产业链"之间的关系,是人类"文化主体"与"文化客体"间的关系。

　　受制于内外自然环境要素的生物生殖细胞,通过基因的有选择表达,在发育不同时期、不同部位,通过基因水平、转录水平等调控,表达基因组中不同部分,实现包括"基因突变"在内的分化和发育,直至最终形成的"生物表型",能够完美适应"外部自然界";同样地,在"系统教育学"语境下,受制于当代内外教育环境要素的"发生中的'人类文化个体'",通过"课程觅母"的有选择表达,在其"学力发育"的不同时期、不同侧面,通过"觅母"水平、"文化信息转录"水平等调控,表达"觅母组"中的不同部分,实现包括"觅母突变"在内的"学力"分化和发育,直至最终形成名为"预期胜任力"的"职业表型",也能够完美适应"'以科技链、技术链创新'为依托,'以产业链结构升级'为背景"的"当代文化客体",即由国家机关、文化部门、科研机构、产业链等职场组成的复杂系统——"外部工作世界"。

7)期待与展望

（1）系统教育学

　　20世纪末至21世纪初,以"一般系统论与分子生物学整合"为标志的生命科学进入了"后基因组时代"——系统生物学时代。可以期待,在联合国教科文组织（UNESCO）发布《教育2030行动框架》,中共中央、国务院出台《中国教育现代化2035》顶层设计的大背景下,随着"多学科交叉融合"和"与技术交

---

　　① 近年来,随着德国汽车产业被美国和中国"弯道超车",其引以为豪的"双元制教育"之"克隆怪圈"局限性也显露出来:只关注"学生对标工匠""学校对标企业""教育对标产业",忽视"科技端"在"工业化与信息化'两化融合'"中的重要作用,是其落后的根本原因。中国高等职业教育应引以为戒,在关注"产业链"、倡导依托"产教融合"、组建"产教融合共同体"的同时,更要关注中国（和世界）的"技术链",特别是"技术链"中那批学科（尤其是理工科）出身、眼界和判断力都是一流、富有创新精神的高智商学者和专家在"技术攻关"中的主导作用（他们通过"技术链"上承"基础理论研究"最新成果,下接"产业链"升级需求）,倡导"'高新技术'与'产业'并重",组建由高新技术公司、相关产业界和高职院校三方构成的"产教研融合共同体",实现三方"良性互动"。这是中国高职教育侧重"技术链",关注"技术'传承-创新'与应用"的"产教融合、科教融汇""产教研合作"中"研"字的应有之义。为此,中国高职教育有必要将"技术"视为与"产业"并列的"元",用新时代中国特色的"三元制",取代源于《职业学校职业专业教育框架教学计划编制指南（1996）》的德国"校企'双元制'"。

　　② 以"内在目的性"（intrinsic purposiveness）为方法论主导原理,旨在取代"学习结果"以之为方法论基础的贝塔朗菲"异因同果性"（the same-result-different-cause）原理。

叉融合"，作为大科学的"系统教育学"亦将出现在人们的视野中[1]。

"系统教育学"作为"以教育的'有机整体论'研究为特征的科学"，是研究"觅母表达"过程中教育系统所有组分相互关系的科学，其目标就是要建构一个理想的模型，使其理论能够反映教育系统的真实性。

在"系统教育学"中，"职普融通教育"课程的研究重心，将不再是"还原论"或"机械论"的"工作分析""职业分析""行动过程分析"，也不只是"学习结果"，而是"作为'职业表型'的'预期胜任力'"连同其"发育过程"，即"人类文化'传承与发展'的系统信息"如何在诸多内外教育因子共同和有序参与的系统调控下，依照一定时间、逻辑和等级次序，从"课程觅母"到"职业个体'预期胜任力'生成"的一系列复杂的、非线性的流动过程。其中：从"人类文化觅母库"中分门别类优选出来的"课程觅母[2]"（作为"觅母工程"的产物），依据先进的"编程技术"建立的课程结构，将超越各种传统教材的组织与内容结构；其"系统调控"将包括但不限于"觅母表达"诸多层次水平的调控，而呈现从"发生中的'职业个体'"，到与"当代工作世界"能动对接的各类"职业表型"的"整体化、综合化、动态化、多维化、全过程"的"大一统"格局。

（2）"觅母工程"

"觅母工程"可解读为"'有机整体论'课程观"的"观念应用"，即其"'软系统'实践"。

①"基因工程"与"觅母工程"

人文科学与生物科学互鉴的事例屡见不鲜。两个世纪以来，生物学经历了继动物解剖学和生理学之后，从比较胚胎学（贝尔《论动物的进化》，1828），到细胞学（施莱登，1838；施旺，1839；菲尔肖，1855）和生物进化论（达尔文《物种起源》，1859），再到分子生物学（沃森和克里克，1953—1958）的发展。

在人文科学领域，也可以看到类似的过程，即继康德"精神解剖学"（"三批判"）之后，从"精神的种系发生"（黑格尔《精神现象学》，1807）和"精神的胚胎发生"（作为"精神种系发生'逻辑缩影'"的黑格尔《逻辑学》，1812—1816），到"从细胞到成体"的"资本'发生-演化'"（马克思《资本论》，1867）[3]，再到关于"人类文化信息"的"世界3"（波普尔《客观知识》，1972）和关于"新型复制因子"（meme，即"文化基因"）的"觅母假说"（道金斯《自私的基因》，1976）发展。

科学认识世界，技术改造世界。分子生物学与分子遗传学的综合，创生了作

---

① 习近平总书记在中共中央政治局第三次集体学习时指出："世界已经进入大科学时代，基础研究组织化程度越来越高，制度保障和政策引导对基础研究产出的影响越来越大。"

② 公共基础课程内容的"课程觅母"应从人类"传承-发展"的优秀文化信息中提取（如"四论一理"）；专业课程内容的"课程觅母"应从体现"职普融合"的当代"科学链""技术链""产业链"最新发展成果的文化信息中择优提取；专业课程形式的"课程觅母"应从体现"科教研产融合"的当代"教育链"最新课改实践及其理论研究成果的文化信息中择优提取。

③ 恩格斯说："正像达尔文发现有机界的发展规律一样，马克思发现了人类历史的发展规律。"（参见中共中央马克思恩格斯列宁斯大林著作编译局.马克思恩格斯文集：第3卷［M］.北京：人民出版社，2009：601.）马克思说："已经发育的身体比身体的细胞容易研究些……商品的价值形式，就是经济的细胞形式。""这种研究的科学价值在于阐明支配着一定社会有机体的产生、生存、发展和死亡以及为另一更高的有机体所代替的特殊规律。"（参见中共中央马克思恩格斯列宁斯大林著作编译局.马克思恩格斯文集：第5卷［M］.北京：人民出版社，2009：8；21.）

为现代生物技术核心的"基因工程"。"觅母假说"与系统教育学以及"交叉融合"中的"当代科学与技术"的综合，将创生作为当代教育技术核心的"觅母工程"。

②"觅母编程"

国家与国家之间的竞争最根本的是人才竞争，人才竞争归根结底是教育竞争，教育竞争力的强弱在很大程度上取决于"课程设计"的优劣，即作为"'课程标准'与'课程教材'统一"的"觅母编程"。

"觅母编程"是"觅母工程"的核心。每一种有说服力的旨在揭示并消除"传统编程模式"弊端的努力，都将导致"觅母编程"的"优化重组"。

新时代中国特色"觅母编程"领域中最重要的工作，是避免重陷"将职业个体的'发育机制'混同于职业成体'工作或行动机制'"的"传统课程模式'误区'"，将"编程任务"的重点移至"基于'觅母表达'的'过程模式'"和"以'预期胜任力'为'目标模式'"的研究上来。

"'课程标准'的'觅母编程'"应以《中华人民共和国国民经济和社会发展第十四个五年规划和2035年远景目标纲要》《中国教育现代化2035》为指导，对标"国家教育、科技发展和产业升级需要"；"'课程教材'的'觅母编程'"应以"课程标准"为依据，对标"各行业人力资源最新需求"，以相应"预期胜任力"为"内在目的"。

"预期胜任力"是指"能够做好什么"，即在特定行业更新着的工作岗位、组织环境和文化氛围中绩优者所具备并可客观衡量的个体"学力结构"特征，以及由此产生的可预测、指向绩效优良等级的行为特征。

③"编程技术"

"编程技术"是关于"觅母编程"的原理、方法和工艺的系统知识。

探索"有组织的""自组织的""以'内在目的'为原理，以'觅母表达过程为中心'"，包含"指导性理念""教育类型与层次""编写原则""课程类型""课程设置""课程导向""课程目标""课程内容""课程设计""课程组织""课程方法""课程结构""教学途径""教学方法""学习模式""课程训练""课程考核""评价原则""质量管控"等要素在内的当代"最新编程技术"，借以寻求"觅母编程"的"最优方案"，是21世纪教育科学、课程理论和教材设计研究的重中之重。基于某种"编程技术"的"课程觅母"能够在国与国之间的教育竞争、人才培养中取得多大成功，是判定该种"编程技术"优劣的实践标准。

④"编程主体"

"课程标准"的"编程主体"应由教育部主导的"教育学家+课程专家+产业高端智库专家+学科（专业）带头人"组成；"专业课程教材"的"编程主体"应由"课程专家把关、领衔编者主导"的"科技专家+企业家+具有高级职称的专业教师"组成。

四、本系列教材建设

改革开放以来，中国高等职业教育教学改革的重要任务，是通过回眸西方主要发达国家课改历程，分析其各阶段主流教育理念和课程模式的利弊得失，在

"逻辑反思"基础上，探索新时代中国特色高等职业教育课程与教材创新之路。

"21世纪新概念教材：'多元整合型一体化'系列"，就是在这种分析、反思和探索中，由东北财经大学出版社携手国内高职院校众多知名专业带头人共同推出的。

1. 教材定位

本系列教材定位以"总序"中的"历史回眸"为事实依据，以其"逻辑反思"为借鉴依据，以"'职普融通'与'类型定位'""绕开交集""补齐短板""发挥所长""强化韧性""摆正关系"等"对策研究"为课程观依据。其相关"模式选择"可简述如下：

1）21世纪新概念

在"代型设计"上，本系列教材名为"新概念"，是指以"'整体论'课程观"为课程与教材建设"指导理念"；冠以"21世纪"，是因为该"指导理念"吸收了世界特别是欧美发达国家高等教育课程改革21世纪主流趋势的合理内核[①]，并带有"弯道超车"的中国特色。

2）"多元整合型"一体化

"'多元整合型'一体化"作为本系列教材的"代型设计"定位，有两层含义：

含义之一是指教材体系蕴含"三重整合"的"一体化"。"三重整合"即"'专识与通识'整合""'专能与通能'整合""'整体知识'与'整体能力'整合"。

含义之二是指教材设计"四大环节"的"一体化"。"四大环节"即"理论""实务""案例""实训"。此处的"一体化"有三层含义：一是指每门专业课教材的"四大环节"，从"学习目标"到"教学内容"，再到"基本训练"和"考核评价"一贯到底；二是指每章"四大环节"皆向"预期胜任力"的"阶段性建构"聚焦；三是指各章"预期胜任力"的"阶段性建构"通过"终极体验"，收官于其全课程的"总体性建构"。

3）类型与层次

在"教育类型"上，本系列教材区别于"普通高等教育"和"应用型本科教育"教材，定位于"高等职业教育"；在教育层次上，本系列教材介于"中等职业教育"和"专业研究生教育"之间，定位于"高职高专"。

在教材类型上定位于"高等职业教育"，就是其内容重心不在"学科知识"及其"应用"，而在"技术"及其"应用"；在教材层次上定位于"高职高专"，

---

① 在世界高等教育领域，20世纪末至21世纪初，课程与教材建设的大势所趋是向"'整体论'课程观"转型。其间呈现的"整体论"课程模式多种多样，诸如：整合"专能"与"通能"的"整体能力观"（美国"职业群集课程"、英国BTEC课程、德国"双元制"课程，20世纪70至80年代）；整合"职业教育与学术教育"的AIO、STW和STC（美国社区学院，20世纪90年代）；整合"专识"与"通识"的"整体知识观"课程（美国普通高校，1990）；"博洛尼亚进程"中的"整体能力观"（29个欧洲国家，1999—2010）；整合"职业教育"与"普通教育"的"一体化"课程（美国，21世纪初）；兼顾"学术性因素"与"典型职业性因素"的《教育与培训框架2020》（欧盟委员会，2010）；整合"整体知识观"与"整体能力观"的"21世纪技能""PISA 2018全球胜任力评估框架"（美国，2011，2017）和中国普通高校"双一流大学建设"（2017—2022）。

就是以教育部新近颁布的"高等职业学校专业教学标准"为层次标准。

4）编写原则

在编写原则上，本系列教材编写以教育部《职业院校教材管理办法》中的"总则"为原则，以贯彻落实其中"一个坚持"、"六个体现"、"四个自信"和"第十二条"各项要求为基点，以《中国教育现代化2035》及其实施方案中提出的"指导思想""八大基本理念""总体目标""十大战略任务"为全面指导。

5）课程类型

在"课程类型"上，本系列教材兼顾"学术性"与"职业性"、"人本主义"与"工具主义"、"道德主义"与"功利主义"。

兼顾"学术性"与"职业性"，就是体现课程的"职普融通"，即体现"教育链"、"'学术链''技术链''产业链'"和"人才链"有机衔接。

兼顾"人本主义"与"工具主义"，就是使课程既具有"人本属性"，又具有"工具属性"。课程的"人本属性"是指坚持"以人为本"，把全面提高学生的教育水平、文化品位、价值追求作为课程的根本；课程的"工具属性"是指把树立大学生的"服务意识"作为课程的宗旨。

兼顾"道德主义"与"功利主义"，就是使课程既具有"道德属性"，又具有"功利属性"。课程的"道德属性"是指把"社会公德"和"职业道德"作为课程价值的主导取向[①]；课程的"功利属性"是指把"为社会、为国家、为人民谋利益"作为课程价值的基本取向，把"三个有利于"作为判断课程价值的最终标准。

6）课程设置

在"课程设置"上，本系列教材对标"职普融通"，并借鉴20世纪90年代以来美国哈佛大学"基于'学科-能力'的混合模式"，将关于"课程设置"的"'基于学科'模式"与"'基于能力'模式"的传统"两极对立"，转型为"基于'学科-能力'"的"融合模式"。

7）课程导向

在"课程导向"上，本系列教材正视并顺应欧盟QF-EHEA和EQF弃用"工作导向"和向"学习结果"转型的主流趋势，并由此前行，从"专注"走向"兼顾'预期胜任力'连同其'发育过程'"。

"新系"的"兼顾导向"，以"职业个体的'学力发育'与职业成体的'行动过程'机制不同"为理论依据。

"新系"的"过程模式"选择"'学力发育'导向"。其中："学力"是指"通过学习获得的能力"，包括"学术""技术""技能""价值"四重要素；"发育"是借用生物学概念，是指高职院校在校生的"学力'结构-建构'"大到从高中阶段的"原格局"到高职毕业之"完全成熟"，小到各学期的课程教学，皆

---

① "道德属性"或"立德树人"，即"扎根中国大地，站稳中国立场，充分体现社会主义核心价值观，加强爱国主义、集体主义、社会主义教育，引导学生坚定道路自信、理论自信、制度自信、文化自信，成为担当中华民族伟大复兴大任的时代新人"。

须经历循序渐进的变化过程。

"新系"的"目标模式"选择"'预期胜任力'导向",即以"有机论"的"内在目的性"为方法论原理,以"预期胜任力生成"(即"学力发育"成熟为"职业表型")为最终"目标状态"。"目标模式"可具体化和阶段化为专业教材各章的"学习目标"。

8)课程目标

在"课程目标"上,本系列教材采用以"'传承'为主,兼顾'创新'"模式取代"专注'传承'"的传统"目标描述"。

(1)传承型目标

"'传承型'目标"以"健全职业人格①"为"整合框架",以全人类共同价值、党和国家意志、社会主义核心价值观及道德伦理等"多维规范融入"为"价值引领",通过各章"理论目标""实务目标""案例目标""实训目标"等环节和侧面的阶段性"学力'结构-建构'",向"'预期胜任力'生成"的课程"总目标"汇集和聚焦。其中:

"理论目标"描述"应当学习和把握"的"学科知识"(陈述性知识),包括概念、原理、特点和作用等;"可据以指导"的各种认知活动,包括"同步思考"、"教学互动"、"随堂测"和"基本训练"中"理论题"各题型;"应当体验"的"初级学习"中"专业认知"的横向正迁移,以及"相关胜任力"中"专业认知要素"的阶段性生成。

"实务目标"描述"由原理向技术延伸",即:"应当学习和把握"的"专业规则与方法"("程序性知识");"可据以解析"的"基本训练"中"实务题"各题型;"应当体验"的"初级学习"横向正迁移,以及"相关胜任力"中"专业技术要素"的阶段性生成。

"案例目标"描述"应当多元表征"的"专业情境"和"思政情境";"应当体验"的"高级学习"中"专业知识""通用知识""思政元素"的协同性重组迁移,以及"相关胜任力"中"认知弹性要素"的阶段性生成。

"实训目标"描述关于"技术应用"的实践操练,即:"应当完成"的各项实训任务;"应当实施"的系列技能操作;"应当融入"的"专业能力""通用能力""职业道德"等多维素质要素;"应当准备、撰写与讨论"的《实训报告》;"应当体验"的"实践学习"中"专能"、"通能"与"职业道德"元素的协同性"重组-产生"迁移,以及相关胜任力中"求知韧性"和"复合性'技术-技能'"要素的阶段性生成。

(2)创新型目标

"创新型目标"聚焦"自主学习""教学闭环""产学研结合"三者中的"觅母突变"。一方面,将"4Cs"导入"自主学习"和"教学闭环"中,探索"技术

---

① "健全职业人格"作为立足于中国特色社会主义制度、物质经济关系、科学技术、道德文化、价值取向、理想情操、行为方式和全球视野等全方位"职业要素"的整合框架,是新时代中国职业人"职业胜任力"的核心和灵魂。

更新"；另一方面，通过"产学研结合"探索"技术发展"。

（3）整合型目标

"'整合型'目标"作为"综合训练"的"训练目的"，汇总各章"传承型学习"中的"既定习得"，将其与"自主学习""教学闭环"和"产学研结合"中产生的"技术发展"融为一体，并将基于后者的"技术应用"作为专业课"终极体验"的"综合实训"题目①。

9）课程内容

在"课程内容"上，本系列教材对标新近修订的国家专业教学标准，重点反映"知识经济""数字经济""服务经济""体验经济""共享经济"叠加背景下的现代服务业新发展，特别是反映与5G、人工智能、生物技术、大数据、云计算、物联网和智能移动终端App等新技术融合的新趋势，突出现代服务业"两新四高"的时代特征，即"新服务领域""新服务形式""高'文化品位和技术'含量""高增值服务""高'素质和智力'的人力资源结构""高'情感体验和精神享受'的消费服务质量"。

就内容布局而言，本系列课程教材兼顾"传承与创新"，以体现"'科学⇌技术⇌产业'"辩证关系的"协同性共建"为"展开模式"，即：一方面，通过"传承机制"将教学内容展现在相互联系、密不可分的"认知基础""技术延伸""情境表征""技术应用"诸环节，重点反映专业领域的"高新技术规范"，突出"技术延伸"和"技术应用"在高职高专专业课教学中的"重心"地位；另一方面，通过"创新机制"，将"教学闭环"和"产学研结合"中产生的"觅母突变"同步反馈到"课程觅母"中。

"认知基础"是指专业"理论"（包括"基础研究中的创新"）中的"主要概念和基本原理"；"技术延伸"是指基于"认知基础"的"实务知识"，即专业"基础理论"在"应用研究"中发明、创造与开发的"新成果"，包括"新方法、新规范、新规则、新标准、新工艺"；"情境表征"是指能够用"'认知基础'和'技术延伸'"分析的关于"学术-技术-价值"的案例知识；"技术应用"是指应用"新技术"的"同步体验"和"终极体验"，即"实践学习"中的"'技术-技能'操作"。

"课程内容"四环节的分量关系，是兼顾"学科知识"与"产业实践"两端，重在"'技术'的'传承-创新'与'应用'"，做到"'理论教学'必需、够用，'实务教学'周详充分，'案例教学'典型多样，'实训教学'具体到位"。

"课程内容"中的"思政要素"即"价值引导"，体现在教材各章正文、功能性专栏和"基本训练"相关题型和考核评价中。

10）课程设计

在"课程设计"上，本系列教材兼顾"目标模式""过程模式""情境模式"。课程设计的"目标模式"，是指"学力'结构-建构'"的"总目标"，即

---

① "顶峰体验"，是美国《博耶报告》倡导的"多种学习方式"之一（详见博耶本科教育委员会. 彻底变革本科教育 [J]. 全球教育展望，2001（3）：67-73.）。

专业"'预期胜任力'生成";课程设计的"过程模式",是指前述"学力发育导向";课程设计的"情境模式",是指关于"'校本课程'专业'课程觅母'选择"的"内外情境"要素。其中:

"'校本学习'专业'课程觅母'选择",就是从"基于教育类型和层次定位"的专业"文化觅母库"之"价值链""学术链""技术链""产业链""教育链"中,择优选取"人类文化'传承-发展'信息"要素。

"内外情境"要素中的"内部情境",是指"教学闭环"内"参与'觅母表达'"的各种要素关系;"外部情境",是指"教育环境"中的诸多要素关系。

11）课程组织

在"课程组织"上,本系列教材兼顾"要素组织"和"结构组织"。其中:"课程要素组织"对标"深度融合"中的"当代前沿'学科知识'与'技术规则'要素关系";"结构组织"既关注"层次结构"的合理化,又关注"内容结构"的无限化。

对标"深度融合"中的"当代前沿'学科知识'与'技术规则'要素关系",就是课程的"学术性要素"与"职业性要素"依照"纵向为主,横向为辅,纵横交错"的线索展开;"层次结构的合理化",就是合理配置"深层""中层""浅层"知识,通过深层知识对中层知识、中层知识对浅层知识的"一般性"、"稳定性"和"指导性"作用,赋予课程以应对"知识流变"的弹性;"内容结构的无限化",就是在"授之以鱼"的同时"授之以渔",即通过"学会学习",导入关于"学习理论"、"学习方法"与"学习策略"的"自主学习'否定性'"机制,赋予课程以应对"从学校到生涯"的"知识流变"之无限潜力。

12）课程方法

在"课程方法"上,本系列教材以"中心法则"假说为理论依据,将"学科中心"与"工作中心"、"知识中心"与"活动中心"、"教师中心"与"学生中心"等"两极对立",以及"多中心""无中心"等传统执念,转型为"以'觅母表达过程'为中心,以'教师为引导、学生为主体'、'教学闭环与教育环境良性互动'为'开放系统'"的"'整体论'方法"模式。

13）教材结构

在"教材结构"上,高职高专的专业课教材此前有两个主要选项,即"模块化结构"和"多样化结构"。

"模块化结构"是北美 DACUM、国际劳工组织 MES 和德国"双元制""工作导向"课程结构的标配;"多样化结构"是欧盟各国 QF-EHEA 和 EQF"学习结果导向"课程结构的标配。

鉴于"工作导向"被 QF-EHEA 和 EQF"范式转换"多年,已不可取;"学习成果导向"不仅方法论基础有局限性,而且重"结果"轻"过程",特别是轻"校本学习"中"教学闭环"的"过程",是"一种倾向掩盖另一种倾向",也不足取。

本系列教材的"课程导向"兼顾"过程模式"(学力发育)与"目标模式"

（预期胜任力），且其"要素结构"以"纵向为主，横向为辅"，故以"章节结构"为教材结构的标配。

14）教学途径

在"教学途径"上，本系列课程教材的"理论教学"遵循"从抽象上升到具体"的路径；"实务教学"同步跟进，向"技术环节"延伸；"案例教学"紧随其后，穿插其间；"实践教学"理实统一，阶段性收官。

"教学途径"如此布局的理论依据如下：麦克·扬"基于知识分化的理论"观点，即关于"强有力的知识"是"专门化的""系统性的、通过概念在'学科'或'科目'的形式下彼此系统关联"的观点[①]；马克思关于"从抽象上升到具体的方法"是"科学上正确的方法"[②]；J.安德森"产生式迁移理论"关于"'产生式规则'的获得必须先经历一个'陈述性阶段'"；弗拉威尔"认知策略迁移理论"关于"'反省认知过程'是在新的情境下使用'认知过程'的前提"；斯皮罗（R.J.Spiro）和乔纳生（D.H.Jonassen）"认知灵活性理论"关于"'高级学习'以'初级学习'为前提"；约翰·杜威关于"学习也来自经验"；库尔特·勒温关于"理论应该与实践统一"；让·皮亚杰关于"智力在体验中形成"。

15）教学方法与学习方式

在"教学方法"上，本系列教材将各种教学方法"兼收并蓄"，即将"学导教学法""互动教学法""案例教学法""讨论教学法""体验教学法""分众教学法""项目教学法"等诸多教学法，有针对性地运用于相应教学环节，使其相得益彰。

在"学习方式"上，融"听讲学习""自主学习""协作学习""讨论学习""互动学习""探究学习""考察学习""实践体验学习""网络学习"等多种方式于一体。

16）课程训练

在"课程训练"上，本系列教材通过各类题型——对标四大"学习目标"和"教学环节"的"理论题""实务题""案例题""实训题"———操练，复习与巩固"单元教学"的各种习得，体验不同类型的"学习迁移"，强化"学术""技术""技能""价值"等要素"聚焦'胜任力'"的"学力阶段性"建构。

教材末章之后设有作为课程"终极体验"[③]的"综合训练"，旨在体验将"产学研结合"和"教学闭环"（特别是"自主学习"）中获得的"技术更新"与先前各章"技术习得"融为一体的"'传承-创新'型""胜任力建构"。

在上述训练中，着眼"高素质"人才的"核心素质"培养，本系列教材借鉴英国"普通国家职业资格证书"（GNVQ）课程中关于"'通用知识'应用转化为'通用能力'"授课方式，通过学生组建学习团队，自主学习和应用教材所附

---

① YOUNG M，LAMBERT D. Knowledge and the future school：curriculum and social justice［M］. London：Bloomsbury，2014：74-75.
② 参见中共中央马克思恩格斯列宁斯大林著作编译局.马克思恩格斯文集：第8卷［M］.北京：人民出版社，2009：25.
③ 相对于"专业胜任力建构"的"顶峰体验"，每门课程的"终极体验"都是一种"阶段性体验"。

"'职业核心能力训练'参照知识和规范",将"通识"和"通能"融入各章"案例分析""课程思政""实训操练"等"专业能力"、"4Cs"和"韧性"的诸训练环节中。

17）课程考核

关于"课程考核",本系列教材的定位如下:

考核模式:采用"寓练于考""以考促练"的"多元整合型"考核模式,兼顾"知识测试"和"能力与素质评估","融多种考核方式于一体",即融"理论考核""实务考核""案例考核""实践考核",以及"形成性考核"与"成果性考核"(课业考核)等考核方式于一体。其中:"成果性考核"系借鉴欧盟 QF-EHEA 和 EQF"学习结果"范式中"强化教育输出端管理"的合理内核,请产业界代表参与考核评估和质量把关。

考核目的:全面测评学生在本课程教学训练活动中"学习目标"的达标程度,重点评估以"预期胜任力"为"建构总目标"的"学力建构"阶段性水平。

考核种类:针对考生"学力建构"各阶段不同层面和要素,兼顾"理论题考核"、"实务题考核"、"案例题考核"和"'实训题/自主学习'考核"。

18）评价原则

在"评价原则"上,本系列教材定位于"改进结果评价,强化过程评价,探索增值评价,健全综合评价,完善素质评价,提高评价的科学性、专业性和客观性",致力于建构新时代中国特色高等职业教育专业课程考核评价体系。

19）质量控制

在"质量控制"上,本系列教材建设坚持基于"产学研结合"的"质量管理",邀请行业、企业代表及相关领域专家参与由领衔编者主导的教材设计、编写与质量管控[①]。

2. 各阶段融入要素

1）关于"人才培养目标"

关于高职高专"人才培养目标"定位,本系列教材建设对标各阶段文件精神与要求,同步跟进和转型如下:

"以培养高等技术应用性专门人才为根本任务"(教育部,2000);"培养生产服务第一线的高素质劳动者和实用人才"(国务院,2002);"培养高素质的技能型人才,特别是高技能人才"(教育部,2003);"培养面向生产、建设、管理、服务第一线需要的高技能人才"(教高〔2006〕16 号);"以培养高端技能型人才为目标"(教育部,2011);"培养高端技能型人才"(教职成〔2011〕9 号);"培养产业转型升级和企业技术创新需要的技术技能型人才"(国发〔2014〕19 号);"培养掌握新技术、具备高技能的高素质技术技能人才"(《现代职业教育体系建设规划》,2014—2020);"培养创新型人才是国家、民族长远发展的大计。当今世界的竞争说到底是人才竞争、教育竞争。要更加重视人才自主培养,更加重视

---

① 最好请通晓当代课程理论研究最新成果的课程专家担当教材设计顾问。

科学精神、创新能力、批判性思维的培养培育。要更加重视青年人才培养，努力造就一批具有世界影响力的顶尖科技人才，稳定支持一批创新团队，培养更多高素质技术技能人才、能工巧匠、大国工匠"（习近平总书记在中国科学院第二十次院士大会、中国工程院第十五次院士大会和中国科学技术协会第十次全国代表大会上的讲话，2021）；党的二十大报告强调，"育人的根本在于立德。全面贯彻党的教育方针，落实立德树人根本任务，培养德智体美劳全面发展的社会主义建设者和接班人"。

在所述"跟进"与"转型"的靠后阶段，为及时对接"基于'科学-技术-产业'融合"的中国"'技术-产业'链"升级（特别是"新质生产力"）对高级人力资源（特别是"新质型人才"）的新需求，本系列教材结合"经管类服务业"特点，着眼高职高专"培养以'健全职业人格'为职业灵魂，富有科学精神、人文精神、创新精神、政治素质、'4Cs'和'韧性'，'德、知、技、能并修'的新时代'高素质''高技术等级'的'技术-技能'型人才"这一总定位，进一步提升了由公共基础课和专业课体系支撑、作为专业"职业表型"的"预期胜任力"建构内涵。

2）关于"自主学习"

联合国教科文组织研究表明：进入21世纪，不少学科知识更新周期已缩短至2~3年。不仅如此，如《今日世界》作者所指出的，整个"工作世界"都处于变化中，而且变化会越来越快。

这意味着，学生在校学习的旨在"与工作世界对接"的"学习结果"中，有相当多的知识在毕业后已经过时。

为应对日益加速的"知识流变"和"工作世界变化"，本系列教材自2017年起，将"自主学习"视为与"实训操练"同等重要的能力训练：或在奇数各章用"自主学习"替换先前各版的"实训操练"，或将"自主学习"直接融入"实训操练"的"技能训练"中，借以培育学生适应"知识流变"的"求知韧性"。

3）关于"教育信息化"

（1）二维码资源

为落实教育部关于"进一步推进职业教育信息化发展"，"推广……移动学习等信息化教学模式"（教职成〔2017〕4号）和"推进教育教学与信息技术深度融合"（《教育部高教司2018年工作要点》）等文件精神，本系列教材建设从2019年起增加了可以经常更新的二维码教学资源，旨在解决传统教材所缺少的"互联网+"移动学习，即纸质教材知识信息相对滞后的问题。

（2）专业教学资源库

为落实《教育信息化2.0行动计划》（教技〔2018〕6号）中关于"升级职业教育专业教学资源库建设，丰富职业教育学习资源系统"要求，本系列教材及时将网络教学资源由原来的3种扩充为包括"课程概要""教学大纲""教学日历""电子教案""PPT课件""学生考核手册""参考答案与提示""学习指导"8种。

4）关于"三教改革"、"评价改革"和"立德树人"

为全面落实《国家职业教育改革实施方案》（国发〔2019〕4号）、《关于实施中国特色高水平高职学校和专业建设计划的意见》（教职成〔2019〕5号）、《职业院校教材管理办法》、《深化新时代教育评价改革总体方案》（中共中央、国务院，2020）和《职业教育提质培优行动计划（2020—2023年）》（教职成〔2020〕7号）等文件要求与精神，本系列教材建设重点落实"三教"改革中的"教材、教法改革"和"总体方案"中的"教育评价改革"，特别是落实"在立德树人根本任务方面，进一步创新思想政治教育模式，将社会主义核心价值观融入专业课教材"等要求。

5）关于"党的二十大精神进教材"

依照《中共中央关于认真学习宣传贯彻党的二十大精神的决定》中关于"加快推进党的二十大精神进教材、进课堂、进头脑"要求，自2022年年底起，本系列教材建设将研究和落实"育人的根本在立德""培养德技并修"的"高素质'技术-技能'型人才"的"人才强国战略"，作为新时期高职高专院校专业课程教材改革的根本任务。

6）关于"职普融通"和"产学研结合"

为贯彻《关于深化现代职业教育体系建设改革的意见》文件精神，自2023年起，本系列教材建设阶段性落实"以教促产、以产助教、产教融合、产学合作，延伸教育链、服务产业链、支撑供应链、打造人才链、提升价值链"等文件要求，致力于探索体现"产学研合作"和"'科学链''技术链''产业链''教育链'协同发展"的具体方式。

7）关于"加强课程教材体系建设"

自2023年秋季起，本系列教材根据相关文件要求，在建设规划中提出"进一步优化教材体系"和"强化质量控制"的要求，具体如下：

（1）体系优化

以《中国教育现代化2035》及其实施方案中提出的"指导思想""八大基本理念""总体目标""十大战略任务"为全面指导，致力于落实关于"加强课程教材体系建设"，特别是"科学规划课程""充分利用现代信息技术""丰富并创新课程形式""增强教材的思想性、科学性、民族性、时代性、系统性""完善教材编写、修订"等任务要求，并以同期修订的"总序"为契机深化共识，探索新时代中国特色高等职业教育专业课程与教材体系建设的"弯道超车"之路。

（2）质量控制

贯彻落实《教育部办公厅关于加快推进现代职业教育体系建设改革重点任务的通知》（教职成厅函〔2023〕20号）中关于优质教材建设要求，本系列教材在"质量控制"上，请"教育理论学者""科技专家""行业专家"参与教材设计、编写和质量把关。

五、结束语

黑格尔说过："把抽象的观念生硬地应用于现实，就是破坏了现实。"在世界教育领域，历史上的"抽象观念"，部分是"分化现实"的反映，部分是"认识局限性"的反映。

　　就"分化现实"而言，"知识本位"与"能力本位"两种"抽象观念"，是工业时代和后工业时代早期"脑力劳动"与"体力劳动"社会分工"两极对立"的反映。在这个可以称为"分化的现实"的历史阶段，人们在"理论的态度"中一面提炼出反映"脑力劳动"的"学术性结晶"，另一面提炼出反映"体力劳动"的"职业性结晶"；在"实践的态度"中分别实施了"知识本位"与"能力本位"教育。两种做法因受制于那个时代阶级结构、产业结构和职业结构的"分化的现实"，皆属"历史性"无奈。

　　就"认识局限性"而言，无论是"知识本位"与"能力本位"教育的理论局限性，还是"传统教育模式"交集中的"三大误区"，或是"目标描述""课程组织""教学途径""教学方法""考核方法"等观念中的传统"两极对立"，乃至把事物看成"单一的"（单元）和"复合的"（组合）观点等，都带有人类认识发展的阶段性烙印，皆属"认识性"无奈。

　　在当代世界，科技发展呈现"自然科学与人文科学交叉融合""科学与技术交叉融合和高速发展"态势。高等教育作为""交叉融合'学科"，正步入多学科研究路径；作为"与技术交叉融合"的""交叉融合'学科"，开始从多学科视角分析与解决教育现实问题；作为"科技领域"之一，其改革正进入"高速发展"通道。

　　随着人类社会进入信息时代，以多媒体网络技术为核心的信息技术不断发展，为人类认识"从抽象上升到具体"提供了方便、及时的资源共享平台，各种条件性"无知"再不能被当作"充足理由"。

　　在今日之中国，产业结构"两化融合"、职业结构"两性整合"、'科学、技术与生产'一体化"纷至沓来，"现实"正在由"分化的现实"转化为"联系的现实"，"脑力劳动"与"体力劳动"正在由传统的"两极对立"转化为"两极相通"，高等职业教育正汇入以"两种'交叉融合'""快速发展""与技术交叉融合"为主要态势的世界高等教育改革洪流。

　　在这种情况下，如果在"理论的态度"中仍墨守成规，止步于各种"抽象的""分离的""传统的"教育观念，或固执坚持已被发达国家课改主流淘汰的陈旧课程模式，在"实践的态度"中把这些"教育观念"和"课程模式"生硬地应用于"具体的""联系的""变革的"中国教育现实，就是在破坏中国教育现实①。

　　概括以上阐述，可以将""整体论课程观'指导下的新时代中国特色高等职业教育专业课程与教材建设"简要地表述为：在"理论的态度"中，深入研究世界特别是发达国家职业高校的课改历程、成功经验和历史教训，通过扬长避短，创造性地探索与建构"反映具体的、联系的、变革的现实"之新时代中国特色高等职业教育课程改革的"具体观念"；在"实践的态度"中，将这些"具体观

---

　　① "现实"不同于"现存"，"……现实性这种属性仅仅属于那同时是必然的东西"（参见中共中央马克思恩格斯列宁斯大林著作编译局.马克思恩格斯文集：第4卷［M］.北京：人民出版社，2009：268）。黑格尔还给"现实性"加上"合理性"的属性：不合理的存在不能称之为"现实"。这就是他的名言"凡是现实的即是合理的"应有之义，详见黑格尔《逻辑学》"本质论"中关于"现实"范畴的解说。

念"能动地运用于中国特色、融通中外的专业课程与教材建设之"具体的、联系的、变革的现实",借以贯彻落实国家"教育强国战略",服务中华民族伟大复兴。

一套好的高等职业教育专业教材设计应当既批判性地借鉴世界特别是发达国家当代先进教育教学理念及其相关研究新成果,又探索适应"新时代中国特色社会主义建设"需要的"'中国高等职业人'培养"的"模式创新",从而将《国家中长期教育改革和发展规划纲要(2010—2020年)》《国家职业教育改革实施方案》(国发〔2019〕4号)和《职业教育提质培优行动计划(2020—2023年)》《中国教育现代化2035》等文件中提出的相关要求落到实处。

本系列教材的作者们是否在这方面开了个好头,应留给教育界同仁和广大读者评判与实践检验。在高等职业教育课程教材建设的道路上,向前探索的开端总是不尽完善的。期待专家、学者和使用本系列教材的广大师生不吝赐教,以便通过修订不断改进,使之与新时代中国特色高等职业教育教学改革发展保持同步。

许景行

2010年9月初稿

2023年12月修订

第五版前言

习近平总书记在党的二十大报告中，为做好新时代教育工作指明了方向。贯彻落实党的二十大和二十届一中全会精神，加快推进党的二十大精神进教材、进课堂、进头脑，是我们义不容辞的责任。

本书第五版以党的二十大精神为指引，以教育部《职业院校教材管理办法》中的"总则"为原则，以贯彻落实"一个坚持"、"六个体现"、"四个自信"和"第十二条"各项要求为基点，以《中国教育现代化2035》及其实施方案中提出的"指导思想"、"八大基本理念"、"总体目标"和"十大战略任务"为全面指导，在第四版的基础上，对教材进行了调整、优化和升级，具体如下：

1. 教材体系建设

20世纪60年代以来盛行于西方发达国家职业教育界的"工作导向"，于21世纪头10年，就被作为欧盟各国职教改革主流范式的EQF"学习结果"所取代。正视这一"范式转换"的积极意义，并由此继续前行，探索新时代中国特色高等职业教育专业课程体系建设之路，中国职教界责无旁贷。

在此背景下，为阶段性落实《中国教育现代化2035》及其实施方案中关于"加强课程教材体系建设"，特别是"科学规划课程"、"充分利用现代信息技术"、"丰富并创新课程形式"、"增强教材的思想性、科学性、民族性、时代性、系统性"和"完善教材编写、修订"等任务要求，本书第五版遵循"总序"中阐明的"共识"，在教材的"类型与层次""编写原则""结构"，课程的"设置""导向""目标""内容""组织""方法""训练、考核与评价"，以及教学的"途径"和"方法"等方面，都做了较为系的调整和优化，将以"'整体论'课程观"为指导理念，以"内在目的性"为方法论主导原理，以"课程觅母表达"为中心，以"学力发育"为"过程模式"，以"胜任力建构"为"目标模式"，以教师为引导，以学生为主体，以"教学—训练—考核"为主线的"'教、学、做、评'合一"，作为教材体系建设的基本定位。

2. 教材内容建设

在教材内容建设上，对标高职高专教育侧重"技术延伸与应用"、培养"技术技能型人才"的类型与层次定位，本次修订的更新优化如下：

（1）对标国家专业教学标准，反映"知识经济""数字经济""服务经济""体验经济""共享经济"叠加背景下的市场营销策划技术发展新趋势，局部更新了教学内容。

（2）加强思政建设。第一，结合教学内容需要，添加了党的二十大报告内容；第二，将"教学目标"中的原"案例目标"的"职业道德与营销伦理"升级为"课程思政"，促进"立德树人"根本任务的落实；第三，与此同步，将每章正文"职业道德与营销伦理"专栏和章后"基本训练"中的"善恶研判"题型，统一升级为"课程思政"，并丰富了案例中的思政元素内涵；第四，在课程考核评价中，加入了"思政标准"。

（3）优化各章"学习目标"。一是增添了"学习迁移"要求；二是将各种"学力要素"的建构要求具体化；三是突出"各章'四大子目标'向'营销策划胜任力'总目标聚焦"的阶段性建构要求；四是增补了末章后的"终极建构"要求。

（4）各章增加了"深度思考"和"深度剖析"专栏，旨在通过深度追问"为什么"，提升学生深入思考和解决问题的能力。

（5）更新了各章的二维码教学资源，特别是增设了可练、可互动、可考核的二维码"随堂测"，旨在满足线上线下混合式教学需要。

（6）本次修订将各章"基本训练"中的原"实训题"优化为关于本章"技术应用"的"阶段性体验"，并在末章之后增设了"兼顾'传承'与'发展'"的课程"终极体验"（相对于营销专业"胜任力建构"的"顶峰体验"，本门课程的"终极体验"也是一种"阶段性体验"）训练，旨在将学生"营销策划胜任力"建构中通过"产学研结合"和"教学闭环"（特别是"自主学习"）获得的"技术更新"，与先前各章通过"阶段性体验"建构的"技术习得"融为一体。

3. 教材配套资源建设

在教材配套资源建设上，本次修订对原网络教学资源进行了升级和扩充，将原来的3种扩充为8种，即课程概要、教学大纲、教学日历、电子教案、PPT教学课件、参考答案与提示、学习指南、学生考核手册。使用本教材的教师可登录东北财经大学出版社网站（www.dufep.cn）下载和使用这些教学资源。

4. 教材质量管控

在教材质量管控上，本次修订坚持基于"产学研结合"的"教材设计"和"质量管理"，聘请了行业专家京东集团（北京京邦达贸易有限公司）的市场总监王琦专家和山东外事职业大学国际商学院副院长丁晓慧教研专家全程参与。在"教材体系优化"、"内容向'技术延伸与应用'倾斜"以及"质量把关"等方面，他们做了宝贵的行业指导与策划技术实操分享，谨向他们表示诚挚的谢意！

本书第五版教材由张晓、王丽丽担任主编，李为、黄志勇、丁晓慧、王琦担任副主编。具体修编分工如下：张晓负责第4章、第7章、综合训练和范例-3；王丽丽负责第1章、第6章；李为负责第2章、第8章；黄志勇负责第3章、第5章；各章"本章概要"中的"本章结构图"由李玥绘制；各章（第4章、第7章除外）二维码视频资源经制作方授权，剪辑自河南经贸职业学院"营销策划"开放课程。全书由张晓和王丽丽总纂定稿。

"总序"和书后两个"附录"由东北财经大学出版社许景行编审撰写和修订。

本书可作为高职院校市场营销专业及相关专业的全国通用教材，也可供企业在职人员培训使用。

　　在修订过程中，编者查阅、参考了大量文献和信息资料，在此向所有文献作者一并致谢。由于编者学识有限，修订时间紧迫，第五版教材中仍难免存有疏漏，恳请各位专家、同仁、读者谅解并不吝赐教。

编　者
2023年11月

目 录

第 1 章
市场营销策划概论

学习目标

通过本章学习，应该达到以下目标：

理论目标： 学习和把握"市场营销策划概论"的相关概念、特点和分类、"延伸阅读"等陈述性知识；能用其指导本章"同步思考"、"深度思考"和"基本训练"中"理论题"各题型的认知活动，正确解答相关问题；体验本章专业理论"初级学习"的横向正迁移，以及相关胜任力中"专业认知"要素的阶段性生成。

实务目标： 学习和把握市场营销策划的原则、市场营销策划的程序、市场营销策划文案的结构，以及"业务链接""同步链接"等程序性知识，并将"营销策划"意识融入学习过程中；能以其建构"市场营销策划概论"中的规则意识，正确解析本章"教学互动"、"随堂测"和"基本训练"中"实务题"的相关问题；体验本章专业实务"初级学习"的横向正迁移，以及相关胜任力中"专业技术"要素的阶段性生成。

案例目标： 运用本章理论与实务知识研究相关案例，培养和提高在"市场营销策划概论"特定情境中的多元表征和决策设计专业能力；结合本章教学内容，依照相关规范或标准，对"课程思政1-1"专栏和章后"课程思政-I"等案例中的企业及其从业人员进行思政研判，促进"立德树人"根本任务的落实；体验本章不规则知识"高级学习"中专业知识、通用知识与思政元素的协同性重组迁移，以及相关胜任力中"认知弹性"要素的阶段性生成。

自主学习： 参加"自主学习-I"训练。在实施《自主学习计划》的基础上，通过学习和应用"附录一"附表1"自主学习"（初级）"'知识准备'参照范围"所列知识，查阅、搜集、整理与综合"市场营销策划程序"前沿知识，讨论、撰写和交流《"市场营销策划程序"最新文献综述》，撰写《"自主学习-I"训练报告》等活动，培养"自主学习"的通用能力（初级）；体验本章"自主学习"中"专能"与"通能"的"重组性"迁移，以及相关胜任力中"求知韧性"要素的阶段性生成。

引例　比亚迪元宇宙营销大放异彩

背景与情境：比亚迪公司较早涉足新能源汽车生产，以其较强的技术优势、现代化的设计理念、完善的生产体系，确立了自己在国内新能源汽车行业的领头羊地位。比亚迪不仅注重线下的营销，也非常注重线上营销。2023年7月11日，比亚迪与AI和元宇宙公司MeetKai共同推出"BYD World比亚迪元宇宙"虚拟展厅，为客户提供线上沉浸式品牌及产品互动体验。

虚拟展厅涵盖各系车型、实操指南等，客户进入虚拟展厅后，可以开展自由探索，就如同进入线下门店一般，全方位了解比亚迪品牌及其新能源车型。客户还可以在展厅内体验定制化互动，通过虚拟平台了解产品细节和参数配置。虚拟展厅也配备AI虚拟顾问，提供个性化解决方案。不仅如此，MeetKai先进的XR技术还能为客户提供虚拟试驾体验。

无论是ChatGPT大火，不少品牌开始了各种AIGC（生成式人工智能）尝试，如用AI做广告、海报等，还是元宇宙之风席卷，品牌争相推出数字藏品，本质上都是品牌年轻化的举措。未来的元宇宙，将会是消费者、品牌与虚拟技术相融合的，也将会在演变中释放更大的创造力。这也迫切要求品牌营销不断开阔视野，挖掘更多现实与虚拟融合的营销机会。在虚拟世界中探索现实世界，尤其是对于"汽车+元宇宙"的组合来说，仅仅是一个开始，用AI技术赋能各行各业进行创新营销，其渗透之势或许比想象中还要快。

资料来源　张小虎. 比亚迪上线虚拟展厅，元宇宙营销大放异彩［EB/OL］.［2023-09-11］. https://baijiahao.baidu.com/s? id=1776707465355858874&wfr=spider&for=pc.有删改.

比亚迪汽车始终坚持用户第一的原则，其核心竞争力在于对用户需求的精准把握，以及满足用户需求的品质实力和创新能力。本章将系统阐述市场营销策划的原则、分类、程序和市场营销策划文案的撰写。

1.1　市场营销策划概述

随着市场竞争的加剧，市场营销策划已成为市场营销管理的核心。

1.1.1　策划的历史与现状

策划是人类一种具有优势性的思维特质。它是针对未来和未来发展所做的决策，能够有效预测和指导未来工作的开展，并取得良好的成效。因此，策划既是科学决策的前提，也是实现预期目标、提高工作效率与效益的重要保证。

"策划"在中国具有悠久的历史，作为一种独立的行业或产业，它是知识经济时代的智慧之果和精神产品。策划者在古代被称为军师、策士、谋士，在现代则被称为企划设计师、策划师。

1）策划的历史

"策"字在古书中有的写成"策"，有的写成"筴"。"策"字在《辞海》中有多种意思：一是指古代的一种马鞭子，这种马鞭子头上有尖刺；二是当动词用，意思是鞭打，如"策马""策动"等，就含有用鞭子打马的意思；三是指古代的一种文字载体，古代用竹片或木片记事著书，成编的叫"策"，如"简策"或"策书"；四是指古代科举考试的一种文体，如"策论"等，类似于现在的议论文；五是指计谋，如"决策""献策""下策""束手无策"等。

"划"字在《现代汉语词典》中主要有六种含义：一是当动词用，意思是用尖锐的东西把别的东西分开或在表面上刻过去、擦过去，如"划玻璃""划根火柴"等；二是指拨水前进，如"划船""划桨"等；三是指合算，如"划得来""划不来"等；四是指划分，如"划界"等；五是指"划拨"，如"划账"等；六是指计划，如"筹划"等。此外，在《辞海》中，"划"字还有"忽然"的意思。例如，杜甫在《苦雨奉寄陇西公兼呈王征士》一诗中曰："划见公子面，超然欢笑同。"

由上述可知，中国古代的"策"与"划"两个字已经有今天"策划"的内涵了。在中国古代，"策划"一词有"谋划""筹划""策略""计划""计策""对策"等意思，其集中体现在政治、军事和外交活动中，是为政治、军事和外交活动服务的。

古代策划家创造的许多策划案例都是围绕着巩固政权而进行的，如商鞅变法、吴起变法、王安石变法等。古代的变法既是一种观念更替的过程，也是一种权力更替的过程，风险很大，只有在事前进行周密的策划，才能提出具体的方案，并保证目标的实现。

"策划"一词，有人认为最早出现在《后汉书·隗嚣公孙述列传第三》中，"是以功名终申，策画复得"之句。其中，"策画"即"策划"，"策"主要指计谋，"画"与"划"相通互代，主要指设计、处置和安排。

然而，由于缺乏系统的总结和提炼，因此中国古代的策划思想还没有形成科学的体系。在中国古代典籍中，如《尚书》《淮南子》《史记》《汉书》《资治通鉴》《太平广记》等，都有对策划人物、策划案例和策划思想的记载，但是这些内容并不独立成章。随着时间的变迁，策划的服务对象、运用原则已经大不相同，但究其本质还是相同的。

同步案例1-1

一字千金

背景与情境：吕不韦在担任秦国相国之前，已是一位商业奇才。他出色的商业思维为他此后的政治生涯打下了基础。吕不韦官封秦相之初，朝廷官员大多不服气。吕不韦受孔子著《春秋》、孙武写《孙子兵法》的启示，命门下三千门客著《吕氏春秋》，还将此书全文抄录，贴在咸阳城门上，表示："增损一字，赏予千金。"

问题："一字千金"蕴含的投资与商业智慧是什么？

分析提示：商业运营的第一准则即"诚信"，吕不韦"一字千金"策划活动的目的既是树立诚信典范，也是树立个人权威。

2）策划的现状

一方面，策划作为一种行为，在中国已有 2 000 多年的历史；另一方面，策划作为一个行业，是在中国改革开放以后才有的，时间非常短暂。

在我国，人们常常把策划与咨询相提并论。事实上，二者并不完全相同。世界著名的咨询机构，如美国兰德公司主要提供战略方面的咨询，美国麦肯锡公司主要提供管理方面的咨询，而具有中国特色的策划除了包括战略、管理层面以外，还要向营销策划、广告策划、公关策划、形象策划、品牌策划等多个层面延伸。因此与咨询相比，策划运用的行业更广，更具有中国特色。其中，市场营销策划是企业策划的主体工作，对于企业业绩提升、形象定位具有十分重要的意义。

从客观上看，市场营销策划是中国改革开放以后市场经济发展的产物。市场营销策划在我国的发展经历了四个阶段，即萌芽阶段、形成阶段、传统发展阶段、多样化发展阶段，以及新时代数字化人工智能阶段，见表1-1。

表1-1　　　　　　　　　市场营销策划在我国的发展阶段

阶段	时间	背景	主要特点
萌芽阶段	20世纪70年代末至80年代末	1978年党的十一届三中全会以后，中国进行经济体制改革，全国经济快速增长	市场产品供不应求，市场营销策划以产品策划为主，不注重顾客的需求和愿望，没有意识到分销、促销等策划工作相互配合的重要性
形成阶段	20世纪90年代初至90年代末	1992年邓小平南方谈话后，出现了一批"策划人"，这些人或者到企业开展培训，或者为企业出谋划策，依靠"点子"受到了企业的广泛关注	市场产品丰富，市场营销策划的重点转向促销策划，企业建立激励体制，鼓励销售，运用广告战、价格战来刺激消费者购买，但仍然没有考虑消费者的意愿和满意度
传统发展阶段	2000年至2010年	改革开放20多年以后，中国的经济逐步与世界接轨，企业纷纷设立自己的策划机构	经济发展带来了消费者需求的转变，大众化产品已经不能得到消费者的认可，市场营销策划的重点转向了分析消费者的心理和行为特征，通过进行市场细分，运用市场营销组合策略，满足消费者的需求和愿望
多样化发展阶段	2010年至2021年	在互联网时代，尤其是移动互联网时代，传统媒体的地位被削弱，市场营销策划的模式不断更新	互联网一度使电商成为主流，但是随着线上与线下资源的重构，市场营销策划呈现出了融合与多样化的特征。传统市场营销策划的模式已经成为"经典"，新媒体营销、娱乐营销、事件营销、体验式营销、直播营销等模式正剧烈地改变着市场营销策划的思维
新时代数字化人工智能阶段	2022年至今	党的二十大，党的中心任务；人工智能成为一个新的风口	全面建成社会主义现代化强国是奋斗目标，中国式现代化是实现路径，中华民族伟大复兴是根本指向；人工智能具有更强的资源整合能力，使营销变得更为精准

同步链接1-1

《人民日报》点赞TCL空调，高度评价其高质量发展之路

党的二十大报告指出，"要坚持以推动高质量发展为主题，把实施扩大内需战略同深化供给侧结构性改革有机结合起来"，这为未来做好市场营销工作提供了指引。

2023年1月5日，人民日报重磅刊文《TCL空调以智慧健康科技 筑品牌高质量发展之路》，点赞了TCL空调作为制造业民族品牌的代表之一，3年来聚焦智慧健康，布局新风赛道，以科技实力赋能智慧生活，展现中国品牌高质量发展焕发的勃勃生机。

TCL空调始终将推动行业高质量发展、提供健康高品质生活视为职责担当，将"智慧健康"作为品牌价值方向，以"让更多人轻松享受更健康的空气"为品牌使命，坚定聚焦新风空调产品，推动行业消费升级。

资料来源 佚名. TCL空调被《人民日报》点赞：三把秘匙打开企业高质量发展大门[EB/OL].［2023-01-17］. https://www.163.com/dy/article/HRAO9K0005390KDU.html.有删改.

学习微平台

微课1-2

1.1.2 策划及市场营销策划的含义与特点

1）策划的含义

"策划"一词有广义与狭义之分。

广义的策划是指策划的本性，即人们为达到某种目的，利用自己的智慧进行筹划或谋划的过程。

狭义的策划是指人们为了推动经济发展，为现代工商企业或组织机构进行谋划的一种获利性活动。狭义的策划有以下四个特征：第一，它需要达到的目标被锁定在经济领域内；第二，它的服务对象是工商企业或组织机构，即现代社会组织；第三，它的目的是使这些社会组织获得效益，也许是社会效益，也许是经济效益。

《企业管理百科全书》（1986）中提出：策划是一种程序，它在本质上是一种运用脑力的理性行为。

日本策划家和田创认为：策划是通过实践活动获取更佳效果的智慧，它是一种智慧创造行为。

中国策划学创始人陈放认为：策划是指运用人的智能，对未来所做的事情进行预测、分析，使之有效完成。

著名策划专家叶茂中认为：将适合的产品用合适的方法，在合适的时间和合适的地点卖给合适的消费者的一种技巧，就是策划。

策划是指为了实现特定的目标，针对存在的问题提出解决的对策，通过制订具体可行的方案，达到预期效果的一种综合性创新活动。策划最大的特点是通过创造性的思维整合、聚集资源，以扩大资源的占有、使用和效能为目的。

因此，策划人员必须具有前瞻性，要对未来一段时间内即将发生的事情做出

判断，找出事物的主客观条件和因果关系，从而制定出可选择的对策，作为当前决策的依据。

2）市场营销策划的含义

市场营销策划是策划的一个分支，我国港澳台地区称之为营销企划，日本称之为企划。**市场营销策划**是指企业为实现某一营销目标或解决营销活动中的问题，在对内外部环境进行全面分析的基础上，有效调动企业的各种资源，对一定时间内的营销活动进行创新策略设计的行为。它主要包括市场营销目标确定、市场机会分析、市场定位策划、市场营销战略及策略制定等内容。

简单地说，市场营销策划就是在市场营销活动中，为某一企业或某一商品或某一活动所做的策略谋划和设计。市场营销策划的内涵主要包括三个方面：其一，市场营销策划的对象可以是某一个企业整体，也可以是某一种商品或服务，还可以是一次活动；其二，市场营销策划需要设计和应用一系列计谋，并做出精心安排，以保证一系列计谋运用成功；其三，市场营销策划是对未来所做之事的创造性设计，它虽与计划有相似之处，但并不相同，关键的区别点在于策划具有创新性，一般是先有策划，再有计划。策划与计划的区别见表1-2。

表1-2　　　　　　　　　　　策划与计划的区别

	内容	范围	作用	创新性	开放性	灵活性	挑战性
策划	做什么	无限制	掌握原则与方向	必须有	较大	较大	较大
计划	怎么做	有限制	处理程序与细节	不一定有	较小	较小	较小

3）市场营销策划的特点

（1）目标性

市场营销策划是为了解决企业的某一问题、达成某一目标而进行的活动，因此市场营销策划具有较强的方向性和目的性。

确定市场营销策划的目标时应做到：第一，明确目标的焦点，使之明确化、具体化、数量化；第二，对长期目标进行分解，制定出阶段性的短期目标，并保持各阶段短期目标之间的持续性和协调性；第三，市场营销策划确定的目标对企业的管理人员和员工必须是有意义、有价值的，必须与他们的切身利益息息相关，这样才能取得他们的认可、支持和配合，充分调动他们的积极性。

（2）创意性

创意是指与众不同、新奇且富有魅力的构思和设想，市场营销策划的关键是创意，创意是市场营销策划的核心和灵魂。

在市场营销策划实践中，创意并不是高深莫测、难以捕捉的。市场营销策划人员的创意主要来自三个方面：一是营销策划经验的积累，只有长期积累有关事物的信息并重视对其中重要信息的加工，才会产生灵感、闪现火花和获得创意；二是思路开阔，能够充分发挥自己的想象力和创造力，立意具有一定的高度，并且视角独特；三是思维方式独特，能够出新、出奇。市场营销策划人员只有打破常规思维习惯、思维定式，采用逆向思维、立体思维、发散思维、交叉思维，才能取得市场营销策划的成功。

（3）可行性

市场营销策划不仅要有明确的目标、新颖的创意，还要具有可行性，使企业能够实施、易于实施。可行性体现在：第一，在企业现有资源（人、财、物等有形资源和信息、商誉、品牌等无形资源）与条件下可以实现；第二，考虑到外部环境的制约及与外部环境的冲突；第三，有具体的、清晰的行动方案，使策划的参与者能够懂得游戏规则、遵循游戏规则。

业务链接1-1

全球观众超20亿！《北京冬奥会市场营销报告》解读冬奥亮点

2022年2月4日，北京第二十四届冬季奥林匹克运动会开幕式在国家体育场举行。北京冬奥会，对经济、社会发展，对青少年一代的成长，对奥林匹克运动的历史和冬季运动的发展格局，都有着不可估量的深远影响。2022年10月，国际奥委会发布了《北京冬奥会市场营销报告》，从转播收视、赞助合作、粉丝参与度以及特许经营等多个维度阐述了北京冬奥会所取得的优异成绩。

北京冬奥会全球观众超过20亿人，全球观众通过奥林匹克授权转播商的频道观看了总计7 130亿分钟的奥运报道，这相当于每个观众平均收看达到了5.9个小时。在特许经营方面，国际奥委会特别称赞了吉祥物"冰墩墩"相关的特许商品。在北京冬奥会期间，"一户一墩"和"一墩难求"等社交话题充分展现了冰墩墩火爆的现象。在微博上，"冰墩墩"相关话题带来了惊人的60亿浏览量。

资料来源　谭力文．全球观众超20亿！《北京冬奥会市场营销报告》解读这6大亮点[EB/OL]．[2022-10-21]．https：//new.qq.com/rain/a/20221021A081VE00.有删改．

4）市场营销策划学科的研究对象

市场营销策划是一门综合性应用学科，其研究对象是市场营销策划过程中的市场进入障碍分析、营销资源配置、营销创意、营销理念设计和制订市场营销策划方案等的基本方法、技巧及一般规律。

1.2　市场营销策划的分类、原则及程序

市场营销策划不仅是当代企业在迅速变化的市场环境和日趋激烈的市场竞争中求生存、求发展的管理利器，而且逐渐成为"我们这一代人的一种核心思维方式"。市场营销策划被视为竞争取胜的法宝和企业经营活动的高招，在社会经济生活的各个方面得到广泛应用。

1.2.1　市场营销策划的分类

1）按策划的对象划分

按策划对象的不同，市场营销策划可分为企业策划、商品策划和服务策划。

企业策划是指对企业整体所进行的策划，主要目的在于树立良好的企业形象。

商品策划是指对商品的开发和销售所进行的策划，主要目的在于推出新商品和扩大销路。

服务策划是指从更好地满足顾客需要的角度出发所进行的策划，主要目的在于提高信誉。

2）按企业开拓市场的过程划分

按企业开拓市场过程的不同，市场营销策划可分为市场选择策划、市场进入策划、市场渗透策划、市场扩展策划、市场对抗策划、市场防守策划、市场撤退策划。

3）按市场营销的过程划分

按市场营销过程的不同，市场营销策划可分为目标市场策划、产品策划、价格策划、促销策划、分销渠道策划等。

目标市场策划是指企业在完成市场细分、明确进入目标市场应考虑的因素后，选定目标市场、确定企业目标市场策略的活动。

产品策划是指企业的产品从开发、上市、销售到报废全过程的活动和方案。

价格策划是指企业产品在进入市场的过程中，如何利用价格因素争取目标市场，进而渗透甚至占领目标市场，以及为达到营销目标而制定相应的价格策略的一系列活动及方案。

促销策划是指将广告、公共关系、营业推广和人员推销等形式有机结合起来，最终形成的一套完整的促销活动方案。

分销渠道策划是指企业的产品从生产地向销售地转移的过程中，所经历的路线和采用的方法的策划。

4）按市场营销的层次划分

按市场营销层次的不同，市场营销策划可分为市场营销战略策划和市场营销战术策划。

（1）市场营销战略策划

"战略"一词系军事术语，原指军事作战的谋略。将战略思想运用于企业的经营管理中，便产生了"企业战略"。市场营销战略策划是指根据企业战略的要求与规范制定市场营销目标，并通过市场营销目标实现支持和服务于企业战略的策划。市场营销战略策划是企业战略体系的核心，包括市场定位策划、目标市场策划、市场竞争策划等内容。

（2）市场营销战术策划

市场营销战术策划是指依据营销战术设计的思路，综合运用各种市场营销手段，进入和占领目标市场，从而实现企业战略意图的策划。与市场营销战略策划相比，市场营销战术策划是短期的、局部的、个别的、具体的，其内容包括产品策划、价格策划、渠道策划、促销策划。

本书采用的是第三种划分方法，即以市场营销的过程为标准，将全书分为目标市场策划、产品策划、价格策划、促销策划、分销渠道策划等章节。

教学互动1-1

互动问题：近年来，直播电商大行其道，如果此时恰逢春节来临，那么大型零售百货公司应如何进行春节促销活动策划呢？

要求：

1）教师不直接提供上述问题的答案，而是引导学生结合本节教学内容就这些问题进行独立思考、自由发表见解。

2）教师把握好讨论的节奏，对学生提出的具有代表性的见解进行点评。

1.2.2　市场营销策划的原则

1）顺势而为原则

庄子《逍遥游》中有一只大鹏，脊背长几千里，振翅起飞的时候，翅膀就像是挂在天边的云彩。好风凭借力，送我上青云。每个企业都有属于自己的风口，每个企业都有自己起风的时刻。营销策划应学会等风来，借风势，乘风起。

营销策划人应当紧紧把握营销环境和营销技术的新发展、新变化，将"后疫情时代"市场营销突显的"去中心化""以数据为核心""更加注重价值本身""重构产业价值和产业链"的时代特征融入其中；深入研究"大数据""人工智能""直播营销""服务经济""体验经济"等新营销技术所带来的巨大变革。顺势而为在今天比以往任何一个时代都更为重要。

2）创新原则

作为企业市场营销活动的核心工作，市场营销策划是一个创造性的思维活动过程，它不仅是一门科学，而且是一门精湛的艺术，需要策划人员有丰富的实践经验，并且对市场营销策划工作有深刻的感悟。如果策划人员采用"鹦鹉学舌"的方法，照搬、模仿、抄袭别人固有的模式，就无法实现真正意义上的策划。

《孙子兵法》中的"兵无常势，水无常形"道出了市场营销策划的真谛，即策划人员应运用创造性思维，依据客观变化的条件来努力创新，不能抱残守缺、因循守旧。

市场营销策划必须做到语言新、表现手法新，能够给人以新颖的感觉。语言新，即要注意从生活中提炼警句、名言，使广告词既有幽默感又有哲理性，富有人情味和新意；表现手法新，即要有新的艺术构思、格调和形式。

3）系统原则

市场营销策划是一个系统工程，其系统性具体表现为两点：一是市场营销策划工作是企业全部经营活动的一部分，市场营销策划工作的完成有赖于企业其他部门的支持和合作，并不是营销一个部门所能解决的，如产品质量、产品款式、货款收回等，还需要生产部门、设计部门、财务部门的分工合作。二是进行市场营销策划时要系统分析诸多因素的影响，如宏观环境因素、竞争情况、消费需求、本企业产品及市场情况等，只有将这些因素中的有利一面最大限度地综合利用起来，才能真正为企业的市场营销策划服务。

坚持系统原则，就是要将市场营销策划作为一个整体来考察，强调市场营销策划活动的整体性、全局性和效益性，对整体与部分之间相互依赖、互相制约的关系进行综合分析，选择最优方案，充分发挥各要素简单相加所不能实现的功能和作用，从而实现企业追求的目标。

4）人本原则

今天，社会已进入到一个以人为本的新时代，从最初狂热地追求物质利益，到今天向人本回归。以人为本，在今天比以往任何一个时期都受到人们的关注。其中的一个表现值得我们深思。以往，消费者主要关注品牌、产品、价格等利益因素，但是今天消费者除了利益因素外，也格外关注企业对待社会、员工福利等公共利益因素。血汗工厂、损人利己、不当言行等越来越不被消费者容忍，这也是人本原则的现实展现。

（1）调动与激发企业内部人员的积极性和创造性

在进行市场营销策划的过程中，企业要树立"以人为本"的理念，就不能脱离员工，因为所有市场营销策划活动的落实最终都要通过员工的具体工作来体现。全体员工的积极参与，可以使市场营销策划工作中出现的各种问题得到有效、快速的解决。

（2）企业行为要与消费者的利益有机结合

企业的市场营销策划活动必须体现"以消费者为中心"的思想。市场营销策划活动不仅要为消费者服务，而且要让消费者满意，这样有助于企业培养忠诚的顾客群。

（3）企业发展要与社会发展相协调

企业的生存与发展不可能游离于社会环境之外，因此，企业的发展必须与社会的发展相一致，维护生态环境的平衡，促进社会的可持续发展，维护全人类的根本利益。

5）效益原则

效益原则是指在市场营销策划活动中，要以成本控制为核心，获取企业行为与策划行为两个方面的社会效益与经济效益。

市场营销策划的终极目标是通过策划活动取得良好的效益，包括社会效益和经济效益。企业开展市场营销策划活动，无论是要降低成本，还是要提高市场占有率，或者是要树立良好的企业形象，无一不是为了提高效益。

学习微平台

案例分析1-1

同步案例1-2

瑞幸×椰树联名新品热卖

背景与情境：最近，瑞幸咖啡和椰树的联名新品咖啡"椰云拿铁"也备受消费者热捧。而比咖啡更受欢迎的，还要属富有"椰树味"的特色包装。

联名新品一天卖了66万杯！有消费者冲着包装去尝鲜！

2022年4月11日，瑞幸咖啡与椰树集团推出联名款产品"椰云拿铁"，这也是椰树集团34年来首次推出跨界联名产品。联名款除了在原料上使用了椰树牌椰汁外，杯套与包装袋也采用了椰树的经典设计风格。

该联名款一出，即在网络上掀起了打卡潮。不少网友纷纷秀出椰云拿铁的包装袋和杯套，表示"它好土，我好爱"。不少消费者更是前往瑞幸门店，想要赶快打卡一杯椰云拿铁。有的消费者还会指明要富有"椰树"味儿的包装袋。

生椰拿铁，包括椰云拿铁等一众咖啡饮品的成功，也反映出了国内咖啡市场增长潜力巨大。公开资料显示，咖啡连锁品牌吸引了千万级，甚至过亿元的融资，以永璞、三顿半、隔田川等零售咖啡为主的品牌在资本市场上也同样有亮眼的表现。

有学者表示："联名这一模式的优势在于，容易产生出人意料的产品，话题性高，能够将各自品牌的消费群引流到双方品牌中，更容易打通行业与行业之间的壁垒。"这一次瑞幸和椰树的联手，应该也是想重现生椰拿铁的辉煌。

资料来源 侯冰玉. 瑞幸×椰树联名新品热卖，比咖啡更受欢迎的竟然是包装？[EB/OL].[2022-04-13]. https://baijiahao.baidu.com/s？id=1729982598870171956&wfr=spider&for=pc.有删改.

问题：通过瑞幸与椰树的联名案例，如何理解营销策划的基本原则？

分析提示：营销策划的基本原则包括了顺势而为原则、创新原则、人本原则、系统原则和效益原则等，瑞幸与椰树利用各自的优势进行联名，体现了顺势而为原则；突破品牌界限，又体现了创新原则；充分满足消费者尤其是年轻消费者的诉求，体现了人本原则；瑞幸咖啡除了与椰树联名之外，也有其他一系列的营销活动，体现了系统原则；最终冲破瓶颈，体现了效益原则。

1.2.3 市场营销策划的程序

市场营销策划的程序如下：

1）界定问题

企业在开展市场营销策划工作的过程中，往往会面临很多问题，因此企业必须首先对存在的诸多问题进行界定，把主要的且重要的问题凸显出来，最终确定企业必须马上解决的问题。

2）市场调研

市场调研是市场营销策划工作的基础，其目的在于了解企业的市场营销环境，从而为企业的市场营销策划工作提供真实、可靠的信息。市场调研既包括对企业外部环境的调研，也包括对企业内部环境的调研，调研内容主要有产品情况、竞争形势、分销情况、宏观环境等。

3）SWOT分析

一个好的市场营销策划必须在市场调研的基础上对市场、竞争对手、行业动态有一个较为客观的分析，主要包括机会与风险分析、优势与弱势分析等，即SWOT分析。SWOT分析是一次去粗取精、去伪存真的过程，是市场营销策划的前奏。

4）确定目标

企业要想将自己的产品卖出去，或者将自己的品牌打出去，必须有切实可行的目标，这个目标包括企业整体目标和市场营销目标。制定一个切合实际的目标是市场营销策划成功的关键。有的市场营销策划方案将目标定得过高，大有"浮夸之风"，其结果也必然与实际相差千里；有的市场营销策划方案将目标定得过于保守，同样也会影响营销组合效力的发挥。

5）制定市场营销战略

企业必须围绕已确定的目标进行统筹安排，结合自身特点制定可行的市场营销战略。市场营销战略的内容包括目标市场战略、营销组合策略、营销预算等。

6）确定市场营销方案

将市场营销战略分解，将产品、价格、促销、渠道细分处理，将目标进度及人员分配规划好，这些都是确定市场营销方案的关键。市场营销活动要想顺利开展，企业必须制订一个统筹兼顾的行动方案，既要选择合适的产品上市时间，又要有各种促销活动的协调和照应，各个促销活动在时间和空间上也要做到相互搭配、错落有致。

7）预测效益

企业应编制一个类似利润表的辅助预算，在预算的收入部分列出预计的销售数量以及平均净价，在预算的支出部分列出划分成细目的生产成本、储运成本及市场营销费用，收入与支出的差额就是预计的盈利。经企业领导审核同意之后，它就成为有关部门、有关环节安排采购、生产、人力及市场营销工作的依据。

8）设计控制和应急措施

在这一阶段，市场营销策划人员的任务是为经过效益预测感到满意的战略和行动方案设计有关的控制和应急措施。设计控制措施的目的是便于对方案的执行步骤、进度进行管理。典型的做法是把目标、任务和预算按月或季分开，使企业领导者及有关部门能够及时了解各个时期的销售实绩，找出未完成任务的部门，并要求其做出解释和提出改进意见。设计应急措施的目的是事先充分考虑到可能出现的各种困难，防患于未然。可以简要列举出最有可能发生的某些不利情况，说明有关部门及人员应当采取的对策。

9）撰写文案

这是指将市场营销策划的最终成果整理成书面材料，即市场营销策划文案，也叫企划案。市场营销策划文案包括现状或背景介绍、目标、战略、战术或行动方案、效益预测、控制和应急措施等内容，各部分内容的详略程度可根据具体要求确定。

10）实施总结

在市场营销策划文案实施过程中，企业必须做好组织、指挥、协调、控制工作，合理分配人力、物力、财力，及时总结，以便最终实现企业的预期目标。

同步思考1-1

背景资料：A公司是一个做冷饮的小公司。近年来，公司的产品成本居高不下，品种杂乱且缺少拳头产品，没有健全的销售通路，因此公司陷入了经营困境。

问题：在消费旺季即将到来之际，A公司的新品冰激凌如何转变预势？请你就其营销策划提出建议。

理解要点：根据调查统计，冰激凌的品种众多，各种口味和价格都有相应的消费群体，同时生产企业众多且规模不同。因此在对A公司的新品冰激凌进行营销策划时，首先要分析冰激凌产品的市场需求总量，大致预测产品能达到的总体销量；其次要分析A公司所在地的产品销售情况；最后要分析不同类别冰激凌产品的市场需求情况，从而确定A公司应该打入哪个市场。

1.3　市场营销策划文案的撰写

成功的市场营销策划文案具有六大特点：第一，粗略过目就能了解策划文案的大致内容；第二，使用浅显易懂的语言，充分体现对方的利益和要求；第三，与同类市场营销策划文案相比，展现的内容有相当明显的差异性与优越性；第四，图文并茂，表现效果好；第五，全文条理清晰、逻辑分明，读者看完后能够按照营销策划文案的内容有计划、有步骤地执行下去；第六，能够充分体现企业的勃勃生机和基本特征。

1.3.1　市场营销策划文案的作用

（1）能够准确、完整地反映市场营销策划的内容；

（2）能够有效说服决策者做出决策；

（3）是执行和控制市场营销活动的依据。

1.3.2　市场营销策划文案的撰写原则及结构

1）市场营销策划文案的撰写原则

（1）逻辑思维原则

市场营销策划的目的在于顺利开展市场营销活动，解决企业市场营销过程中遇到的问题，因此应按照逻辑思维结构来撰写市场营销策划文案。

（2）简洁朴实原则

市场营销策划文案的撰写要做到语言简洁朴实、重点突出，使读者一目了然。

（3）可操作原则

市场营销策划文案用于指导企业的市场营销活动，因此其可操作性非常重要。

（4）创新原则

市场营销策划文案的撰写要做到创意新、内容新。

2）市场营销策划文案的结构

市场营销策划文案没有一成不变的格式，依据产品或营销活动的不同要求，文案的内容与格式可以有所变化。但是，从市场营销策划活动的一般规律来看，其中有些要素是共同的。市场营销策划文案的基本结构包括以下10项：

（1）封面。市场营销策划文案的封面应提供以下信息：文案的名称；被策划的客户；策划机构或策划人的名称；策划完成日期及本策划适用的时间段；编号。

（2）前言。前言是市场营销策划文案正式内容前的情况说明部分，内容应简明扼要，最多不要超过500字，应让人一目了然。前言的内容主要包括接受委托的情况、本次策划的必要性、策划的概况（即策划的过程及可达到的目标）。

（3）目录。目录是市场营销策划文案的重要组成部分。读过目录后，读者可以了解文案的全貌，因此目录具有与标题相同的作用。

（4）概要提示。通过概要提示，读者可以理解策划内容的要点。概要提示也应简明扼要，篇幅不能过长，一般应控制在一页以内。

（5）正文。正文是市场营销策划文案中最重要的部分，具体包括以下几方面的内容：

①说明市场营销策划的目的。这部分主要是对本次市场营销策划要实现的目标进行全面描述，它是本次市场营销策划活动的原因和动力。

②市场状况分析。市场状况分析的内容包括宏观环境分析、产品分析、竞争者分析、消费者分析。市场状况分析是在市场调研取得第一手资料的基础上进行的。

③市场机会分析。市场营销方案是对市场机会的把握和营销策略的运用，分析市场机会是市场营销策划的关键。只要找准了市场机会，策划就成功了一半。市场机会分析的内容主要包括：

A.营销现状分析，即对企业产品的营销现状进行具体分析，找出营销中存在的问题，并深入分析其原因；

B.机会点分析，即根据提出的问题，分析企业及产品在市场中的机会点，为制订营销方案做准备。

④确定市场营销方案。通过对营销中问题点和机会点的分析，提出具体的市场营销方案。市场营销方案的内容主要包括市场定位和4P组合策略两部分，即具体回答两个主要问题：一是本产品的市场定位是什么；二是本产品的4P组合策略具体是怎样的。

（6）预算。这是指市场营销方案推进过程中的费用投入，包括营销过程中的总费用、阶段费用、项目费用等，其原则是以较少的投入获得最优的效果。用列表形式标出营销费用是常用的方法，其优点是醒目易读。

（7）进度表。把市场营销策划活动的全部过程拟成时间表，何日、何时要做什么都要标注清楚，并将其作为控制与检查市场营销活动的依据。进度表应尽量简化，在一张纸上拟出。

（8）人员分配及场地。此项内容应说明在市场营销活动中，每个成员负责的具体事项、所需物品和场地落实情况。

（9）结束语。结束语应与前言相呼应，从而使市场营销策划文案有一个圆满的结束，不会使人感到太突然。

（10）附录。附录的作用在于证明市场营销策划的客观性。因此，凡是有助于读者理解市场营销策划内容、增强读者对市场营销策划内容信任感的资料，都可以列入附录中，如消费者调查问卷的样本、座谈会照片等图文资料。附录也要标明顺序，以方便读者查找。

业务链接1-2

健康产品全案策划（框架）

1）区域市场调查分析

（1）分析区域市场的宏观环境，如人口结构、政策法规等因素。

（2）调查区域市场的微观环境，如健康产品现有品牌的状况，包括：企业概况、产品组合、市场定位、销售价格、销售政策、广告宣传方式、主要媒体应用及投放频率、公关促销活动、其他特殊卖点和销售手段。

2）本公司检查产品的SWOT分析。

3）目标客户群分析

（1）项目所在地目标人群总量及分布情况。

（2）项目所在地目标市场经济发展状况及收入水平。

（3）项目所在地目标市场家庭情况分析，包括家庭成员结构、家庭收入情况、健康程度、生活习惯等。

（4）STP策划。结合调研，采用恰当细分与目标市场策略，更加有效地细分市场、确定目标市场及其进入的次序；明确产品卖点、提炼品牌定位。

4）产品组合策划

根据调研，采用合理的产品组合策略，更好地满足目标市场的诉求。并合理选取向下延伸或者向上延伸的策略，有效配合目标市场策略。

5）价格策划

根据目标市场的收入水平、产品的需求价格弹性、品牌定位等因素，确定基本的价格策略（薄利多销或高质高价），并有效配合产品组合策略的实施。

6）促销组合策划策略

结合目标市场的行为习惯、根据品牌定位、产品特点等因素，采用合理的促销组合，并选取恰当的传播途径进行有效传播。充分重视抖音、头条等直播营销渠道，进行有效促销。

7）渠道策划

根据调研、采用恰当的渠道类型，合理使用渠道激励方法。

8）费用计划

根据效益原则，合理预计成本收益，设置恰当的管控指标。

学习微平台

延伸阅读1-1

1.3.3   市场营销策划文案的撰写技巧

市场营销策划文案和一般报告文章有所不同，它对可信性、可操作性以及说服力的要求特别高，因此提高写作技巧就成为撰写市场营销策划文案追求的目标。

1）寻找一定的理论依据

要提高策划内容的可信性并使策划内容容易被读者接受，就必须为策划者的观点寻找理论依据。需要注意的是，理论依据要有对应关系，纯粹的理论堆砌不仅不能提高可信性，反而会给人脱离实际的感觉。

2）适当举例

在市场营销策划文案中加入适当的成功与失败的例子，既能起到调整结构的作用，又能增强说服力，可谓一举两得。需要指出的是，应多举一些成功的例子，选择国外先进的经验与做法以印证自己的观点是非常有效的。

3）利用数字说明问题

市场营销策划文案是一份指导企业实践的文件，其可靠程度是决策者首先要考虑的。文案中的任何一个论点都要有依据，因此利用各种绝对数和相对数进行比较是绝对不可缺少的。同时，各种数字都要有出处，以证明其可靠性。

4）运用图表帮助理解

运用图表不仅有助于读者理解策划的内容，而且能够提高页面的美观性。一方面，图表有强烈的直观效果，用图表进行比较分析、概括归纳、辅助说明等非常有效；另一方面，美观的图表设计能调节读者的情绪，有利于读者深刻理解市场营销策划文案。

5）合理安排版面

市场营销策划文案视觉效果的优劣在一定程度上影响着文案效果的发挥。安排版面时应考虑的内容包括字体、字号、字间距、行间距、插图和颜色等。合理安排版面可以使文案重点突出、层次分明、严谨而不失活泼。

6）注意细节，消灭差错

消灭差错对市场营销策划文案来说十分重要，却往往被人忽视。如果一份文案中多处出现错字、别字，其专业性、权威性就会令人质疑。

学习微平台

随堂测 1-1

深度思考 1-1

疑点：市场营销策划重在创意。

释疑提示：营销策划是个系统工程。虽然创意在市场营销策划中非常重要，但是市场营销策划并非简单的创意体现。市场营销策划往往以市场调研为开端，将创意融入到 STP、4PS 等系统中，并要结合市场效益、社会效益，进行动态调整。所以说市场营销策划是一个系统工程。

学习微平台

随堂测 1-2

课程思政1-1

助力新时代博物馆文创的营销策划

背景与情境：中国特色社会主义进入新时代，600多岁的故宫，把握新时代脉搏，推出了众多文化创意产品，其中不少产品还成了"网红"。皇帝的朱批，皇后的饰品，名家的画作，都以书签、文化衫、笔记本等文创产品形式飞入寻常百姓家。

2022年元旦，中国文物报社和抖音平台联合举办首届"文创年货节·博物馆里过新年"活动；2023年"5·18国际博物馆日"期间，再次携手推出"在博物馆遇见美好生活·博物馆文创新品推广周"系列活动。各个博物馆纷纷表示，应秉承开放共享和跨界融合的理念，深入挖掘文化资源的价值内涵，开发兼具传统元素和现代气息、艺术性和实用性有机统一、适应现代生活品质的文化创意产品。创新营销推广理念、方式和渠道，促进线上线下融合，积极探索文化创意产品的体验式营销，通过全方位服务、全链路营销，助力文化遗产从小传播走向大传播。用鲜活生动的文创讲好中国故事，为建设中华民族现代文明做出积极贡献。

资料来源　刘夏蓝，杨慧．全国博物馆文创大咖聚谈创新之城［N］．深圳晚报，2023-06-07．有删改．

问题：文创产品的营销策划以及它的热销带给我们什么启示？

研判提示：一是赢在新时代的文化自信。用活泼的、现代的方式，去重新发现传统，传承文化，这是游刃有余的自信，也是对历史和文化的尊重。二是赢在营销策划的不断创新，让消费者乐于接受。我们卖的不是产品，我们卖的是文化。创新营销方式，让沉睡的文物活起来。

本章概要

□ 内容提要与结构

▲ 内容提要

● 市场营销策划是指企业为实现某一营销目标或解决营销活动中的问题，在对内外部环境进行全面分析的基础上，有效调动企业的各种资源，对一定时间内的营销活动进行创新策略设计的行为。它主要包括市场营销目标确定、市场机会分析、市场定位策划、市场营销战略及策略制定等内容。市场营销策划具有目标性、创意性和可行性等特点。

● 市场营销策划不仅是企业在竞争中求生存、求发展的管理利器，而且逐渐成为"我们这一代人的一种核心思维方式"。市场营销策划可按不同的分类具体实施，实施时应遵循创新原则、系统原则、人本原则和效益原则。

● 市场营销策划的程序包括：界定问题、市场调研、SWOT分析、确定目标、制定市场营销战略、确定市场营销方案、预测效益、设计控制和应急措施、撰写文案、实施总结。

● 市场营销策划文案的基本结构包括封面、前言、目录、概要提示、正文、预算、进度表、人员分配及场地、结束语、附录 10 个部分。

▲ 内容结构

本章内容结构如图 1-1 所示。

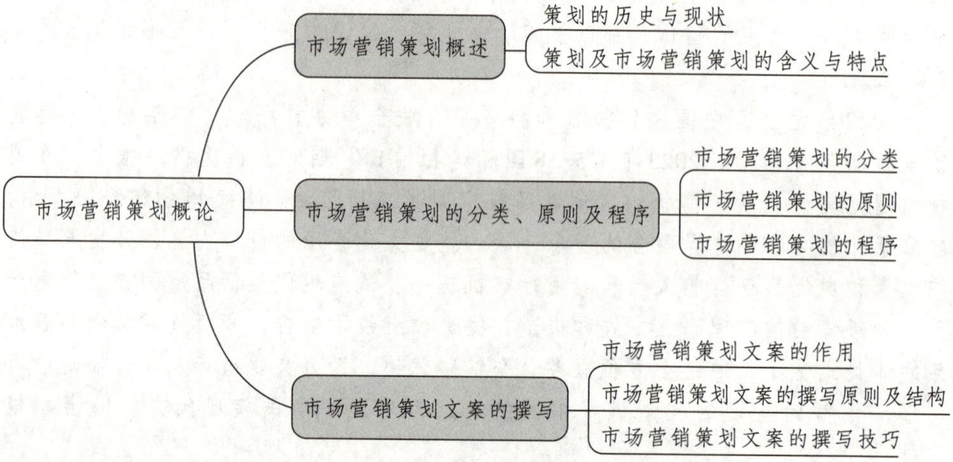

市场营销策划概论
- 市场营销策划概述
  - 策划的历史与现状
  - 策划及市场营销策划的含义与特点
- 市场营销策划的分类、原则及程序
  - 市场营销策划的分类
  - 市场营销策划的原则
  - 市场营销策划的程序
- 市场营销策划文案的撰写
  - 市场营销策划文案的作用
  - 市场营销策划文案的撰写原则及结构
  - 市场营销策划文案的撰写技巧

图1-1　本章内容结构

□ 主要概念和观念

▲ 主要概念

策划　市场营销策划　效益原则

▲ 主要观念

人本原则　市场营销策划的程序　市场营销策划文案的结构　市场营销策划文案的撰写技巧

□ 重点实务和操作

▲ 重点实务

市场营销策划文案的结构

▲ 重点操作

"市场营销策划概论"知识应用

━ 基本训练 ➤

□ 理论题

▲ 简答题

1）市场营销策划的要素有哪些？

2）按企业开拓市场的过程，市场营销策划可分为哪些类别？

3）市场营销策划文案的主要内容有哪些？

▲ 讨论题

1）什么是成功的市场营销策划？

2）企业的市场营销策划工作必须由专业的市场营销策划公司来做吗？

□ 实务题

▲ 规则复习

1）简述市场营销策划的原则。

2）简述市场营销策划的程序。

3）简述市场营销策划文案的结构。

▲ 业务解析

背景资料：随着消费升级，男士护肤品市场也迅速发展，目前男士化妆品已经占到整个护肤品市场份额的30%。国外品牌看准这一机遇，大力推出自己的男士护肤品品牌来抢占市场。

面对这一诱惑力极大的市场机遇，佰草集、美加净、大宝等国产品牌也开始大展拳脚，迅速推出了多款男士护肤品，并且突破了传统男士护肤品仅仅关注洁面的概念，相继推出了膏、霜等男士专用护肤品，进一步丰富与完善了男士护肤品的产品结构。

资料来源　佚名．国产男士护肤品品牌：为你的肌肤注入活力［EB/OL］．［2023-08-10］．https：//www.xmypfk.com/html/tb0.html.有删改．

问题：针对男士化妆品市场，通过网上调研，选取某一品牌，分析该品牌男士化妆品的市场营销策划过程。

□ 案例题

▲ 案例分析

【训练项目】

案例分析-I。

【相关案例】

美食狂欢，双汇为伴！

背景与情境：2023年10月25日，上海交通大学的学生们迎来了一场别开生面的美食盛宴——"双汇美食校园宠粉节"快闪活动。活动现场设置了校园快闪专区，为参与者提供了火腿星球、卤味星球、元气星球、芝士星球和国学星球等五大星球，每个星球代表双汇旗下不同种类的美味产品。火腿星球结合了双汇主推的"辣吗辣""火炫风"产品元素，芝士星球则对应的是双汇爆浆芝士肠等。

除了有趣的星球挑战，活动现场还设置了互动专区，吸引了众多学子参与。其中，断句挑战环节尤为引人注目。这个环节邀请学子们挑战读出一些长句子，这些句子中巧妙地融入了双汇的产品名称。诸如"我吃了一根辣吗辣辣的藤椒味火腿肠辣味很过瘾、用烤火炫风肠的火烤肠火炫风肠就会被火烤的更香"这样既拗口又有趣的句子，在引发现场欢笑的同时，也使"辣吗辣""火炫风"等产品特色深入人心。

资料来源　钟意蜜瓜．美食狂欢，双汇为伴：精准诉求［EB/OL］．［2023-10-27］．https：//www.toutiao.com/article/7294537739629314623/？channel=&source=search_tab.有删改．

问题：双汇的校园活动营销策划体现了营销策划的哪些原则，达到了什么目的？

【训练要求】

1）形成性要求

（1）学生分析案例提出的问题，拟定《案例分析提纲》；小组讨论，形成《案例分析报告》；班级交流、相互点评和修改各小组的《案例分析报告》，教师对经过交流和修改的各小组的《案例分析报告》进行点评；在校园网的本课程平台上展出经过修改并附有"教师点评"的优秀《案例分析报告》，供学生借鉴。

（2）了解本教材"附录二"的附表2中"形成性考核"的"考核指标"与"考核内容"。

2）成果性要求

（1）课业要求：以经班级交流和教师点评的《案例分析报告》为最终成果。

（2）课业结构、格式与体例要求：参照本教材"课业范例"的范例综-1。

（3）了解本教材"附录二"的附表2中"课业考核"的"考核指标"与"考核内容"。

▲ 课程思政

【训练项目】

课程思政-I。

【相关案例】

备受关注的食品安全

背景与情境： 2022年国庆长假期间，有博主晒出国外所售的酱油，配料表上不含添加剂，只有水、大豆、小麦、食盐等天然原料。而对比国内酱油的成分，配料表上含有谷氨酸钠、苯甲酸钠和三氯蔗糖等多种食品添加剂。此事随后引发舆论热议。对此，酱油生产厂家表示"所有产品符合国家标准""国内外酱油内控标准无高低之分、优劣之别"。尽管有行业协会力挺，但企业并没有扭转舆论风向，反而愈演愈烈。舆论危机的背后本质上是全社会对食品安全的重视，"科技与狠活儿"成为当年的流行语。

资料来源　佚名. 酱油深陷"双标"风波. [EB/OL]. [2022-10-09]. https://baijiahao.baidu.com/s？id=17462172602368241658&wfr=spider&for=pc. 有删改.

问题：

1）本案例中存在哪些思政问题？

2）食品安全问题为什么频发？

3）结合营销策划的相关内容，针对食品安全问题提出你的解决办法。

【训练要求】

1）形成性要求

（1）学生分析案例中提出的问题，拟出《思政研判提纲》；小组讨论，形成《思政研判报告》；班级交流、相互点评和修改各小组的《思政研判报告》，教师对经过交流和修改的各小组的《思政研判报告》进行点评；在校园网的本课程平台上展出经过修改并附有"教师点评"的优秀《思政研判报告》，供学生借鉴。

（2）了解本教材"附录二"的附表2中"形成性考核"的"考核指标"与"考核内容"。

2）成果性要求

（1）课业要求：以经过班级交流和教师点评的《思政研判报告》为最终成果。

（2）课业结构、格式与体例要求：参照本教材"课业范例"的范例综-2。

（3）了解本教材"附录二"的附表2中"课业考核"的"考核指标"与"考核内容。"

□ 自主学习

【训练项目】

自主学习-I。

【训练目的】

见本章"学习目标"中的"自主学习"。

【教学方法】

采用"学导教学法"和"研究教学法"。

【训练要求】

1）以小组为单位组建学生训练团队。

2）各团队依照本教材"附录三"的附表3中"自主学习"（初级）的"基本要求"和各技能点的"参照规范与标准"，确定长期学习目标，制订《自主学习计划》。

3）各团队实施《自主学习计划》，系统体验对本教材"附录一"的附表1"领域"中"自主学习"（初级）各技能点的"'知识准备'参照范围"所列知识和"文献综述"撰写规范的自主学习。

4）各团队以自主学习获得的"学习原理"、"学习策略"与"学习方法"知识为指导，通过院资料室、校图书馆和互联网查阅和整理近三年以"市场营销策划程序"为主题的国内外学术文献资料。

5）各团队以整理后的以"市场营销策划程序"为主题的文献资料为基础，撰写《"市场营销策划程序"最新文献综述》。

6）总结上述各项体验，撰写作为"成果形式"的训练课业。

【成果形式】

训练课业：《"自主学习-I"训练报告》

课业要求：

1）内容包括：训练团队成员与分工；训练过程；训练总结（包括对各项操作的成功与不足的简要分析说明）；附件。

2）将《自主学习计划》和《"市场营销策划程序"最新文献综述》作为《"自主学习-I"训练报告》的附件。

3）《"市场营销策划程序"最新文献综述》应符合"文献综述"规范要求，做到事实清晰、论据充分、逻辑合理。

4）结构与体例参照本教材"课业范例"的"范例综-4"。

5）在校园网的本课程平台上展示班级优秀训练课业，并将其纳入本课程的教学资源库。

单元考核

考核评价要求："考核模式"、"考核目的"、"考核种类"、"考核方式、内容与成绩核定"、"评价主体"及"考核表"等规范要求见本教材"网络教学资源包"中的《学生考核手册》。

第**2**章
市场调研策划

学习目标

通过本章学习，应该达到以下目标：

理论目标： 学习和把握"市场调研策划"的相关概念、作用与内容，以及"同步链接""延伸阅读"等陈述性知识；能用其指导本章"同步思考"和"基本训练"中"理论题"各题型的认知活动，正确解答相关问题；体验本章专业理论"初级学习"的横向正迁移，以及相关胜任力中"专业认知"要素的阶段性生成。

实务目标： 学习和把握市场调研的内容、流程、方法、组织实施、资料整理与分析等方面的策划技术，市场调研报告的撰写，以及"业务链接"等程序性知识，并将"4Cs"融入学习过程中；能以其建构"市场调研策划"的规则意识。正确解析"同步思考"、"深度思考"、"深度剖析""教学互动"、"随堂测"和本章"基本训练"中"实务题"的相关问题；体验本章专业实务"初级学习"的横向正迁移，以及相关胜任力中"专业技术"要素的阶段性生成。

案例目标： 运用本章理论与实务知识研究相关案例，培养和提高在"市场调研策划"特定情境中的多元表征专业能力；结合本章教学内容，依照相关规范或标准，对"课程思政2-1"专栏和章后"课程思政-II"等案例中的企业及其从业人员进行思政研判，促进"立德树人"根本任务的落实；体验本章不规则知识"高级学习"中专业知识、通用知识与思政元素的协同性重组迁移，以及相关胜任力中"认知弹性"要素的阶段性生成。

实训目标： 参加"'市场调研策划'技术应用"的实践训练。在了解和把握本实训所及"专业能力训练领域"各"'技术-技能'点"名称、操作"参照规范与标准"、"职业核心能力与职业道德领域"相关"技能点""素养点"的"规范与标准"，以及"指导准备"和"知识准备"基础上，通过各项实训任务的完成、系列"技术-技能"操作的实施、《实训报告》的准备与撰写等有质量、有效率的活动，培养"市场调研策划"的专业能力，强化"信息处理""与人交流""与人合作""解决问题"和"革新创新"等职业核心能力(初级)，并通过"顺从级"践行"职业情感"、"职业态度"、"职业良心"、"职业作风"和"职业守则"等行为规范，促进健全职业人格的塑造；体验本章"实践学习"中"专能""通能""职业道德"元素的协同性"重组-产生"迁移，以及相关胜任力中"求知韧性"和"复合性技能"要素的阶段性生成。

引例　数实融合成阿里新的增长点

背景与情境：2022年11月17日晚，阿里巴巴集团公布2023财年第二季度（自然年2022年三季度）业绩，季度收入人民币2 071.76亿元，同比增长3%。经调整EBITA同比增长29%至人民币361.64亿元，高于市场预期。

11月18日中国数实融合50人论坛副秘书长胡麒牧表示，党的二十大提倡数字经济要支持实体经济完成转型。阿里巴巴财报数据传递出了转型的关键词。阿里在维持电商业务基本盘稳定的前提下，正在把更多资源投入到帮助实体企业完成数字化转型的业务领域。

问题：从市场环境变化角度如何认识"阿里巴巴集团"把推动数实融合作为新的增长点的作用？

资料来源　张越熙．专家解读阿里巴巴财报丨胡麒牧：电商基本盘稳定，推动数实融合成阿里新的增长点［EB/OL］．［2022-11-18］．https://www.toutiao.com/article/7167195436183355942/?channel=&source=search_tab.有删改．

这个案例说明，由于市场环境发生变化，目前全球经济增长的不确定性比较大，受国内疫情反复影响消费受到压制，海外的高通胀也降低了消费意愿，叠加行业进入存量市场阶段，电商营收不可能维持高增速。这种情况下，淘宝天猫通过自身完善的商业生态和数字化赋能来提升消费体验，提高了用户黏性，截至2022年9月30日止的12个月内，在淘宝和天猫消费超过人民币10 000元的消费者数维持在约1.24亿人，并有98%的留存率。高质量消费群体的规模和黏性继续提升。

本章将针对市场调研内容策划、市场调研流程和方法策划、市场调研组织实施和资料整理分析策划进行分析，以帮助读者了解企业应如何进行市场调研策划并顺利实施市场调研。

2.1　市场调研内容策划

2.1.1　市场调研策划的含义

学习微平台

微课2-1

市场调研是指发现和提出企业营销过程中存在的问题与需求，系统、客观地识别、搜集、分析和传播信息，从而提高市场营销决策的准确性并修正企业的营销活动偏差的过程。市场调研是市场营销活动的基础，它以科学的方法搜集市场资料，并运用统计分析的方法对所搜集的资料进行分析研究，从而发现市场机会，为企业管理者提供科学决策的依据。市场调研有广义与狭义之分，狭义的市场调研是指针对顾客行为所做的市场调研；广义的市场调研除了要对顾客行为进行调研外，还要对市场营销过程中的每一个阶段进行调研，现代企业的营销和经营活动都越来越重视建立市场营销信息系统。

市场营销信息系统是指有计划、有规则地搜集、分类、分析、评价与处理信息并有效提供有用信息，供企业营销决策者制定规划和策略的，由人员、机器和计算机程序构成的一种相互作用的有组织的系统。

一般来说，市场营销信息系统的构成如图2-1所示。

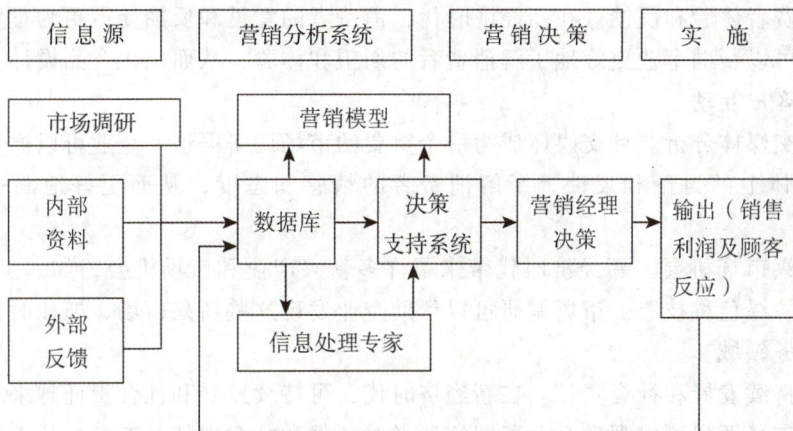

信息源	营销分析系统	营销决策	实 施

图2-1 表示市场调研、内部资料、外部反馈输入到数据库；营销模型与数据库、决策支持系统、信息处理专家相互联系；数据库→决策支持系统→营销经理决策→输出（销售利润及顾客反应）。

图2-1 市场营销信息系统的构成

市场调研策划是指在市场调研开始之前，根据调研的目的，有的放矢地对调研工作的各个方面和整个过程进行全面考虑和计划，制订相应的实施方案和合理的工作程序。

市场调研策划的具体内容包括确定调研课题、调研内容、调研时间，选择恰当的调研方式、方法和进行经费预算等。

同步思考2-1

问题：市场营销信息系统与市场调研是什么关系？

理解要点：两者的关系从图2-1中可以看出：市场调研可以看作市场营销信息系统的一个子系统或者重要组成部分，其作用是针对确定的市场营销问题搜集、分析和评价有关的信息资料，并对调研结果提出正式报告，供决策者有针对性地解决特定问题，以减少可能造成的决策失误。市场营销信息系统还包括在市场调研基础上的决策系统和实施后的信息反馈系统。

2.1.2 市场调研的功能和作用

在新经济时代，市场调研的目的和重点发生了一些变化，主要是受到数字技术和互联网的影响。以下是一些可能发生的变化：

更精准的目标定位。新经济时代，企业可以利用大数据和人工智能等技术更准确地了解市场和客户群体。市场调研可以更精准地定位目标客户，了解他们的兴趣、需求和行为，从而更有效地制定营销策略。

实时性和快速性。数字技术的发展使得市场调研可以更快速地进行。通过在线调查、社交媒体分析等方法，企业可以实时获取市场反馈，迅速调整营销策略以适应市场变化。

竞争对手分析。在新经济时代，竞争对手分析变得更加重要。数字技术使企业可以更容易跟踪竞争对手的动态，了解它们的产品、定价、促销等策略，从而制定更具竞争力的营销策略。

消费者体验和反馈。在新经济时代，消费者的意见和反馈变得更为重要。市场调研可以帮助企业更好地了解消费者的期望和体验，从而优化产品设计、服务流程和客户互动。

社交媒体分析。社交媒体成为一个重要的市场调研渠道。企业可以通过监测社交媒体上的讨论和反馈，了解消费者的情感和态度，从而更好地洞察市场动态。

新兴市场机会。新经济时代带来了许多新兴产业和市场机会，如人工智能、区块链、绿色科技等。市场调研可以帮助企业发现这些新兴市场，抓住时机开发新的业务领域。

可持续发展和社会责任。在新经济时代，可持续发展和社会责任越来越受到重视。市场调研可以帮助企业了解消费者对环保和社会责任的态度，从而调整产品和营销策略。

1）市场调研的功能

（1）信息功能

市场调研的功能首先在于搜集企业经营所需的各方面的信息，建立企业决策所需的信息数据库。

（2）识别功能

通过对市场调研所搜集的各方面信息的分析，企业可以趋利避害，识别出有利于自身发展的市场机会。

（3）反馈与调节功能

通过市场调研，企业可以获得消费者的信息反馈，发现企业经营过程中存在的各种问题，如产品的缺陷、价格和渠道的问题等，以便企业及时做出正确的营销决策。

2）市场调研的作用

（1）有利于企业做出正确的经营决策

经营决策决定了企业的经营方向和目标。经营决策正确与否，直接关系到企业经营的成败。搜集、分析、整理与用户、竞争者及营销环境有关的信息，并将这些信息及时汇集至企业，可以为企业的生产、定价和促销提供有价值的参考。企业只有在搜集到相关资料以后，才能确定营销活动的最佳方案，做出最佳决策。

（2）有利于企业开拓市场和开发新产品

根据调研了解到的消费者需求，企业可以寻找到不同细分市场和业务形式的潜在目标用户，发现有价值的市场区域并进行开拓。

（3）有利于企业产品的定价和实施有效的价格策略

企业不再根据自己的利润要求进行产品定价，而是根据消费者、竞争对手的信息实施有效的价格策略。

（4）有利于企业选择有效的销售渠道并扩大销售范围

企业可以根据目标消费者的消费习惯、竞争对手的渠道策略，选择既能顺利到达目标消费者又能提高渠道优势的分销方式。

（5）有利于企业改善经营管理

将事实和数据作为企业经营管理的依据，可以避免决策的盲目性，增加管理的科学性，提高管理的效率。

（6）有利于企业打造核心竞争力

"人无我有，人有我优"的经营策略是企业应对市场竞争的有效方法。知己知彼，才能与竞争对手进行较量，而这同样需要借助市场调研。面对激烈的市场竞争，企业是采取以实力相拼的策略，还是采取避开竞争的策略，都要根据调研结果并结合企业实际做出决断。

除此之外，在新经济时代，市场调研不仅保留了传统的作用，还衍生出了一些新的作用。以下是市场调研在新经济时代的一些新的作用：

（1）预测趋势和变化。借助大数据分析和人工智能等技术，市场调研可以更准确地预测市场趋势和变化。通过对海量数据的分析，企业可以提前识别出新兴趋势，从而做出更有前瞻性的决策。

（2）用户体验改进。在新经济时代，用户体验变得尤为重要。市场调研可以帮助企业更深入地了解消费者的体验，从而精细调整产品设计、服务流程和互动方式，提升用户满意度。

（3）创新和产品开发。市场调研可以帮助企业发现消费者未满足的需求，从而启发创新和产品开发。通过了解消费者的痛点和期望，企业可以开发出更符合市场需求的新产品和解决方案。

（4）社会责任和可持续发展。在新经济时代，社会责任和可持续发展成为企业重要的价值观之一。市场调研可以帮助企业了解消费者对环保、社会责任等议题的关注程度，从而调整企业的战略和营销策略。

（5）定制化营销。借助大数据和个性化技术，市场调研可以帮助企业实现更精准的定制化营销。企业可以根据消费者的偏好、行为和需求，量身定制个性化的产品推荐和营销内容。

（6）跨界合作和创新。市场调研可以帮助企业发现与其他行业的合作机会，促进跨界创新。通过了解不同领域的趋势和消费者需求，企业可以创造更多的合作和创新可能性。

（7）社交媒体和影响者营销。在新经济时代，社交媒体和影响者的影响力不容忽视。市场调研可以帮助企业了解消费者在社交媒体上的互动和意见，从而更好地制定社交媒体和影响者营销策略。

总的来说，新经济时代的市场调研不仅继续发挥着传统的作用，如了解市场需求、分析竞争对手等，还通过数字技术和新兴工具为企业提供了更多的机会，从而更准确地洞察市场动态、预测趋势、优化用户体验，促进创新和可持续发展等。这些新的作用使得市场调研在企业战略和决策，打造自己的核心竞争力中发挥着越来越重要的作用。

同步案例 2-1

大学校园外卖前景分析

背景与情境：现在的在校大学生都是享受着良好的物质生活长大的，父母在生活方面的照顾可谓无微不至。这些大学生来到学校后，吃食堂的饭菜难免不习惯，在经历了大学"蜜月期"后，更加不能接受一日三餐循环吃着口味没有变化的饭菜。他们需要的不仅仅是可以充饥的食物，更是一种对生活的享受和追求。

有人戏称大学校园里有个"九三学社"（上午睡到9点，下午睡到3点），尤其是冬天，9点钟从暖烘烘的被窝里爬起来，食堂的师傅已下班。同时，大学生虽然在时间安排上比较自由，但是各种实践活动使其对就餐时间的弹性有较高的要求。

资料来源　郑立印. 校园外卖前景分析［EB/OL］.［2016-06-08］. https：//wenku.baidu. com/view/86826750d0d233d4b14e69ea.html. 有删改.

问题：消费行为习惯对校园外卖未来的发展有什么影响？市场调研在其中起到了什么作用？

分析提示：现在的大学生对饮食的需求日益多样化，就餐时间也更加灵活。校园外卖的经营者通过对大学生消费习惯的调查，捕捉到了这一变化，于是不失时机地推出了为大学生送餐上门的服务项目。由此可见，市场调研为企业做出正确决策提供了依据。

2.1.3　市场调研的内容

1）市场营销环境调研

市场营销环境分为市场营销微观环境和市场营销宏观环境。

市场营销微观环境是指与企业的营销活动直接发生关系的企业性因素，如市场、营销渠道、相关企业、竞争者等。

市场营销宏观环境是指对企业影响较大的社会性因素，如人口、经济、社会文化、自然地理、科学技术、政治法律等。

其中，市场营销宏观环境调研的具体内容见表2-1。

表2-1　　　　　　　　市场营销宏观环境调研的具体内容

项目	内容
人口环境	人口总量、性别构成与比例、职业构成与比例、各年龄段人口数量与比例、各种文化程度人口数量与比例、各种收入水平人口数量与比例、家庭户数及户均人数
经济环境	GDP总量和人均GDP、产业构成和比例、主导产业类别和规模、居民人均年收入、社会消费品零售总额及人均社会消费品零售额、居民人均存款余额
社会文化环境	社会风尚与社会风俗、生活方式与价值观念、消费传统与消费习惯、舆论影响与口碑影响、消费潮流与流行时尚等
自然地理环境	对地理气候等自然环境进行研究，从而发现地形地貌、天气气候等自然因素对消费行为的软影响，进而依据自然规律有意识、有成效地规划市场营销活动
科学技术环境	跟踪新科学、新技术、新发明、新材料、新工艺对产品研发和制造产生的影响，以及对产品生命周期产生的影响
政治法律环境	政治法律环境调研使得企业的市场营销行为符合政府的政策与法律规范，并获得政府政策与法律的支持，从而为企业的市场营销活动争取良好的政治环境

人口、购买力和购买欲望是构成市场的三个要素，即市场=人口+购买力+购买欲望。因此，从市场层面来看，人口环境、经济环境和社会文化环境是市场营销宏观环境中最重要的内容。

业务链接2-1

××市私家车需求与用户反馈调查方案

（1）提出问题。轿车经销商A在××市从事轿车经销多年，商誉较好，知名度较高，但近两年在××市新成立的几家轿车经销商对其经营形成了冲击，导致其销售量有所下降。为了应对市场竞争，轿车经销商A急需了解本市私家车的市场普及率和市场需求潜力，了解居民的购车动机和行为，了解现有用户有关轿车使用方面的多种信息，以便调整公司的市场营销策略。为此，我们做了以"××市私家车需求与用户反馈"为主题的市场调查。

（2）调查目的。获取私家车需求情况及现有用户有关轿车使用方面的多种信息，为轿车经销商A调整、完善市场营销策略提供信息支持。

（3）调查任务。准确、系统地搜集××市私家车的市场普及率和市场需求潜力、居民购买动机与行为、用户使用情况等方面的信息，以及轿车经销商A所在商圈的情况与竞争对手的经营情况，并进行分析研究，从中提炼出一些对调整经营结构和市场营销策略有价值的启示。

（4）调查对象。调查对象只包括本市东、西、南、北四区的居民家庭，不包括市辖县的居民家庭。其中，以市区内的每户居民家庭为调查单位。

（5）调查项目。

①被调查家庭的基本情况，包括户主的年龄、性别、文化程度、职业；家庭人口、就业人口、人均年收入、住房面积、车库面积等。

②居民家庭是否有轿车，如果有，则轿车的类型、品牌、价位、购入时间等情况如何。

③用户车况与使用测评，包括节油性能、加速性能、制动性能、座位及舒适度、外观造型、平稳性、车速、故障率、零配件供应、空调、内部装饰、售后服务等项目的满意度测评。

④私家车市场需求情况调查，包括购买愿望、购买时间、购买类型、购买品牌、价位、购买目的、选择因素、轿车信息获取等方面的测评。

⑤经销商所在商圈情况调查，包括本经销店顾客的地理分布、职业分布、收入阶层分布、文化程度分布、行业分布以及商圈构成要素等。

⑥竞争对手经营情况调查，包括竞争对手的数量、经营状况和经营策略等。

（6）制定调查提纲和调查表，确定调查时间和调查期限、调查地点、调查方式和方法，最后对调查结果进行整理和分析。

以上就是一个完整的市场调查过程。

2）市场营销要素调研

市场营销要素调研的内容包括：产品调研、价格调研、分销渠道调研和促销调研等。

（1）产品调研

企业市场营销活动的最终目标是通过生产适销对路的产品来满足消费者的需求。产品调研的内容一般包括：对新产品的设计、开发和试验的调研；对现有产品改进的调研；对产品销售前景预测的调研；对产品售后服务的调研等。

（2）价格调研

产品定价策略是市场营销策略中最难确定的部分，它对企业产品的销售和企业的利润具有重要影响。价格调研的内容一般包括：市场供求情况及其变化趋势的调研；影响价格变化各种因素（如产品成本、市场状况）的调研；替代品价格的调研；新产品定价策略的调研等。

（3）分销渠道调研

分销渠道是指产品从生产者向消费者或用户转移的过程中经过的通道，是企业产品通向市场的生命线，是企业的巨大财富与无形资产。分销渠道调研的内容一般包括：选择中间商种类的调研；对影响分销渠道选择的各种因素的调研等。

（4）促销调研

促销是营销者与购买者之间的信息沟通与传递活动。促销的目的是激发消费者的购买欲望，影响和促成消费者的购买行为，扩大产品的销售，提高企业的经济效益。促销调研的内容一般包括：促销手段的调研、促销策略可行性的调研等。其中，促销手段的调研又包括广告调研、人员推销调研、营业推广调研和公共关系调研等。

3）消费者调研

（1）消费者需求量调研

① 货币收入。消费者只有拥有一定的货币收入，才可能挑选和购买自己所需的商品。货币收入主要来自以下几个方面：第一，劳动收入。劳动收入是消费者货币收入来源中最基本、最主要的部分，随着国家经济的发展及劳动生产率的进一步提高，这部分收入将呈不断上升的趋势。第二，从国家财政、信贷系统等获得的收入。第三，其他方面的收入。

② 人口数量。人口数量也是计算需求量时必须考虑的因素。人口数量越多，消费者对商品的需求量就越大。

（2）消费者结构调研

消费者结构调研的内容见表2-2。

表2-2　　　　　　　　　　　　消费者结构调研的内容

调研项目	调研内容
人口构成	性别、年龄、职业、文化程度、民族等方面的不同，使得消费者的需求具有很大的差异性
家庭规模	家庭规模就是家庭人口数。家庭人口数越多，对商品的需求量越大
收入增长状况	随着经济社会的发展，人们的收入水平也会相应提高。根据恩格尔定律，当收入增加时，用于购买食物的支出所占比重会逐渐下降
商品供应状况以及价格变化	商品供应状况是指市场上商品的供应是否充足。当商品出于某种原因供应不足或限量供应时，消费者的消费投向会发生转移；当商品价格提高到一定幅度以后，消费者的消费投向也会发生转移

（3）消费者行为调研

消费者行为具有不确定性，因此它是市场调研中较难把握的因素。消费者行为受多方面因素的影响，如消费者心理、性格、宗教信仰、文化程度、消费习惯、个人偏好和周围环境等。这些因素都可以在一定程度上促成消费者的购买行为。消费者行为调研就是要了解这些主客观因素及其发展变化对消费者购买行为的影响。

① 消费者心理调研。消费者心理调研的内容见表2-3。

表2-3　　　　　　　　　　　　　　**消费者心理调研的内容**

调研项目	调研内容
习俗心理	受所处地理环境、风俗习惯、宗教信仰、传统观念以及种族的影响而产生的心理
同步心理	在社会风气、潮流、时尚的影响下产生的赶时髦、跟潮流的心理
偏爱心理	受心理素质、文化程度、业余爱好、职业习惯和生活环境的影响而产生的对某种商品特殊偏爱的心理
经济心理	注重经济实惠、价廉物美、货价相等的心理
好奇心理	对新事物、新构想的求知心理及追求新颖、奇特的心理
便利心理	要求购买方便、迅速，服务周到、热情，商品易携带、维修和使用的心理
美观心理	要求商品美观、赏心悦目或能够产生舒适感的心理
求名心理	为保证商品的质量以及体现一定的社会地位而产生的挑选名牌、以商品品牌来决定购买的心理

② 消费者购买行为调研。消费者购买行为调研的内容见表2-4。

表2-4　　　　　　　　　　　　　**消费者购买行为调研的内容**

调研项目	调研内容
习惯型购买	根据以往形成的习惯或效仿他人的经验而决定购买，表现为长期惠顾于一种型号的商品或几家商场而不易受外界的干扰
理智型购买	根据自己的经验和学识判别商品，对商品进行认真的分析、比较和衡量后才做出购买决定，而且不愿意外人介入
感情型购买	在购买时因受感情因素的支配而容易受到某种宣传和广告的吸引，经常根据商品是否符合感官需要而决定是否购买
冲动型购买	消费者被商品的某一方面（商标、样式、价格等）强烈吸引，迅速做出购买决定，而不愿对商品进行反复比较
经济型购买	消费者多从经济方面考虑是否购买，对价格非常敏感
随意型购买	消费者缺乏购买经验，或随大流，或奉命购买，并且乐于听取别人的意见

4）竞争形势调研

企业应对竞争者的情况有一个全方位的了解，包括竞争者产品的市场占有率、竞争者采取的营销策略等。竞争形势调研的内容主要包括竞争格局调研、竞争策略和营销策略调研、主要竞争品牌的优劣势分析三个方面。

（1）竞争格局调研

首先，从总体上调研主要竞争品牌的市场规模和市场份额，这是竞争格局调研的基础。其次，分析市场的竞争结构，是完全竞争、垄断竞争、寡头垄断还是完全垄断，或者是某两种市场竞争结构的过渡状态等。最后，根据各主要竞争品牌的竞争实力、销售量和市场份额，确定各竞争品牌的市场地位和市场角色。例如，市场领导者是哪些品牌、市场挑战者是哪些品牌、市场追随者和市场补缺者是哪些品牌等，或者分析进入行业第一集团、第二集团、第三集团的品牌分别有哪些。

深度剖析 2-1

背景资料：马化腾曾经问过《失控》的作者凯文凯利（KK），腾讯的竞争对手在哪里？凯文凯利说："你的竞争对手不在你的名单里。"

问题：腾讯在社交软件和流量入口的垄断地位很难再有人与其进行直接竞争了。那么凯文凯利所说的竞争对手不在你的名单里是什么含义呢？谁可能是腾讯的真正竞争对手呢？

解析与讨论：

第一，要针对"你的竞争对手不在你的名单里"的真正含义进行深度分析。以往我们对竞争对手的名单构成都是上文所说的市场领导者、挑战者和追随者，如今我们需要拓宽思路和眼光去发现新的竞争对手。

第二，目前社会的技术发展迅速，行业竞争变化剧烈，打败行业龙头的很可能不是行业老二，而是崛起的另外一个行业，其甚至直接消灭掉原来的行业。就是一种全新的商业模式或者技术的出现，改变了消费者的消费习惯，从而颠覆掉了原来的行业。商业界有时将这种竞争称作"降维打击"。

（2）竞争策略和营销策略调研

竞争格局调研反映的是市场竞争的结果，为了揭示竞争格局形成的原因，还需要对各主要竞争品牌的竞争策略和营销策略进行调研。

第一，主要竞争品牌的竞争策略调研。竞争策略是影响竞争格局形成的重要因素之一。按照迈克尔·波特的竞争理论，市场竞争策略的基本模式有规模领先、成本领先和专业化集中经营等。在市场竞争中，这些模式是普遍适用和有效的，但也存在一些非典型性的或创新性的竞争策略模式，需要在调研中发现、识别并揭示出来。

第二，主要竞争品牌的营销策略调研。主要竞争品牌营销策略调研的内容见表2-5。

表2-5　　　　　　　　　　　主要竞争品牌营销策略调研的内容

调研项目	调研内容
产品策略调研	产品线及产品项目组合，主销产品的市场定位、核心利益诉求与销售表现，产品质量与产品形象的市场评价
价格策略调研	价格策略的实施目的，主销产品的价格水平及市场接受程度，进攻产品的价格水平及市场攻击力度，市场价格稳定情况与价格秩序规范情况
渠道策略调研	分销模式与分销渠道结构，主流渠道的业态形式与销售业绩构成，重点客户的销售规模及所占比重，客户关系与客情维护情况，产品销售区域与渠道的规范程度，市场管理制度与执行力度
广告策略调研	广告传播主题与产品利益诉求点，广告传播的媒体形式，广告播出时间和广告频率的选择，广告费用，消费者对广告的接受度、认知度，广告产品的试用率
促销活动调研	促销活动的时间与频率，促销活动的主题与形式，促销活动的让利幅度与宣传力度，消费者对促销活动的接受度，实际销售提升效果
营销组织调研	营销组织结构形式与人力资源配置，销售部门的职责与权限，营销人员的薪资结构与薪资水平，营销团队的业绩考核与激励制度，营销团队的整体营销意识、营销能力与精神风貌等

（3）主要竞争品牌的优劣势分析

通过竞争格局调研、竞争策略和营销策略调研，同时结合各品牌的历史销售业绩、资金实力和融资能力、技术能力和研发水平、原材料供应及产业链整合能力、企业内部管理能力等，企业可以对主要竞争品牌的优劣势进行分析，从而为下一步制定企业的竞争策略及营销策略提供依据。在分析过程中，既不要过分夸大和恐惧竞争对手的优势，也不要过于轻视竞争对手的劣势，要做到客观公正、实事求是。

教学互动 2-1

互动问题：

1）市场营销环境调研包括哪些内容？请举例说明。

2）请对欧式蛋糕进行市场营销环境分析。

要求： 同"教学互动 1-1"的"要求"。

学习微平台

微课 2-2

2.2　市场调研流程和方法策划

2.2.1　市场调研流程策划

1）确定市场调研目标

市场调研的目的在于帮助企业准确制定经营战略并做出营销决策。在进行市场调研之前，必须根据企业面临的市场现状和亟待解决的问题，确定市场调研的目标。

2）确定所需信息资料

市场信息浩如烟海，企业在进行市场调研时必须根据已经确定的目标和范围搜集与之密切相关的资料，没有必要面面俱到。

3）确定资料搜集方法

搜集资料的方法极其多样，企业必须根据所需资料的性质选择合适的方法，如实验法、观察法等。

4）搜集现成资料

企业应该首先搜集与既定目标有关的现成资料，包括企业内部经营资料、各级政府统计数据、行业调查报告和学术研究成果。

5）设计调研方案

在尽可能充分占有现成资料的基础上，根据既定目标的要求，采用实地调查方法，以获取有针对性的市场情报。市场调研几乎都采用抽样调查方法，而抽样调查方法最核心的问题是抽样对象的选取和问卷的设计。如何抽样，必须视调研目的和对准确性的要求而定。问卷的设计应科学合理、逻辑性强，问题目的明确、重点突出，没有可有可无的问题。

6）组织实地调查

首先，实地调查需要调研人员直接参与，因此调研人员的素质影响着调查结果的准确性，必须对调研人员进行适当的培训；其次，应该加强对调查活动的规划和监控，针对调查中出现的问题及时进行调整和补救。

7）进行观察试验

当调查结果不足以体现信息的广度和深度时，还需要组织有经验的市场调研人员对调查对象进行公开或秘密的跟踪观察，或者进行对比试验，以获得更具有针对性的信息。

8）统计分析结果

对获得的信息和资料进行统计分析，提出相应的建议和对策是市场调研的根本目的。市场调研人员必须以客观的态度和科学的方法进行统计分析，以获得高度概括性的市场动向指标，并对这些指标进行横向和纵向的比较、分析和预测，揭示市场发展的现状和趋势。

9）撰写调研报告

市场调研的最后阶段是根据比较、分析和预测的结果写出书面调研报告。调研报告一般分为专题报告和全面报告，主要阐明针对既定目标所获结果，以及建立在这种结果基础上的经营思路、可供选择的行动方案和今后进一步探索的重点。

需要特别注意的是，对调研结果进行统计、分析和预测后所获得的信息，要满足如下要求：

一是准确性。进行市场调研必须坚持科学的态度、求实的精神，要客观反映事实，认真鉴别信息的真实性和可信度，保证信息的根据充分、推理严谨、准确可靠。

二是及时性。任何市场信息、重要情报，都有极为严格的时间要求，所以市场调研必须适时提出、迅速实施、按时完成，及时利用所得信息。

三是针对性。市场信息多如牛毛，市场调研不应该也不可能处处张网，所以进行市场调研时应做到目的明确、有的放矢，以免劳民伤财、事倍功半。

同步思考 2-2

调研竞争对手，应该怎么做？

背景资料：我们在做产品或者提供服务时，都需要对竞争对手进行调研。对竞争对手的调研越深入，出错的概率越小。

资料来源 佚名. 调研竞争对手，应该怎么做？［EB/OL］.［2020-05-27］. https：//www.toutiao.com/a6831507502471840269. 有删改.

问题：调研竞争对手时应该怎么做呢？

理解要点：一般而言，对竞争对手的调研包括行业、传播、品牌、入口、App等内容。

①行业：一定要对产品所在的行业有所了解。从产品生产到流通的整个环节，都有哪些角色参与？在这个产业链中，竞争对手的哪些需求得到了满足？还有哪些需求未被满足？竞争对手的需求未被满足的原因是什么？这就是我们调研行业的目的。

②传播：传播可以拆解为创意、传播节点和数据三个方面。

创意：竞争对手营销活动的创意怎么样？有什么值得借鉴的地方？

传播节点：竞争对手的营销活动发布在哪些平台？

数据：竞争对手营销活动的效果怎么样（通过数据来反映）？

③品牌：品牌的作用就是占据用户的心智，通常需要分析竞争对手的品牌理念、品牌形象、品牌行为是否匹配需求。

④入口：这包括搜索引擎入口（百度、谷歌、搜狗）、电商入口（平台免费入口、平台活动入口、其他线上广告、其他线下广告）、自媒体（微信公众号、微博）等。

⑤App：App是一个小闭环，重点看获客数、活跃度、留存率、分享数，以及在这个闭环中的收益。

学习微平台

案例分析 2-1

2.2.2　市场调研方法策划

1）定性研究方法

定性研究方法是指通过发现问题、理解事件现象、分析人们的行为与观点以及回答提问来获取信息的研究方法。它是在一群精心挑选的小规模样本的基础上进行的市场研究，该研究不要求具有统计意义，但是凭借研究者的经验、敏感度以及相关技术，能够有效洞察日常生活中消费者的行为和动机，以及这些行为和动机给产品和服务带来的影响。

定性研究的具体方法主要有小组访谈法、深度访谈法、投射技术、联想法、角色扮演法和心理绘画法等。

2）大数据调研方法

市场调研是企业或组织了解目标市场的需求、竞争环境、趋势等关键信息的过程。传统市场调研方法包括问卷调查、焦点小组讨论、深度访谈、实地调查等，这些方法通常需要人工参与、花费较多时间和资源，并且数据搜集范围有限。随着大数据技术的迅猛发展，大数据调研逐渐取代了传统方法，为市场调研带来了革命性的变化。为此，我们将详细描述市场调研中，原有的方法被大数据调研取代后是什么样的。

（1）数据来源的多样化和广泛化

传统的市场调研方法往往依赖人工搜集数据，涉及的样本量有限，覆盖面不够广泛。然而，大数据调研利用了互联网和信息技术的发展，能够从多样化的数据源中搜集信息。这些数据源包括社交媒体平台、电子商务网站、搜索引擎、移动应用、物联网等。大数据调研能够实时、持续地获取海量数据，使得调研的数据来源更加全面和广泛，能够更准确地反映市场的真实情况。

（2）实时性和及时性

传统市场调研方法通常需要较长的时间来进行数据搜集、整理和分析，因此得出的结论和洞察可能已经过时。而大数据调研具有实时性和及时性的特点，数据搜集和处理过程都可以在几乎实时的情况下完成。这意味着企业可以更快地了解市场的动态变化和趋势，及时作出相应的调整和决策。

（3）数据处理和分析的高效性

大数据调研借助计算机算法和人工智能技术，可以更快速地处理和分析大量的数据。传统方法中，数据处理和分析通常需要人工参与，费时费力，且容易受主观因素影响。而大数据调研利用自动化和智能化的手段，能够高效地从海量数据中提取有用信息，发现隐藏的关联和趋势，减少人力成本，提高数据分析的效率和准确性。

（4）数据的深度挖掘和洞察

传统市场调研方法在数据搜集和分析过程中往往只能获取有限的信息，难以深入挖掘潜在的市场洞察。而大数据调研通过分析大量的非结构化数据，如用户评论、社交媒体帖子、在线交易记录等，可以挖掘出传统方法难以察觉的潜在信息和关联。这使得市场调研可以更加全面地了解消费者的需求、偏好和行为，从而更好地指导产品开发和营销策略。

（5）个性化和精准化的定位

大数据调研可以对消费者进行更精准的定位和个性化的分析。通过分析用户的历史行为和偏好，大数据调研可以为不同的用户群体提供个性化的产品推荐和定制化的营销方案。这种个性化定位可以提高产品销售的转化率，提升客户满意度和忠诚度。

（6）预测和趋势分析

大数据调研可以通过对历史数据和趋势进行分析，提供未来市场的预测和趋势预测。这种预测性分析可以帮助企业更好地把握市场机会，预测市场需求的变化，做出更准确的战略规划。

（7）跨地域和跨行业的分析

传统市场调研方法可能受限于地域和行业范围，而大数据调研具有跨地域和跨行业的优势。通过分析全球范围内的数据，大数据调研可以为跨国企业提供全球市场洞察和竞争分析。同时，它也可以帮助企业了解其他行业的发展趋势和创新动态，为企业寻求跨界合作和创新提供启示。

（8）持续优化和改进

大数据调研是一个持续的过程，随着更多数据的积累和技术的进步，调研结果和分析会不断得到优化和改进。这种持续的优化过程可以帮助企业不断地适应市场的变化和挑战，保持竞争优势。

然而，大数据调研也面临一些挑战和限制。

（1）数据隐私和安全问题

在大数据调研过程中，涉及大量的个人和用户数据。这些数据可能包含敏感信息，如个人身份、偏好、购买记录等。因此，确保数据的安全性和隐私保护是至关重要的。大数据调研需要遵守相关的数据隐私法规，采取必要的安全措施，防止数据泄露和滥用。

（2）数据质量和准确性

大数据调研涉及的数据量庞大，其中可能包含了大量的噪声和错误信息。数据质量的问题可能影响到分析结果的准确性和可靠性。因此，在进行大数据调研时，需要仔细筛选和清洗数据，确保数据的质量和准确性，以免误导决策。

（3）复杂性和技术门槛

大数据调研需要涉及复杂的数据处理和分析技术，包括数据挖掘、机器学习、自然语言处理等。对于一些企业和组织来说，可能缺乏相应的技术和人才支持，难以利用大数据来开展市场调研。因此，面对这种挑战，企业需要加强技术培训和引入专业人才，以确保大数据调研的有效实施。

（4）数据样本偏差

虽然大数据调研可以涵盖广泛的数据来源，但也可能面临样本偏差的问题。比如，在社交媒体平台上的用户可能并不代表整个目标市场的全部人群。因此，在进行大数据调研时，需要考虑样本的多样性和代表性，以获得更准确的分析结果。

（5）解释性和可解释性

大数据调研中的一些算法和模型可能具有复杂性，难以解释其背后的推理和决策过程。这使得在某些情况下，难以从大数据分析中获得清晰的解释和可解释的结论。对于一些涉及重要决策的领域，如医疗、金融等，解释性和可解释性可能是至关重要的。

（6）人机结合的挑战

大数据调研虽然具有高效和智能的优势，但仍需要结合人的主观判断和专业知识进行综合分析。在人机结合的过程中，可能面临人与机器之间的信息沟通和交流问题，以及如何合理利用机器分析结果来辅助人的决策等挑战。

（7）数据滥用和误解

大数据调研可以为企业提供大量有用的信息，但同时也可能面临滥用的风险。企业需要避免过度依赖大数据的结果，以及不合理解读分析结果带来的误导和错误决策。正确理解和使用大数据调研结果是关键。

大数据调研在取代传统市场调研方法的同时，带来了许多优势和便利。它能够从多样化和广泛化的数据源中搜集信息，提供实时和及时的数据分析，进行更深入的市场洞察，为企业提供个性化和精准化的定位，预测市场趋势等。然而，大数据调研也面临一些挑战，如数据隐私和安全问题、数据质量和准确性、技术门槛、样本偏差等。企业在应用大数据调研时需要全面考虑这些因素，结合实际情况和需求，合理利用大数据技术和方法，以获得更好的市场洞察和决策支持。

学习微平台

延伸阅读2-1

深度思考2-1

疑点：随着大数据技术的迅猛发展，大数据调研逐渐取代了传统方法，为市场调研带来了革命性的变化。传统的调研方法要被抛弃了吗？

释疑提示：大数据市场调研通常涉及定量调研和定性调研的综合运用。在大数据市场调研中，定性调研可以通过深度访谈、焦点小组讨论、内容分析等方式搜集和分析有关市场趋势、消费者偏好、产品功能等方面的定性数据。而定量调研则可以通过大规模数据的搜集和分析，提供统计上的验证和量化分析，支持决策制定和战略规划。传统的定性调研依然可以借鉴但是要更注意聚焦于依靠数据的搜集，进行分析。

2.3 市场调研组织实施和资料整理分析策划

2.3.1 市场调研组织实施策划

在明确了市场调研问题、确定了市场调研目标和选定了市场调研方法后，就可以组织和实施市场调研活动了。

1）市场调研活动的组织

市场调研活动的组织主要是指市场调研团队的组织和市场调研人员的培训。

（1）市场调研团队的组织

市场调研团队既可以是外聘的专业调研公司，也可以从企业内部产生。市场调研团队的组织结构主要有以下几种：

① 直线式。该结构适用于需要很少的调研人员、样本数量少、在较小范围内调研的项目。项目负责人首先要明确调研人员和督导员，组成一个调研团队；然后在咨询机构或咨询人员的协助下制订调研方案、确定日程、进行分组等；最后指挥不同小组的督导员展开调研。这样的组织结构既节省人员，效率也较高。

② 职能式。一个项目负责人领导若干职能人员，各职能人员分别负责所有调研小组的培训、质量检验或复核、经费使用等。各职能人员根据自己的职能，与各组督导员联络，对其提出一些要求，协助他们完成某个方面的全部或部分工作，并向项目负责人汇报。

③ 直线职能式。如果承担的项目是一个较大的课题，则需要在一个较大的范围内展开调研，调研小组的规模也会比较大，任务分配变得更加复杂，往往需要后勤、质量检验和复核部门的配合。项目负责人对各职能部门或职能组进行统一管理，也可以直接与督导员联系。每一个调研小组都需要配备若干职能人员，职能人员根据自己的工作职能开展工作，如财务和后勤人员负责调研小组的生活安排、居住旅行、设备采买、经费管理等事宜，他们向本组的督导员负责，督导员则向上一级职能部门或职能组反映情况。这样的设置和安排可以减轻项目负责人和督导员的工作量，便于分工和专业化管理，有利于提高市场调研的效率。

④ 矩阵式。企业的市场调研部门、独立的调研公司和学术性调研机构的组织结构多采用矩阵式。调研机构的日常工作由机构负责人统一指挥，工作内容包括市场开发、宣传推广等。调研项目一旦确定，就要召集调研人员，开展调研活动，有时可能有若干个调研项目同时开展。

（2）市场调研人员的培训

市场调研人员的作用体现在以下方面：

① 通过市场调研人员，商家可以了解消费者的有关情况，并据此做出决策；消费者也可以通过市场调研人员反映需求，从而获得更满意的消费体验。

② 市场调研人员是市场调研的直接实施者。市场调研人员的工作与市场调研前、后两个阶段的工作均有紧密联系，前期的准备工作在市场调研实施过程中得以体现，后期的分析工作也是建立在市场调研人员得来的信息基础之上的。

③ 优秀的市场调研人员能够提高调研的可信度。一个优秀的市场调研人员不仅能够通过和善的态度及高超的调查技巧获得相关问卷信息，而且能够通过自身敏锐的观察力捕捉到隐含的信息。

优秀的市场调研人员应具备以下素质：第一，良好的文字理解能力和交流沟通能力；第二，良好的职业道德水平；第三，优秀的品质及谦虚和善的态度。

市场调研人员培训的内容包括：第一，基础培训，如职业道德教育、行为规范、调查技巧等；第二，项目培训，如行业背景介绍、问卷内容讲解、抽样方法说明及其他要求。

市场调研人员培训的方式包括：讲课、模拟访问、督导访问（即督导员陪同市场调研人员一起进行调研）等。

2）市场调研前的准备工作

市场调研前的准备工作包括：

① 调研宣传活动，目的是扩大调研活动的影响，为调研活动顺利开展提供便利；

② 了解被调查者的大致情况；

③ 准备必要的辅助工具；

④ 准备相关文件，如调查问卷、样本单位名录、调研中需要的卡片及相关表格等。

3）市场调研实施过程中的控制

（1）市场调研实施过程中的质量控制

质量控制包括督导和调查质量评估两个方面。督导一般包括现场督导和非现场督导；调查质量评估包括实施过程中的质量评估和数据分析之前对原始数据进行的质量评估。

（2）市场调研实施过程中的进度控制

进度控制包括时间管理与进度安排两个方面。时间管理是为了确保项目按照时间计划进行，判断是否可以加快项目进程；如果项目要延期，则必须及时与客户沟通。进度安排是为了确保市场调研有计划、按步骤、平稳地实施，既要综合考虑调研人员的实际能力、被调查者所在地点的远近及其他相关因素，还要考虑督导员的检查工作是否能够同步进行。

学习微平台

微课2-3

业务链接2-2

中国网络音乐行业市场现状分析

① 中国网络音乐行业用户分析

从2019年中国在线音乐用户的学历分布来看，大学本科用户占比最高，为68.1%，大学专科用户占比为18.1%，硕士及以上用户占比为5.9%，高中（中专）用户占比为5.4%，初中及以下用户占比2.5%。

从2019年中国在线音乐用户的年龄分布来看，20岁及以下用户占比为9.2%，21~25岁用户占比为20.7%，26~30岁用户占比为38.7%，31~35岁用户占比16.4%，36~40岁用户占比为8%，41~50岁用户占比为5.6%，51岁及以上用户占比为1.4%。

② 中国网络音乐行业市场现状分析

从用户规模来看，截至2019年上半年，中国网络音乐用户规模达到6.08亿人，同比增长71.1%。从市场规模看，2018年中国网络音乐行业市场规模为76.3亿元，同比增长60%。

③中国网络音乐行业竞争格局分析

网易的创新业务主要包括云音乐、严选电商等。其中，网易云音乐2018年至2019年第二季度的营业收入，单季为10亿～12亿元。腾讯音乐的收入主要在社交娱乐，在线音乐单季营业收入在15亿元左右。

④中国网络音乐行业发展趋势分析

A.进一步扩大音乐付费市场规模

音乐制作人独立创作作品，通过唱片公司、互联网音乐平台等途径制作成网络音乐专辑，用户为作品付费，制作人和音乐发行商按照一定比例分成。在这个过程中，制作人通过创作获得用户认可和经济收入，音乐发行商凭借发行途径获得收入，用户获得音乐享受，这是一个比较健康的流程。用户为正版音乐付费是音乐市场健康有序发展的基石。

B.大数据应用实现用户粉丝经济

在互联网时代，只有用好大数据，才能提高收益。网络音乐企业通过各个终端的播放器能够聚拢一大批用户资源，绝大部分用户都是忠实的粉丝，因此企业可以利用大数据挖掘粉丝经济的商业价值和潜力。未来，网络音乐企业可以依据大数据分析，通过和第三方票务公司合作，为用户提供所需要的演出票务，从而增加用户黏性和收入。

资料来源　张鑫. 2020中国网络音乐行业市场现状分析，音乐付费市场进一步扩大［EB/OL］.［2020-10-14］. https：//www.toutiao.com/a6883427516376318475.有删改.

2.3.2　市场调研报告的撰写

市场调研报告的格式和内容并不唯一，但一般都包括以下几个部分：

（1）封面。封面包括调研题目、报告日期、委托方、调查方等。

（2）目录。如果调研报告的内容、页数较多，为了方便读者阅读，应当以目录的形式列出报告的主要章节和附录，并注明标题、有关章节的页码。一般来说，目录的篇幅不宜超过一页。

（3）概要。概要主要阐述调研项目的基本情况；按照市场调研的程序简要说明选择原始资料的方法、得出的结论、提出的建议等。

（4）正文。正文是市场调研报告的主要部分。正文必须准确阐明全部有关论据，还应当说明可供决策者独立思考的全部调研结果和必要的市场信息，以及对这些情况和内容的分析、评论。

（5）结论和建议。结论和建议包括对正文内容的总结，以及解决某一具体问题可供选择的方案与建议。结论和建议与正文部分的论述要紧密对应，不可以提出无论据的结论。

（6）附件。附件是市场调研报告的正文没有提及但必须附加说明的部分，它是对报告正文的补充或更详尽的说明。

市场调研报告的写作格式、文字数量、图表和数据应协调、统一。

课程思政 2-1

从科技革命解读中国式现代化

背景与情境：人类社会的现代化源于工业革命，而工业革命源于科学革命和技术革命。现代化不仅与科技革命有着历史的内在联系，而且现代化进程的第一动力也是科技革命。党的二十大报告指出，中国式现代化，是中国共产党领导的社会主义现代化，既有各国现代化的共同特征，更有基于自己国情的中国特色。从科技革命的视角审视，既能认识各国现代化的共同特征，又能认识中国式现代化的中国特色。

资料来源 肖广岭. 从科技革命解读中国式现代化〔N〕. 广州日报，2023-05-29. 有删改.

问题：你如何看待这种变化？

研判提示：这种变化意味着，科技革命引发人类社会现代化；科技革命引发和推动中国式现代化；科技革命将支撑和引领中国式现代化行稳致远。面对新一轮科技革命带来的机遇和挑战，中国企业亟须不断提高自主创新能力，实现高水平科技自立自强。

2.3.3 市场调研资料整理分析策划

1）市场调研资料的整理

市场调研资料的整理是指根据市场调研的目的，对通过市场调研所得到的原始资料或次级资料进行科学的分类、分组、汇总和再加工，从而形成能够反映现象总体特征的条理化、系统化资料的工作过程。

（1）整理市场调研资料的原因

通过市场调研搜集到的资料是分散的、不集中的，是零碎的、不系统的，是反映个体而不是反映总体的，依据这样的资料无法对总体进行分析，也无法对总体做出准确判断和得出有用的结论。通过整理市场调研资料，企业可以得到集中的、系统的、反映总体的资料。

（2）整理市场调研资料的意义

整理市场调研资料是对市场调研工作质量的全面检查和进一步深化，是对市场调研资料进行科学分析的开始，是积累市场调研资料的需要。

（3）整理市场调研资料的标准

①合格，即整理后的资料必须符合调研目的，是有效的资料。

②真实，即整理后的资料必须是实实在在发生过的客观事实，而非弄虚作假、主观杜撰出来的。

③可靠，即整理后的资料必须具有可信度。可信度是指调研结果的一致性和稳定性。无论是由同一调查者多次重复调查，还是由其他调查者复测，其结果都应大体相同。

④ 准确，即整理后的资料必须内容准确，数字资料更应如此。

⑤ 完整，即整理后的资料必须完整全面，以便反映客观事实的全貌。完整包括以下三个方面：时间范围上的完整；空间范围上的完整；调研内容上的完整。

⑥ 可比，即整理后的资料必须具有可比性。

⑦ 系统，即整理后的资料应尽可能条理化、系统化，让人一目了然。

2）市场调研策划方案的评估

市场调研策划方案成文后，还需要对其质量进行评估。对市场调研策划方案的评估主要从可行性分析和总体评价两个方面进行。

（1）市场调研策划方案的可行性分析

市场调研策划方案的可行性分析可以采用以下方法：

① 经验判断法，是指组织一些有丰富市场调查经验的专家或者相关领域的专家，对初步设计的市场调研策划方案进行评估，以确定该方案是否具备科学性和可行性。

② 逻辑分析法，是指从正常的逻辑层面对市场调研策划方案进行把关，考察其是否符合逻辑和常理。

③ 试点调查法，是指选择部分调查单位进行试验性调查，对市场调研策划方案进行实地检验，以确定市场调研策划方案的可行性。试点调查可以理解为实战前的演习，可以在方案大规模推广应用之前及时了解调研工作哪些是合理的，哪些是薄弱环节。

（2）市场调研策划方案的总体评价

市场调研策划方案的总体评价涉及三个方面的内容：一是调研方案是否能够体现调研目的；二是调研方案是否具有可操作性；三是调研方案是否科学和完整。

本章概要

□ 内容提要与结构

▲ 内容提要

● 市场调研是市场营销活动的基础，它以科学的方法搜集市场资料，并运用统计分析的方法对所搜集的资料进行分析研究，从而发现市场机会，为企业管理者提供科学决策的依据。

● 为了保证市场调研工作的顺利进行，企业必须按照市场调研的流程，做好各项准备工作，明确问题、找准目标，选择合适的调研项目，使用正确的方法，并在调研结果出来后进一步反馈和甄别，进而形成逻辑严密、资料翔实的市场调研报告。

● 市场调研资料的整理是指根据市场调研的目的，对通过市场调研所得到的原始资料或次级资料进行科学的分类、分组、汇总和再加工，从而形成能够反映现象总体特征的条理化、系统化资料的工作过程。市场调研策划方案成文后，

学习微平台

随堂测 2-1

学习微平台

随堂测 2-2

还需要对其质量进行评估。对市场调研策划方案的评估主要从可行性分析和总体评价两个方面进行。

▲ 内容结构

本章内容结构如图2-2所示。

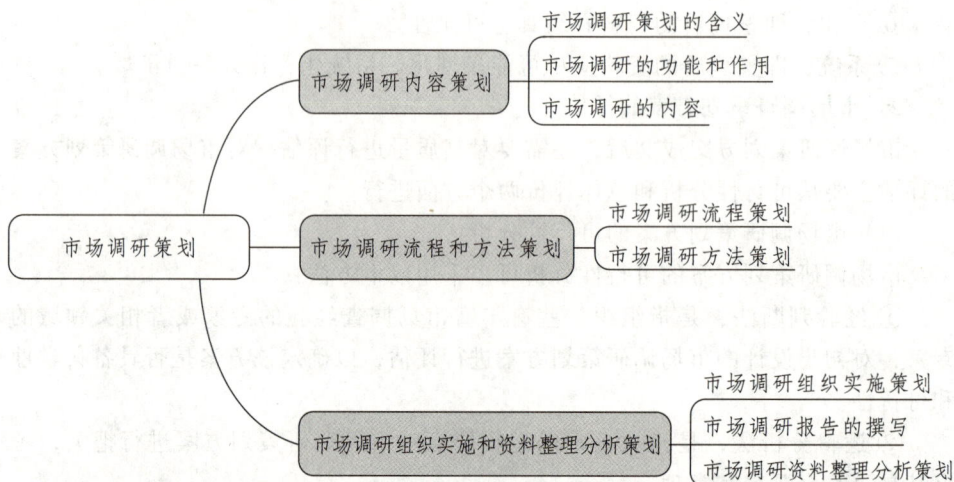

图2-2　本章内容结构

□ 主要概念和观念

▲ 主要概念

市场调研　市场调研策划　市场营销微观环境　市场营销宏观环境　定性研究方法　市场调研资料的整理

▲ 主要观念

市场调研的含义　市场调研的功能和作用　市场调研的内容　市场调研的流程　市场调研的方法　市场调研的组织实施　市场调研策划方案的评估

□ 重点实务和操作

▲ 重点实务

市场调研流程策划　市场调研方法策划

▲ 重点操作

"市场调研策划"知识应用

⟹ 基本训练 ⟹

□ 理论题

▲ 简答题

1）市场调研的目的是什么？

2）市场调研报告的主要内容是什么？

3）市场调研的新的手段和方法有什么，有哪些新的特点？

▲ 讨论题

1）市场调研中最关键的对象和内容是什么？

2）市场调研团队的组织结构有哪些类型？

□ 实务题

▲ 规则复习

1）简述市场调研的流程。

2）简述市场调研的方法。

3）简述市场调研策划方案评估的具体做法。

▲ 业务解析

宜家为什么能俘获海量忠实用户？

背景资料： 一个朋友吐槽过好几次，他曾经买过一个宜家的大衣柜，衣柜有一个人那么高，并且需要自己组装。他和他的朋友从下午4点，从每颗螺丝钉开始研究，整整花了4个多小时才安装完成。

这时候他们忽然想起来，为了安装这个衣柜，竟然忘记了去看晚上7点钟的演唱会，并且演唱会的门票还是价值2 000多元的内场区门票。

就因为这个代价巨大且富有成就感的过程，他对这个大衣柜充满了感情，以至于在好几次搬家的过程中，他丢掉了大批物件，却一直保留了这个衣柜。

资料来源 作者根据网络资料整理。

问题： 宜家为什么能俘获海量忠实用户？请你查阅相关材料，运用市场调研的相关知识分析其成功的原因。

□ 案例题

▲ 案例分析

【训练项目】

案例分析-Ⅱ。

【相关案例】

2020年云计算发展趋势展望

背景与情境： 对于云计算领域来说，2019年是具有标志性的一年。其中，混合多云领域的发展势头最迅猛。许多企业正在寻求一种灵活、高效的方式将工作负载迁移到云端，同时又希望能够降低成本。因此，混合多云成为备受企业青睐的一种策略。

随着企业在云旅程中继续前行，2020年会有五个重要趋势：

第一，5G将帮助更多企业将边缘计算作为其混合云战略的一部分。

5G是边缘计算的关键赋能技术，由此实现的创新将在未来15年内为全球经济贡献高达2.2万亿美元的价值。

第二，自动化将主导混合多云的下一个阶段。

企业正在迅速采用混合多云战略，自动化工具包括使用人工智能技术的早期产品会在2020年问世，以帮助企业管理分布于多个云环境中的所有数据。

第三，作为混合云战略的一部分，安全"指挥中心"的数量将激增。

大约60%的IT决策者将安全性视为选择云供应商最重要的考虑因素。2020年，借助仪表盘提升工作效率，以此揭示安全隐患并加快事件响应速度的技术将会问世。

第四，除银行业以外，其他行业也会采用经优化的行业专属云。

目前，只有40%的组织具有管理多云环境所需的技能和策略。行业专属云能够帮助组织应对云基础设施和架构的复杂性。也许这就是为什么在近期的一项调查中，61%的受访者表示采用行业专属服务的最大好处之一就是易于管理。

第五，开源工具的数量将激增，企业更易使用Kubernetes。

2020年，开发人员将专注于开发能够支持快速应用部署的工具，他们所在的企业需要利用这些工具确保企业始终站在数字化转型的前沿。

总而言之，展望未来，即将开启的全新云世界将为我们带来前所未有的价值、灾备能力和响应能力，而在短短几年之前，这一切还只是一个梦想。

资料来源　佚名. 2020年云计算发展趋势展望：边缘计算、自动化和行业专属云之年［EB/OL］．［2019-12-31］．https：//baijiahao.baidu.com/s？id=1654414614345096582&wfr=spider&for=pc. 有删改.

问题：

1）云计算行业发展的特点是什么？

2）这样的市场调研报告对市场和企业有什么意义？

3）请分析这种市场调研的好处和弊端。

【训练要求】

同第1章"基本训练"中本题型的"训练要求"。

▲ 课程思政

【训练项目】

课程思政-Ⅱ。

【相关案例】

Libra冲击主权，发展中国家推进央行法定数字货币

背景与情境： 2019年6月，Facebook推出了Libra虚拟加密货币。Libra的出现可能在全球范围内形成超主权货币，从而对传统交易结算货币造成影响。对我国而言，一方面，Libra会对我国传统货币造成冲击，威胁我国货币的主权地位；另一方面，由于人民币未纳入Libra的一篮子货币中，因此Libra的出现会降低各国央行对人民币的储备需求，甚至可能阻碍人民币的国际化进程。

资料来源　佚名. 2019年全球数字货币市场现状与发展趋势分析［EB/OL］．［2019-11-15］．https：//www.sohu.com/a/353962757_473133.有删改。

问题：

1）本案例中存在哪些课程思政问题？

2）试对上述问题做出你的思政研判。

【训练要求】

同第1章"基本训练"中本题型的"训练要求"。

□ 实训题

【训练项目】

阶段性体验-I："市场调研策划"技术应用。

【训练目标】

见本章"章名页"之"学习目标"中的"实训目标"。

【训练内容】

其"领域"、"'技术-技能'点"、"名称"及其"参照规范与标准"见表 2-6。

表2-6　　专业能力训练领域、"技术-技能"点、名称及其参照规范与标准

领域	"技术-技能"点	名称	参照规范与标准
"市场调研策划"知识应用	"技术-技能"点1	"市场调研内容策划"技术应用	1) 能全面把握"市场调研内容策划"的技术。 2) 能从"市场调研内容策划"的特定视角理解并应用相应技术，有质量、有效率地进行以下操作： (1) 系统体验"'市场调研内容策划'技术应用"的如下"技术-技能"操作，并体验"校企合作"中的"优势互补"： ①充分考虑并尽可能实现市场调研的价值，使其为企业经营中存在的各种问题提供决策信息； ②充分发挥市场调研的作用，使其为企业承担搜集和传播信息、发现市场机会、调节企业战略和营销组合，取得竞争优势的任务； ③对企业经营所处的内外部环境、竞争对手和消费者进行充分的调查分析，准确发现企业现存问题。 (2) 总结"实践学习"中关于"'技术-技能'点1"的"操作体验"和"校企合作"的"优势互补"
	"技术-技能"点2	"市场调研流程和方法策划"技术应用	1) 能全面把握"市场调研流程和方法策划"技术。 2) 能从"市场调研流程和方法策划"的特定视角理解并应用相应技术，有质量、有效率地进行以下操作： (1) 系统体验"'市场调研流程和方法策划'技术应用"的如下"技术-技能"操作，并体验"校企合作"中的"优势互补"： ①依照相关原则与程序进行运作； ②确定市场调研的问题和目标，系统分析、适当选择和依照相关程序设计调研方案； ③合理采用定性研究或者定量研究的方法。 (2) 总结"实践学习"中关于"'技术-技能'点2"的"操作体验"和"校企合作"的"优势互补"

续表

领域	"技术–技能"点	名称	参照规范与标准
"市场调研策划"知识应用	"技术–技能"点3	"市场调研组织实施和资料整理分析策划"技术应用	1）能全面把握"市场调研组织实施和资料整理分析策划"技术。 2）能从"市场调研组织实施和资料整理分析策划"的特定视角理解并应用相应技术，有质量、有效率地进行以下操作： （1）系统体验"'市场调研组织实施和资料整理分析策划'技术应用"的如下"技术–技能"操作，并体验"校企合作"中的"优势互补"： ①采取适当方法确定市场调研的组织形式，完成市场调研的实施和控制； ②依照相关程序进行市场调研后，规范撰写市场调研报告； ③对调研资料进行整理分析，做出合理的市场预测。 （2）总结"实践学习"中关于"'技术–技能'点3"的"操作体验"和"校企合作"的"优势互补"
	"技术–技能"点4	"'训练报告'撰写"技术应用	能应用《训练报告》撰写技术，有质量、有效率地进行如下操作： （1）合理设计关于"'市场调研策划'技术应用"《训练报告》，其结构合理、层次分明； （2）能依照网络教学资源包中《学生考核手册》考表2-6中的"考核指标"和"考核标准"要求，撰写所述《训练报告》

职业核心能力和职业道德训练：其内容、种类、等级与选项见表2-7；各选项操作的"参照规范与标准"见本教材"附录三"的附表3和"附录四"的附表4。

表2-7　　职业核心能力和职业道德训练的内容、种类、等级与选项表

内容	职业核心能力							职业道德						
种类	自主学习	信息处理	数字应用	与人交流	与人合作	解决问题	革新创新	职业观念	职业情感	职业理想	职业态度	职业良心	职业作风	职业守则
等级	初级	初级	初级	初级	初级	初级	初级	顺从级	顺从级	顺从级	顺从级	顺从级	顺从级	顺从级
选项		√		√	√	√		√			√	√	√	√

【训练任务】

1）对"'市场调研策划'技术应用"专业能力的各"技术-技能"点，依照表2-7中的"参照规范与标准"，实施应用相关技术的基本训练。

2）对表2-6中所列职业"职业核心能力"选项，依照本教材"附录三"附表3中相关"'技术-技能'点"的"参照规范与标准"，实施融入性"初级"强化训练。

3）对表2-7中所列"职业道德"选项，依照本教材"附录四"中"领域"的"参照规范与标准"，实施"顺从级"相关训练。

【组织形式】

1）以小组为单位组成营销策划团队。

2）各营销策划团队结合实训任务进行适当的角色分工，确保组织合理和每位成员的积极参与。

【指导准备】

知识准备：

学生通过自主学习，预习如下知识：

1）该企业的相关产品或项目知识。

2）"市场调研策划"的理论与实务知识。

3）本教材"附录一"的附表1中，与本章"职业核心能力"选项各技能点相关的"'知识准备'参照范围"所列知识。

4）本教材"附录三"的附表3中涉及本章"职业核心能力"选项，以及"附录四"的附表4中涉及"职业道德"选项的"参照规范与标准"知识。

操作指导：

1）教师向学生阐明"训练目的"、"训练任务"和"知识准备"。

2）教师就"知识准备"中的第2）、3）项，对学生进行培训。

3）教师要指导学生从"'市场调研策划'技术应用"视角进行企业营销决策和业务运作情况调研、资料搜集与整理。

4）教师指导学生撰写"'市场调研策划'技术应用"的《实训报告》。

【训练要求】

1）实训前，学生要了解并熟记本实训的"训练目的"、"训练内容"、"训练任务"与"训练要求"，了解并熟记本教材网络教学资源包的《学生考核手册》中表考2-6、2-7所列"考核指标"与"考核标准"的内涵，将其作为本实训的操练点和考核点来准备。

2）将"训练任务"所列三种训练整合并落实到本实训的"活动过程"和"成果形式"中。

3）实训后，学生要对本次实训活动进行总结，在此基础上撰写相关《训练报告》。

【训练时间】

本课程课堂教学内容结束后，安排两周时间进行"阶段性体验"训练。

【情境设计】

班级学生以小组为单位，组建"'营销策划'技术应用"训练团队。各团队分别选择一家开展"市场调研策划运作"的企业（或本校专业实训基地，或毕业生创业团队），从"'市场调研策划'技术应用"视角，参与企业该项目的运作，在依据表2-6中"'技术–技能'点1"至"'技术–技能'点3"的"参照规范与标准"系统体验各项操作的过程中，进行"校企合作"的"实践学习"，并尝试"优势互补"。

【训练步骤】

1）以班级小组为单位组建学生"阶段性体验"训练团队，每队确定1人为队长，根据训练项目需要进行角色分工与协作。

2）各团队结合"训练任务"，参照"情境设计"，分别选择一家开展"市场调研策划运作"的企业（或本校专业实训基地，或毕业生创业团队），从"'市场调研策划'技术应用"视角，全程参与企业该项目运作，进行"校企合作"的"实践学习"。

3）依据"表2-6"中"'技术–技能'点1"至"'技术–技能'点3"的"参照规范与标准"、系统体验如下操作：

（1）依照表2-6中"'技术–技能'点1"的"参照规范与标准"，从"'市场调研内容策划'技术应用"视角，进行"校企合作"的"实践学习"，体验"'市场营销策划'胜任力"建构中"'市场调研内容策划'运作"能力要素生成；

（2）依照表2-6中"'技术–技能'点2"的"参照规范与标准"，从"'市场调研流程和方法策划'技术应用"视角，进行"校企合作"的"实践学习"，体验"'市场营销策划'胜任力"建构中"'市场调研流程和方法策划'运作"能力要素生成；

（3）依照表2-6中"'技术–技能'点3"的"参照规范与标准"，从"'市场调研组织实施和资料整理分析策划'技术应用"视角，进行"校企合作"的"实践学习"，体验"'市场营销策划'胜任力"建构中"'市场调研组织实施和资料整理分析策划'运作"能力要素生成；

4）各团队总结1）～3）项操作体验，撰写"基于'市场调研策划'技术应用"的《校企合作实践学习总结》，体验"'市场营销策划'胜任力"建构中"市场调研策划运作"的"专业互鉴"能力要素生成。

5）在"'市场调研策划'技术应用"的"专业能力"基本训练中，依照表2-7中相关训练选项的"参照规范与标准"，融入"职业核心能力"的"初级"强化训练和"职业道德"的"顺从级"相关训练。

6）各团队综合以上阶段性成果，依照"'技术–技能'点4"的"参照规范与标准"，撰写《"市场调研策划"技术应用训练报告》。其内容包括：实训组成员与分工；实训过程；实训总结（包括对专业能力训练、职业核心能力训练和职业道德训练的分析说明）；附件（即阶段性成果全文）。

7）在班级讨论、交流和修订各团队的《训练报告》，使其各具特色。

【成果形式】

实训课业：《"'市场调研策划'技术应用"训练报告》。

课业要求：

1）"实训课业"的结构与体例参照本教材"课业范例"中的"范例综–3"。

2）将《校企合作实践学习总结》以"附件"形式附于《训练报告》之后。

3）在校园网的本课程平台上展示经过教师点评的班级优秀《训练报告》，并将其纳入本课程的教学资源库。

━━ 单元考核 ━━▶

考核评价要求：同第 1 章"单元考核"的"考核评价要求"。

第**3**章
企业战略策划

学习目标

通过本章学习，应该达到以下目标：

理论目标：学习和把握"企业战略策划"的相关概念、特点，企业营销战略的影响因素，企业使命与企业愿景的含义和作用，以及"同步链接""延伸阅读"等陈述性知识；能用其指导本章"同步思考"、"深度思考"、"教学互动"和"基本训练"中"理论题"各题型的认知活动，正确解答相关问题；体验本章专业理论"初级学习"的横向正迁移，以及相关胜任力中"专业认知"要素的阶段性生成。

实务目标：学习和把握营销任务与营销战略目标，企业经营的基本战略，以及"业务链接"和二维码资源等程序性知识，并将"战略思维"融入学习过程中；能以其建构"企业战略策划"的规则意识。正确解析本章"深度剖析""随堂测"和"基本训练"中"实务题"的相关问题；体验本章专业实务"初级学习"的横向正迁移，以及相关胜任力中"专业技术"要素的阶段性生成。

案例目标：运用本章理论与实务知识研究相关案例，培养和提高在"企业战略策划"特定情境中的多元表征和决策设计专业能力；结合本章教学内容，依照相关规范或标准，对"课程思政3-1"专栏和章后"课程思政-Ⅲ"等案例中的企业及其从业人员进行思政研判，促进"立德树人"根本任务的落实；体验本章不规则知识"高级学习"中专业知识、通用知识与思政元素的协同性重组迁移，以及相关胜任力中"认知弹性"要素的阶段性生成。

自主学习：参加"自主学习-Ⅱ"训练。在实施《自主学习计划》的基础上，通过阶段性学习和应用"附录一"的附表1中"自主学习"（中级）各技能点的"'知识准备'参照范围"所列知识，搜集、整理与综合"企业经营战略"前沿知识，讨论、撰写和交流《"企业战略策划"最新文献综述》，撰写《"自主学习-Ⅱ"训练报告》等活动，培养"自主学习"的通用能力（中级）；体验本章"自主学习"中"专能"与"通能"的"重组性"迁移，以及相关胜任力中"求知韧性"的阶段性生成。

引例　华为放出"大招"，Mate60悄然开售

背景与情境：2023年8月29日，华为在官网上挂出了Mate60系列售卖页面。华为官方公布的消息显示，这部手机支持卫星通话，芯片是麒麟9000S，自研的第二代昆仑玻璃架构和自研影像系统XMAGE，以及预装鸿蒙4.0系统。这强大的参数，显示了华为的高品质和更好的客户体验。就在华为发布新机Mate60 Pro的时候，美国商务部部长雷蒙多正在访华。在此之前雷蒙多表示：只要中国放弃自主研发芯片就取消制裁！禁止美企提供高端芯片给中国和投资中国芯片研发。华为在美国商务部部长访华时突然毫无征兆地发布了5G高端手机，这是给美国的一次最响亮的耳光，实际上也已经宣布了美国打压封锁华为的失败。

资料来源　华为Mate60突然发售，狠狠地打了米国的脸！耳光太响了！［EB/OL］.［2023-08-31］. https://www.163.com/dy/article/IDFGKQS10511N341.html. 有删改.

面对经营环境的变化，华为公司及时调整了自己的经营战略。围绕自己的经营战略，华为产生了独特的企业愿景、产品市场范围、成长方向和企业价值体系等内容。本章将系统阐述企业战略策划、企业使命与愿景、企业经营基本战略。

3.1　企业战略策划概述

企业战略是企业为了实现长期的、全局性的经营目标，有效利用企业内部资源，使企业适应外部条件，指导整个企业运作的总筹划及总方针，即对企业全局的谋划。企业战略策划关乎企业的长远发展和全局利益，是企业经营活动的行动纲领。

3.1.1　战略的含义与特点

"战略"一词是军事术语，源于希腊语"strategos"（"将军"）及其衍生词"stragia"（"战役""谋略"），意思是将军指挥军队的艺术和科学。我国古代兵书中早就提过"战略"一词，是指针对战争形势做出的全局谋划。三国时期著名的政治家、军事家、战略家诸葛亮通过对当时错综复杂的政治、经济、军事形势的分析，确立了"三分天下"的战略思想，这一战略思想也是刘备的立国之本。时至今日，"战略"一词被广泛应用于政治、军事、经济、商业和管理等各个领域中。

加拿大麦吉尔大学明茨伯格教授借鉴市场营销学4P组合的提法，提出了企业战略5Ps观，即战略是一种计划（plan）、计策（ploy）、模式（pattern）、定位（position）、观念（perspective）。因此，战略不是为了解决当前的问题，而是要引导组织走向更美好的未来。

战略是指在确保实现企业使命的前提下，为了获得可持续的竞争优势，根据企业所处外部环境并结合企业内部资源，对企业未来发展目标和实现途径所做的一种长远性谋划。

企业战略具有全局性、适应性、长远性、竞争性、风险性等特点。

1）全局性

企业战略必须根据企业总体发展的需要而制定，它追求的是企业的总体效果，指导的是企业的总体活动。企业战略管理不是强调企业某一事业部或某一职能部门的重要性，而是通过制定企业的使命、目标和战略来协调企业各部门的工作，这就决定了企业战略具有全局性。

2）适应性

运营环境对企业的战略决策非常重要，政治、经济、社会文化、技术等环境的变化都会对企业战略产生影响。例如，经济危机影响了人们的购买力，企业需要根据人们的偏好、习惯改变服务方式，而这也将对企业战略产生影响。

3）长远性

企业战略是对企业未来经营目标的描述，这就决定了企业战略既要兼顾短期利益，又要着眼于长期发展，并谋划了实现远景目标的发展轨迹及宏观管理的措施、对策。围绕企业的远景目标，企业战略必须经历一个持续、长远的奋斗过程。企业战略虽然可以根据市场变化进行必要的调整，但一般来说不能朝令夕改，要具有长期的稳定性。

4）竞争性

竞争是市场经济中不可回避的现实，也正是因为有了竞争，才确立了"战略"在经营管理中的主导地位。面对竞争，企业需要进行内外环境分析，明确自身的资源优势，通过设计恰当的经营模式，形成经营特色，从而增强企业的竞争力，推动企业的长远、健康发展。

5）风险性

企业战略的竞争性决定了企业战略的风险性。企业战略是对企业未来经营目标的描述，而未来经营的不确定性使得企业战略的制定充满了挑战和风险。如果企业能够做好市场调研，准确预测行业发展趋势，设立客观的远景目标，保证各战略阶段人、财、物等资源调配得当，制定的战略就能引导企业健康、快速发展；反之，仅凭个人的主观判断，设立的目标过于理想或对行业发展趋势的预测不准确，制定的战略就会产生偏差，甚至给企业带来破产的风险。

同步链接3-1

领会党的二十大精神　谱写科技创新新篇章

习近平总书记在党的二十大报告中强调，科技是第一生产力、人才是第一资源、创新是第一动力，部署实施科教兴国战略、人才强国战略、创新驱动发展战略。习近平总书记在乘坐京张高铁视察冬奥会、冬残奥会时强调，我国自主创新的一个成功范例就是高铁。近年来，中国中车积极落实国家战略，立足科技自立自强，创新成果丰硕，影响力持续提升，书写了从跟跑、并跑到领跑的壮丽发展篇章。目前，中国中车已构建具备完全自主知识产权的动车组产品谱系，时速160千米至350千米的复兴号系列动车组全面投用。时速600千米的高速磁浮系统、时速400千米的可变轨距跨国互联互通高速动车组、时速350千米的货运动车组先后下线。大功率机车、重载铁路货车、货运动车组、城市轨道车辆等轨道交通装备整体技术达到国际先进水平。

党的二十大擘画了科教兴国的宏伟蓝图，新征程上中国中车将着力服务国家战略，充分彰显国企担当！

资料来源　国资小新. 中国式现代化与国企担当｜领会党的二十大精神 谱写科技创新新篇章［EB/OL］.［2022-12-17］. https://mp.pdnews.cn/Pc/ArtInfoApi/article? id=32957847.经删改.

3.1.2　营销战略的内容与影响因素

企业作为市场的重要组成部分，在持续经营的过程中，既要通过盈利来不断发展，也要满足顾客和社会的需要，促进社会福利的增加。这就要求企业必须结合内、外部环境，制定合理的营销战略，并在经营过程中有效贯彻实施，这样才能在激烈的市场竞争中立于不败之地。

1）企业营销战略的含义

企业营销战略是企业经营战略的具体化，是企业经营战略在市场营销方面的展开，在整个企业经营战略中处于核心地位。

企业营销战略是指企业为实现经营目标而制定的有关营销要素、营销组织、人力资源以及市场布局等方面的系统规划。营销战略的核心是把消费者的需求转化为企业的盈利机会。要想实现这一转化，企业必须设定正确的营销目标，制定正确的营销战略，并通过营销管理来保证营销目标的实现。

2）当前企业营销战略的影响因素

（1）人工智能对企业营销战略的影响

2023年人工智能呈现出爆发态势，人们刚刚经历了人机大战、脑机接口等热点事件，还没回过神来，chatGPT又横空出世。人工智能能带给我们什么，它到底能发展到何种程度，我们无法想象。人工智能正在深刻影响着每一个人、每一个企业。企业想在人工智能时代的市场竞争中脱颖而出，就必须做好企业的战略分析工作，将人工智能融入企业的营销战略中，这样才能实现企业在人工智能时代下的新型战略目标。

首先，人工智能使得企业的营销更为精准。营销追求的一个目标就是在恰当的时间、恰当的地点，把恰当的商品交给恰当的消费者。在以前，这是很难实现的。即使市场调查工作做得再细致，要想达到精准的要求还是难以实现的。但是，有了人工智能，结果就完全不同了。人工智能比你自己还了解你自己，它通过个体消费数据的分析，可以精准地预判一个人的消费行为；通过群体数据的分析，也可以精准地预测群体的消费趋势。

其次，人工智能使企业具有更强的资源整合能力。营销策划的一个基础是供应链的管理。尽管我们在供应链的研究和管理上已经取得了较大的进步，但是行业与行业之间还是有着较大的隔阂。今天，有句话叫"打败你的往往不是你的同行，很可能是跨界！"这说明行业与行业的融合非常重要，不同行业的资源整合能力也是对企业营销能力的考验。在人工智能时代，围绕着营销问题，它可以提出跨行业的解决方案，更为前瞻性地解决营销问题。

再次，人工智能可以降低企业的营销成本。以往，企业为了实现营销目标，往往采用较高媒体推广、人员推销等费用，但在人工智能时代，随着营销目标人群的更为精准，资源整合能力更强，这些费用将有所降低，甚至随着智能机器人在营销上的应用，成本将进一步降低。

最后，人工智能给营销手段带来了更多的选择。4Ps是传统的营销工具。随着时代的发展，新媒体、直播营销等手段融入到企业的营销工作中。人工智能时代的来临，给营销手段带来了更为丰富的选择。VR可以给消费者带来一种全新的体验。

同步案例3-1

AI主播走进直播间

背景与情境： 在人工智能爆火的2023年，AI主播也开始走进直播间了。只见AI主播们画着精致的妆容，在直播间内声情并茂地介绍产品，对刚进入直播间的用户还会播报用户名表示欢迎，甚至各种"宝宝们""多少米"等直播带货的行话也是信手拈来，这在很大程度上拉近了与用户之间的距离。

当有些消费者进入直播间，好奇地询问主播究竟是不是真人时，AI主播还会正面回答；即便和主播简单互动，主播也能够应答如流。

事实上，已经有不少直播运营公司都上线了AI主播，替换了真人主播。偌大的办公室甚至只需要上百台电脑，就能源源不断地为公司带来收益。

是不是感觉相当梦幻？不只是直播带货，在那些侧重内容输出的直播间里，AI主播也给各大博主们提供了相当程度的便利。例如国内某知名商业咨询顾问就曾透露，其短视频账户上不少内容都是由数字人完成的。当自己没有时间录制视频时，会将随时随地产生的灵感通过一段音频来自动生成并发布相关内容。

资料来源　品牌界的007. AI主播"攻占"直播间，月薪仅200元［EB/OL］．［2023-05-12］．https：//www.toutiao.com/article/7232189378699903548/？channel=&source=search_tab. 有删改.

问题： AI主播走进直播间给了我们什么启示？

分析提示： 人工智能能够完成企业的日常工作任务，正逐渐成为一种共识。在人工智能飞速发展的今天，其也在深刻影响着企业的经营战略，使企业的预测更为精准，整合资源的能力更强，能使企业基本经营战略更加高效。

（2）人口结构的巨大变化对企业营销战略的影响

截至2021年年底，全国60岁及以上老年人口达2.67亿，占总人口的18.9%；65岁及以上老年人口达2亿以上，占总人口的14.2%。全国65岁及以上老年人口抚养比20.8%。国家卫生健康委老龄司司长王海东表示，"十四五"时期，60岁及以上老年人口总量将突破3亿，占比将超过20%，社会进入中度老龄化阶段。2035年左右，60岁及以上老年人口将突破4亿，在总人口中的占比将超过30%，进入重度老龄化阶段。我国老龄化呈现出数量多、速度快、差异大、任务重的趋势和特点。

人口老龄化对企业营销战略的调整带来了机遇和挑战。首先，人口老龄化带来日常消费的缩减，老年人的消费欲望通常会低于年轻人，加上对于未来收入预期的降低，老龄人口会降低对日常消费的需求，这对企业来说是个挑战。但是，老年人对健康、养老、教育等方面的需求逐渐增加，这为企业提供了丰富的市场机遇。例如，可以通过开发适合老年人的健康生活产品、养老服务、特色旅游等项目，开拓更大的市场空间。同时，老龄人口需求的差异性将会降低，同质性的需求会逐渐增加，这也为企业提供了更加便利的市场拓展。

人口老龄化也对企业内部人力资源的配比带来影响。企业营销战略的实施需要依靠特定的人去实施，人口老龄化在这方面也给企业带来了挑战。在这种情况下，企业可以充分利用老年人的特性和优势，发挥其智慧和经验，让他们在企业中发挥更大的作用。

（3）去中心化对企业营销战略的影响

新媒体时代，每个人都是中心，每个人都可以连接并影响其他节点，这种扁平化、开源化、平等化的现象或结构，被称为"去中心化"。营销的去中心化是指一种趋势，即通过去除传统的中心化营销手段，如依赖大规模广告和公关活动等，转而利用更加细分化和个性化的营销方法。这种方法更加注重个体消费者和较小规模的市场，以及利用社交媒体和数字渠道进行更加精准和个性化的营销活动。去中心化营销依赖大数据和人工智能技术，以及社交网络和内容营销等新型营销手段。这种趋势对于企业而言意味着需要更加注重用户体验和个性化需求，同时需要更加灵活和敏捷地响应市场变化。

营销的去中心化对企业的影响是多方面的。首先，去中心化营销使得企业可以直接接触消费者，了解消费者的需求和反馈，从而更好地调整产品和服务。其次，去中心化营销可以降低企业的营销成本，提高营销效率。企业可以通过社交媒体等渠道直接与消费者互动，减少传统广告和宣传费用的投入。此外，去中心化营销还可以提高企业的品牌影响力，通过社交媒体等渠道扩大品牌知名度和用户群体。

然而，去中心化营销也给企业带来了挑战。首先，企业需要具备更加灵活和敏捷的市场响应能力，能够快速响应市场变化和消费者需求的变化。其次，企业需要更加注重用户体验和个性化需求，提供更加符合消费者需求的产品和服务。此外，企业需要具备更加完善的数据分析和营销策略制定能力，能够从大量数据中提取有价值的信息，制定更加精准和个性化的营销策略。

综上所述，营销的去中心化对企业的影响既有积极的一面，也有挑战的一面。企业需要积极应对去中心化营销的趋势，提高自身的市场响应能力、用户体验和个性化服务能力，以及数据分析和营销策略制定能力，才能更好地适应市场的变化和发展。

（4）微增长时代对企业营销战略的影响

当前的微增长时代是指经济进入了一种状态，即增长速度缓慢，没有明显的增长动力。在这种状态下，经济增长率较低，市场饱和度较高，竞争激烈，消费者需求多样化且难以满足。这种状态对于企业而言意味着需要更加注重产品质量和服务水平，提高市场占有率和用户黏性，同时需要寻找新的增长点和创新方向。

微增长时代对企业营销的影响是多方面的。首先，市场环境变得更加复杂和不确定，企业需要更加谨慎和精准地制定营销策略，避免盲目扩张或过度营销。其次，微增长时代要求企业具备更加敏锐的市场洞察力和创新力，能够发现新的市场机会和增长点，同时需要更加注重产品质量和服务水平，提高用户满意度和忠诚度。此外，微增长时代要求企业具备更加完善的数据分析和预测能力，能够从大量数据中提取有价值的信息，制定更加精准和个性化的营销策略。

具体来说，微增长时代对企业营销的影响包括：

营销策略的调整。企业需要根据市场环境和消费者需求的变化，及时调整营销策略，注重产品质量和服务水平，提高用户满意度和忠诚度。

数字营销的兴起。微增长时代要求企业具备更加敏锐的数字营销能力，能够利用数字渠道和社交媒体等手段进行精准营销和个性化推广。

创新和产品升级。微增长时代要求企业具备创新和产品升级的能力，能够不断推出符合消费者需求的新产品和新服务，同时对现有产品进行升级和改造。

加强品牌建设。在微增长时代，品牌影响力成为企业竞争的重要因素。企业需要加强品牌建设，提高品牌知名度和美誉度，增强品牌忠诚度和用户黏性。

跨界合作和生态圈建设。微增长时代要求企业具备更加开放和合作的心态，能够与其他企业进行跨界合作，共同打造生态圈和产业链，实现资源共享和协同发展。

综上所述，微增长时代对企业营销提出了更高的要求和挑战。企业需要具备更加敏锐的市场洞察力、创新力和数字营销能力，同时需要注重产品质量和服务水平，加强品牌建设和生态圈建设，才能在竞争激烈的市场中立于不败之地。

3.1.3　制定营销战略的流程

企业营销战略的制定不是静态的、一次性的，而是一种循环往复的动态过程。通常来说，企业营销战略的制定可以分为七个阶段。

（1）分析营销环境与用户

一个企业如果不了解其所处的营销环境，不掌握用户的实际需求，是很难生存下去的。深入、细致地分析营销环境与用户是制定营销战略的基础，后面所有工作的开展均要以通过营销环境与用户分析得出的结论为前提。

（2）分析竞争对手

分析竞争对手的目的是了解谁是现有的、直接的竞争对手，谁是将来有可能加入的潜在竞争对手，可能对本企业的产品或服务构成威胁的替代品是什么。

（3）分析企业资源

企业资源包括企业自身资源和市场资源。企业自身资源包括人力资源、财务资源、产品资源和开发资源；市场资源包括品牌资源、客户资源、机会资源。分析企业资源是为了更加明确企业的竞争优势和发展方向。

（4）明确企业使命和愿景

企业一旦掌握了市场和用户需求，了解了竞争状况，做好了营销资源分析，就很容易明确自身的市场定位，也就是说，企业存在的价值是什么，企业的长远目标和发展方向是什么，从而形成企业使命和愿景。

（5）描述未来理想业务

在充分考虑了市场环境、用户需求、竞争对手和营销资源的条件下，企业应当从最理想的角度来探讨目标客户最希望获得的产品或服务是什么样的。这就需要把企业未来的理想业务清晰地描述出来，把企业未来要达成的目标清晰化，把建立竞争优势的路径设计好，把商业模式想透彻。

（6）制订营销战略实施计划

营销战略实施计划是一种事先的安排，用于指导企业实现自己的营销战略目标。营销战略实施计划的内容包括：准确估算每项营销活动的成本；对各部门的任务进行有效、合理的分配；针对可能出现的突发情况编制预案等。

（7）实施、反馈和调整营销战略

营销战略重在实施，但是在实施企业营销战略的同时，还要定期对营销战略的执行情况进行反馈，以便做好应对。此外，营销战略的实施是一个过程，在这种动态过程中及时调整不恰当的部分也很重要。俗话说"计划没有变化快"，在激烈的市场竞争中，企业只有根据环境的变化合理调整战略，才能立于不败之地。

3.2　企业使命与愿景

企业经营的成功得益于有效的战略管理。但是在研究企业的战略管理时，首先应当明确企业使命、企业愿景和营销战略目标等概念。

学习微平台

微课 3-1

3.2.1　企业使命

企业的存在和发展，都是为了完成企业使命。**企业使命**是指企业在社会经济发展过程中应担当的角色和责任。它反映了企业的根本性质和存在的理由，说明了企业的经营领域、经营思想，为企业目标的确立与战略的制定提供了依据。

业务链接 3-1

金风科技的企业使命与企业愿景

2020年9月中国明确提出2030年"碳达峰"与2060年"碳中和"目标。在"双碳"目标的时代背景下，金风科技深度聚焦能源开发、能源装备、能源服务、能源应用四大领域，以强大的科研创新和最佳业务实践，将可再生能源的效率提升至新高度。

金风科技的企业使命是：为人类奉献碧水蓝天，给未来留下更多资源；金风科技的企业愿景是：成为全球可信赖的清洁能源战略合作伙伴。

金风科技用使命和愿景把每一位金风人与国家对未来美好生活的追求目标紧密结合在一起。清洁能源对全球的可持续发展意义重大，具有无限的发展前景，金风科技聚焦于清洁能源的开发与利用，以专一、专注、专业的态度，将清洁能源事业做精、做强、做大。

资料来源　根据金风科技官网相关资料整理.

3.2.2　企业愿景

1）企业愿景的含义

企业使命是一种根本的、最有价值的、崇高的责任和任务，它回答的是企业"做什么"和"为什么做"两个问题。企业使命是对企业的经营范围、市场目标等问题的概括描述，它比企业愿景更具体地表明了企业的性质和发展方向。

企业愿景是对企业的前景和发展方向所做的高度概括的描述，这种描述能够从情感上激起员工的热情。企业愿景是企业统一成员思想和行动的有力武器。

2）企业愿景的作用

（1）提升企业的存在价值

传统观念认为，企业的存在价值在于它是实现人类幸福的手段与工具，它是在促进全社会幸福和寻找新的财富来源的过程中创造出来的。近年来，企业价值观经历了全球化和信息时代的变革，企业愿景的含义和范围也随之扩大，即在以往企业活动的基础上，增加了与全球自然环境共生和对国际社会的责任和贡献等内容。

（2）协调利害关系者

在制定企业愿景时，企业必须界定利害关系者的类型及其利益诉求。如果利害关系者的利益诉求不能在企业愿景中得到尊重和体现，则无法使利害关系者对企业的主张和做法产生认同，企业也无法找到能够对利害关系者施加有效影响的方式。

（3）整合个人愿景

现代社会的员工，特别是知识型员工，都非常注重个人的职业生涯规划，都会描述自己的个人愿景。要使企业员工自觉、积极地投入企业活动中，就必须用企业愿景来整合员工的个人愿景。

（4）应对企业危机

明确的企业愿景是在动态竞争的条件下，企业应对危机的必要条件和准则。只有将企业愿景作为危机处理的基准，才能保证企业的长远利益。

（5）引导企业资源投入的方向

企业愿景既是企业有能力实现的梦想，也是全体员工共同的梦想。企业愿景能够描绘出企业将来的形态，引导企业资源投入的方向。

3）企业愿景的制定

企业愿景要明确，要适应市场环境，要有激励性，要与企业实际相符合，避免太宽或太窄。一些著名企业的愿景描述非常值得我们借鉴，见表3-1。

表3-1　　　　　　　　　　　　**企业愿景描述示例**

企业	愿景描述
金风科技	成为全球可信赖的清洁能源战略合作伙伴
宝钢股份	成为全球最具竞争力的钢铁公司，成为最具投资价值的上市公司
鱼跃医疗	帮患者减轻痛苦，助医生提升医术
华为公司	把数字世界带入每个人、每个家庭、每个组织，构建万物互联的智能世界
比亚迪公司	用技术创新，满足人们对美好生活的向往
茅台集团	酿造高品质生活

深度思考3-1

疑点：企业以盈利为目标，企业愿景和企业使命是空洞的，没有太大作用。

释疑提示：虽然企业的核心目的是盈利，但企业愿景和企业使命在企业的长期发展和走向成功的过程中仍然扮演着重要的角色。

企业愿景是一个企业的核心目标和前景，它描述了企业未来的远景和目标，激励员工共同努力，并为企业的决策提供方向。企业使命则是企业为了实现其愿景和价值观所承担的责任和义务，它明确了企业的社会责任和业务范围。

企业使命和企业愿景不仅可以帮助企业明确自己的价值观和目标，还可以帮助企业建立品牌形象，提高员工士气和归属感，促进与合作伙伴的良好关系，以及制定长期战略。这些因素对于企业的长期发展和成功至关重要。

学习微平台

微课 3-2

3.2.3　营销战略目标

1）营销战略目标的含义

营销战略目标是指在一定时期内企业营销活动希望达到的目的。营销战略目标规划就是企业以市场为导向，以营销理论为指导，分析营销环境，对企业未来要达到的总体经营水平进行规划的过程。营销战略目标指明了企业未来营销发展的方向，营销战略目标必须与企业的战略目标相一致。

企业营销战略目标可能不止一个，其中既有经济目标又有非经济目标，既有主要目标又有从属目标。它们之间相互联系，形成了一个目标体系，反映了企业的营销活动所追求的价值，为企业各个方面的活动提供了基本方向。企业营销战略目标能够使企业在一定时期、一定范围内适应环境趋势，能够使企业的营销活动保持连续性和稳定性。

2）营销任务与营销战略目标

营销战略目标需要企业完成"5W1H"的营销任务（见表3-2）。"5W1H"是在管理工作中对目标计划进行科学分析的一种思维方法，即针对要解决的问题从原因、对象、地点、时间、人员和方法六个方面提出一系列询问，并寻求解决问题的答案。

表3-2　　　　　　　　　　　企业营销任务描述

	任务分解	内　容
5W1H	What	销售什么
	Who	销售给谁
	Where	在哪销售
	When	何时销售
	Why	为什么这么做
	How	如何满足其需求

企业营销战略目标通常用贡献目标、市场目标、竞争目标和发展目标进行描述（见表3-3），也可以用投资收益率、销售额、绝对市场占有率、销售增长率等进行描述（见表3-4）。

表3-3　　　　　　　　　　　企业营销战略目标描述Ⅰ

目　标	内　容
贡献目标	提供给市场的产品状况（数量、质量），节约资源状况，保护环境，利税
市场目标	原有市场渗透，新市场开发，市场占有率提高，销售额增长，客户忠诚度提高
竞争目标	行业地位的巩固或提升
发展目标	企业销售资源扩充，产能扩大，经营方向和形势的发展

表3-4　　　　　　　　　　　企业营销战略目标描述Ⅱ

目　标	内　容
投资收益率	一定时期内企业实现利润总额与企业投入资本总额的比率，是衡量企业获利能力的指标
销售额	反映了企业的销售规模，用金额来表示
绝对市场占有率	企业生产的某种产品在一定时间内的销售量（或销售额）占同类产品市场销售总量（或销售总额）的比重，是反映企业竞争能力的指标
销售增长率	产品销售增长额与基期产品销售总额的比率，是反映企业产品成长性的指标
利润率	全部预付资本的增值程度
分销网覆盖面	销售网络到达目标市场的程度
价格水平	相对价格以及价格和产品形象的适应程度

3）营销战略目标的具体化

营销战略目标是在分析企业营销现状，并预测未来的机会和威胁的基础上确定的，一般包括财务目标和营销目标两大类。其中，财务目标由投资收益率、销售额、利润率等指标组成；营销目标由市场占有率、分销网覆盖面、价格水平等指标组成。

为了有效进行目标管理，企业制定的营销战略目标必须具备四个特征：第一，营销战略目标必须可测量，并尽可能用数量表示。第二，营销战略目标应当具有可行性。营销战略目标应该在分析机会和威胁的基础上形成，不是凭主观意愿设定的，但设定的目标可具有一定的挑战性。第三，营销战略目标应当具有时效性。大多数营销战略目标都有一个具体的时间限制，如某企业的年度目标是增加销售额2 000万元。第四，营销战略目标体系应当具有协调性。企业的营销战略目标往往不止一个，它们共同形成了一个目标体系。目标体系中的多重目标之间应当具有很好的协调关系，要考虑短期利润与长期效益、现有市场渗透与新市场开发、高增长与低风险之间的协调。

同步思考3-1

背景资料：在"双碳"目标的时代背景下，蒙牛集团发布"GREEN可持续企业战略"。蒙牛表示，未来将围绕着此战略的五个方向发力——可持续的公司治理、共同富裕的乳业责任、环境友好的绿色生产、负责任的产业生态圈、营养普惠的卓越产品，助力国家双碳目标实现，全方位推动产业链上下游的"GREEN"可持续发展转型，共同守护人类和地球共同健康。

问题：企业的战略目标可以只考虑经济利益，而忽视社会责任吗？

理解要点：企业的战略目标既有经济目标又有非经济目标，承担社会责任更有助于企业的公共关系和品牌形象。企业的战略目标既源于生存与发展，又高于现实的利益追求，是理想与现实的统一。

资料来源 作者根据相关资料整理.

3.3 企业经营基本战略

企业的市场地位以及所处的环境决定了不同的企业应当采用不同的经营战略。企业经营基本战略主要有一体化与多元化战略、成本领先战略、差异化战略和集中化战略。

3.3.1 一体化与多元化战略

1）一体化战略

一体化战略是指企业充分利用自己在产品、技术、市场方面的优势，根据物资流动的方向，使企业不断向深度和广度发展的一种经营战略。一体化战略研究的是企业如何确定自己的经营范围，主要解决与企业当前活动有关的竞争性、上下游生产活动的问题。

（1）纵向一体化

纵向一体化也称垂直一体化，是指生产或经营过程相互衔接、紧密联系的企业之间实现联合。纵向一体化按照物质流动的方向又可以分为前向一体化和后向一体化。其中，前向一体化是指企业与用户企业之间的联合，后向一体化是指企业业与供应企业之间的联合。

（2）横向一体化

横向一体化也称水平一体化，是指与处于相同行业、生产同类产品或工艺相近的企业实现联合。横向一体化的实质是资本在同一产业和部门内的集中，目的是扩大规模、降低产品成本、巩固市场地位。

（3）混合一体化

混合一体化是指处于不同产业部门、不同市场且相互之间没有特别的生产技术联系的企业之间的联合。混合一体化包括三种类型：一是产品扩张型，即与生产和经营相关产品的企业联合；二是市场扩张型，即一个企业为了扩大经营范围，与其他地区生产同类产品的企业联合；三是毫无关联型，即生产和经营彼此之间毫无联系的产品或服务的若干企业之间的联合。

（4）以数据为核心对企业一体化战略的影响

以数据为核心的一体化战略是指将企业一体化战略实施过程中的数据搜集、存储、处理和分析作为一个整体来考虑，以实现数据的全面整合和共享，从而更好地支持业务决策和行动。其核心在于将数据视为一种宝贵的资源，通过集中管理和深度挖掘，发挥数据的最大价值。

在以数据为核心的一体化战略中，企业需要培养一种数据驱动的文化，使数据的价值在各个业务环节中得到充分发挥。首先，企业需要建立数据意识，使所有员工都能理解并重视数据；其次，企业需要构建统一的数据平台，将不同来源、不同类型的数据进行整合，形成统一的数据视图，方便数据的查询、分析和应用；再次，企业需要将各个业务环节进行整合，形成一体化的业务流程，使数据在不同的业务环节之间能够流畅地传递和共享；最后，企业需要考虑数据的安全性和隐私性，建立完善的数据安全体系，防止数据泄露和被攻击。

深度剖析3-1

阿里巴巴的犀牛工厂与数字时代的一体化战略

背景资料："犀牛智造"是阿里巴巴的新制造平台，是阿里面向未来建设的一座数字化实验工厂，其实现从消费者数据、供应链数据、加工生产数据等全产业链数据的整合，更加有效地实现了一体化战略。

犀牛智造致力于服务中小商家数字化转型，通过产业全链路数字化改造和云化升级，构建需求实时响应、极小化库存以及"100件起订、7天交付"的小单快返新模式，实现供需精准匹配和更高水平的动态平衡，促进传统产业高质量发展。从工业时代到数字时代，制造业的挑战在于如何实现从供给导向的规模化生产向消费者驱动的定制化生产的演变，犀牛智造加速构建了万物互联、数据驱动、软件定义、平台支撑、智能主导的新模式，并迈向体系重构、动力变革、范式迁移的新阶段。犀牛智造的探索和实践，展现了制造业发展的这一新趋势。

资料来源　根据阿里研究院网站相关资料整理.

学习微平台

延伸阅读3-1

问题： 阿里巴巴最初的业务是电子商务，案例中其涉足制造业，这是哪种企业战略？这种战略是如何实施的？以数据为核心给这种战略带来了什么影响？

解析与讨论：

第一，案例中阿里巴巴涉足制造业，是企业战略中一体化战略的表现，是电子商务与制造业的结合。

第二，一体化战略的实施，可以选择前向一体化、后向一体化和横向一体化等方式。在本例中，阿里巴巴是通过前向实施一体化战略的。

第三，通过犀牛智造案例，我们可以看到以数据为核心让企业一体化战略更为高效。它有助于解决规模经济与消费者个性化需求的矛盾，也是企业控制成本的利器。

2) 多元化战略

多元化战略是指企业尽量增加产品大类和品种，跨行业生产经营多种多样的产品或业务，从而扩大企业的生产经营范围和市场范围，充分发挥企业特长，充分利用企业的各种资源，提高经营效益，保证企业的长期生存与发展的一种经营战略。

企业能否成功运用多元化战略，达到分散风险、提高投资收益率的目的，关键看企业能否准确分析外部环境和正确评价内部条件。

业务链接 3-2

小米的多元化战略

小米是一家以销售高性价比智能手机而走红的公司，但最近几年，小米开始逐步改变原有单一的"手机爆品"模式，转向多元化发展。

2019 年，小米电视出货量增长至 1 280 万台，居全球第五位；小米在可穿戴设备市场出货量居全球第一位。同时，小米已推出智能冰箱、洗衣机等白色家电产品，并取得了显著的成效。

资料来源　刘杰. 小米的多元化组合战略会让它再次腾飞吗？[EB/OL]．[2020-03-12]．https：//zhuanlan.zhihu.com/p/112586396.有删改.

3.3.2　成本领先战略

成本领先战略是指企业在某一行业领域使产品成本低于竞争对手而取得领先地位的一种经营战略。实行成本领先战略需要一整套具体政策，企业应努力降低经营成本，严格控制成本开支和间接费用，追求研究开发、服务、销售、广告及其他部门的成本最小化。为达到此目的，企业必须在成本控制上下功夫。为了同竞争对手抗衡，企业在质量、服务及其他方面的管理也不容忽视，但成本领先是贯穿整个经营战略的主题。

实施成本领先战略的关键在于，在满足顾客认为至关重要的产品特征和服务的前提下，实现相对于竞争对手的可持续性成本优势。实施成本领先战略的企业必须找出成本优势的持续性来源，并且应防止竞争对手模仿本企业的成本优势。

3.3.3　差异化战略

差异化战略是指企业提供区别于竞争对手的、在其行业范围内具有独特性的产品或服务的一种经营战略。这种战略的核心是取得某种对顾客有价值的独特性，也就是说，采用这一战略的企业必须在购买者认为最有价值的某些方面做得高于其他企业。

企业寻求差异化的手段很多，这种差异化可以体现为具有高质量的产品、优质的服务、创新的设计、技术性专长或者别出心裁的商标形象。实施差异化战略的关键是一定要有别于竞争对手，并且要使溢价收益超过因形成差异化而付出的成本，这样才能获得超额利润。

企业在采用差异化战略时，应当通过差异化将自己与竞争对手区别开，明确差异化的对象，即与谁在进行差异化；在明确差异化对象的基础上，选择差异化的内容，即以什么为基础进行差异化，可以从产品、服务、设计、技术、商标形象等方面进行选择。

3.3.4　集中化战略

1）集中化战略的含义

集中化战略是指企业将目标集中在某一个特定的顾客群、某产品系列的一个细分区或某一特定地区市场，通过为这个小市场的购买者提供比竞争对手更好、更有效率的服务来建立竞争优势的一种战略。

企业既可以通过差异化战略服务于某一细分市场，也可以通过成本领先战略实现这个目标。因此，集中化战略具体有两种形式：一种是成本集中化战略，即在细分市场中寻求低成本优势；另一种是差异集中化战略，即在细分市场中寻求差异化优势。

教学互动3-1

互动问题：面对集中化战略和多元化战略，新成立的食品公司采用哪种战略更为恰当？如果经过一定时期的发展，公司取得了良好的业绩，但是发展速度减缓，这时又该采用哪种战略呢？

要求：同"教学互动1-1"的"要求"。

2）大数据、人工智能对集中化战略的影响

大数据和人工智能技术对集中化战略有积极影响。

首先，大数据技术能够帮助企业在海量数据中分析和寻找目标受众，了解他们的需求和行为，从而更精准地实施集中化战略。

其次，人工智能可以通过机器学习和深度学习等技术，不断优化和改进集中化战略，提高集中化战略的精准度和效果。人工智能技术甚至可以自动化营销流程，提高营销效率。例如，人工智能可以通过对用户的行为和兴趣的分析，自动推送个性化的营销内容，提高营销的转化率。

最后，大数据和人工智能技术的结合，可以使企业的集中化战略更加智能化

学习微平台

延伸阅读3-2

和精准化，为企业的市场营销提供了更多的机会和可能性，有助于提高企业的营销效率和转化率，促进企业的发展。

🔑 课程思政3-1

习近平总书记的回信在郑州圆方集团干部职工中引发热烈反响

背景与情境：在"五一"国际劳动节前夕，习近平总书记给郑州圆方集团全体职工回信，并向医务工作者、快递小哥、生产防疫物资的工人等全国各族劳动群众致以节日的问候！总书记的回信在郑州圆方集团干部职工中引发热烈反响，大家纷纷表示，这是劳动者们最暖心的节日礼物，大家将牢记总书记的嘱托，在平凡的岗位干出不平凡的事业。

代表企业全体职工给总书记写信的薛荣介绍，圆方集团下属的物业、家政、清洁等多个公司的6万名职工坚守岗位，服务全国126家医院，更有累计4 000多人次战斗在湖北武汉、十堰及河南信阳等疫情定点收治医院的高风险岗位。63岁的薛荣也在十堰市人民医院与病人零距离接触，做了近一个月的保洁和消毒工作。完成任务回到河南隔离的薛荣，想把这次抗击疫情的特殊经历告诉习近平总书记。

薛荣表示，要将总书记的回信化作动力，在精准扶贫和解决下岗工人就业方面，努力做好市场开拓，创造更多岗位，安排更多农民工和下岗工人，再向总书记交一份满意的答卷。

资料来源 赵飞，马喆，潘语怡. 习近平总书记的回信在郑州圆方集团干部职工中引发热烈反响［EB/OL］.［2020-05-02］. http://china.cnr.cn/news/20200502/t20200502_525076087.shtml.有删改.

问题：圆方集团为什么会获得习近平总书记的回信？这带给企业哪些启示？

研判提示：习近平总书记的回信既是鼓励也是鞭策，在平凡的岗位照样可以做出不平凡的事业！圆方集团在抗击疫情的过程中，敢于担当，敢于承担企业的社会责任，获得了习近平总书记的点赞！新时代的企业和年轻人更要坚持社会主义核心价值观，勇挑时代重担，积极投身于中华民族伟大复兴的事业中。

学习微平台

随堂测3-1

学习微平台

随堂测3-2

➡ 本章概要 ➡

☐ 内容提要与结构

▲ 内容提要

● 企业营销战略是指企业为实现经营目标而制定的有关营销要素、营销组织、人力资源以及市场布局等方面的系统规划。企业营销战略的影响因素包括消费者、供应商、直接竞争对手、潜在竞争对手和行业替代品的供应者五类。

● 企业营销战略的制定包括分析营销环境与用户、分析竞争对手、分析企业资源、明确企业使命和愿景、描述未来理想业务、制订营销战略实施计划，以及实施、反馈和调整营销战略等步骤。

● 企业使命是指企业在社会经济发展过程中应担当的角色和责任。它反映了企业的根本性质和存在的理由，说明了企业的经营领域、经营思想，为企业目标的确立与战略的制定提供了依据。企业愿景是对企业的前景和发展方向所做的高度概括的描述，这种描述能够从情感上激起员工的热情。企业愿景是企业统一成员思想和行动的有力武器。

● 企业经营基本战略主要有一体化与多元化战略、成本领先战略、差异化战略和集中化战略。

▲ 内容结构

本章内容结构如图3-1所示。

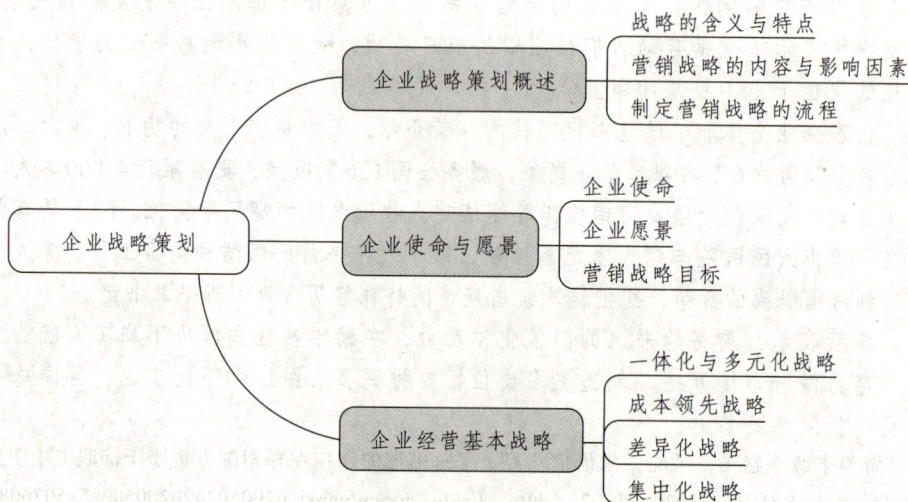

图3-1　本章内容结构

□ 主要概念和观念

▲ 主要概念

战略　企业营销战略　企业使命　企业愿景　营销战略目标　一体化战略　多元化战略　成本领先战略　差异化战略　集中化战略

▲ 主要观念

企业战略策划　企业愿景和企业使命　企业经营基本战略

□ 重点实务和操作

▲ 重点实务

企业使命和企业愿景的制定　企业经营基本战略的选择

▲ 重点操作

"企业战略策划"知识应用

━● 基本训练 ●━▶

□ 理论题

▲ 简答题

1）什么是企业营销战略？

2）什么是企业使命和企业愿景？

3）简述企业战略的特征。

▲ 讨论题

1）企业使命和企业愿景的差别是什么？

2）一体化战略包含哪几种模式？

□ 实务题

▲ 规则复习

1）简述企业营销战略实施的流程。

2）简述制定企业愿景和企业使命的方法。

3）简述企业经营基本战略的适用条件。

▲ 业务解析

背景资料：某豆奶企业的产品曾经非常畅销，甚至是80后和90后童年的标配饮品。该豆奶企业的管理层清醒地意识到，豆奶市场的"天花板"随时都可能摸得到，如果仅仅依靠这一单品打天下，很难再次抵御突如其来的冲击，开发另一个主营业务已迫在眉睫。于是，公司开始实施多元化战略。该公司先后涉足了烟、酒、茶、医药、金融、地产、煤矿等行业。但是，随着行业竞争的加剧，外部环境的改变，该公司的多元化战略四处碰壁。

无奈，该公司宣布："公司将聚焦主业发展，继续推进'生态农业、大粮食、大食品'战略，进一步加大对植物蛋白饮料的推广和营销。"立足豆奶核心业务，进军植物蛋白饮料等大健康产业的战略，似乎在宣告其重回主战场的决心。

资料来源　作者根据相关资料整理.

问题：请结合企业战略的基本知识分析该案例。

□ 案例题

▲ 案例分析

【训练项目】

案例分析-Ⅲ。

【相关案例】

AI助力在线医疗产业链

背景与情境：在线医疗产业链可分为在线医疗服务和医药电商两大板块。

在线医疗服务板块按照就医流程可分为健康保健、在线挂号、在线问诊、在线支付、院外康复以及医生助手等部分，这些部分对应了就医流程的相应环节。香港中文大学（深圳）和深圳市大数据研究院科研团队训练并开发了一个新的医疗大模型——HuatuoGPT（华佗GPT），以使语言模型具备像医生一样的诊断能力和提供有用信息的能力。基于医生回复和AI回复，让语言模型为患者提供丰富且准确的问诊。

医药电商板块按照模式的不同可分为B2B、B2C、第三方平台及医药O2O等环节。从整体来看，AI使得在线医疗行业各细分领域更加智能化，产业链分工更为细致，联系更为紧密，响应更为智能。

根据艾瑞咨询的数据，2020—2025年AI+医疗市场规模呈现高增长态势，市场总规模在2025年将达数百亿元。

资料来源　作者根据相关资料整理.

问题：

1）分析在线医疗产业链的整合情况。

2）在线医疗产业链的整合体现了何种企业经营战略？

【训练要求】

同第1章"基本训练"中本题型的"训练要求"。

▲ 课程思政

【训练项目】

课程思政-Ⅲ。

【相关案例】

日本制造业数据造假事件

背景与情境：据央视财经报道，日本制造业巨头——川崎重工承认，其旗下一家子公司被发现了200多起产品数据造假行为，内容主要包括：在出货前的试运行检查中，凭空杜撰出根本没有实测过的数据；在客户到场检查时，通过对检测仪器动手脚来达到检测标准。对此，川崎重工承认公司内部长期存在造假风气，合规意识淡薄。川崎重工高层除了鞠躬道歉外，还将涉事子公司总经理撤职。

近年来，日本制造业屡曝造假问题，将日本制造拉下神坛。近期三菱重工也承认旗下子公司篡改垃圾处理厂废气排放数据。三菱电机设在日本的22处生产基地中，有17处存在数据造假等不当行为，共涉及197起，在这些事件中，112起是蓄意为之。

资料来源　孙志成，盖源源. 造假丑闻曝光！长达近40年！这一巨头承认了［EB/OL］.［2023-03-28］. https://baijiahao.baidu.com/s？id=1761612287631311220&wfr=spider&for=pc.有删改.

问题：

1）如何看待本案例中日本制造业造假事件？

2）试对上述问题做出你的思政研判。

3）通过网络或图书馆调研等途径搜集你做思政研判所依据的相关规范。

【训练要求】

同第1章"基本训练"中本题型的"训练要求"。

□ 自主学习

【训练项目】

自主学习-Ⅱ。

【训练目的】

见本章"学习目标"中的"自主学习"。

【教学方法】

采用"学导教学法"和"研究教学法"。

【训练要求】

1）以班级小组为单位组建训练团队。

2）各团队依照本教材"附录三"的附表3中"自主学习"（中级）的"基本要求"和各技能点的"参照规范与标准"，确定长期学习目标，制订《自主学习计划》。

3）各团队实施《自主学习计划》，系统体验对本教材"附录一"的附表1"领域"中"自主学习"（中级）各技能点的"'知识准备'参照范围"所列知识和"文献综述"撰写规范的自主学习。

4）各团队以自主学习获得的"学习原理"、"学习策略"与"学习方法"知识为指导，通过院资料室、校图书馆和互联网查阅和整理近三年以"企业经营战略"为主题的国内外学术文献资料。

5）各团队以整理后的以"企业战略策划"为主题的文献资料为基础，撰写《"企业战略策划"最新文献综述》。

6）总结上述各项体验，撰写作为"成果形式"的训练课业。

【成果形式】

训练课业：《"自主学习-Ⅱ"训练报告》

课业要求：

1）内容包括：训练团队成员与分工；训练过程；训练总结（包括对各项操作的成功与不足的简要分析说明）；附件。

2）将《自主学习计划》和《"企业战略策划"最新文献综述》作为《"自主学习-Ⅱ"训练报告》的附件。

3）《"企业战略策划"最新文献综述》应符合"文献综述"规范要求，做到事实清晰、论据充分、逻辑合理。

4）结构与体例参照本教材"课业范例"的"范例综-4"。

5）在校园网的本课程平台上展示班级优秀训练课业，并将其纳入本课程的教学资源库。

⟹ 单元考核 ⟹

考核评价要求：同第1章"单元考核"的"考核评价要求"。

第4章
市场细分与定位策划

学习目标

通过本章的学习，应该达到以下目标：

理论目标： 学习和把握"市场细分与定位策划"的相关概念、作用、标准（因素）与有效标志，以及"同步链接"等陈述性知识；能用其指导本章"同步思考"、"教学互动"和"基本训练"中"理论题"各题型的认知活动，正确解答相关问题；体验本章专业理论"初级学习"的横向正迁移，以及相关胜任力中"专业认知"要素的阶段性生成。

实务目标： 学习和把握市场细分的程序与方法、目标市场选择策略、市场定位方法，以及"业务链接""延伸阅读"等程序性知识，并将"4Cs"策略融入学习过程中；能以其建构"市场细分与定位策划"的规则意识，正确解析本章"同步思考"、"深度剖析"、"随堂测"、"基本训练"中"实务题"的相关问题；体验本章专业实务"初级学习"的横向正迁移，以及相关胜任力中"专业技术"要素的阶段性生成。

案例目标： 运用本章理论与实务知识研究相关案例，培养和提高在"市场细分与定位策划"特定情境中的多元表征和决策设计专业能力；结合本章教学内容，依照相关规范或标准，对"课程思政4-1"专栏和章后"课程思政-Ⅳ"等案例中的企业及其从业人员进行思政研判，促进"立德树人"根本任务的落实；体验本章不规则知识"高级学习"中专业知识、通用知识与思政元素的协同性重组迁移，以及相关胜任力中"认知弹性"要素的阶段性生成。

实训目标： 参加"'市场细分与定位策划'技术应用"实践训练。在了解和把握本实训所及"专业能力训练领域"各"'技术–技能'点"名称、"参照规范与标准"、"职业核心能力与职业道德领域"相关"技能点"和"素养点"的"规范与标准"，以及"指导准备"和"知识准备"基础上，通过各项实训任务的完成、系列"技术–技能"操作的实施、《实训报告》的准备与撰写等有质量、有效率的活动培养"市场细分与定位策划"的专业能力，强化"与人交流"、"与人合作"、"解决问题"和"革新创新"等职业核心能力（中级），通过"认同级"践行"职业情感"、"职业态度"、"职业良心"、"职业作风"和"职业守则"等行为规范，促进健全职业人格的塑造；体验本章"实践学习"中"专能""通能""职业道德"元素的协同性"重组–产生"迁移，以及相关胜任力中"求知韧性"和"复合性技能"要素的阶段性生成。

引例　从"网红情侣苹果"谈目标市场定位

背景与情境：元旦，某高校俱乐部前，一位女子叫卖两筐大苹果，因为天寒，问者寥寥。一位教授见此情形，上前与女子商量几句，然后买来节日编花用的红彩带，与女子一起将苹果两两扎好，接着高喊道："情侣苹果！10 元一对儿！"经过的情侣们甚觉新鲜，买来便发布了朋友圈，用红彩带扎在一起的一对儿苹果看起来很有情趣，因此引来买者甚众。不一会儿，两筐苹果全部卖光，收益颇丰。女子尝到了甜头，便和大学生合作，情侣苹果很快打入创业直播间，便成为了"网红情侣苹果"。

资料来源　作者根据相关资料整理.

　　消费者对于果蔬类产品的需求看似相同，都希望果蔬新鲜、健康绿色，但引例中的教授把同质市场进行了异质细分，又借助当今的互联网经济，普通苹果摇身一变成为"情侣苹果"并走进直播间，备受青睐，成为"网红"，这就是市场细分的魅力所在。一般来说，人们对某种产品的具体需求并不完全相同，甚至差别很大。比如，人们对住房的需求，有的人需要大一些的，有的人认为小些的就行；有的人需要豪华型的，有的人只需要经济型的；有的人希望客厅大些，有的人觉得卧室大些好；有的人需要封闭阳台，有的人感觉封闭阳台不透气。所以，即使是规模巨大的企业，也不可能满足全部消费者的需求，只能针对部分消费者的需求予以满足。要做到这一点，就必须进行市场细分。

学习微平台

微课 4-1

4.1　市场细分策划

　　现代市场营销理论的核心是 STP 理论，即市场细分（market segmentation）、目标市场（market targeting）和市场定位（market positioning）。企业一切营销战略的制定都必须从市场细分出发，没有市场细分，企业在经营时就如同盲人摸象、大海捞针，根本无法锁定自己的目标市场，就无法在市场竞争中明确自己的定位，也就无法规划和塑造差异化的品牌形象并赋予品牌独特的核心价值。

学习微平台

案例分析 4-1

4.1.1　市场细分的含义及作用

1）市场细分的含义

　　市场细分是指营销者通过市场调研，依据消费者的需要和欲望、购买行为和购买习惯等方面的差异，把消费者整体划分为具有相似性的若干个不同的购买群体——子市场，从中发现自己的目标市场的过程。

　　市场细分概念的提出，适应了市场营销观念已逐渐成为企业经营指导思想的社会主流，即消费者的需求已成为企业营销活动的出发点。然而，随着商品经济的发展，消费者的需求日益表现出多样性，为满足不同消费者的需求，在激烈的市场竞争中获胜，企业必须进行市场细分。

2）市场细分的作用

　　具体来说，市场细分的作用如下：

（1）有利于发掘市场机会，开拓新市场

通过市场细分，企业可以掌握不同细分市场中消费者的需求，发现各细分市场中消费者需求的满足程度；同时，分析和比较不同细分市场中竞争者的营销状况，针对未满足的需求展开竞争，寻找有利的市场营销时机，开拓新市场。

（2）有利于集中人力、物力投入目标市场

市场细分对于竞争力差的企业来说作用更大，因为这些企业的资源有限，在整体市场上缺乏较强的竞争能力。通过市场细分，这些企业可以选择符合自身能力要求的目标市场，从而集中有限的资源取得局部市场上的相对优势。

（3）有利于调整市场营销策略

在市场细分的基础上，企业选择不同的目标市场，并制定不同的营销策略，可以满足不同目标市场中消费者的需求，有针对性地了解各细分市场需求的变化，迅速而准确地反馈市场的信息，从而使企业具有灵活的应变能力。

（4）有利于分配市场营销预算

通过市场细分，企业可以了解不同细分市场中消费者对市场营销措施反应的差异，以及对产品的需求状况，据此可以将企业的营销预算在不同的细分市场中进行分配。这样可以避免对企业资源的浪费，将企业资源用于适当的地方。一般来说，企业应当将主要精力和费用分配到最有利的细分市场中，以便提高经营效益。

同步案例4-1

党的二十大报告强调生态惠民、绿色宜居，第四代住房来临

背景与情境：住房趋势发展到今天，已经历了三代：第一代是茅草房；第二代是砖瓦房；第三代是电梯房。党的二十大报告强调生态惠民、绿色宜居。如果有一种全新的建筑方法，能将别墅、北京的胡同街巷及四合院都整合在一起，搬到空中，建成一座座空中城市，使住房既可实现别墅和四合院的全部功能，又可建在城市中心任何地方，那该多好啊！

这便是第四代住房——"庭院房"，又称"空中城市森林花园"！

第四代住房的主要特征是：每层都有公共院落，每户都有私人小院及一块几十平方米的土地，可种花种菜、遛狗养鸟，可将车开到每层楼上的住户门口，建筑外墙长满植物，人与自然和谐共生。

资料来源　佚名．第四代住房革命，建筑业或迎100万亿元风口［EB/OL］．https://www.sohu.com/a/326830446_99941220.有删改．

问题：2023年各地房地产市场低迷，而党的二十大报告强调生态惠民、绿色宜居，面对人们对居住环境的要求不断提高及房地产行业竞争加剧的现实，房地产行业能否突破冰河期？应如何进行市场细分？

分析提示：房地产行业应避开价格战，分析市场需求，细分目标市场。当产品出现滞销时，不要轻言市场已无潜力，而应对市场重新进行细分，寻找新的目标市场。

同步链接4-1

从瓜子二手车的市场定位看创新思维如何使企业绝处逢生

二手车交易平台是近年来互联网创业的一大热点。像所有的"风口"一样，企业云集，竞争激烈。瓜子二手车前身是赶集好车，瓜子二手车在此基础上发展迅速，在业界有一定的影响和口碑，除了线上发布产品信息，线下还有独立的运营团队，有评估师检测、交易服务以及售后等其他服务，所以当今的瓜子二手车模式是升级创新了，更符合二手车市场长远的发展。面对我国二手车这样庞大的市场，瓜子二手车又是怎样给自己定位和进行营销策略推广的？

瓜子二手车定位就是"二手车直卖网，没有中间商赚差价"，简短的一句话把产品和服务的定位诠释得非常好，这广告标语给客户传达的信息就是买卖双方都是个人，没有中间商，这与传统的二手车市场通过商家转手卖给个人是不一样的，这样能给买家节约成本，同时也可以增加卖家的收入，是一种全新的市场定位和销售模式，并且直击顾客的消费状态。由于传统二手车市场信息不对称，大部分二手车买家担心在中间商那里会买贵了，而瓜子二手车抓住了消费者的痛点，买卖双方通过平台可以直接交易，相互沟通，这样买家除了节约成本，也更能了解车的基本情况，帮买家解决了因不懂车或者信息不对称而多花钱的问题。所以，瓜子二手车主要通过定位直卖来突出自己的产品服务定位，让买家能够清楚公司的主要特色和服务，从而更好地传递社会价值。

瓜子二手车经过几年的定位营销和广告宣传获得了快速发展，但也碰到一些问题，例如：二手车的运营成本压力，以及快速发展扩张导致内部的评测人员素质良莠不齐等，这些也是瓜子二手车需要解决的课题等。

党的二十大给我们绘就了一幅更加美好的蓝图，瓜子二手车在资源再利用方面作用凸显，相信企业沿着党的二十大精神的指引，抓住发展机遇，加快释放市场精准定位"磁吸力"，能够继续谱写优化营商环境华彩篇章。

资料来源 根据百度文库相关资料整理.

4.1.2 市场细分的标准

消费者需求和购买行为的差异性，是市场细分的主要依据。市场营销要分析的市场可归纳为消费者市场和组织市场两大类，组织市场又由生产者市场（产业市场）、中间商市场和政府市场构成。这里我们主要分析消费者市场和生产者市场细分的标准。

1）消费者市场细分的标准

消费者市场上的需求千差万别，影响因素也错综复杂。对消费者市场的细分没有一个固定的模式，各行业、各企业都可以根据自己的特点，采用适宜的标准进行市场细分，以求得最佳的市场机会。常用的具有代表性的市场细分标准有：地理因素、人口因素、心理因素、行为因素等，每个细分标准中又包含了一系列细分变量。

（1）地理因素

地理因素包括地理位置、地形、气候、人口密度、生产力布局、交通运输和通信条件等。受不同地理因素的影响，消费者会形成不同的消费习惯和偏好，市场潜力和营销费用也会有所不同。例如，在我国东南沿海地区，某些海产品被视为上等佳肴，我国内陆的许多消费者则觉得味道平常。又如，由于居住环境的差异，城市消费者与农村消费者在室内装饰用品的需求上也大相径庭。

（2）人口因素

人口因素包括消费者的性别、年龄、收入、职业、受教育程度、家庭生命周期、宗教信仰、民族、社会阶层等。比如，只有收入水平很高的消费者才可能成为高档服装、名贵化妆品、高级珠宝等的经常买主。人口因素的有关统计数据相对容易取得，因此企业常将其作为市场细分的重要依据。

① 性别。由于生理上的差别，男性与女性在产品需求与偏好上有很大不同。例如，男性与女性在服饰、生活必需品等方面均存在差别。又如，美国的一些汽车制造商过去一直设计男性汽车，随着越来越多的女性参加工作并需要拥有自己的汽车，这些汽车制造商通过分析市场机会，设计出了符合女性消费特点的汽车。

② 年龄。不同年龄消费者的需求特点不同。例如，青年人对服饰的需求与老年人对服饰的需求存在较大差异。青年人需要时尚的服饰，老年人则需要庄重的服饰。

③ 收入。高收入消费者与低收入消费者在产品选择、休闲时间安排、社会交际与交往等方面都有所不同。例如，同是外出旅游，在交通工具以及食宿地点的选择上，高收入消费者与低收入消费者会有很大不同。正因为收入是引起需求差异的一个直接且重要的因素，所以在诸如服装、化妆品、旅游服务等领域根据消费者的收入来细分市场的情况相当普遍。

④ 职业与受教育程度。职业与受教育程度不同，消费者的需求也会存在较大差异。例如，自行车运动员偏好专业赛车，学生则喜欢轻型、美观的自行车。

⑤ 家庭生命周期。一个家庭，按年龄、婚姻和子女状况的不同，可分为七个阶段：单身阶段、新婚阶段、满巢阶段Ⅰ、满巢阶段Ⅱ、满巢阶段Ⅲ、空巢阶段、孤独阶段。在生命周期的不同阶段，家庭购买力、家庭成员对商品的兴趣和偏好会有很大差别。

（3）心理因素

所谓心理细分，是指按照消费者的社会阶层、生活方式、个性等心理因素来细分消费者市场。

① 社会阶层。社会阶层是指在某一社会中具有相对同质性和持久性的群体。处于同一阶层的成员具有相似的价值观、兴趣爱好和行为方式，不同阶层的成员在上述方面存在很大的差异。显然，识别不同阶层的消费者所具有的不同特点，将为很多产品的市场细分提供重要依据。

② 生活方式。生活方式是指一个人的活动形式与行为特征。企业可以用以下三个尺度来衡量消费者的生活方式：一是活动（activities），如消费者的工作、业余消遣、休假、购物、体育、交友等活动；二是兴趣（interests），如消费者对服装的流行式样、食品、娱乐等的兴趣；三是意见（opinions），如消费者对社会、政治、经济、产品、文化教育、环境保护等问题的意见。由于上述三个词语英文单词的首字母分别为 A、I、O，因此这种尺度又可称为 AIO 尺度。例如，一些服装生产企业为"简朴的妇女""时髦的妇女""有男子气的妇女"分别设计不同的服装，就是按照消费者的生活方式细分的结果。生活方式是影响消费者的欲望和需求的一个重要因素。在现代市场营销实践中，已经有越来越多的企业按照消费者的不同生活方式来细分市场。

③ 个性。个性是指一个人比较稳定的心理倾向与心理特征。在营销实践中，一些企业试图通过广告宣传，赋予其产品以与某些消费者的个性相似的"品牌个性"，从而塑造品牌形象。例如，对于香烟、啤酒、保险等产品，按消费者的个性细分市场比较有效。

（4）行为因素

所谓行为细分，是指企业按照消费者追求的利益、使用者的情况、消费者对某种产品的使用率、消费者对品牌的忠诚程度和消费者对产品的态度等行为变量来细分消费者市场。

① 消费者追求的利益。消费者往往因为追求不同的利益而购买不同的产品，所以企业可以按照消费者购买商品时所追求利益的不同来细分市场。

② 使用者的情况。企业可以按照使用者的情况，如非使用者、以前曾经使用者、潜在使用者、初次使用者和经常使用者等来细分市场。

③ 消费者对某种产品的使用率。企业可以按照消费者对某种产品的使用率，如少量使用、中量使用、大量使用等来细分市场，这种细分战略又被称为数量细分。

④ 消费者对品牌的忠诚程度。企业可以按照消费者对品牌的忠诚程度来细分消费者市场。

⑤ 消费者对产品的态度。企业还可以按照消费者对产品的态度来细分消费者市场。消费者对某企业产品的态度主要有五种：热爱、肯定、不感兴趣、否定和敌对。对于持不同态度的消费者群体，企业也应酌情分别采取不同的市场营销措施。

2）生产者市场细分的标准

消费者市场细分的对象是个人，生产者市场细分的对象则是生产者（或用户）。在生产者市场上，用户的需求受个人心理因素的影响较少，基本上属于理智型购买，从而形成了细分市场的特殊标准。这些标准主要有用户要求、用户规模和用户地点等。

（1）用户要求

用户要求包括用户购买产品的用途、追求的利益等，这是细分生产者市场最通用的标准。不同的用户在采购同种产品时由于使用目的不同（出于生产的需要或销售的需要），因此必定会对产品的规格、型号、品质、功能、价格等方面提出不同的要求。例如，电子元件通常有军用、民用两类用户，军用买主最重视的是产品的质量、可靠性，价格不是主要考虑因素；民用制造企业不但要求产品质量好，还要求提供多种规格的产品；民用修理企业对产品的要求除了质量保证外，还要求价格适宜。

企业应根据用户要求的不同来细分生产者市场，把要求大体相同的用户集合成群，并相应地运用不同的市场营销组合方案。

（2）用户规模

用户规模包括用户的购买力及用户企业的大小。用户规模也是细分生产者市场的一个重要变量，因为在生产者市场中，大量用户、中量用户、少量用户的区别比消费者市场更为明显。一般来说，对于大客户，通常由企业的业务经理亲自联系，产品由企业直接供应；对于中小客户，则由推销人员负责联系，产品通过批发商或零售商间接供应。

（3）用户地点

用户地点包括地区、交通、气候、同类企业集中程度等变量。一般来说，与消费者市场相比，生产者市场的用户地点更为集中，这是因为一个国家或地区的工业布局通常都是根据自然资源、交通条件、气候、历史传统和社会环境等因素长期形成的。

企业按照用户地点的不同来细分市场，把主要目标放在用户集中的地区，不仅方便联系，有利于快速取得信息，而且可以有效规划运输路线，节省运输费用，更加充分地利用销售力量，降低推销成本。

对任何一个企业来讲，无论是细分消费者市场还是生产者市场，都不可能仅仅依据一个因素。在实际市场营销活动中，市场细分的依据往往是上述各类因素中一连串具体变量的组合。因为消费者或用户的需求不会只受一种因素的影响，它是多种因素综合影响的结果。此外，市场细分的标准也不是一成不变的。对于同一种产品，随着时间的推移或市场的变化，消费者或用户购买商品所追求的利益也会发生变化，因此市场细分的变量也要适时调整。

在市场细分理论中，市场还有同质市场和异质市场之分。同质市场是指消费者对商品的需求大致相同的市场。如果某些商品的市场具有较大的同质性，则企业无须进行市场细分。异质市场是指市场群之间的差异大，但各市场群内部的差异小的市场。由于市场因素的多元化，因此大多数商品的市场都属于异质市场。市场细分实际上也是一个将异质市场分成若干个同质市场的过程。

4.1.3 市场细分的有效标志和程序

1）市场细分的有效标志

实施市场细分可以采用多种方法，但并不是所有的市场细分都是有效的或有用的。企业可以用下列几条标准来判断细分出的市场是否有效：

（1）可测量性

这是指细分后的市场必须可以测量出其购买力和规模的大小。要做到这一点，必须使所确定的市场细分标准清楚、明确、容易辨认，这样才能在一个细分市场中找到真正相似的消费行为。

（2）可进入性

这是指企业有能力进入所选定的细分市场。这种"进入"包括三个方面：一是企业具有进入这些细分市场的资源条件和竞争能力；二是企业能够把产品信息传递到该市场的众多消费者那里；三是产品能够通过一定的销售渠道抵达该市场。

（3）盈利性

这是指企业选定的细分市场应当具有一定的规模，足以使企业有利可图。如果规模过小，不能达到企业预期的目标利润，就不值得企业追求。

应当指出，市场细分并不是对所有企业都有效。这是因为市场细分使差异化产品增多，加上小规模生产、多种推销方式，会使产品的生产成本和推销费用都有所增加，这样可能使市场细分所增加的投入超过市场细分所带来的收益。因此，企业应当把握住市场细分的层次，确保在细分后的市场上能够取得良好的经济效益。

2）市场细分的程序

市场细分的程序一般包括以下七个步骤：

（1）正确选择市场范围

企业在确定经营目标之后，还必须确定市场范围，这是市场细分的基础。为此，企业必须开展深入细致的调查研究，分析市场消费需求的动向，从而做出相应的决策。企业在选择市场范围时，应注意这一范围不宜过大，也不应过于狭窄，应考虑到自己所拥有的资源和能力。

（2）根据市场细分的标准和方法，列出市场范围内所有顾客的全部需求

这是市场细分的依据。为此，企业应对市场上刚开始出现或将要出现的消费需求进行尽可能全面且详细的罗列和归类，以便针对消费需求的差异性，决定采用何种细分市场的标准。

（3）分析可能存在的细分市场，进行初步细分

企业应通过分析不同消费者的需求，找出各类消费者及其需求的具体内容，并分析消费者需求类型的地区分布、人口特征、购买行为等方面的情况，同时结合营销决策者的营销经验做出估计和判断，对市场进行初步细分。

（4）确定市场细分时应考虑的因素，并对初步细分的市场加以筛选

首先，企业应分析哪些需求因素是重要的，并将其与企业的实际条件进行比较。然后，删除那些对各个细分市场来说无关紧要的因素，以及企业没有条件开拓的市场。例如，价廉物美可能对所有消费者来说都很重要，因此这类共同的因素对市场细分来说并不重要。又如，对于畅销的紧俏产品，如果企业不能及时投产，那么这类市场也不足取。最后，筛选出最能发挥企业优势的细分市场。

（5）为细分市场定名

企业应根据各个细分市场上消费者的主要特征，采用形象化的方法为各个细分市场确定名称。

（6）分析市场营销机会

这主要是分析总的市场和每个子市场的竞争情况，确定总的市场或每个子市场的营销组合方案，同时根据市场调研和对需求潜力的估计，确定总的市场或每个子市场的营销费用，以估计潜在的利润额，并将其作为最后选定目标市场和制定营销策略的依据。

（7）制定市场营销策略

企业应根据市场细分的结果制定市场营销策略。这里要区分两种情况：①如果细分市场后，发现市场情况不理想，则企业可能放弃这一市场；②如果细分市场后，发现市场营销机会多，需求和潜在的利润额令人满意，则企业可依据市场细分的结果制定不同的市场营销策略。

业务链接4-1

市场细分表的设计步骤与分析程序

企业应根据市场细分理论以及市场细分的标准、原则和方法，结合具体市场或有关项目资料设计市场细分表。

（1）市场细分表的设计步骤

市场细分表的设计步骤如下：

①确定整体市场的范围。根据项目开发的需要及所进入市场的情况，确定整体市场的范围。

②确定市场细分的标准。根据具体项目的要求，选择一定的标准来设计市场细分表。一般来说，消费者市场细分的标准有区域、性别、年龄、职业、收入、品牌偏好等。

③制作市场细分表。根据确定的市场细分标准制作表格，填入有关数据和市场资料。首先，将确定的市场细分标准填入表格第一行。市场细分标准的填入要注意排列次序，一般来说排列次序为区域、性别、年龄、职业、收入、品牌偏好等。然后，将具体资料填入表格内，表示各细分市场的具体情况。

（2）市场细分表的分析程序

市场细分表的分析程序如下：

①在市场细分表上展示由整体市场划分出的若干个细分市场。

②对市场细分表上显示的各细分市场进行初步选择，并对初选的细分市场进行标号及命名。

③根据市场需求状况和企业营销实力，选择企业准备进入的细分市场，并分析选择的理由。对初选细分市场的分析可以从市场规模、市场成长性、盈利性、风险性等方面着手。

需要说明的是，细分市场的数量和范围一般应根据企业的营销目标与营销实力来确定，中小企业在选择细分市场时，数量不宜太多，范围不宜太大。

资料来源 作者根据相关资料整理.

4.2 目标市场选择策划

市场细分的目的在于有效选择并进入目标市场。**目标市场**是指企业决定要进入的特定的市场，也就是企业拟投其所好、为之服务的顾客群（这个顾客群有颇为相似的需要）。**目标市场选择**是指企业根据一定的要求和标准，从已有的几个目标市场中选择某个或某几个目标市场，作为可行的经营目标的决策过程。

学习微平台

微课 4-2

4.2.1 评估细分市场

企业只能为市场上的部分顾客提供服务，找到最能被企业所吸引并能为之提供最有效服务的特定顾客，能够产生事半功倍的效果。目标市场是企业决定作为自己服务对象的有关市场（顾客群），它可以是某个细分市场或若干个细分市场的集合，也可以是整个市场。

目标市场应具有可测量性、可进入性、盈利性等特点，这与市场细分的有效标志一致。因此，企业在评估细分市场时应重点考虑以下内容：企业规模的大小，是否有足够的购买力以实现预期销售额，是否与企业的实力相匹配；市场的成长潜力如何，市场有无尚待满足的需求、充分的发展空间；企业的竞争优势和市场地位如何。

4.2.2 选择目标市场的模式

企业通过对有关细分市场的评估，会发现一个或几个值得进入的细分市场。这时，企业需要进行选择，即决定进入哪一个或哪几个细分市场。可供选择的目标市场模式主要有以下几种：

1）市场集中化模式

市场集中化模式是一种最简单的模式，即企业只选取一个细分市场，生产一类产品，供应单一的顾客群，进行集中营销。例如，某服装公司只生产儿童服装等。企业选择市场集中化模式，可以更加了解本细分市场的需要，从而在该细分市场上树立特定的声誉，稳固市场地位，获得规模经济效益。市场集中化模式如图4-1所示。

图4-1 市场集中化模式

2）选择专业化模式

选择专业化模式是指企业同时选择若干个细分市场作为企业的目标市场，其中每个细分市场在客观上都有吸引力，符合企业的目标，并且各个细分市场之间的联系较少，每个细分市场都有可能盈利。与市场集中化模式相比，选择专业化模式更有利于分散企业的风险，即使某个细分市场失去了吸引力，企业仍可继续在其他细分市场获取利润。选择专业化模式如图4-2所示。

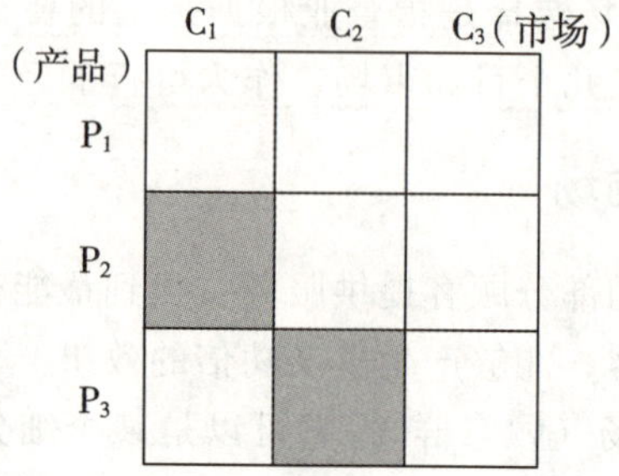

图4-2　选择专业化模式

3）产品专业化模式

产品专业化模式是指企业只生产一种产品，并向所有顾客销售这种产品。例如，饮水器生产企业只生产饮水器，同时向家庭、机关、学校、银行、餐馆等各类用户销售。产品专业化模式的优点是：企业专注于某一种或某一类产品的生产，有利于形成生产和技术上的优势，并在该领域树立品牌形象。这种模式的局限性是：当该领域被一种全新的技术与产品所代替时，产品的销售量有大幅度下降的风险。产品专业化模式如图4-3所示。

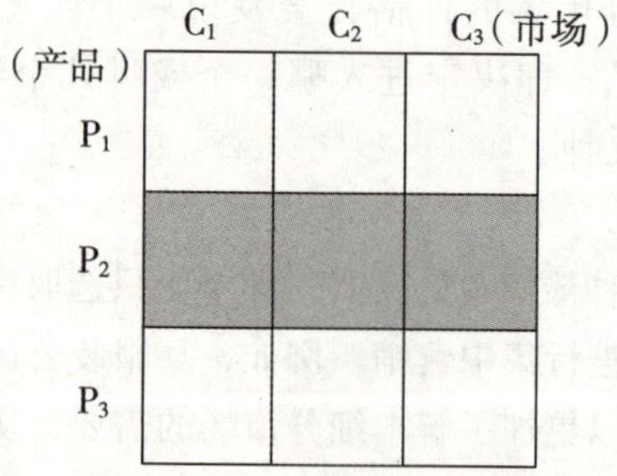

图4-3　产品专业化模式

4）市场专业化模式

市场专业化模式是指企业专门经营满足某一顾客群体需要的各种产品。例如，某企业专门向政府机构提供所有办公设备，包括电脑、传真机、复印机和打印机等，并成为这类客户所需各种新产品的销售代理商。然而，如果政府部门突然削减经费，该企业就会出现危机。市场专业化模式如图4-4所示。

5）市场全面化模式

市场全面化模式是指企业生产各种产品以满足所有顾客群体的需求。事实上，这是实力雄厚的大公司选择的模式。例如，丰田汽车公司生产各种类型的汽

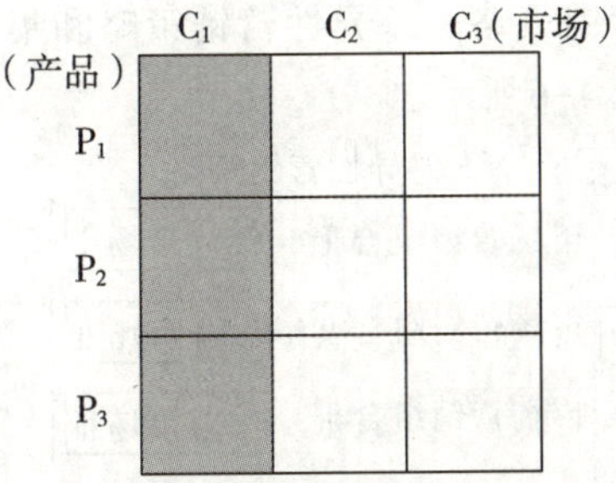

$$C_1\qquad C_2\qquad C_3（市场）$$

（产品）

P_1

P_2

P_3

图4-4　市场专业化模式

车，并在全球汽车市场上开展营销。市场全面化模式如图4-5所示。

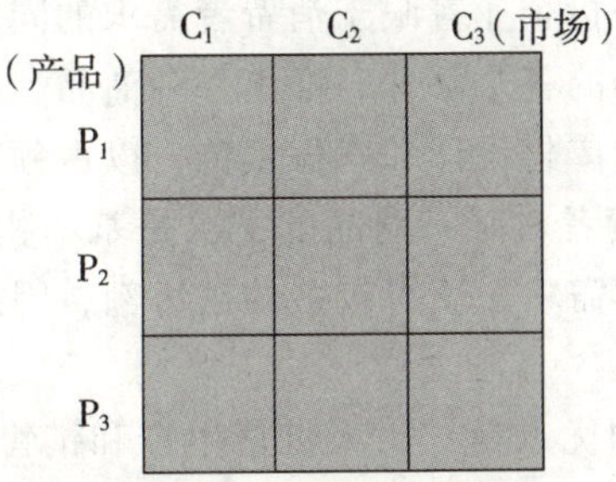

$$C_1\qquad C_2\qquad C_3（市场）$$

（产品）

P_1

P_2

P_3

图4-5　市场全面化模式

同步案例4-2

绿色骑行，风靡欧洲

背景与情境：疫情让很多行业元气大伤，如餐饮业、旅游业和航空业，但也让一些行业的产品供不应求。在欧洲有一种商品卖得特别火，那就是自行车。在互联网经济下抢购自行车的风潮中，中国生产的自行车因物美价廉、种类丰富而受到了众多消费者的青睐，其中一款针对青年人的折叠山地车更是广受欢迎，甚至出现了脱销的情况。

资料来源　佚名. 疫情之下，自行车再次风靡欧洲市场［EB/OL］.［2020-06-18］. https：//www.sohu.com/a/402593464_120610196？ _trans_=000014_bdss_dkmwzacjP3p：CP=.有删改.

问题：欧洲自行车销售火爆带给我们什么启示？

分析提示：中国自行车企业通过分析在疫情的影响下消费者的心理及行为特点，有效进行市场细分，并根据消费者的需求，实施市场全面化模式，从而有效占领了欧洲消费者市场。

4.2.3　选择目标市场营销策略

1）目标市场营销策略

目标市场营销策略是指企业针对客观存在的不同消费者群体，根据不同商品或劳务的特点而采取的市场营销组合策略。企业选择的目标市场不同，提供的商品或劳务就不同，采用的市场营销策略也不一样。一般说来，目标市场营销策略主要有三种：无差异性营销策略、差异性营销策略和集中性营销策略。三种目标市场营销策略的差别如图4-6所示。

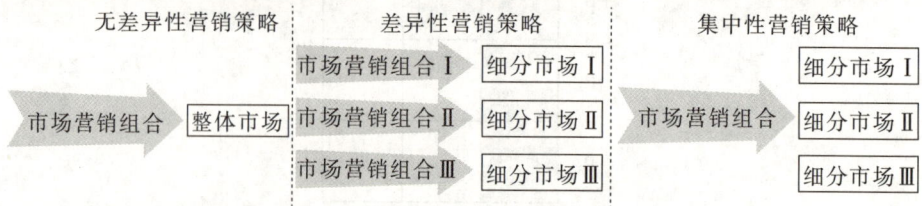

无差异性营销策略　　　　差异性营销策略　　　　集中性营销策略

市场营销组合　➡　整体市场　市场营销组合Ⅰ　细分市场Ⅰ　市场营销组合　➡　细分市场Ⅰ

市场营销组合Ⅱ　细分市场Ⅱ　细分市场Ⅱ

市场营销组合Ⅲ　细分市场Ⅲ　细分市场Ⅲ

图4-6　三种目标市场营销策略的差别

（1）无差异性营销策略

无差异性营销策略是指企业着眼于消费者需求的同质性，把整个市场看成一个大市场，同等看待市场的各个部分，推出一种商品，采用一种价格，使用相同的分销渠道，应用相同的广告设计和广告宣传，以占领整体市场的策略。其指导思想是：市场上所有消费者对某一商品的需求是基本相同的，企业大批量生产、销售，就能满足消费者的需求，获得较多的销售额，因此把整体市场作为企业的目标市场。

无差异性营销策略的优点是：①大批量生产和销售，有利于企业降低成本，取得规模效益；②不需要对市场进行细分，可以节省市场调研和宣传的费用，有利于提高利润水平。无差异性营销策略的缺点是：难以满足消费者多样化的需求，不能适应瞬息万变的市场形势，应变能力差。因此，一般说来，生产选择性不强、差异性不大的商品，或者供不应求的商品，或者具有专利权的商品，宜采用此营销策略。

（2）差异性营销策略

差异性营销策略是指企业把整个市场细分为若干个不同的子市场，依据每个子市场在需求上的差异性，有针对性地分别组织经销商品和制定营销策略，即根据不同的商品制定不同的价格，采用不同的分销渠道，应用多种广告设计和广告宣传方式，以满足不同消费者需求的策略。其指导思想是：消费者对商品的需求是多种多样的，企业经营差异性商品，能够满足消费者的各种需求，从而提高企业的竞争能力，占领较多的市场，因此选择较多的细分市场作为企业的目标市场。

差异性营销策略的优点是：①能够满足消费者的不同需求；②有利于提高产品的竞争力及市场占有率；③有利于扩大企业的销售额；④有利于提高企业的信誉。差异性营销策略的缺点是：销售费用和各种营销成本均较高，受企业资源和经济实力的限制较大。因此，差异性营销策略适用于选择性较强、需求弹性大、规格等级复杂的商品的营销。

（3）集中性营销策略

集中性营销策略是指企业把整个市场细分后，选择一个或少数几个细分市场作为目标市场，实行专业化经营，即企业集中力量向一个或少数几个细分市场推出商品，占领一个或少数几个细分市场的策略。其指导思想是：与其在较多的细分市场上都占有较低的市场份额，不如在较少的细分市场上获得较高的市场占有率，因此只选择一个或少数几个细分市场作为企业的目标市场。

集中性营销策略的优点是：①可以准确了解消费者的不同需求，有针对性地采取营销策略；②可以节约营销费用，从而提高企业的投资利润率。集中性营销策略的缺点是：风险较大，容易受到竞争的冲击。因为目标市场比较狭窄，所以一旦竞争者的实力超过自己，消费者的偏好发生转移或市场情况突然发生变化，企业便有可能陷入困境。因此，集中性营销策略经常被资源有限的中小企业所采用，因为它们所追求的不是在较大市场上占有较低的份额，而是在细分市场上占有较高的份额。

2）市场细分、目标市场和目标市场选择的关系

任何企业在面对市场竞争时，都应在市场细分的基础上发现可能的目标市场，并根据自身的资源优势，权衡利弊，选择合适的目标市场。首先，对企业来说，并非所有细分市场都是企业愿意进入并且能够进入的。其次，无论一个企业的规模有多大、实力有多强，都无法满足买主的所有需求。因此，为了保证企业的营销效率，避免企业资源的浪费，必须把企业的营销活动局限在一定的市场范围内；否则，势必会分散企业的力量，达不到预期的营销目标。

市场细分、目标市场和目标市场选择是三个既有区别又密切联系的概念，如图4-7所示。

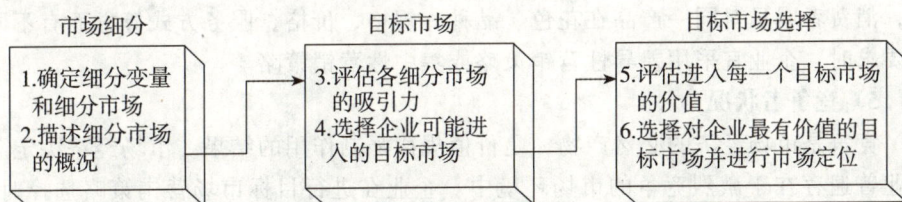

图4-7　市场细分、目标市场和目标市场选择的关系

教学互动4-1

背景资料：同是宝洁公司的洗发产品，海飞丝产品的功效在于去除头皮屑，飘柔产品的功效在于令秀发柔顺，而潘婷产品的功效在于深度修复受损发质。

互动问题：宝洁公司上述三款产品的目标市场营销策略有什么不同？为什么？

要求：同"教学互动1-1"的"要求"。

4.2.4　选择目标市场营销策略时应考虑的因素

前述三种目标市场营销策略各有利弊，在营销实践中，企业究竟应选择何种目标市场营销策略，主要取决于企业自身条件、企业所经营的产品及市场状况。具体来说，需要考虑以下因素：

1）企业资源

如果企业的资源条件好，经济实力和营销能力强，则可以选择差异性营销策略。如果企业的资源有限，无力将整体市场或几个市场作为自己的经营范围，则应该选择集中性营销策略，从而在细分市场上取得优势地位。

2）产品特点

如果产品在品质上差异性较小，同时消费者也不加以严格区别或过多挑剔，则可以选择无差异性营销策略。相反，对于服装等在品质上差异较大的商品，宜选择差异性营销策略或集中性营销策略。

3）产品生命周期

一般来说，产品从进入市场到退出市场要经过四个阶段，对于处于不同阶段的产品，企业应采取不同的营销策略。当产品刚进入市场时，由于竞争者较少，企业主要是探测市场需求和潜在的消费者，因此这时宜采用无差异性营销策略或集中性营销策略；当产品进入饱和阶段或衰退阶段时，企业应注重保存原有市场，延长产品的生命周期，集中力量应对竞争，因此这时宜采用集中性营销策略。

4）市场特点

市场特点是指各细分市场之间的区别程度。当市场上消费者的需求比较接近、偏好大致相似、对市场营销策略的刺激反应大致相同、对营销方式的要求无多大差别时，企业可采用无差异性营销策略。当市场上消费者需求的同质性较小，消费者明显对同一产品在花色、品种、规格、价格、服务方式等方面有不同的要求时，企业宜采用差异性营销策略或集中性营销策略。

5）竞争者状况

竞争是市场经济的必然产物，是价值规律强制作用的结果。市场经济决定了企业普遍存在于激烈竞争的市场环境中。企业在进行目标市场营销策略选择时，如果不考虑竞争者状况，则很难生存与发展。因此，企业采用何种目标市场营销策略，还应当针对竞争者的实力和营销策略运用情况而定。当竞争者采取差异性营销策略时，企业应当采用差异性营销策略或集中性营销策略进行应对。若竞争者力量较弱，则企业可采用无差异性营销策略或差异性营销策略进行应对。

企业在选择目标市场营销策略时，应综合考虑上述因素，权衡利弊后方可做出选择。此外，目标市场营销策略应保持相对稳定，但是当市场形势或企业实力发生重大变化时，也应及时转换。

教学互动4-2

背景资料：疫情的暴发给许多企业造成了很大的冲击，对中老年消费品生产企业来说更是雪上加霜。调查发现：一些生产老人鞋的企业在当年初冬就储备了很多羊毛鞋，但由于受暖冬的影响，库存消化很慢；然后企业又受到疫情的影响，线下连锁门店甚至出现了资金断流的现象。

资料来源　AgeClub.疫情之下，重新审视中老年消费品的市场机会与产品策略［EB/OL］.［2020-02-19］. https://www.jiemian.com/article/4002890.html.有删改.

互动问题：

1）后疫情时代，对中老年消费品市场进行整体思考，如互联网经济下未来的市场机会是什么？努力的方向是什么？

2）目前中老年消费品生产企业存在哪些优势和劣势？应如何进行市场细分？

要求：同"教学互动1-1"的"要求"。

学习微平台

案例分析4-2

同步链接4-2

学习党的二十大精神，讲好"中国品牌故事"：全聚德商业成功案例

一炉百年的火，铸就了全聚德；天下第一楼，美名遍中国。全聚德烤鸭始创于1864年（清朝同治三年），由创始人杨全仁在前门外肉市街创立。其先后被商务部授予"中华老字号"、北京老字号，被原国家工商管理总局认定为"驰名商标"，是北京著名的烤鸭店。全聚德菜品经过不断创新发展，形成了以独具特色的全聚德烤鸭为龙头，集"全鸭席"和400多道特色菜品于一体的全聚德菜系，备受各国元首、政府官员、社会各界人士及国内外游客的喜爱，被誉为"中华第一吃"。全聚德"全鸭席"曾多次被选为国宴。全聚德总店在北京前门，在全国各地有众多连锁店。

但经营单一的全聚德烤鸭正餐，对于一个追求世界级名牌的企业来讲，其事业领域显得过于窄小，因此为谋求品牌的合理延伸，全聚德选择了全面的事业发展战略——"正餐精品战略"、"快餐战略"和"食品加工业战略"。其中，"正餐精品战略"是全聚德集团产业发展战略的中心环节，已形成了产业优势。面对市场竞争，公司决定在北京以实验性质开办一家快餐店用以投石问路。

（1）"全聚德"实验性快餐总体设计

①由集团出资，统一选派人员对该快餐店进行经营。

②以低调方式开业、运营，即不做广告，不做大规模宣传，但确保产品质量，用以检验该快餐产品本身对顾客的吸引力大小。

③为避免快餐形象对正餐精品形象的影响，快餐品牌的选择采取品牌战略中的"副品牌策略"，取名"阿德鸭"并专门定制品牌形象，陈设于店堂入口处。

④店铺地址选在居民区。

⑤快餐形式为"一人份套餐"，包括烤鸭、饼、葱、酱、鸭架汤等，保证份量与质量，定价为每份14.5元人民币。

⑥店堂形象由专业公司统一制作，CIS总体与集团本部保持一致。

（2）"全聚德"实验性快餐战略分析

①优势分析：

全聚德作为一家中华老字号的餐饮企业，它的存在早已不是单单满足消费者对饮食的追求，而是代表了行业、代表了中国，正在以民族品牌的姿态走出国门，而快餐业的发展是一种世界性的潮流。

A.贸易部门的统计资料表明，中国有750亿的快餐大市场，现在快餐业已成为中国商品市场及劳动力市场上最大也是最具吸引力的利润单元。

B.开发快餐经营，可以迅速扩大市场份额。全聚德精品烤鸭的价位在一定程度上限制了顾客群，而遍布京城的"北京烤鸭"（每只38~48元）每天有着巨大的消费潜力。

C.中式快餐发展竞争不过西式快餐，主要是没有像麦当劳、肯德基那样形成品牌优势。而在这方面，全聚德独特的品牌优势将是巨大的和得天独厚的，不充分利用这一优势，是对全聚德资源的一种浪费。

D.标准化生产是快餐业发展的又一重要要求，全聚德集团在过去若干年的努力下，已形成了作业程序的专业化和标准化，已经开业的多家连锁店就是一个良好的证明。如果进一步发展全聚德的快餐业，会促进全聚德集团专业化、标准化程度的提高。

E.中式快餐在中国拥有广阔的天地，因为它是土生土长的产物，具有很强的亲和力。调查表明，66%的中学生喜欢吃西式快餐，但他们的父辈，65%的成年人却偏爱中式快餐。在父辈的影响下，中式快餐是有可能争取到年轻消费群体的。

F.中式快餐品种多以米饭、炒菜、饺子、面条等传统品种为主，适时地推出烤鸭快餐，不仅能丰富中式快餐的品种，也为中式快餐发展提供新思路，充分发挥中式快餐的优势。

②劣势分析：

A.当然，品牌延伸既有机遇，也有陷阱，多元化带来机会的同时，更带来风险。全聚德有百余年历史，如果发展占据一定市场份额的快餐之路，会不会对全聚德的精品烤鸭产品形象形成干扰？会不会有丢西瓜而捡芝麻之嫌？

B.烤鸭历来是阳春白雪之品，绝非一日三餐之食。吃全聚德则吃的是中餐文化，其定位明确，一味强调发展快餐，这对保留和弘扬中国传统饮食文化是否有利？

（通过以上内容引导学生探究分析）

资料来源　根据百度文库相关资料整理.

4.3　市场定位策划

4.3.1　市场定位的概念

市场定位，是指企业决定把自己放在目标市场的什么位置上。市场定位不能随心所欲，企业必须首先对竞争者所处的市场位置、消费者的实际需求和本企业经营产品的特点做出正确的评估，然后才能找到适合自己的市场位置。

科学而准确的市场定位是建立在对竞争者所经营的产品具有何种特色、消费者对该产品各种属性的重视程度等进行全面分析的基础上的。因此，企业在进行市场定位时，应掌握以下信息：①目标市场上的竞争者提供何种产品给消费者？

②消费者到底需要什么？③目标市场上的潜在消费者是谁？这样，企业根据所掌握的信息，结合本企业的条件，在目标消费者心中为本企业的产品打造一定的特色、赋予一定的形象，就可以建立一种竞争优势，从而在该细分市场上吸引更多的消费者。

市场定位与产品定位的区别在于：市场定位强调企业在满足市场需求方面，与竞争者相比应当处于什么位置，应使消费者产生何种印象和认识；产品定位是针对产品属性而言的，即企业与竞争者的现有产品在目标市场上各自处于什么位置。

4.3.2　市场定位的方式

市场定位其实是企业向社会和公众做出的承诺。为了使定位被社会和公众正面接受，企业首先应当具备履行承诺的能力。

市场定位作为一种竞争战略，显示了一种产品或一家企业同类似的产品或企业之间的竞争关系。市场定位的方式不同，竞争态势也不同，下面我们主要分析三种定位方式：

（1）避强定位

这是一种避开强有力的竞争对手的市场定位方式。避强定位的优点是：能够迅速在市场上站稳脚跟，并能在消费者或用户心中迅速树立起一种形象。由于这种定位方式的市场风险较小，并且成功率较高，因此它被多数企业所采用。

（2）对抗性定位

这是一种与在市场上占据支配地位的、实力最强的竞争对手"对着干"的市场定位方式。显然，这种市场定位方式有时会产生风险，但不少企业认为这样能够激励本企业奋发上进，并且一旦成功，就会取得巨大的市场优势，如可口可乐与百事可乐之间持续不断的竞争等。采用对抗性定位时，企业必须做到知己知彼，尤其应清醒估计自己的实力，不一定要压垮对方，能够与竞争对手平分秋色就已经是巨大的成功了。

（3）重新定位

这是对销路窄、市场反应差的产品进行二次定位的市场定位方式。重新定位旨在使企业摆脱困境，重新获得增长与活力。这种困境可能是企业决策失误引起的，也可能是竞争对手有力反击或出现新的强有力的竞争对手造成的。不过，有时重新定位并非因为企业已经陷入困境，而是产品销售范围扩大引起的。例如，专为青年人设计的某种款式的服装在中老年消费者中也流行起来，该服饰企业需要对产品进行重新定位。

同步案例4-3

美国米勒啤酒公司营销案

背景与情境： 20世纪60年代末，美国米勒啤酒公司在美国啤酒业的排行仅为第八名，市场占有率仅为8%，与百威、蓝带等知名品牌啤酒的市场占有率相比差距很大。相关人员首先进行了市场调查。通过市场调查发现，啤酒饮用者可分为轻度饮用者和重度饮用者，前者人数虽多，但饮用量只有后者的1/8。重度饮用者具有以下特征：第一，多是蓝领阶层；第二，每天看电视的时间在3小时以上；第三，爱好体育活动。

　　资料来源　作者根据相关资料整理.

　　问题：美国米勒啤酒公司应选择何种市场定位方式来改变这种现状？

　　分析提示：美国米勒啤酒公司把目标市场锁定在重度饮用者身上，并果断决定对名下的"海雷夫"牌啤酒进行重新定位。重新定位从广告开始，米勒啤酒公司先向电视台特约了一个名为"米勒天地"的栏目，将广告主题变为"你有多少时间，我们就有多少啤酒"，以吸引那些"啤酒坛子"。广告画面中出现的尽是一些激动人心的场面：船员们神情专注地在迷雾中驾驶轮船，年轻人骑着自行车冲下陡坡，钻井工人奋力止住井喷等。结果，"海雷夫"牌啤酒的重新定位取得了成功。

4.3.3　市场定位的方法

　　对于什么是市场定位，人们的意见基本一致，市场定位即确定企业或产品在消费者心中的形象和地位，这个形象和地位应该是与众不同的。但是，对于如何进行市场定位，可谓仁者见仁，智者见智。实践表明，市场定位需要解决三个问题：满足谁的需要？满足谁的什么需要？如何满足这些需要？我们可以将其归纳为三步定位法。

　　第一步：找位，满足谁（who）的需要，即选择目标市场。

　　任何一家企业、任何一种产品的目标消费者都不可能是所有人，因为消费者是由形形色色的人组成的群体，你无法使他们都满意。与此同时，也不是每个消费者都能给企业带来正价值，优秀的消费者带来较大的价值，一般的消费者带来较小的价值，劣质的消费者带来负价值。事实上，对很多企业来说，企业的大部分营销成本并没有花在带来正价值的消费者身上，而是花在了不产生价值或产生负价值的消费者身上，从而浪费了大量的资金和人力。裁减不产生价值或产生负价值的消费者与裁减成本一样重要。因此，市场定位的第一步就是裁减消费者，也就是选择目标市场，当然也是消费者选择你。

　　第二步：定位，满足谁的什么（what）需要，即进行产品定位。

　　产品定位的过程就是细分目标市场并选择子市场的过程。这里的细分目标市场与选择目标市场之前的细分市场不同。后者是细分整体市场、选择目标市场的过程；前者是对选择后的目标市场进行细分，再选择一个或几个子市场的过程。

同步思考4-1

　　问题：如何对目标市场进行细分？

　　理解要点：对目标市场的细分，不是根据产品的类别来细分，也不是根据消费者的表面特性来细分，而是根据消费者的价值诉求来细分。消费者购买产品主要是为了获取某种产品的价值，但不同的消费者对产品有不同的价值诉求，这就要求企业提供诉求点不同的产品。

第三步：到位，如何（how）满足这些需要，即进行营销定位。

在完成产品定位之后，企业需要设计一个营销组合方案并实施这个方案，从而使定位到位。这不仅是品牌推广的过程，而且是产品策略、价格策略、渠道策略和促销策略有机组合的过程。由此可见，整个营销过程就是从找位到定位和到位的过程，到位也应该成为广义的市场定位的内容之一。

在某些情况下，到位的过程也是一个再定位的过程。因为当产品的差异化很难实现时，企业必须通过营销差异化来定位。在今天，无论企业推出何种新产品，畅销不过一个月，就会有模仿品出现在市场上，而营销策略则很难模仿。因此，仅有产品定位已经远远不够了，企业必须从产品定位扩展至营销定位。

课程思政 4-1

"碧波"与"清波"之争

背景与情境：某老板在某市开办了一家名为"碧波"的连锁茶艺馆，生意十分红火。3 年以后，"碧波"茶艺馆的总经理离职，并在"碧波"茶艺馆对面开办了一家名为"清波"的茶艺馆。从此，两家茶艺馆采取张贴广告、茶艺推广表演、降价等竞争手段，开始了势不两立的白热化竞争。

问题：该总经理为什么要离开"碧波"茶艺馆？其行为符合企业伦理要求吗？

研判提示：该总经理经过 3 年的实践，掌握了"碧波"绿茶的制作技术。由于"碧波"属于连锁店，因此需要向总店缴纳一定的管理费，该总经理为了取得更大的利益，选择了离职并在"碧波"对面自行开办了茶艺馆，这种行为严重违背了从业者的基本职业道德。

深度剖析 4-1

背景资料：国际劳工组织、世界经济论坛、普华永道等国际机构发布研究报告称，受新技术发展和新冠疫情的双重刺激，全球数字化水平飞跃，劳动力市场将随之发生结构性转变，工作岗位、员工技能和任务类型将在 10 年内重塑；就业替代呈现行业性特征。

资料来源　作者根据相关资料整理.

问题：

（1）数字化和人工智能发展对未来劳动力市场将产生哪些影响？

（2）面对数字化和人工智能发展引发的劳动力市场需求变化，应如何调整职业生涯规划？

解析与讨论：

（1）关于数字化和人工智能发展对劳动市场的影响

①机器劳动时长增加将减少劳动力工作时间。世界经济论坛报告显示，人类和机器之间工作时长再分配正在进行，到2025年，人类和机器工作时长将会持平。算法和机器将主要集中在信息和数据处理和检索、管理任务以及传统体力劳动方面。人类在管理、建议、决策、推理、沟通和互动等工作方面会保持比较优势。2025年，冗余劳动力工作占比将从15.4%下降到9%，新兴职业占比将从7.8%上升到13.5%。

②新增就业多为新职业或发生重大变化后的现有职业。20个经济体中共有99个需求持续增长的工作岗位，且这些工作技能相似，进一步形成不同的专业集群，向云计算、工程、数据与AI、文化与内容、销售聚集。从就业岗位看，数据分析师、AI工程师、大数据工程师、自动化工程师、软件工程师等需求将大幅增加，机器操作员、行政人员、会计、图书管理员等需求将缩减。

③新技术对不同行业的影响显著不同。从行业看，交通业、制造业、建筑业、零售业就业替代将比较显著。2030年以前，金融服务将受到较为明显的冲击，而对交通业的冲击将体现在自动驾驶技术成熟以后。教育、医疗、饮食等行业受到的影响则相对微弱。

④不同人群受到影响有所差异。国际劳工组织《2021年世界就业和社会展望》报告显示，数字平台为传统劳动力市场中被边缘化的人群提供了新的工作机会，并帮助企业获得个性化和灵活的劳动力，长期而言中低等受教育人群将受到较大冲击。

（2）关于职业生涯规划

一种观点认为：顺其自然，无须调整。随着数字化和人工智能发展，全社会总劳动时间变少，但平均收入却上升了，可以"少干活多拿钱"。

另一种观点认为：职业生涯规划应朝着"AI+"方向调整自己的"'技术-技能'结构"，即在原有专业技术上，增补AI技术基础。

你认为哪种观点更靠谱？为什么？

学习微平台

随堂测4-1

━本章概要━➤

☐ 内容提要与结构

▲ 内容提要

● 市场细分是指营销者通过市场调研，依据消费者的需要和欲望、购买行为和购买习惯等方面的差异，把消费者整体划分为具有相似性的若干个不同的购买群体——子市场，从中发现自己的目标市场的过程。消费者市场细分的标准有：地理因素、人口因素、心理因素和行为因素等。生产者市场细分的标准有：用户要求、用户规模和用户地点等。市场细分的有效标志包括：可测量性、可进入性和盈利性。

学习微平台

随堂测4-2

● 市场细分的程序包括：正确选择市场范围；根据市场细分的标准和方法，列出市场范围内所有顾客的全部需求；分析可能存在的细分市场，进行初步细分；确定市场细分时应考虑的因素，并对初步细分的市场加以筛选；为细分市场定名；分析市场营销机会；制定市场营销策略。

● 目标市场是指企业决定要进入的特定的市场，也就是企业拟投其所好、为之服务的顾客群（这个顾客群有颇为相似的需要）。目标市场选择是指企业根据一定的要求和标准，从已有的几个目标市场中选择某个或某几个目标市场，作为可行的经营目标的决策过程。

● 目标市场营销策略有三种：无差异性营销策略、差异性营销策略和集中性营销策略。

▲ 内容结构

本章内容结构如图4-8所示。

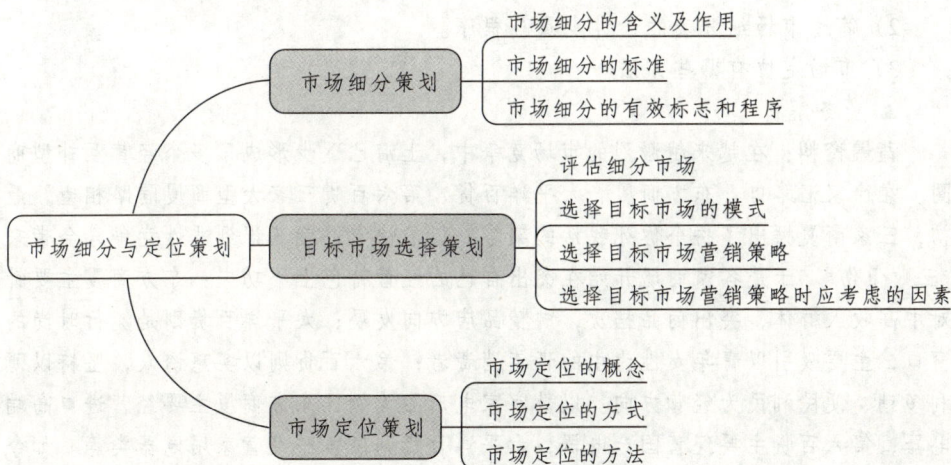

图4-8 本章内容结构

□ 主要概念和观念

▲ 主要概念

市场细分 同质市场 异质市场 目标市场 目标市场选择 目标市场营销策略 市场定位

▲ 主要观念

市场细分的标准 目标市场的模式 目标市场营销策略 市场定位的方法

□ 重点实务和操作

▲ 重点实务

市场细分策划 目标市场选择策划 市场定位策划

▲ 重点操作

"市场细分与定位策划"知识应用

⟹ 基本训练 ⟹

□ 理论题

▲ 简答题

1）什么是市场细分？有效细分的条件是什么？

2）消费者市场细分的标准有哪些？

3）生产者市场细分的标准是什么？

▲ 讨论题

如何理解市场细分、目标市场与目标市场选择之间的关系？

□ 实务题

▲ 规则复习

1）企业在选择目标市场时应考虑哪些因素？

2）简述市场细分表的设计步骤与程序。

3）市场定位有哪些方法？

▲ 业务解析

背景资料：在越来越激烈的市场竞争中，上海已逐步形成了多个经营互补型商圈。在徐家汇路口，东方商厦、太平洋百货、第六百货三家大型商厦隔路相望。最初，三家商厦摆出了拼个你死我活的架势，但很快它们就认识到恶性竞争只会带来"三败俱伤"。于是各家商场开始在突出自己的经营特色上下功夫：东方商厦主要针对中高收入群体，突出商品档次，向精品店方向发展；太平洋百货则是流行时尚的窗口，主要吸引以青年女性为主的青年消费者；第六百货则以实惠诱人，坚持以薄利多销、便民利民为经营方向。以数字家电产品为例，东方商厦主要经营进口高端电器，第六百货主要经营国产电器，太平洋百货则基本不经营家用电器类等。如今在互联网经济大潮影响下，相信它们会有新的市场定位与经营目标。

资料来源　作者根据相关资料整理.

问题：三家商厦经营的奥秘何在？在当今的互联网经济下，如果由你来运作，将怎样细分策划？

□ 案例题

▲ 案例分析

【训练项目】

案例分析-Ⅳ。

【相关案例】

食品市场是否需要进行细分？

背景与情境：中国已进入老龄化社会，因此某城市某食品公司的一位副总经理认为，开设专门针对老年人的保健食品店能吸引新的顾客，从而使公司的销售额不断增加。根据他的调查，该地区年龄在65岁以上的老年人有27万人，并且人数会逐年增加，所以公司应该在该城市的商业中心开设具有特色的保健食品店，这样既可以吸引老年人，也能满足老年人对精美食品的需要。公司总经理则不同意这种看法，他认为目前人们的生活水平虽有所提高，但大多数老年人对食品品种、质量的要求并不高，老年人追求的是一种简单的生活方式，所以老年人对保健食品的需求不会太多，无须开设专门针对老年人的保健食品店。

资料来源　作者根据相关资料整理.

问题：

1）两位经理对食品市场进行细分时分别采取了什么样的目标市场策略？他们进行市场细分的依据分别是什么？

2）如果开设专门针对老年人的保健食品店，应该怎样经营？

【训练要求】

同第 1 章"基本训练"中本题型的"训练要求"。

▲ 课程思政

【训练项目】

课程思政-Ⅳ。

【相关案例】

不道德营销的危害

背景与情境： 中央电视台《新闻30分》节目曾经曝光了南京冠生园用陈年馅料做新饼的恶性事件。"陈馅月饼"被曝光后，各地商家迅速做出撤柜处理。国家发出紧急通知，要求严厉查处用超过保质期的食品原料生产月饼的违法行为，发现严重违法企业要予以取缔、吊销营业执照，甚至移交司法机关处理。当南京冠生园的月饼再次上市时，顾客一听说是"南京冠生园"的产品，避之唯恐不及。2002 年，南京冠生园以"经营不善，管理混乱，资不抵债"为由，向南京市中级人民法院申请破产。

资料来源　作者根据相关资料整理.

问题：

1）本案例中存在哪些思政问题？

2）试对上述问题做出你的思政研判。

3）通过网络或图书馆等途径搜集你做思政研判所依据的相关规范。

【训练要求】

同第 1 章"基本训练"中本题型的"训练要求"。

□ 实训题

【训练项目】

阶段性体验-Ⅱ："市场细分与定位策划"技术应用。

【训练目标】

见本章"章名页"之"学习目标"中的"实训操练"。

【训练内容】

专业能力训练：其"领域"、"'技术-技能'点"、"名称"及其"参照规范与标准"见表 4-1。

表4-1　　**专业能力训练领域、"'术-技能"点、名称及其参照规范与标准**

领域	"技术-技能"点	名称	参照规范与标准
"市场细分与定位策划"技术应用	"技术-技能"点1	"市场细分策划"技术应用	1）能全面理解和把握"市场细分策划"技术。 2）能从"市场细分策划"视角理解并应用相应技术，有质量、有效率地进行以下操作： （1）系统体验"'市场细分策划'技术应用"的如下"技术-技能"操作，并体验"校企合作"中的"优势互补"： ①根据消费者市场细分的标准及其相关变量，正确进行市场细分。 ②根据用户要求、用户规模和用户地点等生产者市场细分标准，正确进行市场细分。 ③根据市场细分的有效标志和程序，并结合具体市场或有关项目资料，正确设计市场细分表。 （2）总结"实践学习"中关于"'技术-技能'点1"的"操作体验"和"校企合作"的"优势互补"
	"技术-技能"点2	"目标市场选择策划"技术应用	1）能全面理解和把握"目标市场选择策划"技术。 2）能从"目标市场选择策划"视角理解并应用相应技术，有质量、有效率地进行以下操作： （1）系统体验"'目标市场选择策划'技术应用"的如下"技术-技能"操作，并体验"校企合作"中的"优势互补"： ①结合应重点考虑的内容，正确评估细分市场。 ②根据细分市场评估，正确选择目标市场模式。 ③在充分考虑"市场细分""目标市场""目标市场选择"相互关系和相关因素的前提下，正确选择目标市场营销策略。 （2）总结"实践学习"中关于"'技术-技能'点2"的"操作体验"和"校企合作"的"优势互补"
	"技术-技能"点3	"市场定位策划"技术应用	1）能全面理解和把握"市场定位策划"技术应用。 2）能从"市场定位策划"视角理解并正确应用相应技术，有质量、有效率地进行以下操作： （1）系统体验"'市场定位策划'技术应用"的如下"技术-技能"操作，并调查实习企业该业务运作现状，即其成功经验、存在不足及尚待解决的问题： ①结合企业或产品竞争的具体情况，选择最佳方式进行市场定位。 ②依据"三步定位法"，正确进行市场定位。 （2）总结"实践学习"中关于"'技术-技能'点3"的"操作体验"和"校企合作"的"优势互补"
	"技术-技能"点4	"'训练报告'撰写"技术应用	1）能全面理解和把握"'训练报告'撰写"技术。 2）能充分应用"'训练报告'撰写"技术，有质量、有效率地进行如下操作： （1）合理设计关于"'市场细分与定位策划'技术应用"的《训练报告》，其结构合理、层次分明。 （2）较规范地撰写上述《训练报告》。 （3）依照网络教学资源包中《学生考核手册》考表4-7中的"考核指标"和"考核标准"要求，撰写所述《训练报告》

职业核心能力和职业道德训练：其内容、种类、等级与选项见表4-2；各选项的操作"参照规范与标准"见本教材"附录三"的附表3和"附录四"的附表4。

表4-2　　　**职业核心能力与职业道德训练内容、种类、等级与选项表**

内容	职业核心能力							职业道德						
种类	自主学习	信息处理	数字应用	与人交流	与人合作	解决问题	革新创新	职业观念	职业情感	职业理想	职业态度	职业良心	职业作风	职业守则
等级	中级	中级	中级	中级	中级	中级	中级	认同	认同	认同	认同	认同	认同	认同
选项				√	√	√	√		√		√	√	√	√

【训练任务】

1）对"'市场细分与定位策划'技术应用"专业能力的各"技术–技能"点，依照表4-1中的"参照规范与标准"，实施应用相关技术的基本训练。

2）对表4-2中所列职业"职业核心能力"选项，依照本教材"附录三"附表3中相关"'技术–技能'点"的"参照规范与标准"；实施融入性"中级"强化训练。

3）对表4-2中所列"职业道德"选项，依照本教材"附录四"中"领域"的"参照规范与标准"，实施"认同级"相关训练。

【组织形式】

1）以小组为单位组成营销团队。

2）各营销团队结合实训任务进行恰当的角色分工，确保组织合理和每位成员的积极参与。

【指导准备】

知识准备：

学生通过自主学习，预习如下知识：

1）该企业的相关产品或项目知识。

2）市场细分与定位策划的理论与实务知识。

3）本教材"附录一"的附表1中，与本章"职业核心能力'强化训练项'"各技能点相关的"'知识准备'参照范围"。

4）本教材"附录三"的附表3中涉及本章"职业核心能力领域"强化训练项的各技能点，以及"附录四"的附表4中"职业道德领域"相关训练项各素质点的"参照规范与标准"知识。

操作指导：

1）教师向学生阐明"训练目的"、"能力与道德领域"和"知识准备"。

2）教师就"知识准备"中的第3）、4）项，对学生进行培训。

3）教师要指导学生从"'市场细分与定位策划'技术应用"视角进行企业营销决策和业务运作情况调研、资料搜集与整理。

4）教师指导学生撰写"'市场细分与定位策划'技术应用"的《实训报告》。

【训练要求】

1）实训前，学生要了解并熟记本实训的"训练目的"、"训练内容"、"训练任务"与"训练要求"，了解并熟记本教材网络教学资源包的《学生考核手册》中表考4-6、4-7所列"考核指标"与"考核标准"的内涵，将其作为本实训的操练点和考核点来准备。

2）将"训练任务"所列三种训练整合并落实到本实训的"活动过程"和"成果形式"中。

3）实训后，学生要对本次实训活动进行总结，在此基础上撰写相关《训练报告》。

【训练时间】

本章课堂教学内容结束后的双休日和课余时间，为期一周。

【情境设计】

将班级学生以小组为单位，组建营销训练团队。各团队分别选择一家开展"市场细分与定位策划"的企业（或本校专业实训基地，或毕业生创业团队），从"'市场细分与定位策划'技术应用"视角，参与企业该项目的运作，在依据"表4-1"中"'技术-技能'点1"至"'技术-技能'点3"的"参照规范与标准"系统体验各项操作的过程中，进行"校企合作"的"实践学习"，并尝试"优势互补"。

【训练步骤】

1）以班级小组为单位组建学生"阶段性体验"训练团队，每队确定1人为队长，根据训练项目需要进行角色分工与协作。

2）各团队结合"训练任务"，参照"情境设计"，分别选择一家开展"市场细分与定位策划运作"的企业（或本校专业实训基地，或毕业生创业团队），从"'市场细分与定位策划'技术应用"视角，全程参与企业该项目运作，进行"校企合作"的"实践学习"。

3）依据"表4-1"中"'技术-技能'点1"至"'技术-技能'点3"的"参照规范与标准"，系统体验如下操作：

（1）依照表4-1中"'技术-技能'点1"的"参照规范与标准"，从"'市场细分策划'技术应用"视角，进行"校企合作"的"实践学习"，体验"'市场营销策划'胜任力"建构中"'市场细分策划'运作"能力要素生成；

（2）依照表4-1中"'技术-技能'点2"的"参照规范与标准"，从"'目标市场选择策划'技术应用"视角，进行"校企合作"的"实践学习"，体验"'市场营销策划'胜任力"建构中"'目标市场选择策划'运作"能力要素生成；

（3）依照表4-1中"'技术-技能'点3"的"参照规范与标准"，从"'市场定位策划'技术应用"视角，进行"校企合作"的"实践学习"，体验"'市场营销策划'胜任力"建构中"'市场定位策划'运作"能力要素生成；

4）各团队总结1）~3）项操作体验，撰写"基于'市场细分与定位策划'技术应用"的《校企合作实践学习总结》，体验"'市场营销策划'胜任力建构中"市场细分与定位策划运作"的"专业互鉴"能力要素生成。

5）各团队在上述实训步骤中，依照表4-2中相关训练选项的"参照规范与标准"，应用相应技术或"参照规范与标准"，融入"职业核心能力"的"中级"强化训练和"职业道德"的"认同级"相关训练。

6）各团队综合以上阶段性成果，依照"'技术-技能'点4"的"参照规范与标准"，合理设计并正确撰写《"'市场细分与定位策划'技术应用"训练报告》。其内容包括：实训组成员与分工；实训过程；实训总结（包括对专业能力训练、职业核心能力训练和职业道德训练成功与不足的分析说明）；附件（指阶段性成果全文）。

7）在班级讨论、交流和修订各团队的《训练报告》，使其各具特色。

【成果形式】

实训课业：《"'市场细分与定位策划'技术应用"训练报告》

课业要求：

（1）"实训课业"的结构与体例参照本教材"课业范例"中的"范例综-3"。

（2）将《校企合作实践学习总结》以"附件"形式附于《训练报告》之后。

（3）在校园网平台上展示经过教师点评的班级优秀《训练报告》，并将其纳入本课程的教学资源库。

━ 单元考核 ━▶

考核评价要求：同第1章"单元考核"的"考核评价要求"。

第5章
产品策划

学习目标

通过本章学习，应该达到以下目标：

理论目标： 学习和把握"产品策划"的相关概念，产品生命周期理论，品牌策划的基本类型，以及"同步链接"等陈述性知识；能用其指导本章"同步思考"、"深度思考"和"基本训练"中"理论题"各题型的认知活动，正确解答相关问题；体验本章专业理论"初级学习"的横向正迁移，以及相关胜任力中"专业认知"要素的阶段性生成。

实务目标： 学习和把握产品与产品组合策划的影响因素和目标、品牌策略、新产品开发的流程和筛选标准，以及"业务链接""延伸阅读"等程序性知识，并将"产品整体观念"融入学习过程中；能以其建构"产品策划"的规则意识，正确解析本章"深度剖析"、"教学互动"、"随堂测"和"基本训练"中"实务题"的相关问题；体验本章专业实务"初级学习"的横向正迁移，以及相关胜任力中"专业技术"要素的阶段性生成。

案例目标： 运用本章理论与实务知识研究相关案例，培养和提高在"产品策划"特定情境中的多元表征和决策设计专业能力；结合本章教学内容，依照相关规范或标准，对"课程思政5-1"专栏和章后"课程思政-Ⅴ"等案例中的企业及其从业人员进行思政研判，促进"立德树人"根本任务的落实；体验本章不规则知识"高级学习"中专业知识、通用知识与思政元素的协同性重组迁移，以及相关胜任力中"认知弹性"要素的阶段性生成。

自主学习： 参加"自主学习-Ⅲ"训练。在实施《自主学习计划》的基础上，通过阶段性学习和应用"附录一"的附表1中"自主学习"（中级）各技能点的"'知识准备'参照范围"所列知识，搜集、整理与综合"产品策划"前沿知识，讨论、撰写和交流《"产品策划"最新文献综述》，撰写《"自主学习-Ⅲ"训练报告》等活动，培养"自主学习"的通用能力（中级）；体验本章"自主学习"中"专能"与"通能"的"重组性"迁移，以及相关胜任力中"求知韧性"要素的阶段性生成。

引例　从海尔电器到海尔智家的蜕变

背景与情境：2023 年 8 月 30 日，海尔智家发布 2023 半年报，公司上半年实现营业收入 1 316.3 亿元，同比增长 8.2%。海尔电器是一家成立于 1984 年的知名公司，经过几十年的发展，海尔电器取得了瞩目的成就。面对新时代数字化、智能化的挑战，海尔公司及时转变，从一家传统电器制造商，转变为智能家居智造者，主要从事智能家电产品与智慧家庭场景解决方案的研发、生产和销售，通过丰富的产品、品牌、方案组合，创造全场景智能生活体验，满足用户定制美好生活的需求。

在全面向智慧家庭生态品牌转型的探索上，海尔智家强大的生态吸引力，形成像食联网、衣联网等生态品牌，让衣食住娱行的各方资源在住居空间实现耦合，持续满足用户全周期生活需求，帮助用户实现一站式定制智慧家。例如海尔衣联网就连接了服装、家纺、洗衣液等 15 个行业的 5 300 余家生态资源方，光是在"洗衣"这一个高频用户行为上，就可以深挖除菌、烘干、晾晒等用户需求带来的全链路服务。

资料来源　佚名. 持续跑赢行业！海尔智家上半年海外营收再增 8.8%［EB/OL］.［2023-09-01］. https：//baijiahao.baidu.com/s？id=1775741459182672978&wfr=spider&for=pc. 有删改.

海尔智家作为传统家电转型的开创者，主动迎接时代的挑战，将数字化、智能化融入产品中，满足万物互联的时代要求，为传统企业的智能化升级塑造了时代典型。由此可见，产品开发要不断满足时代要求。本章系统地阐述了产品的整体概念、产品组合策划、品牌策划以及新产品策划等重要内容。

5.1　产品与产品组合策划

格力电器公司的董明珠从上任开始，就一直以铁腕手段抓产品质量，投入巨资进行自主研发，自己掌握核心科技；小米科技的创始人雷军认为小米的成功就是把产品的细节打磨到极致。这些企业的崛起都离不开营销的成功，但更重要的是产品的成功。在大数据、人工智能时代，信息的充分共享以及人们消费观念的变化，使得产品策划成为 4P 组合策略中更为重要的内容。

学习微平台

微课 5-1

5.1.1　产品的整体概念

从市场营销策划的意义上讲，产品是指通过占有、使用或消费等手段，来满足消费者的某种欲望和需要，从而提供给市场的一切载体。它既可以是有形载体，也可以是无形载体。产品是一个整体概念，包括核心产品、有形产品、附加产品和心理产品四个层次，如图 5-1 所示。

1）核心产品
核心产品也称实质产品，是指消费者购买某种产品时所追求的利益。

2）有形产品
有形产品是指产品的外在形态，或核心产品借以实现的形式。

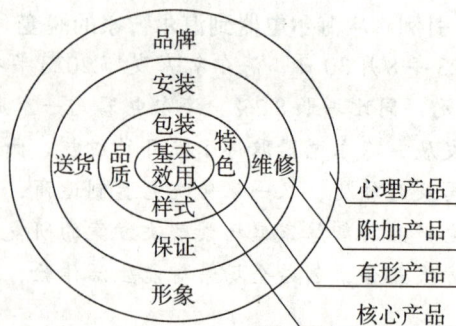

图5-1 产品整体概念构成图

3）附加产品

附加产品是指消费者购买有形产品时所获得的全部附加服务和利益，包括保证、送货、安装、维修等。

4）心理产品

心理产品是指产品的品牌和形象提供给顾客心理上的满足。

通过对产品整体概念的理解我们可以知道，消费者在消费产品时，不仅追求功能上的满足，而且追求精神上的满足。消费层次越高，对精神满足的追求就越强烈。如果一件产品通过广告等营销手段的应用，塑造了良好的心理产品，则该产品会更好地满足消费者的精神需求。

随着竞争的加剧，以及技术水平的提高，厂商要维持产品功能的垄断变得越来越困难，这就迫使厂商在产品整体概念中的心理产品层上做文章，通过恰当的营销手段使功能相似的产品在心理产品层上产生巨大的差异，从而与竞争对手的产品有效区隔开来，以此获得竞争优势，取得超额利润。例如，可口可乐与百事可乐通过广告营销，分别塑造出了时尚与经典的心理差别。

同步案例5-1

百度发布元宇宙产品"希壤"

背景与情境：百度宣布将于2021年12月27日发布元宇宙产品"希壤"。"希壤"App是首个"国产元宇宙"产品，该产品打造了一个跨越虚拟与现实、永久续存的多人互动空间。"希壤"的造型是一个莫比乌斯环星球。城市设计融入了大量中国元素，中国山水、中国文化、中国历史都将融入城市建设和互动体验中。每一个用户都可以创造一个专属的虚拟形象，在个人电脑、手机、可穿戴设备上登录"希壤"，可听会、逛街、交流、看展。

资料来源 佚名. 百度将发布元宇宙产品"希壤"[EB/OL].[2021-12-10]. http://www.xinhuanet.com/tech/20211210/070046d3400448f09c440a673fca0a18/c.html.有删改.

问题：如何理解元宇宙中虚拟产品的整体概念？

分析提示：百度"希壤"虽然是虚拟世界的产品，我们也可以从产品整体概念去理解。核心产品是消费者的核心诉求，有形产品是虚拟产品在消费者眼中的形象，附加产品是百度提供的相应保障和心理产品，是消费者在虚拟世界中获得的独一无二的情感满足。

5.1.2 产品生命周期理论及营销策划思路

1）产品生命周期理论

产品生命周期是指一种新产品从开始进入市场到被市场淘汰的整个过程。典型的产品生命周期一般可以分为四个阶段，即导入期、成长期、成熟期和衰退期，如图5-2所示。

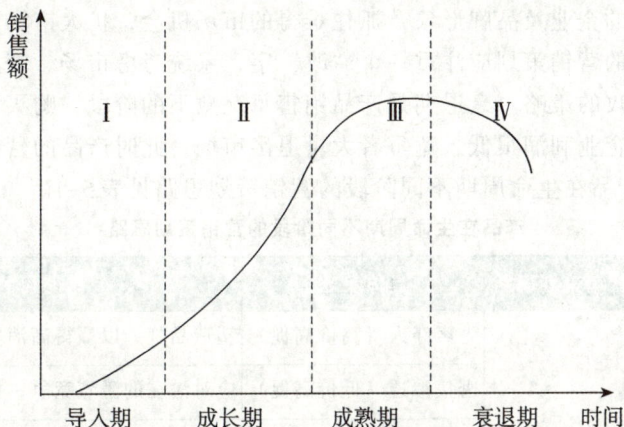

图5-2 产品生命周期图

（1）导入期。导入期是指产品从设计投产到投入市场进行销售的阶段。

（2）成长期。在成长期，产品试销效果良好，购买者逐渐接受该产品，产品在市场上站住脚并且打开了销路，这是需求增长阶段。

（3）成熟期。成熟期是指产品经过成长期之后，开始大批量生产，并稳定地进入市场销售的阶段。随着购买产品的人数增多，市场需求趋于饱和。

（4）衰退期。衰退期是指产品进入了淘汰阶段。由于科技的发展，以及消费者习惯的改变等，产品的销售量和利润持续下降。

企业要想使它的产品有一个较长的销售周期，以便赚取足够的利润来补偿在推出该产品时所付出的成本，就必须认真研究和运用产品生命周期理论。

（5）数字化、智能化对传统产品周期的影响。

数字化、智能化会缩短传统产品的生命周期。

首先，在产品的设计阶段，人工智能可以通过机器学习和深度学习算法，从大量数据中分析和预测出准确和创新的设计方案，大大提高了产品设计的效率，缩短导入期和成长期。

其次，在产品的生产制造阶段，通过引入机器人、无人机和自动化设备等智能化工具，可以实现生产线的自动化和智能化管理，提高生产效率，减少错误和失误。此外，人工智能还可以通过智能监控、预测和维护等方式，确保生产过程的稳定性和可靠性，降低生产成本和风险。

最后，在产品的销售和服务阶段，人工智能也可以为企业带来诸多优势。例如，通过大数据分析和人工智能技术，企业可以精准定位目标客户和市场，制定更加精准的销售和营销策略。对于产品的衰退期，将有更为精准的预测，变被动为主动，缩短产品的衰退期。

2）产品在生命周期不同阶段的营销策划思路

处在生命周期不同阶段的产品的营销策划思路不同。在导入期，产品的营销策划应突出一个"快"字，此时营销策划的重点集中在促销与价格方面。进入成长期，产品的营销策划应强调一个"好"字，此时应不断提高产品质量，改进服务，树立良好的企业及品牌形象，抓住难得的市场机会，扩大市场占有率。到了成熟期，产品的营销策划应注重一个"改"字，系统考虑市场、产品和营销组合改进等主动进攻的策略。衰退期是产品销售每况愈下的阶段，购买该产品的消费者越来越少，企业利润很低，竞争者大量退出市场，此时产品的营销策划侧重一个"退"字。产品在生命周期不同阶段的营销策划思路见表5-1。

学习微平台

案例分析5-1

表5-1　　**产品在生命周期不同阶段的营销策划思路**

产品生命周期	营销策划思路	具体策略	策略目的
导入期	快	先声夺人（高价高促）	塑造品牌，以赢得高消费人群的青睐
		密集渗透（低价高促）	应对潜在的激烈竞争，扩大市场规模
		愿者上钩（高价低促）	当市场规模小、竞争威胁不大时，可以赢得高消费群体的青睐
		以廉取胜（低价低促）	当市场容量大、消费者对价格十分敏感时，可以扩大市场规模
成长期	好	树立品牌形象	建立品牌忠诚
		开辟新市场	进行市场细分，提高市场份额
		密集分销	扩大市场规模，降低生产成本
		改进产品	提高产品质量，增加产品品种
成熟期	改	改进市场	扩大市场规模，提高产品销量
		改进营销组合	保持市场占有率
		改进产品	吸引新顾客
衰退期	退	立即放弃	尽快转入新产品
		逐步放弃	逐步转入新产品
		自然淘汰	最大限度获取利润

深度剖析5-1

背景资料：2023年9月20日东芝公司宣布，将从东京证券交易所退市，结束长达 74 年的上市历史。东芝公司是日本制造业的代表之一，在家电、电气、能源、基建等领域都有巨大影响力，其还是日本最大的半导体制造商，曾发明 NAND 闪存芯片。东芝公司一度创造过许多"日本首创"，包括日本第一台雷达、第一台晶体管电视与微波炉、第一部彩色影像电话、第一台笔记本电脑、第一台 DVD 等。但是，面对新时代数字化、智能化的挑战，东芝公司没有更好的举措，业务也一步一步被蚕食，最终退市。

问题：东芝公司的传统产品处在产品生命周期的哪个阶段？通过此案例如何理解人工智能对产品生命周期的影响？你觉得应该采取哪些措施避免退市？

解析与讨论：

第一，东芝公司的传统产品处在产品生命周期的衰退期，产品销量急剧下滑，甚至退市。

第二，随着人工智能的快速发展，产品生命周期发生了极大的改变，人工智能改变着传统产品的生命周期，传统产品也应当迎接人工智能时代的挑战。

第三，东芝公司应当综合采用改进市场、改进产品、改进营销组合的办法，避免退市。

5.1.3　产品组合策划

根据市场需要和企业自身的能力决定生产经营哪些产品，并明确各产品之间的配合关系，对企业来说意义重大。因此，企业需要对产品组合情况进行研究和策划。

1）产品组合及其相关概念

（1）**产品组合**是指一个企业向市场提供的全部产品线和产品项目。

（2）**产品线**是指同一产品种类中具有密切关系的一组产品，它们以类似的方式起作用，或通过相同的销售网点销售，或满足消费者相同的需要。

（3）**产品项目**是指一类产品中品牌、规格、式样、价格等不同的每一个具体产品。

（4）产品组合四要素。产品组合四要素包括宽度、长度、深度与关联性。宽度是指产品组合中包含产品线的数目；长度是指产品组合中包含产品项目的总数；深度是指每类产品中包含花色、式样、规格的多少；关联性是指各产品线在最终用途、生产条件、分销渠道和其他方面相互关联的程度。

2）产品组合策略

市场需求和竞争形势的变化，会引起产品组合的变化，企业应使产品组合保持一种动态平衡。扩大产品组合策略，即增加产品组合的宽度和深度；缩减产品组合策略，即削减产品线或产品项目，特别是要淘汰那些获利少的产品，以便集中力量经营获利多的产品线和产品项目；向上延伸策略，即在原有产品线内增加高档次、高价格的产品项目；向下延伸策略，即在原有产品线内增加低档次、低价格的产品项目。不同产品组合策略的优缺点见表 5-2。

表5-2　　　　　　　　　　　　　不同产品组合策略的优缺点

产品组合策略	优点	缺点
扩大产品组合策略	能够满足不同消费者的需要，提高市场占有率；能够完善产品系列，扩大市场规模；有利于分散经营风险	不利于生产的专业化；投资成本较高
缩减产品组合策略	能够集中企业有限的资源；能够提高单个产品的生产效率和质量；有利于生产的专业化	容易增加经营风险；不能满足不同消费者的需要
向上延伸策略	能够提高企业的整体形象；能够获得较多的利润；有利于提高企业的技术和管理水平	企业的固有形象不易改变；投资成本较高
向下延伸策略	能够借助原有品牌形象；能够增加销售额，扩大市场占有率；有利于完善产品系列	处理不当会影响原有好的品牌形象

深度思考 5-1

　　疑点：站在消费者和厂商不同的角度，如何更深刻地理解产品整体观念？

　　释疑提示：产品的整体观念，包括核心产品、有形产品、附加产品和心理产品四个层次。

　　站在消费者角度，要有本质思维，即购买产品的本质是什么，应该是产品所提供的效用与服务，而不是产品的实体。比如购买一双鞋的本质是舒适、漂亮以及心理满足，而不是构成鞋子的材料与做工。消费者产品本质思维的建立，有助于避免过度消费和过度的质量思维。

　　站在厂商的角度，要紧紧把握本质思维，在此基础上注重其他层次的创新，从而更好地满足消费者的需求，也更有利于竞争。

5.2　品牌策划

　　随着竞争的加剧和技术的发展，产品的同质化程度越来越高。竞争的层次逐步从产品实物形态的竞争，发展为产品所附着的文化和精神等非实物形态的竞争，而品牌恰恰是产品文化的很好载体，因此品牌策划成为营销策划中重要的一环。

5.2.1　品牌及其相关概念

1）品牌的概念

　　品牌是一种名称、术语、标记、符号或图案，或是它们的相互组合，用以识别企业提供给某个或某群消费者的产品或服务，并使之与竞争对手的产品或服务相区别。人们通过品牌可以获得很多关于产品和公司的信息，一般来说，品牌能够表达六层意思：

（1）属性。品牌能够给人带来特定的属性，如沃尔沃轿车给人以安全、工艺精良和耐用的感觉。

（2）利益。属性需要转换成功能和情感利益，如"安全"属性可以转化为功能利益——"这车可以使我免受伤害"，"耐用"属性意味着"我可以开很长时间，而不必担心车坏掉"。

（3）价值。品牌体现了制造商的某些价值观，如沃尔沃品牌体现了公司对生命的呵护。

（4）文化。品牌可以象征一定的文化，如沃尔沃品牌体现了北欧国家崇尚"以人为本"的生活理念。

（5）个性。品牌还代表了一定的个性，如沃尔沃轿车可以使人联想到一位高效率且对生活充满热情的人。

（6）使用者。品牌还体现了购买或使用这种产品的是哪一类消费者。

2）与品牌相关的概念

（1）品牌符号。品牌符号是区别产品或服务的基本手段，包括名称、标志、标准色、口号、象征物、代言人、包装等。品牌符号是形成品牌概念的基础，是企业的重要资产，在品牌与消费者的互动中发挥着重要作用。

（2）品牌形象。品牌形象是指消费者基于能接触到的品牌信息，经过自己的选择与加工，在大脑中形成的有关品牌的整体印象。

（3）品牌文化。品牌文化是指品牌在经营中逐步形成的文化积淀，它代表了企业和消费者的利益认知、情感归属，反映了企业的传统文化及个性形象。

（4）商标。商标是一种法律用语，是具有显著特征的标志。商标由文字、图形或者二者组合构成。商标与品牌既密切联系又有所区别。严格地说，商标是一个法律名词，而品牌是一种商业称谓，品牌要注册成商标必须具备法律规定的条件。

学习微平台

延伸阅读 5-1

同步链接 5-1

以党的二十大精神为指引，中国一汽聚焦"双一流"目标

党的二十大报告对发展制造业提出了一系列新目标、新要求、新举措，为汽车产业发展提供了广阔空间。

作为民族高端品牌引领者，"红旗"面临新能源汽车产业蓬勃发展的机遇与挑战。中国一汽聚焦建设世界一流企业、世界一流国际汽车城"双一流"目标，坚定不移把关键核心技术掌握在自己手里，加快推动汽车制造业高质量发展。2022年前三个季度，一汽红旗产量达20.6万辆，同比增长3.3%；销量21.1万辆，同比增长5.1%。在海外市场，红旗品牌继上年先后上市沙特，出口挪威、丹麦，进入日本市场后，4月实现旗舰新能源车型出口至以色列。德国高端汽车制造商奥迪和中国一汽在第一季度成立了合资企业——奥迪一汽新能源汽车有限公司，6月公司在长春的第一家电动车工厂破土动工。

中国一汽集团抢抓机遇、乘势而上，紧跟汽车产业发展电动化、智能化、网联化、共享化趋势，以高水平科技自立自强驱动企业高质量发展。

　　资料来源　佚名. 学习贯彻党的二十大精神｜《中国日报》聚焦中国一汽以高水平科技自立自强驱动企业高质量发展［EB/OL］.［2022-11-01］. https：//baijiahao.baidu.com/s？id=1748287435713488779&wfr=spider&for=pc.经删改.

5.2.2　品牌策略

学习微平台

微课 5-2

品牌对于企业的营销工作非常重要，消费者对众多产品做出选择，品牌也是特别需要考虑的因素。今天随着传播的去中心化，企业的品牌策略也在发生着深刻的变化。

1）企业的品牌策略

（1）个别品牌策略

个别品牌策略是指企业为其生产的不同产品分别使用不同品牌的策略。采用个别品牌策略，为每种产品寻求不同的市场定位，有利于增加销售额和对抗竞争对手，还可以分散风险，使企业的声誉不会因某种产品表现不佳而受到影响。

（2）统一品牌策略

统一品牌策略是指企业生产经营的所有产品均使用同一个品牌的策略。对于那些享有高声誉的著名企业，采用统一品牌策略可以充分利用其名牌效应，保证企业所有产品的畅销。同时，企业宣传介绍新产品的费用也较低，有利于新产品进入市场。

（3）分类品牌策略

分类品牌策略是指企业依据一定的标准对其产品进行分类，并分别使用不同品牌的策略。企业使用这种策略，一般是为了区分不同大类的产品，一个产品大类下的产品再使用共同的品牌，以便在不同大类产品领域中树立各自的品牌形象。

（4）企业名称加个别品牌策略

企业名称加个别品牌策略是指企业生产经营的各种不同的产品分别使用不同的品牌，且每个品牌之前都冠以企业名称的策略。这种策略多用于新产品的开发。在新产品的品牌名称前加上企业名称，可以使新产品享受企业的声誉，而采用不同的品牌名称，又可以使各种新产品显示出不同的特色。

（5）品牌延伸策略

品牌延伸策略是指企业利用其成功品牌的声誉，推出改进产品或新产品的策略。品牌延伸并非只借用表面上的品牌名称，而是对整个品牌资产的策略性使用。当企业推出新产品时，使用新品牌或延伸旧品牌是企业必须面对的品牌决策。品牌延伸策略一方面在新产品上实现了品牌资产的转移，另一方面以新产品的形象延续了品牌寿命，因此为多数企业所采用。

品牌延伸策略具有降低新产品的市场风险、强化新产品的品牌效应和注入品牌时尚元素等优点，但是也存在有悖消费者心理和品牌认知模糊等不利因素。

（6）多品牌策略

多品牌策略是指企业对同一类产品使用两个或两个以上品牌的策略。采用多品牌策略的企业可能同时经营两种或两种以上相互竞争的品牌，多品牌策略虽然会使原有品牌的销售量减少，但几个品牌加起来的总销售量可能比原来一个品牌的销售量多。

这种策略由宝洁公司首创。一种品牌树立起来之后，容易在消费者心中形成固定的印象，不利于产品的延伸，对宝洁这种横跨多个行业、拥有多种产品的企业来说更是如此。多品牌策略的最佳结果，应是企业的品牌逐步挤占竞争者品牌的市场份额，或者是采用多品牌策略增加的利润大于因相互竞争而造成的利润损失。

（7）品牌重新定位策略

品牌重新定位策略是指由于某些市场情况发生变化，企业对产品品牌进行重新定位的策略。当竞争者的品牌逼近，企业品牌的独特性逐渐消失，或消费者转向其他品牌时，即使某一个品牌最初在市场上的定位很好，也必须重新定位，赋予品牌新的内涵。

2）传播的去中心化对品牌策略的影响

（1）传播的去中心化（decentralization of communication）指的是信息传播系统中，不再存在一个具有绝对权力的中心节点，而是所有的节点（人或机构）都可以随时发表观点、传播信息。

在传统媒体时代，信息传播往往是中心化的，由专业的媒体机构和从业人员掌控信息传播的内容、方式和渠道。但是，随着互联网和移动互联网的普及，人们获取和传播信息的手段越来越丰富，不再依赖传统的媒体机构，而是可以自主表达自己的观点和态度。

（2）传播的去中心化对品牌策略产生了多方面的影响。

首先，去中心化的传播方式使得品牌不再依赖传统的广告传播方式，而是可以通过多种渠道和方式进行传播。例如，品牌可以通过社交媒体、短视频、直播等形式与消费者进行互动和交流，从而更好地了解消费者的需求和反馈，提升品牌知名度和美誉度。

其次，去中心化的传播方式也使得品牌的传播更加快速和直接。通过社交媒体等渠道，品牌可以迅速地传达自己的信息和理念，并与消费者进行直接的互动和交流，从而提高品牌的影响力和竞争力。

最后，去中心化的传播方式也使得品牌的定位和形象更加个性化。品牌可以通过对目标受众的深入了解和分析，制定更加精准的营销策略和传播方式，从而更好地满足消费者的需求和期望，提升消费者对品牌的忠诚度和偏好度。

总的来说，传播的去中心化对品牌的影响是积极的。品牌可以通过多种渠道和方式进行传播，与消费者进行直接的互动和交流，提高品牌的知名度和美誉度，提升市场竞争力。同时，去中心化的传播方式也要求品牌不断地更新和创新，以适应市场的变化和消费者的需求。

同步案例 5-2

新东方推出"东方甄选"

背景与情境：2021 年 12 月 28 日，新东方在微信公众号发文称，当晚 8 点将推出直播带货新平台"东方甄选"。经过一年的发展，东方甄选账号从 1 个增加到 6 个，粉丝总量突破 3 600 万人，推出 52 款自营产品，总销量达 1 825 万单。新东方在线发布公告：公司的中英文股份简称将由"KOOLEARN"及"新东方在线"分别变更为"EAST BUY"及"东方甄选"。

问题：直播营销给品牌建设带来了哪些影响？

分析提示：直播营销是一种有效的品牌推广和销售方式，可以提高品牌的曝光度，增强品牌的口碑度和提升品牌的形象。但同时也需要加强品牌管理和售后服务，不断创新和更新以保持品牌竞争力。

5.2.3　企业形象策划与品牌建设

企业形象策划又称企业识别系统，它是企业品牌建设的重要组成部分。**企业识别系统**（corporate identity system，CIS）是指运用统一的识别设计来传达企业特有的经营理念和活动，从而提升和突出企业形象，使企业形成自己独特的个性，最终增强企业的整体竞争力。

企业形象策划的直接目标是塑造统一的、系统的企业形象，突出企业自身的特点。企业形象策划的最终目标是通过树立统一的企业形象，提高企业的整体竞争力。企业形象策划由三个方面的要素构成，即理念识别（mind identity，MI），行为识别（behavior identity，BI），视觉识别（visual identity，VI）。

1）理念识别

理念识别是企业形象策划的精神内涵，是对企业文化的经典概括。企业理念相当于企业的"脑"，用于规范企业日常的行为和管理，指导企业的长远发展。企业理念应反映企业存在的社会价值、企业追求的目标以及企业经营的基本思想。企业理念识别要准确、富有个性、表达简洁独到，这样才会具有识别性。

业务链接 5-1

直播营销促进品牌建设

直播营销是一种通过直播平台进行品牌推广和销售的新兴营销方式，它给品牌带来了多方面的影响。

第一，直播营销可以提高品牌的曝光度。通过直播平台，品牌可以展示自己的产品、服务和品牌形象，吸引更多消费者的关注，从而提高品牌曝光度。

第二，直播营销可以增强品牌的口碑。品牌的口碑是影响消费者购买的重要因素之一，直播营销可以通过消费者的参与和互动，增强品牌的口碑。如果直播的内容是有趣有意义的，会有很高的消费者转化率。

第三，直播营销可以提升品牌的形象。通过直播平台，品牌可以展示自己的品牌理念、产品特点和设计风格等，从而提升品牌的形象和认知度。同时，直播营销也可以帮助品牌更好地了解消费者的需求，提高消费者的品牌忠诚度和偏好度。

然而，直播营销也存在一些挑战和风险。例如，如果产品质量不佳或售后服务不到位，消费者可能会在直播平台上进行负面评价和投诉，从而对品牌形象造成不良影响。此外，直播营销的成本较高，需要投入大量的人力、物力和财力资源，并且竞争激烈，需要不断创新以保持品牌竞争力。

总的来说，直播营销是一种有效的品牌推广和销售方式，可以提高品牌的曝光度、增强品牌的口碑和提升品牌的形象，但同时也需要加强品牌管理和售后服务，不断调整和创新以保持品牌竞争力。

资料来源　佚名. 直播对于企业具有多种价值 ［EB/OL］. ［2023-06-02］. https：//www.163.com/dy/article/I67UFC3D05561XZU.html. 有删改.

2）行为识别

行为识别是企业在内部协调和对外交往中应该遵守的规范性准则。这种准则具体体现在全体员工上下一致的日常行为中。员工的行为应该是一种企业行为，并且能反映出企业的经营理念和价值取向，而不是独立的随心所欲的个人行为。行为识别是一种动态的识别形式，是企业处理和协调人、事、物的动态运作系统，它通过各种行为或活动执行和实施企业理念。

3）视觉识别

视觉识别是企业独有的一整套识别标志，是企业理念识别的外在的、形象化的表现。视觉识别由两大要素组成：一是基础要素，包括企业名称、企业标志、标准字体、企业标准用色等；二是应用要素，即上述要素经过规范组合后，在企业各个领域中的展开运用，如办公用品、服饰、广告、包装、展示陈列、交通工具、建筑与室内外环境等。

教学互动 5-1

互动问题：党的二十大报告提出，增强中华文明传播力影响力。以中国知名品牌为例，谈一谈中国品牌肩负的社会责任，它们在传播企业的同时，如何传播好中国文化？

要求：同"教学互动 1-1"的"要求"。

学习微平台

延伸阅读 5-2

5.3　新产品策划

5.3.1　新产品的概念

从市场营销的角度来看，凡是企业向市场提供的过去没有生产过的产品都叫新产品。具体地说，**新产品**是指产品整体概念中的任何一部分的变革或创新，并且能够给消费者带来新的利益、新的满足的产品。

5.3.2　新产品的分类

1) 新产品的典型分类

市场营销学意义上的新产品的含义很广，除了包括因科学技术在某一领域的重大发现而产生的新产品外，还包括在生产销售方面，只要产品在功能或形态上发生改变，与原来的产品产生差异，甚至只是产品从原有市场进入新的市场，都可视为新产品；从消费者方面来看，能进入市场给消费者提供新的利益或新的效用而被消费者认可的产品，也可视为新产品。

新产品一般可以分为全新产品、改进型新产品、模仿型新产品、形成系列型新产品、降低成本型新产品和重新定位型新产品六种类型。

2) 无形产品的创新

无形产品是生产出来用于市场交换的非物质类产品的总称。它是相对于有形（物质）产品而言的，包括技术、教育、旅游、金融保险、通信、文化、体育、娱乐、医疗保健、健身休闲、中介服务、社区服务等众多的产品。无形产品主要来自第三产业，其发展与第三产业发展息息相关。无形产品一般属于即产即消型产品，其生产过程和消费过程基本统一。当前，无形产品的创新要远远超出传统产品的创新，尤其在数据类无形产品的创新上体现得更为充分。

数据类无形产品的创新主要体现为：数字内容的创新，包括数字音乐、电子书籍、电影、电视剧、网络课程等内容的创新；云服务的创新，包括云存储、云计算、云安全的创新等；虚拟货币的创新，如比特币、以太坊、瑞波币等；电子商务服务形式的创新，包括网上购物、在线支付、拍卖、团购、直播等形式的创新。

5.3.3　新产品开发的流程

新产品开发的流程是指从创意产生、创意评价到形成最终产品的过程。

1) 新产品典型开发流程

新产品的典型开发流程包括八个步骤，即创意产生，创意筛选，产品概念的形成、测试与筛选，初拟营销战略，商业分析，产品研制，市场试销，商品化。

（1）创意产生

新产品创意的来源很多，主要有消费者、竞争者、中间商、科技人员、销售人员等。此外，还可以从发明家、专利代理人、大学、研究机构、咨询公司、广告代理商、行业协会和有关出版物等方面寻求创意。寻找和搜集创意的方法主要有产品属性列举法、强行关系法、调查法和头脑风暴法等方法。

（2）创意筛选

创意筛选就是对大量的新产品创意进行评价，研究其可行性，挑出其中有创造性的、有价值的创意。创意筛选时一般要考虑三个因素：一是环境条件，包括市场的规模与构成、产品的竞争程度与前景、国家的政策等；二是企业的发展目标，包括企业的利润目标、销售目标和形象目标等；三是企业的开发与实施能力，包括经营管理能力、人力资源条件、资金能力、技术能力和销售能力等。

（3）产品概念的形成、测试与筛选

经过筛选后保留下来的产品创意必须发展成产品概念。产品概念是指用文字、图像、模型等对产品进行清晰描述，使之在消费者心目中形成一种潜在的产品形象，用有意义的消费者语言来详细描述的产品创意。

形成的产品概念要通过消费者的产品概念测试，如果不能通过，则应当放弃或者继续修改，直至通过。

（4）初拟营销战略

产品概念通过测试后，接着就要拟定营销战略。初拟的营销战略应包括以下三个部分：一是说明目标市场的规模、结构、行为，新产品的市场定位，近期的销售量和销售额、市场占有率、利润率等；二是新产品的计划价格、分销渠道、促销方式和营销预算；三是新产品的未来发展情况并提出设想，如长期销售额和利润目标、产品生命周期各阶段的营销组合策略等。

（5）商业分析

商业分析是指对产品概念进行经济效益分析，即对新产品的销售情况、成本和利润做出进一步的评估，判断其是否符合企业的目标，以此决定是否进入新产品的正式开发阶段。

（6）产品研制

顺利通过商业分析的产品概念可以进入产品研制阶段。这一阶段是将用文字、图形或模型等描述的产品概念转化为实体形态的产品模型或样品。

（7）市场试销

如果企业对产品测试的结果感到满意，接着就要进行市场试销。市场试销就是将新产品与品牌、包装、价格和初拟的营销战略组合起来，然后将新产品小批量投入市场，以检验新产品是否真正受市场欢迎。

（8）商品化

新产品试销成功后，就可以正式批量生产，将产品全面推向市场了。

以上我们分析了传统实体产品的开发流程。当前，线上产品变得越来越重要，线上新产品的开发过程也非常值得我们关注。

2）线上新产品的开发流程

线上新产品的开发主要包括以下步骤：

（1）项目立项。明确产品的开发目标、目标用户群等，同时考虑竞品、市场和技术趋势等，制定项目流程和时间节点，设计出开发方案。进行需求分析，确定产品功能及特点、硬件标准和开发范围。

（2）进行软硬件开发。根据项目立项阶段确定的开发方案，进行软件和硬件的开发。其中，软件方面包括系统软件和应用软件的开发；硬件方面包括电子元器件、传感器、执行器等的设计和制造。

（3）线上新产品的测试。这包括功能测试、性能测试、安全测试等方面，确保产品的稳定性和可靠性。

（4）进入上市阶段。同时根据市场反馈进行产品改进和升级，以满足用户的需求。

线上新产品的开发流程可能因产品类型、开发规模和技术难度等因素而有所不同。此外，在开发过程中还需要考虑到用户体验、数据安全和隐私保护等方面的问题。因此，线上产品的开发需要多方面的技术和管理能力，需要不断地进行迭代和改进，以适应市场的变化和用户的需求。

课程思政 5-1

人民日报谈李子柒：活出中国人的精彩和自信

背景与情境：染衣、酿酒、织布、古法造纸、制作胭脂口红……一位名叫李子柒的姑娘，把传统文化和田园生活拍成视频上传网络，引发海内外网友关注。传播中国文化，讲好中国故事，活出中国人的精彩和自信，是李子柒带给我们的生动启示。

作为品牌，李子柒通过在短视频平台展示自己的产品、品牌形象和品牌理念，建立了消费者信任和忠诚度。她所创建的品牌"李子柒"主要生产和销售各种古风特色美食，如酸辣粉、辣椒酱、花生米等，凭借着品牌特色和质量保证赢得了消费者的认可和信赖。

一个国家、一个民族的强盛，总是以文化兴盛为支撑的，中华民族伟大复兴需要以中华文化发展繁荣为条件。坚定文化自信，牢牢把握社会主义先进文化前进方向，激发全民族文化创造活力，推动社会文明进步和国家发展壮大就有了强大精神力量。

资料来源　佚名. 人民日报谈李子柒：活出中国人的精彩和自信〔EB/OL〕.〔2020-01-02〕. https://www.toutiao.com/article/6777168457919103496/? channel=&source=search_tab. 有删改.

问题：应当如何理解品牌建设中的文化自信？

研判提示：品牌既是企业的符号也是社会文化的载体，增强文化自觉和文化自信，是坚定道路自信、理论自信、制度自信的题中应有之义。

学习微平台

随堂测 5-1

学习微平台

随堂测 5-2

本章概要

☐ 内容提要与结构

▲ 内容提要

● 产品在市场中的表现具有周期性，企业应当根据产品所处生命周期的不同阶段，采取不同的营销策略。为了更好地满足市场需求，企业往往要进行产品组合策划。

● 随着竞争的加剧和技术的发展，产品的同质化程度越来越高。为了提高竞争能力，品牌策划势在必行。企业识别系统是指运用统一的识别设计来传达企业特有的经营理念和活动，从而提升和突出企业形象，使企业形成自己独特的个性，最终增强企业的整体竞争力。

● 新产品的开发风险较高，因此要注重开发流程的安排。

▲ 内容结构

本章内容结构如图5-3所示。

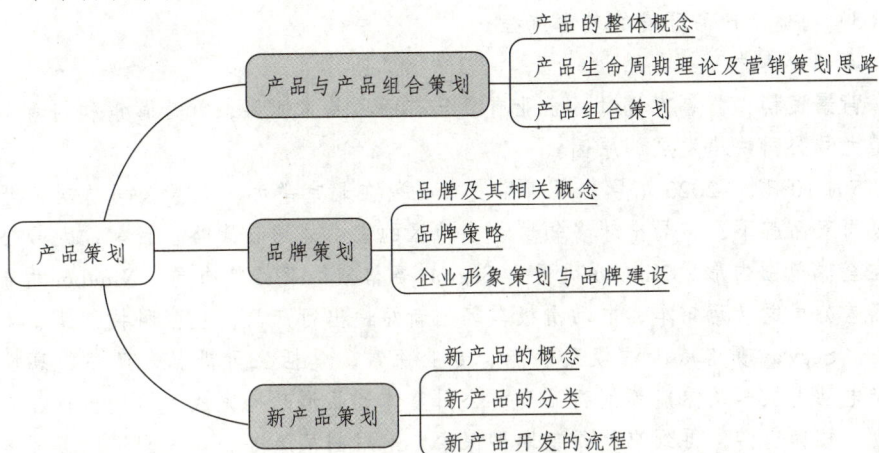

图5-3 本章内容结构

□ 主要概念和观念

▲ 主要概念

产品生命周期 产品组合 产品线 产品项目 品牌 企业识别系统 新产品

▲ 主要观念

产品组合策划 品牌策划 新产品策划

□ 重点实务和操作

▲ 重点实务

产品与产品组合策划 品牌策略的运用 新产品开发的流程

▲ 重点操作

"产品策划"知识应用

➡ 基本训练 ➡

□ 理论题

▲ 简答题

1）产品的整体概念是什么？

2）产品组合包括哪些基本概念？

3）市场营销中的新产品应如何理解？

▲ 讨论题

1）如何理解品牌与商标的差别？

2）企业为什么要进行产品组合策划？

3）分析企业识别系统三个构成要素（MI、BI、VI）之间的关系。

□ 实务题

▲ 规则复习

1）简述产品在不同生命周期进行营销策划的要点。

2）简述产品组合策划的基本策略。

3）简述新产品开发的基本流程。

▲ 业务解析

背景资料：德鲁克说过，企业有且只有两项基本职能，就是营销和创新，这也是九号公司快速发展的原因。

5月10日，"2023九号公司新品发布会"在北京举办。九号公司首次公开解读公司双品牌下，布局全球多领域、多地区的室内外场景战略。目前，九号公司已在全球范围内形成Ninebot九号和Segway赛格威的双品牌布局。Ninebot九号主要涵盖公司电动两轮车、电动滑板车等创新短途出行产品，主张科技创新、年轻潮酷；Segway赛格威专注极致性能、专业探索，囊括公司机器人产品、高性能智能电动滑板车及储能等创新品类。公司整体产品形态也完成对短途出行、日常通勤、短途出游，再到户外复杂地形探索、家用割草服务、商用配送服务等多重场景覆盖。

问题：如何理解九号公司的产品创新？

□ 案例题

▲ 案例分析

【训练项目】

案例分析-V。

【相关案例】

学习立白好榜样

背景与情境：立白科技集团在产品创新方面有着显著的成就和丰富的经验。他们不断推出各种创新产品，满足消费者的需求，并引领行业的发展。

立白推出的"Liby多效WIFI洗衣凝珠"在"2022T-EDGE全球创新大会暨钛媒体10年致敬盛典"上荣获年度消费品牌——产品创新奖。这是对立白科技集团在产品创新方面的高度认可。此外，立白洗衣凝珠项目在2022年3月也获得了中国轻工业联合会科学技术进步奖。

立白还推出了一款超节水洗衣粉，独特的配方技术将衣服漂洗由以前的3次减少到2次，比普通产品节水30%。之后，立白又通过科技攻关，推出只需漂洗一次的"好爸爸洗衣露"，节水效果提升到50%。将"绿色健康"融入产品整个生命周期。

问题：从立白的产品创新中有哪些体会？

【训练要求】

同第1章"基本训练"中本题型的"训练要求"。

▲ 课程思政

【训练项目】

课程思政-Ⅴ。

【相关案例】

2023年央视"3·15晚会"，又见"香精大米"

背景与情境： 一年一度的"3·15消费者权益保护日"如约而至。"提振消费信心"，是2023年全国消协组织消费维权年的主题。今年央视"3·15晚会"再次曝光"泰国香米"竟然是香精勾兑出来的，（泰国茉莉香米）里面根本就没有泰国米，是国内本地种植的，用香精调出来的。在某品牌米业的库房里放着一堆堆加工好的大米，外包装上写着"泰子王"二代泰国香米。经记者调查发现，"泰子王"二代泰国香米实际上和泰国香米没有任何关系，该米就叫"泰子王"，只是一个牌子，只要往大米里滴几滴香精，就会散发出特有的香味，这样的大米一年能卖出 1 000 多吨。

资料来源　作者根据网络资料整理．

问题：

1）针对上述案例，分析存在哪些思政问题？

2）从产品策划的角度，如何看待本案例中香精大米事件？

【训练要求】

同第1章"基本训练"中本题型的"训练要求"。

□ 自主学习

【训练项目】

自主学习-Ⅲ。

【训练目的】

见本章"学习目标"中的"自主学习"。

【教学方法】

采用"学导教学法"和"研究教学法"。

【训练要求】

1）以班级小组为单位组建训练团队。

2）各团队依照本教材"附录三"的附表3中"自主学习"（中级）的"基本要求"和各技能点的"参照规范与标准"，确定长期学习目标，制订《自主学习计划》。

3）各团队实施《自主学习计划》，系统体验对本教材"附录一"的附表1"领域"中"自主学习"（中级）各技能点的"'知识准备'参照规范"所列知识和"文献综述"撰写规范的自主学习。

4）各团队以自主学习获得的"学习原理"、"学习策略"与"学习方法"知识为指导，通过院资料室、校图书馆和互联网，查阅和整理近3年以"产品策划"为主题的国内学术文献资料。

5）各团队以整理后的以"产品策划"为主题的文献资料为基础，撰写

《"产品策划"最新文献综述》。

6）总结上述各项体验，撰写作为"成果形式"的训练课业。

【成果形式】

训练课业：《"自主学习-Ⅲ"训练报告》

课业要求：

1）内容包括：训练团队成员与分工；训练过程；训练总结（包括对各项操作的成功与不足的简要分析说明）；附件。

2）将《自主学习计划》和《"产品策划"最新文献综述》作为《"自主学习-Ⅲ"训练报告》的附件。

3）《"产品策划"最新文献综述》应符合"文献综述"规范要求，做到事实清晰、论据充分、逻辑清晰。

4）结构与体例参照本教材"课业范例"的"范例综-4"。

5）在校园网的本课程平台上展示班级优秀训练课业，并将其纳入本课程的教学资源库。

单元考核

考核评价要求：同第1章"单元考核"的"考核评价要求"。

第6章
价格策划

学习目标

通过本章学习，应该达到以下目标：

理论目标： 学习和把握"价格策划"的相关概念、定价目标的组成、定价环境分析的主要内容与依据，竞争因素以及"同步链接""延伸阅读"等陈述性知识；能用其指导本章"基本训练"中"理论题"各题型的认知活动，正确解答相关问题；体验本章专业理论"初级学习"的横向正迁移，以及相关胜任力中"专业认知"要素的阶段性生成。

实务目标： 学习和把握定价目标策划，定价环境分析，定价方法策划，修订价格策划，调整价格策划，以及"业务链接"等程序性知识，并将"4Cs"融入学习过程中；能以其建构"价格策划"的规则意识，正确解析本章"同步思考"、"深度解析"、"深度思考"、"教学互动"和"基本训练"中"实务题"的相关问题；体验本章专业实务"初级学习"的横向正迁移，以及相关胜任力中"专业技术"要素的阶段性生成。

案例目标： 运用本章理论与实务知识研究相关案例，培养和提高在"价格策划"特定情境中的多元表征专业能力；结合本章教学内容，依照相关规范或标准，对"课程思政6-1"专栏和章后"课程思政－Ⅵ"等案例中的企业及其从业人员进行思政研判，促进"立德树人"根本任务的落实；体验本章不规则知识"高级学习"中专业知识、通用知识与思政元素的协同性重组迁移，以及相关胜任力中"认知弹性"要素的阶段性生成。

实训目标： 参加"'价格策划'知识应用"的实践训练。在了解和把握本实训所及"专业能力训练领域"各"'技术－技能'点"名称、操作"参照规范与标准"，"职业核心能力与职业道德领域"相关"技能点"和"素养点"的"规范与标准"，以及"指导准备"和"知识准备"基础上，通过"'价格策划'知识应用"各实训任务的完成，系列"技术－技能"操作的实施、《实训报告》的准备与撰写等有质量、有效率的活动，培养"'价格策划'知识应用"的专业能力，强化"信息处理""与人交流"、"与人合作"、"解决问题"和"革新创新"等职业核心能力（中级），并通过"认同级"践行"职业情感"、"职业态度"、"职业良心"、"职业作风"和"职业守则"等行为规范，促进健全职业人格的塑造；体验本章"实践学习"中"专能""通能""职业道德"元素的协同性"重组－产生"迁移，以及相关胜任力中"求知韧性"和"复合性技能"要素的阶段性生成。

引例　"四优四化"做强农业"特"字——乡村产业振兴看河南系列报道

　　背景与情境：党的二十大报告提出，发展乡村特色产业，拓宽农民增收致富渠道。河南省因地制宜大力发展特色产业，以"四优四化"为重点，强力推进优质花生、优质蔬菜、优质茶叶、优质食用菌、优质中药材、优质水产品等十大优势特色农业发展，助力农业提档升级，优势特色农业占农业总产值的57.8%，有力促进农民增收。

　　河南省农科院"四优四化"科技支撑行动计划优质蔬菜专项实施以来，河南新乡获嘉县的大白菜优势产区形成了春茬、夏秋茬和冬储"三季种植，四季有菜"的格局。省"四优四化"优质蔬菜专项任务负责人、省农科院园艺所副研究员王志勇介绍，通过黄板和杀虫灯诱虫、性诱剂捕杀、生物有机肥增施、水肥一体化、叶面微肥喷施等措施减施农药15%、减施化肥20%，实现年亩产值1.5万元以上。

　　2022年秋天，河南省驻马店市正阳县种粮大户黄磊种植的优质花生豫花37号，不仅扛住了花期高温、干旱、病害等多种不利因素的考验，产量和效益也不错。"1 000余亩全部种的是豫花37号花生，高油酸花生示范方亩产高出全省平均水平50千克，花生售价每千克高出普通花生1元至1.6元。"黄磊笑着说，"从俺的农场就可以看到农业供给侧结构性改革的成效。"

　　"四优四化"优质花生专项针对正阳花生标准化种植技术不完善等问题，推广夏播花生"一选四改"种植模式。"一选"就是选用早熟高油酸花生新品种豫花37号，"四改"就是改普通旋耕为深耕翻、改平播为宽幅起垄种植、改常规用肥为平衡施肥、改病虫草害粗放用药为精准防控。依托优质花生，正阳建设首个国家级花生现代化农业产业园。通过大力推广高产、优质、高油、多抗油料新品种，2021年全省高油酸花生种植发展到260万亩，优质花生种植发展到1 939万亩。

　　通过供给侧结构性改革实现农产品的质量的提升，使得农产品的定价跟随市场的需求水涨船高，农民得到了实惠，实现了增收致富。

　　资料来源　佚名. 深入学习贯彻党的二十大精神｜"四优四化"做强农业"特"字——乡村产业振兴看河南系列报道之一［N］. 河南日报，2022-11-27. 有删改.

　　价格策划是营销策划的重要组成部分，它与产品策划、促销策划和分销渠道策划既相互区别又紧密联系。4P组合策略具有系统性，价格策划不是孤立的，它与其他营销策略一样重要。本章将系统阐述制定价格、修订价格和调整价格的策划。

6.1　制定价格策划

　　市场营销由四个基本要素组成，即产品、促销、分销渠道和定价。企业通过前三个要素在市场中创造价值，通过定价从创造的价值中获取收益。在营销组合中，价格是能够给企业带来收入的唯一要素，其他要素只产生成本。价格也是最灵敏、最灵活的要素，它能够向市场传递企业所期望的价值定位。因此，价格策划直接决定了企业市场份额的大小和盈利水平的高低。随着营销环境的日益复杂，价格策划的难度越来越大，不仅要考虑成本补偿问题，而且要考虑消费者的接受能力和市场竞争状况。

学习微平台

微课 6-1

6.1.1 定价目标策划

企业应在明确目标的前提下制定价格。**定价目标**是指企业通过制定一定水平的价格，所要达到的预期目标。一般情况下，企业的定价目标有四个，即最大利润目标、合理利润目标、市场占有率目标和稳定价格目标。其中，最大利润目标与合理利润目标统称为利润目标。

利润目标是企业定价目标的重要组成部分。由于利润既是企业生存和发展的必要条件，也是企业经营的直接动力和最终目的，因此利润目标为大多数企业所采用。

学习微平台

学习宣传贯彻党的二十大精神之四

1）最大利润目标

最大利润是指企业在一定时期内可能并准备实现的最大利润总额。**最大利润目标**是指企业在一定时期内综合考虑各种因素之后，以总收入减去总成本的最大差额为基点，确定单位产品的价格，以获取最大利润的一种定价目标。

最大利润有长期最大利润和短期最大利润之分，还有单一产品最大利润和企业全部产品综合最大利润之别。一般而言，企业追求的应该是长期的、全部产品的综合最大利润，但是在现实中，企业通常会选择当期利润最大化、现金流最大化或投资回报率最高的价格。在竞争愈来愈激烈的市场上，企业想长期维持高价是很困难的，因为高价势必会受到各种限制，甚至是多方面的对抗行动，如消费需求的减少、替代品的盛行、政府的干预等。在特殊条件下，企业可以对部分产品制定较低的价格，甚至低于成本销售，以扩大影响、招徕顾客，带动其他产品的销售，进而实现整体效益最大化。

2）合理利润目标

合理利润目标是指企业在补偿社会平均成本的基础上，适当地加上一定量的利润作为产品价格，以获取合理利润的一种定价目标。企业采用合理利润目标的原因并不相同，有时是因为企业自身力量有限；有时是为了阻止激烈的市场竞争，以合理利润为目标可使产品价格不会太高；有时是为了协调投资者和消费者的关系，树立良好的企业形象。

采用合理利润目标确定的价格不仅可以使企业避免不必要的竞争，而且能够长期获得较为合理的利润。此外，由于价格适中，消费者愿意接受，政府也积极鼓励，因此这是一种兼顾企业利益和社会利益的定价目标。

3）市场占有率目标

市场占有率，又称市场份额，是指企业的销售额占整个行业销售额的百分比，或者某企业的某产品在某市场的销售量占同类产品在该市场销售总量的比重。市场占有率是企业经营状况和企业产品市场竞争能力的直接反映。

由于市场占有率与利润的关联性很强，因此企业常常将市场占有率作为定价目标。从长期来看，较高的市场占有率必然带来高利润。相关分析指出：当市场占有率在10%以下时，投资收益率大约为8%；当市场占有率在10%~20%时，投资收益率在14%以上；当市场占有率在20%~30%时，投资收益率约为22%；当市场占有率在30%~40%时，投资收益率约为24%；当市场占有率在40%以上时，投资收益率约为29%。因此，以市场占有率为定价目标具有获取长期较好利润的可能性。

市场占有率目标在运用时存在保持和扩大两个层次。保持市场占有率即根据竞争对手的价格水平不断调整价格，以保持竞争优势，防止竞争对手占有自己的市场份额。扩大市场占有率即从竞争对手那里夺取市场份额，以达到扩大企业的销售市场乃至控制整个市场的目的。

4）稳定价格目标

稳定的价格是大多数企业获得一定目标收益的必要条件，市场价格越稳定，经营风险就越小。稳定价格目标的实质是通过本企业产品的价格来左右整个市场价格，避免不必要的价格波动。采用稳定价格目标可以使市场价格在一个较长的时期内保持相对稳定，减少企业因价格竞争而产生的损失。

为了实现稳定价格目标，通常情况下是由那些拥有较高的市场占有率、经营实力较强或较具有竞争力和影响力的领导者先制定一个价格，其他企业的价格则与之保持一定的距离或比例关系。对大企业来说，这是一种稳妥的价格保护政策；对中小企业来说，由于大企业不会随便改变价格，竞争性减弱，其利润也可以得到保障。在钢铁、采矿、石油化工等行业，稳定价格目标得到了最广泛的应用。

由于各行业的情况不同，加之受到资源、企业规模和管理方法的约束，因此企业可从不同的角度选择自己的定价目标。不同行业的企业有不同的定价目标，同一行业的不同企业可能有不同的定价目标，同一企业在不同的时期、不同的市场条件下也可能有不同的定价目标，即使采用同一种定价目标，其定价策略、定价方法和技巧也可能不同。企业应根据自身的性质和特点，具体情况具体分析，权衡各种定价目标的利弊，灵活确定自己的定价目标。

同步思考6-1

问题：某汽车企业推出了一款家用中低档小轿车，采用哪种定价目标比较好？为什么？

理解要点：企业究竟采用何种定价目标，应对照定价目标的适用条件来回答，即首先将企业针对该款中低档小轿车的定价目标列出，然后与企业定价目标的适用条件进行对照。因为中低档小轿车面对的市场竞争非常激烈，同时，汽车企业出于分摊固定成本的考虑，必须降低经营风险以求生存，而提高市场占有率可以使产品的价格不会太高。因此，该汽车企业应采用市场占有率目标。

6.1.2 定价环境分析

经济学中的定价方法是以成本为导向的，市场营销策划中的定价方法是以市场为导向的，企业应全面分析市场需求、产品成本、竞争因素和其他因素。

1）市场需求

市场需求对企业产品的价格具有重要影响，价格制定受产品供给与需求的相互关系的影响。**需求弹性**是指因价格与收入等因素的变动而引起的需求的相应变动率。需求弹性具体包括需求价格弹性、需求收入弹性和需求交叉弹性。

（1）需求价格弹性

需求价格弹性是指需求量变动对价格变动的反应程度。当产品的市场需求大于供给时，价格可以定得高一些；当产品的市场需求小于供给时，价格可以定得低一些。反过来，价格变动影响市场需求总量，从而影响销售量，进而影响企业目标的实现。因此，企业制定价格时必须了解价格变动对市场需求的影响程度，而反映这种影响程度的一个指标就是产品的需求价格弹性系数。

所谓需求价格弹性系数，是指由于价格的相对变动而引起的需求相对变动的程度。需求价格弹性系数通常可用下式表示：

需求价格弹性系数=需求量变动百分比÷价格变动百分比　　　　　　　　　(6.1)

用 E_d 表示需求价格弹性，则其表现形式见表6-1。

表6-1　　　　　　　　　　　需求价格弹性表现形式一览表

数学表达式	特征	含义	表现形式	举措
$E_d=1$	单位弹性	需求量变动的比率等于价格变动的比率	产品价格的上升（下降）会引起该产品需求量等比例减少（增加）	采用市场价格
$E_d<1$	缺乏弹性	需求量变动的比率小于价格变动的比率	产品价格的上升（下降）会引起该产品需求量小幅度减少（增加）	高价
$E_d>1$	富有弹性	需求量变动的比率大于价格变动的比率	产品价格的上升（下降）会引起该产品需求量大幅度减少（增加）	薄利多销
$E_d=0$	完全无弹性	价格无论如何变动，需求量都不会变动	产品价格的上升（下降）不会引起该产品需求量的变化	高价

（2）需求收入弹性

需求收入弹性是指需求量变动对收入变动的反应程度。它是以收入为自变量、需求为因变量的弹性。用 E_m 表示需求收入弹性，则其表现形式见表6-2。

（3）需求交叉弹性

需求交叉弹性是指因一种产品价格变动而引起其他相关产品需求量相应变动的百分比。在实际生活中，许多产品的使用价值相互关联。如果两种产品共同满足一种欲望，则称它们为互补产品。如果两种产品可以互相代替满足同一种欲望，则称它们为替代产品。互补产品的价格与需求呈反向变动；替代产品的价格与需求呈正向变动。用E_{xy}表示需求交叉弹性，则其表现形式见表6-3。

表6-2   需求收入弹性表现形式一览表

数学表达式	特征	含义	表现形式
$E_m>1$	富有弹性	需求量变动的百分比大于收入变动的百分比	收入变动导致此类产品的需求量有更大幅度的变动
$E_m=1$	单位弹性	需求量变动的百分比等于收入变动的百分比	收入变动导致此类产品的需求量有同等幅度的变动
$0<E_m<1$	缺乏弹性	需求量变动的百分比小于收入变动的百分比	收入变动不会导致此类产品的需求量明显变动
$E_m=0$	无弹性	需求量不随收入的变动而变动	收入变动后，此类产品的需求量完全没有变动
$E_m<0$	负弹性	需求量与收入之间存在反方向变化的关系	收入增加后，此类产品的需求量反而减少

表6-3   需求交叉弹性表现形式一览表

数学表达式	特征	含义
$E_{xy}>0$	替代产品	一种产品的价格上升（下降）引起另一种产品的需求量上升（下降）
$E_{xy}<0$	互补产品	一种产品的价格上升（下降）引起另一种产品的需求量下降（上升）
$E_{xy}=0$	独立无关的产品	相关产品价格的变化不影响需求量

企业在制定价格时，不仅要考虑价格对产品需求量的影响，而且要考虑市场上相关产品价格对其产品需求量的影响。在产品线多、产品相关程度高的情况下，企业在制定价格时更要重视需求交叉弹性的影响。对于替代产品的定价，要能够兼顾各品种之间需求量的影响，选择适当的比价；对于互补产品的定价，应错落有致、高低分明，以一种产品需求的扩大带动另一种产品需求的增加，从而使销售量与盈利水平平稳增长。

2）产品成本

需求决定了企业制定价格的上限，成本则决定了企业制定价格的下限。企业的产品价格只有高于成本，才能补偿生产上的耗费，从而获得一定的盈利。

产品成本有两种形式，即固定成本和变动成本。固定成本是指不随产量或销售收入的变化而变动的成本；变动成本是指随着生产水平的变化而相应变化的成本。总成本是指一定产量水平所需的固定成本和变动成本之和；平均成本是指一定生产量下单位产品的成本。成本是构成价格的主要因素，企业在定价时，不应孤立地看待成本，而应将产量、销量、资金周转等因素综合起来考虑。

3）竞争因素

市场竞争也是影响企业制定价格的重要因素。按照竞争程度的不同，市场竞争可以分为完全竞争、不完全竞争与完全垄断三种情况。

（1）完全竞争

完全竞争是一种理想化的极端情况，也称自由竞争。在完全竞争条件下，买者和卖者都大量存在，产品都是同质的，不存在质量与功能上的差异，企业自由选择产品生产，买卖双方都能充分获得市场情报。在这种情况下，无论买方还是卖方，都无法对产品价格产生影响，只能在既定市场价格下从事生产和交易。

（2）不完全竞争

不完全竞争是现实中存在的典型的市场竞争状况，它介于完全竞争与完全垄断之间。在不完全竞争条件下，最少有两个以上的买者或卖者，少数买者或卖者对价格和交易数量起着较大的影响，买卖双方获得的市场信息是不充分的。因此，企业之间存在着一定程度的竞争。在这种情况下，企业的定价策略有较大的回旋余地，既要考虑竞争对手的定价策略，也要考虑本企业的定价策略对竞争态势的影响。

（3）完全垄断

完全垄断是指一种产品的供应完全由独家控制，形成独占市场。在完全垄断条件下，产品的交易数量与价格由垄断者单方面决定。完全垄断在现实中也很少见。

企业的定价策略会受到市场竞争状况的影响。完全竞争与完全垄断是竞争的两个极端，中间状况是不完全竞争。在不完全竞争条件下，竞争的强度对企业的价格策略有很大影响。所以，企业首先要了解、分析本企业在竞争中所处的地位；然后要了解竞争对手的价格策略，以及竞争对手的实力；最后应对竞争对手的反应做出判断，从而制定出相应的对策。

4）其他因素

企业在制定价格时，还会受到其他多种因素的影响，如政府干预、消费者心理和习惯、企业或产品形象等。

（1）政府干预

政府为了维护经济秩序，或出于其他目的，可通过立法或者其他途径对企业的定价策略进行干预。政府干预包括规定毛利率、规定最高或最低限价、限制价格的浮动幅度、实行价格补贴等。

（2）消费者心理和习惯

在现实生活中，很多消费者存在"一分钱一分货"的观念。消费者在货比三家时，常常从价格上判断产品的好坏，凭经验把价格同产品的使用价值挂钩。消费者心理和习惯上的反应是很复杂的，在某些情况下还会出现完全不同的反应。因此，在研究消费者心理和习惯对定价的影响时，要持谨慎态度，仔细了解消费者心理和习惯的变化规律。

（3）企业或产品形象

根据经营理念和企业形象设计的要求，企业需要制定不同的产品价格。如果企业要树立热心公益事业的形象，则会将某些有关公益事业的产品的价格定得较低；如果企业要塑造贵族化的品牌形象，则会将产品的价格定得较高。

5）新兴经济形态和新技术的融合产生的影响

新兴经济形态（如知识经济、数字经济、服务经济、体验经济、共享经济等）与5G、人工智能、生物技术、大数据、云计算、物联网和智能移动终端App等新技术的融合，给营销中的价格策划带来了多方面的变化。

（1）个性化定价。基于大数据和人工智能的分析，企业能够更好地了解每位消费者的需求和购买行为。这使得个性化定价成为可能，即根据个体消费者的特征、偏好和历史行为来制定价格策略。这有助于提高销售和满足消费者需求。

（2）动态定价。利用实时数据和分析，企业可以实施动态定价策略。价格可以根据市场需求、竞争情况和供应链状况进行自动调整。这有助于优化价格，确保竞争力和利润最大化。

（3）定价透明度。互联网和移动应用提供了更多的价格信息和比较工具，消费者能够更容易地比较不同产品和品牌的价格。因此，企业需要制定更透明和更具竞争力的价格策略，以吸引和保留消费者。

（4）包装和定价捆绑。通过数字化渠道，企业可以更容易地提供产品和服务的包装和捆绑，吸引消费者购买多个相关的项目。这种策略可以增加交叉销售和增值服务的机会。

（5）实时促销和折扣。数字渠道和移动应用允许企业进行实时促销和折扣，以吸引更多的消费者。这种实时互动可以更好地应对市场波动和消费者需求的变化。

（6）预测分析。利用大数据和人工智能，企业可以更好地预测市场趋势和消费者需求。这使得它们能够提前调整价格策略，以满足市场的需求，减少库存过剩或供不应求的情况。

（7）定价创新。新兴技术和新的经济形态带来了价格策划的创新机会。例如，在共享经济中，动态定价和共享资源的模式为企业提供了新的收入来源和价格策略。同样，在服务经济中，订阅模式和按需付费模式也改变了定价方式。

（8）品牌建设和价值定价。品牌在新兴经济形态下变得更为重要，因为消费者在选择产品和服务时更加关注品牌的声誉和价值。因此，企业可以采用价值定价策略，将产品和服务的价格与品牌的价值和知名度相关联。

总之，新兴经济形态和新技术的融合为价格策划带来了更多的灵活性和创新机会。价格策略要更具透明性、个性化和实时性，以适应不断变化的市场和消费者需求，同时也需要更强调品牌价值和消费者体验。

业务链接6-1

矿泉水中的奢侈品

依云矿泉水定位为高端水品牌，被称为矿泉水中的奢侈品。清晰的价格定位让依云的消费人群自然划分。

那么，依云是如何将一瓶水卖出奢侈品的味道呢？

第一，时尚前卫的外观设计。依云每年都会推出一款与时尚品牌联名的限量版矿泉水瓶，如2016年的限量瓶为依云×Alexander Wang，2019年的限量瓶为依云×Off-White，每次都能轰动时尚界和杂志界。一瓶限量版的依云矿泉水，官方定价一度卖到99美元，甚至还有黄牛炒卖，这让消费者感觉喝的不是水，而是艺术品。

第二，自带贵族气息的品牌故事。不同于其他矿泉水品牌，依云不讲自身水质多么好，成本多么高，而是讲了一个流传了200多年的故事。1789年的夏天，一位法国贵族患上了肾结石，就靠喝依云小镇源自Cachat绅士花园的泉水，竟然奇迹般痊愈了。于是一传十、十传百，普通的泉水被笼罩上"神水""圣水"的光环，镇里镇外的人都抢着来尝鲜。医生也将它列入药方，就连皇室贵族都成了依云水的粉丝。这个传奇故事让依云成了"高大上"的代名词。

第三，高端生活方式的标签。在小红书等平台，各种高级瓶装水是小姐姐们最爱晒的单品之一，其中就有依云的影子。依云还是影视剧里高精尖人群的"座上宾"，如电视剧《欢乐颂》里的精英人设安迪，只要她随手打开一瓶依云自然地喝下，不需要额外说明，观众就会自动脑补依云水背后传达的高端身份、品位等信息。

资料来源 Yan. 依云如何将一瓶水卖出奢侈品的味道？[EB/OL]. [2019-10-27]. https://www.digitaling.com/articles/245398.html. 有删改.

6.1.3 定价方法策划

在全面分析市场需求、产品成本、竞争因素和其他因素之后，企业就可以选择不同的方法来确定产品价格了。企业的定价方法主要有成本导向定价法、需求导向定价法和竞争导向定价法三种。

1）成本导向定价法

成本导向定价法是指以产品的单位成本为定价基础，再加上预期利润来确定价格的方法。成本是企业在生产经营的过程中发生的实际耗费，客观上要求通过产品的销售得到补偿。成本导向定价法是企业最常用、最基本的定价方法。成本导向定价法又包括成本加成定价法和目标收益定价法两种。

（1）成本加成定价法

成本加成定价法是指把所有为生产某种产品而发生的耗费均计入成本的范围，计算单位产品的变动成本，合理分摊相应的固定成本，再按照一定的成本利润率来制定价格的方法。其计算公式为：

单位产品价格=单位产品总成本×（1+成本利润率）　　　　　　　　　　　（6.2）

成本加成定价法计算简便，但是如何确定合理的成本利润率是一个关键问题，成本利润率的确定必须考虑市场环境、行业特点等多种因素。成本加成定价法广泛应用于租赁业、建筑业、服务业、科研项目投资等领域。

（2）目标收益定价法

目标收益定价法是指根据企业的投资回报率、预期销售量和投资总额等因素来确定产品价格的方法。目标收益定价法是从保证生产者利益的角度出发制定价格，其计算公式为：

单位产品价格=单位产品总成本+投资回报率×投资总额÷预期销售量　　　（6.3）

目标收益定价法适用于需求比较稳定的大型制造业、供不应求且价格弹性小的产品、市场占有率高且具有垄断性的产品，以及劳务工程和服务项目等。

深度剖析6-1

背景资料：消费者在买东西讨价还价的时候，老板总说还到本里了，意思是说你的出价低于他的成本了，其实我们并不知道他的产品成本。

问题：我们该相信老板的定价是基于购买成本、营销和运营成本以及利润之后的成本导向定价吗？

解析与讨论：

尽管消费者并不知道成本是多少，无从判断他的定价是否合理，但其实成本导向定价法中，除了成本加成定价法和目标收益定价法外，还有：

A.盈亏平衡定价法。这是指根据盈亏平衡点原理进行定价。盈亏平衡点又称保本点，是指在一定价格水平下，企业的销售收入刚好与同期发生的费用相等，收支相抵、不盈不亏时的销售量，或在一定销售量前提下，使收支相抵的价格。

B.投资回收定价法。企业开发产品和增加服务项目要投入一笔数目较大的资金，且在投资决策时总有一个预期的投资回收期，为确保投资按期收回并赚取利润，企业要根据产品成本和预期的产量，确定一个能实现市场营销目标的价格。这个价格不仅包括在投资回收期内单位产品应摊销的投资额，也包括单位产品的成本费用。利用投资回收定价法必须注意产品销量和服务设施的利用率。

2）需求导向定价法

需求导向定价法是指以市场需求状况和消费者心理为定价依据来确定产品价格的方法，又称市场导向定价法。其特点是能够灵活、有效地运用价格差异，使平均成本相同的同一产品的价格随着市场需求的变化而变化，且不与成本因素发生直接关系。随着买方市场的形成，市场价格的主导者已经不是企业，而是消费者。需求导向定价法主要包括感知价值定价法、需求差异定价法和逆向定价法。

（1）感知价值定价法

感知价值是指消费者对某种产品价值的主观评判，也称认知价值。感知价值定价法是指以消费者对产品价值的理解为依据确定价格的方法。

运用感知价值定价法的关键是获得消费者对有关产品价值理解的准确资料，否则就会出现定价过高或过低的情况。因此，企业必须通过广泛的市场调研，了解消费者的需求偏好，根据产品的性能、用途、质量、品牌、服务等要素，判定消费者对产品的感知价值，确定消费者是价格型购买者还是价值型购买者，抑或是忠诚型购买者，再制定产品价格。

（2）需求差异定价法

需求差异定价法是指产品价格的确定以消费者需求的不同特性为依据，对同一产品在同一市场上制定两个或两个以上价格的方法。这种产品价格之间的差异反映了产品需求弹性的差异，并不反映产品成本的差异。需求差异定价法的优点是可以使企业产品的定价最大限度地符合市场需求，促进产品销售，有利于企业获取最佳的经济效益。根据需求特性的不同，需求差异定价法还可以分为以顾客为基础的差别定价、以地点为基础的差别定价、以时间为基础的差别定价、以产品为基础的差别定价、以流转环节为基础的差别定价、以交易条件为基础的差别定价六种形式。

运用需求差异定价法必须具备一定的条件：第一，从购买者方面来说，市场必须能够被细分，购买者对产品的需求存在明显的差异，价格差异不会导致购买者的反感。第二，从产品方面来说，各个市场之间是分割的，低价市场的产品无法向高价市场转移。第三，从企业方面来说，价格差异不会对企业形象造成负面影响。

（3）逆向定价法

逆向定价法是指重点依据需求状况来确定价格的方法。该方法依据消费者能够接受的最终销售价格，逆向推算出中间商的批发价和生产企业的出厂价。采用逆向定价法制定的价格能够反映市场需求情况，有利于维护企业与中间商的良好关系，保证中间商的正常利润，使产品迅速向市场渗透和拓展，并可根据市场供求情况及时调整产品，运作方式也较为灵活。

3）竞争导向定价法

在买方市场条件下，同行业企业之间的竞争愈来愈激烈。**竞争导向定价法是指企业通过研究竞争对手的生产条件、服务状况、价格水平等因素，依据自身的相关情况来确定产品价格的方法。**这种定价方法与产品的成本和需求不发生直接关系，如果产品成本或市场需求变化了，只要竞争者的价格未变，企业就应维持原价；如果产品成本或需求没有变动，但竞争者的价格变动了，企业也应调整其产品价格。竞争导向定价法主要包括随行就市定价法、产品差别定价法和投标定价法三种。

（1）随行就市定价法

任何一家企业都无法凭借自己的实力在市场上取得绝对的优势，为了避免竞争，特别是价格竞争带来的损失，大多数企业都采用随行就市定价法，即企业的产品价格基于竞争对手的价格来制定，保持在市场平均价格水平上的定价方法。采用随行就市定价法，企业产品的价格可能与其主要竞争对手产品的价格相同，也可能高于或低于竞争对手产品的价格。在完全竞争条件下，各个企业都无权决定产品价格，通过对市场的无数次试探，各个企业之间取得了一种默契，从而将产品价格保持在一定的水平上。在垄断竞争条件下，各个企业采用相同的价格，规模较小的企业追随定价或参考定价。

（2）产品差别定价法

产品差别定价法是指企业通过各种途径，使同种同质的产品在消费者心中树立起不同的产品形象，进而选取低于或高于竞争对手的价格作为本企业产品价格的方法。产品差别定价法的运用要求企业必须具备一定的实力，在某一行业或某一区域市场占有较高的市场份额，消费者能够将企业产品与企业本身联系起来。在产品质量大体相同的条件下实行差别定价是有限的，尤其是对定位为"质优价高"形象的企业来说，其必须在广告、包装和售后服务方面支付较高的费用。

同步思考6-2

问题：在某一线城市白领聚集的地区新开设了一家餐馆，该餐馆应采用哪种定价方法？为什么？

理解要点：该餐馆应采用哪种定价方法，应对照定价方法的适用条件来回答。一是餐馆所在区域为一线城市白领聚集地区，顾客具备一定的消费能力；二是餐饮产品的需求价格弹性较小；三是在一线城市白领聚集地区，餐饮行业的竞争较为激烈。因此，在一线城市白领聚集地区新开设的这家餐馆应采用随行就市定价法，同时要打造产品的品牌化、特色化、差异化。

（3）投标定价法

投标定价法是指由招标方出示标的物，投标方在相互独立的条件下投标竞争产生标的物的最终成交价格的方法。随着互联网的发展，投标定价法的应用越来越广泛，既有密封投标法，也有在线拍卖法等。投标定价法一方面可以使企业低价采购到满意的产品和服务；另一方面可以帮助企业处理积压的产品或二手货物。

① 密封投标法。招标方只有一个，而投标方有多个，各个投标方之间是竞争关系。标的物的价格由参与投标的各个企业在相互独立的条件下确定。在买方招标的所有投标者中，报价最低的投标者通常中标，它的报价就是承包价格。

② 在线拍卖法。这是通过互联网技术实现的网上竞价购买行为。卖家发布产品信息，对交易的产品及交易规则进行详细描述，并设定条件（如交易的方式、底价或者加价幅度等），买家通过在线公开竞价购买，在限定的时间内，以可接受的价格买下拍卖产品，出价最高者成交。在线拍卖能帮助买卖双方快速、经济、安全地达成产品交易，将库存产品快速变现。

6.2　修订价格策划

企业通常不会制定单一的价格，而是通过完善的价格体系来反映不同领域的产品客观存在的差异。企业在制定产品价格时，既受市场上各种环境因素的影响，也受企业内部生产经营情况的影响，因此对价格进行修订也是一项常规工作。例如，企业在推出新产品时，因为市场定位不同，或者企业政策调整，所以需要采用全新的价格体系。修订价格的方法较多，常见的有新产品定价策略、地区性定价策略、心理定价策略、折扣定价策略、促销定价策略、产品组合定价策略、歧视性定价策略等。

6.2.1　新产品定价策略

企业在推出新产品时，必须为新产品制定出合适的价格。新产品定价的难点在于无法确定消费者对新产品的理解价值。假如定价高于消费者的心理预期，则新产品难以被消费者接受，也必然影响新产品顺利进入市场；假如定价低于消费者的心理预期，则虽然消费者乐于接受，却不利于提高企业的经济效益。常见的新产品定价策略有撇脂定价和渗透定价两种。

1）撇脂定价

撇脂定价是指在新产品上市之初，将新产品价格定得较高，在短期内获取丰厚利润，以期尽快收回投资的策略。这一定价策略就像从牛奶中撇取其中所含的奶油一样，取其精华，所以称为撇脂定价。该定价策略适用于全新产品、受专利保护的产品、需求价格弹性小的产品、未来市场形势难以预测的产品等，一些生命周期短、更新换代速度快的产品，如时装、手机、时尚用品、IT产品等，也可以采用撇脂定价策略。由于新产品对消费者来说是陌生的，消费者很难判断产品的价值，因此企业从一开始便借助低价来刺激需求常常不能奏效。例如，当英特尔公司开发出一种电脑芯片时，如果该芯片明显优于竞争对手的芯片，英特尔就会为该芯片制定最高的价格；当销售量下降时，或者当受到竞争对手开发出类似芯片的威胁时，英特尔就会降低该芯片的价格，以便吸引对价格敏感的消费者。

在新产品上市之初，消费者对新产品尚无理性的认识，此时采用高价策略，企业可以迅速收回投资，从而减少了投资风险。同时，在新产品进入成熟期后，企业也可以拥有较大的调价余地。我们也应看到，高价产品的需求规模毕竟有限，撇脂定价是一种追求短期利润最大化的定价策略，过高的价格不利于市场开拓、增加销量，也不利于占领和稳定市场，甚至会导致竞争者大量涌入，从而影响企业的长远发展。因此，在实践中，特别是在消费者日益成熟、购买行为日趋理性的今天，采用这一定价策略必须谨慎。此外，随着同类产品的增多以及竞争对手的出现，企业应酌情逐步降低产品价格，以保证自己的市场份额。

深度思考6-1

疑点：撇脂定价是很多学习过市场营销的人们都听说过的一种对新产品进行定价的方法，但是，是不是所有的新产品都可以运用这种方法呢？

释疑提示：撇脂定价法不适用于所有产品或市场情境。它侧重于建立初期高利润，因此可能会限制市场份额的增长，特别是在竞争激烈的市场中。企业在选择定价策略时，应根据产品、市场、竞争和目标消费者的特点进行仔细评估和决策。一般而言，对于目标消费者对价格不是很敏感但希望立即获得的全新产品、受专利保护的产品、需求价格弹性小的产品、流行产品、未来市场形势难以测定的产品等，可以采用撇脂定价策略。

2）渗透定价

渗透定价是指在新产品上市之初将价格定得较低，以吸引大量的购买者，迅速占领市场的策略。它是与撇脂定价相反的一种定价策略。该定价策略一般适用于那些实行低价能够带来销量提高的产品，或是随着销量的提高会导致成本下降的产品，如日常生活必需品中的食品、低值易耗的牙刷和牙膏等。

业务链接6-2

渗透定价的适用条件

第一，市场必须对价格高度敏感，低价格能促进销售量的提高；第二，生产和销售成本必须随着销售量的增加而减少；第三，低价能帮助企业排除竞争对手，否则价格优势只能是暂时的。

采用渗透定价的企业只能获取微利，但是低价可以使产品尽快为市场所接受，有利于企业降低成本，并获得长期稳定的市场地位；同时，微利阻止了竞争对手的进入，增强了企业的市场竞争力。

对企业来说，采用撇脂定价或渗透定价各有利弊，需要综合考虑市场需求、竞争、供给、市场潜力、价格弹性、产品特性、企业发展战略等因素。在实际操作中，企业应突破理论上的限制，凭借对选定的目标市场的了解与掌控，在科学分析的基础上制定价格。

业务链接6-3

对撇脂定价与渗透定价的思考

传统观点认为：产品的价格越高，销量越小；相反，价格越低，销量越大。所以，有些企业为了追求销量，一味地强调低价。

其实，如果将产品价格定在高价位区间，只要企业追求的销量与市场相匹配，那么撇脂定价也是很好的选择。此时，竞争对手非常明确，数量也较少。只要定价策略运用得当，企业就可以占有一席之地，获得一定的市场空间。

如果将产品价格定在低价位区间，注定是同质化的产品，看似市场容量大，但是后期竞争也同样激烈，这时候就要做好打价格战的心理准备。

定价对产品的成功推广十分重要。有人说：先定位，后定价，定价定天下。这个观点需要营销者充分重视。

同步案例 6-1

五菱宏光 MINI 热销

背景与情境：五菱宏光一直是低端商用车的代表，主要针对国内下沉市场，价格亲民，被誉为"国民神车"。但因其较强的商用属性和性价比特征，消费群体相对狭窄，品牌传递给消费者的形象更多是耐用、低端。

2020 年 7 月，五菱宏光上市一款 4 座纯电动汽车——五菱宏光 MINI，定位为城市代步车，售价 2.88 万 ~ 3.88 万元。与常规廉价代步车沦为老年代步车不同，五菱宏光 MINI 的主要购买群体为 40 岁以下的中青年阶层，20 ~ 30 岁群体的比例达到 30%。

对中青年群体来说，拥有一台不需要摇号、可以上绿牌、价格低廉、停车方便的微型车确实很有必要。五菱宏光 MINI 不仅能够满足消费者的这些需求，而且做到了品质优秀、安全性高、售后有保障，从而建立起了消费者的购买信心。

五菱宏光 MINI 在市场上的表现也不负所望，销量一路攀升。

资料来源　佚名. 五菱宏光 MINI 的热销，给了市场什么启示？[EB/OL]. [2020-10-27]. https://www.sohu.com/a/427704360_140469. 有删改.

问题：五菱宏光 MINI 针对城市多功能车市场采取了何种定价策略？其定价主要考虑了哪些影响因素？

分析提示：五菱宏光 MINI 针对城市多功能车市场采取了渗透定价策略。其定价主要考虑了需求、竞争、成本等因素。

6.2.2　地区性定价策略

地区性定价策略是指由于消费者所在的地理位置距离企业的远近不同，企业根据是否需要增加运费负担而采取的一种定价策略。地区性定价策略的形式见表 6-4。

表 6-4　　　　　　　　　　地区性定价策略的形式

序号	定价方法	定价形式	适用范围
1	产地定价	以产地价格或出厂价格为标准，运费完全由买方负担	一切企业
2	统一运送定价	运费含在价格中，不论运输距离远近，所加费用都相同	运费在变动成本中所占比重较小的产品
3	分区运送定价	将市场划分为几个大的区域，同一区域内实行统一定价，不同区域确定的运费标准不同	消费品企业
4	津贴运费定价	给一部分或全部运费补贴，以减轻较远买主的运费负担	工业品企业
5	基点定价	以某些城市为基点，每一基点的价格即产地价格，顾客只负担从基点到自身所在地的运费	销售覆盖区域有限的企业

6.2.3　心理定价策略

心理定价策略是指根据消费者的消费心理来确定价格的一种定价策略。心理定价策略主要包括尾数定价或整数定价、声望定价、习惯性定价。

1）尾数定价或整数定价

许多产品的价格，宁可定为0.98元或0.99元，而不定为1元，这是适应消费者购买心理的一种取舍，尾数定价会使消费者产生一种"价廉"的错觉，比定为1元的反应积极，有利于促进销售。相反，有的产品不定为9.8元，而定为10元，同样是为了使消费者产生一种错觉，迎合了消费者"便宜无好货，好货不便宜"的心理。

2）声望定价

采用此种定价方法有两个目的：一是提高产品的形象，以价格说明产品名贵优质；二是迎合了消费者仰慕名牌产品的消费心理。

3）习惯性定价

某种产品由于同类产品多，因此在市场上形成了一种习惯价格，个别生产者难以改变这种价格。降价易引起消费者对产品品质的怀疑，涨价则可能受到消费者的抵制，这时就可以采用习惯性定价。

同步案例6-2

节日到，茅台俏

背景与情境：临近2020年中秋、国庆双节，高端白酒迎来了一波价格高涨。北京地区的茅台酒批发商表示，53度飞天茅台整箱批发价报2 850元/瓶，散装2 570元/瓶。北京地区部分烟酒零售店的报价甚至超过3 000元/瓶。"最近几个月茅台酒的价格一直在涨，平均每周涨幅可达50元，比2019年中秋、国庆的价格还高。"北京一位茅台酒经销商透露，"之后肯定还会涨"。

高端白酒的人情往来需求在2020年年初已充分释放，从第二季度开始，飞天茅台的批发价持续走高，并突破2019年历史新高，茅台酒与其他高端白酒整体上处于供不应求的状态。

近10年来，茅台酒的价格一直呈飙升态势。从营销的角度来讲，茅台酒连年涨价，无疑是其营销的"点睛之笔"。

资料来源　佚名. 中秋国庆白酒销售旺季来临，茅台价格创新高超2 800元/瓶［EB/OL］.［2020-09-07］. https：//baijiahao.baidu.com/s？id=1677174399583929797&wfr=spider&for=pc. 有删改.

问题：茅台酒采取了何种定价策略？其定价主要考虑了哪些影响因素？

分析提示：茅台酒采用的定价策略有撇脂定价、声望定价等方法。其定价主要考虑了需求、竞争、心理等因素。茅台酒具有两个特性：一是典型的稀缺性，基于特殊的气候、土壤环境、微生物要求，茅台酒只能在特定区域生产，所以茅台酒每年的产量是一定的，这造成了产品在市场上的稀缺性，形成了事实上的类奢侈品营销效果。二是中国酒文化的突出代表，中国人将酒作为一种交际的手段，出现了"喝的不买，买的不喝"这种奇怪的现象，那些不喝茅台酒的人将茅台酒的高端品牌形象推向了极致。

6.2.4　折扣定价策略

折扣定价策略是指对基本价格做出一定的让步，直接或间接降低价格，以争取顾客、扩大销量的一种定价策略。折扣定价包括直接折扣定价和间接折扣定价两种。

直接折扣的形式包括数量折扣、现金折扣、功能折扣、季节折扣四种，见表 6-5。

表6-5　　　　　　　　　　　　　　直接折扣策略一览表

序号	折扣形式	折扣依据	目的	难点
1	数量折扣	采购数量	鼓励大批量购买，以促进销售	折扣标准和折扣比例的确定
2	现金折扣	付款方式	鼓励尽早付款，以加速资金周转，降低财务风险	折扣比例的确定；给予折扣的时间限制；付清全部货款的期限
3	功能折扣	分销环节	鼓励中间商大批量订货，或对中间商进行补偿；与中间商建立长期、稳定、良好的合作关系	中间商在分销渠道中的地位；生产企业在产品销售中的地位
4	季节折扣	消费淡旺季	使企业的生产和销售保持相对稳定，以减少库存，迅速收回资金	折扣比例的确定

间接折扣的形式主要有回扣和津贴两种。回扣是指购买者按价格目录将货款全部付给销售者以后，销售者再按一定比例将货款的一部分返还给购买者。津贴是指企业为特殊目的，对特殊顾客以特定形式给予的价格补贴或其他补贴。例如，当中间商为企业产品提供了刊登地方性广告、设置样品陈列等多种促销活动时，生产企业应给予中间商一定数额的资助或补贴。此外，开展以旧换新业务，将旧货折算成一定的价格，在新产品的价格中扣除，顾客仅支付余额，以刺激消费需求、促进产品的更新换代，也属于津贴的形式。

折扣定价策略的多样化形式，大大增强了企业定价的灵活性，对提高企业收益和利润具有重要作用。

6.2.5　促销定价策略

促销定价策略是指企业以降低产品价格为手段来促进产品销售的一种定价策略。其主要方法见表 6-6。

表6-6　　　　　　　　　　　　促销定价策略一览表

序号	定价方法	定价形式	目的
1	特价品定价	通过降低价格来刺激产品销售	因增加销量而提高的收益高于销售特价品而减少的收益
2	特殊事件定价	在特定的时期举办大减价活动	吸引更多的顾客
3	现金回扣	在不降低产品价格的情况下，鼓励在某个时间内购买企业的产品	实现清仓
4	延长还款期	延长消费者还款的期限	降低每月的还款额
5	担保和维修合同	增加免费或低成本维修条款	刺激销售

促销是企业营销策划活动中一种常用的手段，促销定价一旦获得成功，竞争对手就会争相仿效，此时企业必须采用新的定价策略。

6.2.6　产品组合定价策略

产品组合定价策略是指处理本企业各种产品之间价格关系的一种定价策略。它包括系列产品定价策略、互补产品定价策略和成套产品定价策略。

系列产品定价策略是指将系列产品中价格弹性大的产品定低价、价格弹性小的产品定高价的定价策略。互补产品定价策略是指将互补产品中的基本产品定低价、配套产品定高价的定价策略。成套产品定价策略是指以低于单个出售的价格将互相关联、互相配套的产品按套出售，以吸引顾客成套购买，从而扩大销售、增加利润的定价策略。

企业往往销售多种产品，在通常情况下，企业的一系列产品之间是相互影响的。企业如果希望获取最大的利润，就必须考虑一种产品的销售对其他产品的销售产生的影响。

一种产品的销售对其他产品的销售可能产生有利影响，也可能产生不利影响。如果产生的是不利影响，则这两种产品为替代关系。如果一种产品的销售会促进另一种产品的销售，则这两种产品为互补关系。因此，企业在定价时，常常使用产品组合定价策略。产品组合定价一般是对相关产品按一定的综合毛利率联合定价。对于互替产品，企业可适当提高畅销品的价格，降低滞销品的价格，以扩大后者的销售，使两者的销售相互得益，从而增加企业的总利润。对于互补产品，企业可有意识地降低购买率低、需求价格弹性大的产品的价格，同时提高购买率高、需求价格弹性小的产品的价格，这样会取得各种产品的销售量同时增加的良好效果。产品组合定价策略见表6-7。

表6-7　　　　　　　　　　产品组合定价策略一览表

序号	定价方法	定价形式	适用范围
1	产品线定价法	企业利用价格点来区分产品线中的产品，销售商的任务是建立能够为价格差异提供依据的感知质量差异	产品线中产品的价格点界线明晰
2	备选产品定价法	除主要产品外，企业还提供备选产品。企业必须确定主要产品价格、备选产品价格中分别包括哪些项目	汽车、大型设备等
3	配件产品定价法	需要配套使用的产品，产品本身定价较低，而配件产品的定价较高，如打印机与墨盒	需要配套使用的产品等
4	副产品定价法	生产加工有副产品时，副产品可以依据其对顾客的价值定价。例如，牛肉类产品在加工时除了有牛肉之外，还有牛心、牛舌、牛肚等，对这些副产品的定价可高一些	鲜活商品、化工类产品等
5	产品束定价法	把产品捆绑在一起组成产品束，企业同时提供产品束和单个产品，产品束中每个产品的价格低于产品单独销售的价格	球类联赛的门票、交通类月票等

教学互动 6-1

背景资料：老字号，是在历史中孕育的"金字招牌"，历史悠久，拥有世代传承的独特产品、技艺和服务，具有鲜明的中华优秀传统文化特色和深厚的历史文化底蕴，已成为百姓"日用而不觉"的一部分。

互动问题：以某一中华老字号品牌为例，该如何结合产品文化特色，进行不同的价格策划呢？

要求：同"教学互动1-1"的"要求"。

6.2.7　歧视性定价策略

歧视性定价策略是指企业根据不同顾客、不同时间和场所来调整产品价格，实行差别定价，即对同一产品或劳务制定出两种或多种价格的定价策略。

1）歧视性定价的形式

歧视性定价不反映成本的变化，主要有以下四种形式：

（1）对不同的顾客群制定不同的价格。

（2）对不同的品种、式样制定不同的价格。

（3）对不同的部位制定不同的价格。

（4）对不同的时间制定不同的价格。

2）实行歧视性定价策略的前提条件

（1）企业是价格的制定者，而不是价格的接受者。

（2）市场必须是可以细分的，且各个细分市场的需求强度是不同的。

（3）产品不可转手倒卖。

（4）高价市场上不能有竞争者削价竞销。

（5）不能违法。

（6）不能引起顾客的反感。

6.3　调整价格策划

产品价格确定以后，由于客观环境和市场情况的变化，企业还会对价格进行调整。由于价格是一个极其敏感的因素，因此价格的任何调整都可能引起消费者、经销商、竞争对手等各方面的关注。

6.3.1　主动调整价格的策划

1）发动降价

（1）发动降价的前提条件

一是企业的生产能力过剩，库存积压严重，市场供过于求，企业以降价来刺激市场需求。二是面对竞争对手的"削价战"，企业如果不降价，将会失去顾客或降低市场份额。三是科技进步，劳动生产率不断提高，生产成本逐步下降，其市场价格也应下降。

通过降价，企业可以达到一定的目的。例如，通过降价提高市场占有率，以居于市场的支配地位；或者通过降价来促进产品的销售，从而降低成本。但是在发动降价之前，企业也必须考虑到可能出现的被动局面：一是消费者认为低价意味着低质量；二是低价不能带来市场忠诚度，消费者随时会转向购买价格更低的产品；三是引起价格高的竞争对手降价，因竞争对手的实力雄厚而对企业自身造成威胁。

（2）发动降价的策略选择

① 间接降价。间接降价就是暗降，即在价格不变的同时，在产品的数量、包装等方面给予优惠。这有助于维护企业品牌的形象，保住已有的市场份额。间接降价的方式有增加产品的附加服务、给予折扣或津贴、给予实物馈赠和退还部分货款等。

② 直接降价。直接降价也称明降，即直接降低产品价格。企业实施降价的目的是占据市场竞争的相对优势地位，提高市场占有率。运用暗降的策略只能实现较小幅度的降价，很难快速提高市场占有率，所以一些企业会选择直接降价的策略，但是这很容易引发价格战，造成过度竞争。

（3）发动降价的注意事项

降价对企业来说具有一定的风险。所以，企业要掌握好降价的时机与幅度。

①降价的时机。不同产品的降价时机不同，如日用品选择在节日前后降价，季节性产品选择在季节更替之时降价。

②降价的幅度。降价的幅度一般不宜过大，尽量一次降到位，切不可出现价格不断下降的情况，以免导致消费者持币待购。尤其是选择明降策略时，最好一

次降到底，使竞争对手无法跟进，否则将达不到预期的促销目的。

2）发动提价

提价能够为企业带来较丰厚的利润，但是提价一般会遭到消费者和经销商的反对，甚至会使企业丧失竞争优势。

（1）发动提价的前提条件

在许多情况下，企业将面对不得不提高价格的现状：

① 通货膨胀。物价普遍上涨，企业的生产成本必然增加，为了保证利润，企业不得不提价。企业提价的幅度往往高于成本增加的幅度，这种做法称为预期性提价。

② 产品供不应求。一方面，买方之间展开了激烈竞争，争夺货源，这为企业提价创造了有利条件；另一方面，可以抑制需求过快增长，保持供求平衡。

③ 竞争对手提价。市场定位一致或相近的企业，在竞争对手提价时，往往会跟风提价，以维护品牌形象，满足目标顾客的心理需求。

（2）发动提价的策略选择

① 直接提价。这也称为明涨，即直接提高产品价格，而其他条件不发生任何变化。

② 间接提价。这也称为暗涨，即企业采取一定的方法使产品价格表面保持不变，但实际上是隐性上升的。其方式有减少服务、减少折扣、取消优惠条件等。

（3）发动提价的注意事项

一般而言，降价容易涨价难。因此，企业在发动提价时必须慎重，是一次性提价到位，还是分几次逐步提高价格，尤其应掌握好提价的时机与幅度，并注意与消费者和中间商及时进行沟通。

① 提价的时机。为了避免中间商产生不满，企业可限时提价，在供货合同中写明有关提价的条款。

② 提价的幅度。提价的幅度不宜过大，国外一般是5%，也可参照竞争对手的价格变化。

3）竞争对手对调价的反应

竞争对手对调价的反应有以下几种：

（1）相向式反应

你提价，他也提价；你降价，他也降价。这种一致的行为对企业的影响不太大，不会导致严重的后果。若企业营销策略使用得当，则不会降低市场份额。

（2）逆向式反应

你提价，他降价或维持原价不变；你降价，他提价或维持原价不变。这种相互冲突的行为对企业的影响很大，竞争对手的目的也十分清楚，就是争夺市场。因此，企业首先要摸清竞争对手的具体目的，其次要估计竞争对手的实力，最后要了解市场的竞争格局。

（3）交叉式反应

不同竞争对手对企业调价的反应不一，有相向的，有逆向的，情况错综复杂。企业在不得不进行价格调整时应注意提高产品质量，加强广告宣传，保持分销渠道畅通。

6.3.2   被动调整价格的策划

在激烈的市场竞争中，若竞争对手主动调整价格，那么企业必须做好应对举措。

在同质产品市场，如果竞争对手降价，则企业必须随之降价，否则企业会失去市场；某一企业提价，其他企业也应随之提价（如果提价对整个行业有利），假如有一个企业不提价，那么提价的企业将不得不取消提价。在异质产品市场，消费者不仅要考虑产品价格的高低，而且要考虑质量、服务等因素。此时，消费者对小幅度的价格调整无反应或不敏感，企业对竞争对手价格调整的反应也可以有较大的自由。

1）被动调整价格的准备工作

企业在调整价格之前，必须分析以下问题：

（1）竞争对手调价的目的是什么？

（2）调价是暂时的还是长期的？能否持久？

（3）面对竞争对手的调价行为，企业是否做出反应？如何反应？

（4）分析需求价格弹性、产品成本和销售量之间的关系等复杂问题。

2）市场领导者地位的企业的价格调整策划

市场领导者在市场竞争中占据优势地位，面对被动调价可选择以下四种策略：

（1）价格不变。当企业的顾客忠诚度较高，跟随竞争对手降价难以提高企业的市场份额时，企业可保持价格不变。

（2）维持原价，同时运用非价格手段。非价格手段是指在产品价格以外或销售价格不变的情况下，借助产品有形和无形的差异、销售服务、广告宣传及其他营销手段等非价格形式销售产品，参与市场竞争。例如，企业改进产品和附加服务，使顾客能买到比竞争对手产品附加值更高的产品。企业保持价格不变，但提供给顾客的利益却不断增加，往往比降价经营效果更好。

（3）降价。当降价能促使产品成本随销量增加而下降，或者不降价会导致企业的市场占有率大幅度下降时，企业可追随降价。

（4）涨价。企业提高产品价格并推出新品牌，以此应对竞争对手的降价策略。

3）一般市场地位的企业的价格调整策划

在市场竞争中，居于一般市场地位的企业在调整价格时，可以选择以下三种策略：

（1）降价。对于市场领导者的降价行为，中小企业很少有选择的余地，只能被迫应战，随之降价。

（2）推出更廉价的产品应对竞争对手。对于需求价格弹性大的产品，产品的市场占有率下降时，可以实施这一策略。

（3）维持原价。如果跟随降价会使企业的利润损失超过承受能力，而提价会使企业失去很大的市场份额，那么维持原价不失为明智的选择，同时企业也可以运用非价格手段进行回击。

事实上，当竞争对手率先调整价格时，企业应迅速做出反应，最好事先制定反应程序，到时按程序处理，这样可以提高反应的灵活性和有效性。例如，当竞争对手降价时，企业可以启动相应的程序，如图6-1所示。

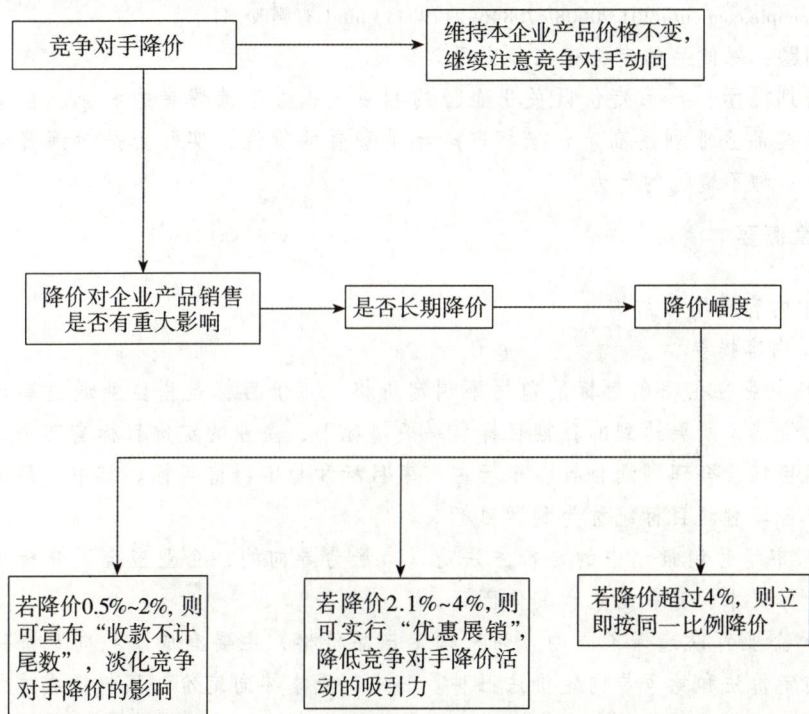

图6-1 应对竞争对手降价的程序

在实际操作中，面对价格战的威胁，企业还可以采用许多办法进行防御和反击，以避免恶性价格竞争，降低企业的经营风险。例如，联合同行业企业向竞争对手施压等。在特殊情况下，企业也可以放弃部分市场，避免卷入价格战。

学习微平台

案例分析6-2

🔑 课程思政6-1

保健品的市场定价

背景与情境："保健品的消费者中超过55%是中老年人，只要地球不灭亡，生老病死的规律还继续，保健品就永远畅销！"保健品行业在业内人士眼中是一个"永远的朝阳产业"。一家专门生产中老年保健品的生物科技公司的高管透露，生产保健品使用的原料大的原则是吃不死人即可，"有良心的企业会选择好一点的原料，大品牌会更注意一些，但无论如何，产品成本包括原料、包装加起来不会超过最终售价的20%"。在包装和剂量上的基本思路就是"大"。该高管举例说，总量180粒的药丸，用一个瓶子装满卖300元，绝对不如把它分成3瓶、每瓶60粒，做成一个宽宽扁扁的大盒子，卖600元更畅销。同样，一个单位包装内的剂量也要做到"大"，"起码要够两个月的服用量。总之，要让中老年人觉得平摊算下来是不贵的，充分抓住他们贪多求大的消费心理"。定价一定要高，这是对消费者价格逆反心理的运用。一旦定价偏低，之前吹得神乎其神的功效在消费者心中就会大打折扣。

资料来源　佚名. 保健品营销潜规则：定价一定要高［EB/OL］.［2013-06-08］. http：//finance.people.com.cn/n/2013/0608/c70846-21792113.html.有删改.

问题：保健品的定价存在什么思政问题？

研判提示：产品定价既关乎企业的利益，也关乎消费者的利益。在本案例中，保健品企业利用高定价来榨取老年消费者的价值，实际上是对消费者的欺骗，是一种不道德的行为。

◢ 本章概要 ◣

□ 内容提要与结构

▲ 内容提要

● 企业应在明确目标的前提下制定价格。定价目标是指企业通过制定一定水平的价格，所要达到的预期目标。一般情况下，企业的定价目标有四个，即最大利润目标、合理利润目标、市场占有率目标和稳定价格目标。其中，最大利润目标与合理利润目标统称为利润目标。

● 市场营销策划中的定价方法是以市场为导向的，企业应全面分析市场需求、产品成本、竞争因素和其他因素。

● 企业可以选择不同的方法来确定产品价格，主要有成本导向定价法、需求导向定价法和竞争导向定价法三种。其中，成本导向定价法又包括成本加成定价法和目标收益定价法两种；需求导向定价法主要包括感知价值定价法、需求差异定价法和逆向定价法；竞争导向定价法主要包括随行就市定价法、产品差别定价法和投标定价法三种。

● 修订价格也是企业的一项常规工作。常见的有新产品定价策略、地区性定价策略、心理定价策略、折扣定价策略、促销定价策略、产品组合定价策略、歧视性定价策略等。

● 产品价格确定以后，由于客观环境和市场情况的变化，企业还会对价格进行调整，既有主动调整，也有被动调整。

▲ 内容结构

本章内容结构如图6-2所示。

定价目标策划

定价环境分析

制定价格策划

定价方法策划

新产品定价策略

地区性定价策略

心理定价策略

价格策划　修订价格策划　折扣定价策略

促销定价策略

产品组合定价策略

歧视性定价策略

调整价格策划　主动调整价格的策划

被动调整价格的策划

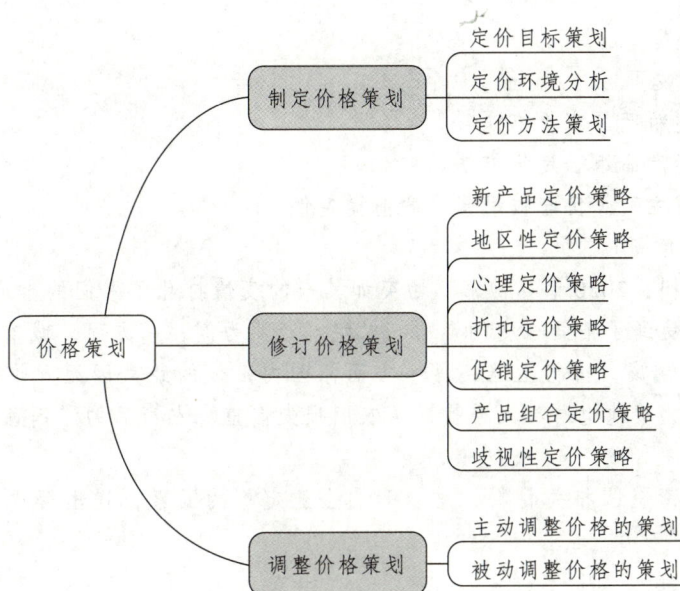

图6-2　本章内容结构

□ 主要概念和观念

▲ 主要概念

定价目标　最大利润目标　合理利润目标　市场占有率　需求弹性　需求价格弹性　成本导向定价法　需求导向定价法　竞争导向定价法　撇脂定价　渗透定价　地区性定价策略　心理定价策略　折扣定价策略　促销定价策略　产品组合定价策略　歧视性定价策略

▲ 主要观念

成本导向定价法　需求导向定价法　竞争导向定价法

□ 重点实务和操作

▲ 重点实务

定价的具体方法及其适用条件　修订价格和调整价格的方法及其适用条件

▲ 重点操作

"价格策划"知识应用

━ 基本训练 ━➤

□ 理论题

▲ 简答题

1）什么是定价目标？主要有哪几种？

2）什么是需求弹性？

3）简述影响价格的产品成本构成。

▲ 讨论题

1）讨论定价环境四因素之间的关系。

2）讨论定价目标与市场占有率的关联性。

□ 实务题

▲ 规则复习

1）简述新产品定价方法。

2）简述产品组合定价方法。

3）简述主动降价与被动降价的前提条件。

▲ 业务解析

背景资料：2020年年初，一场突如其来的疫情打乱了人们的生产生活秩序，各行各业都受到了不同程度的影响。以蔬菜产业为例，一方面，城市居民感觉蔬菜选购品种骤减，价格上涨；另一方面，国内多地的蔬菜因无人收购而价格暴跌，菜农开放菜地也鲜有人采摘，菜农们损失惨重。农产品的滞销直接影响了春季农业生产。

问题：请查阅相关材料，结合影响企业定价的因素，提出解决上述问题的办法。

□ 案例题

▲ 案例分析

【训练项目】

案例分析-Ⅵ。

【相关案例】

定价偏低的苹果 AirPods

背景与情境：2016年，苹果推出第一代 AirPods，作为苹果的第二款可穿戴产品，AirPods 配备了运动加速感应器，内置光学传感器和定制的 Apple W1 芯片以及精心设计的充电盒，被称作"为耳朵而设计的电脑"。AirPods 定价为159美元，低于当时主流无线耳机的市场价格，如摩托罗拉 VerveOnes+为249美元，三星 Gear IconX 为199美元。

许多无线耳机产品为了与 AirPods 竞争而被迫降价，然而即使降价后，也无法接近 AirPods 的定价。

资料来源　Wheeler. AirPods 卖这么便宜？分析苹果的定价策略和野心［EB/OL］.［2017-03-25］. https://36kr.com/p/1721436471297.有删改.

问题：

1）请查阅相关资料，分析苹果 AirPods 运用的是哪种定价策略。

2）苹果 AirPods 的定价策略对你有何启发？

【训练要求】

同第1章"基本训练"中本题型的"训练要求"。

▲ 课程思政

【训练项目】

课程思政-Ⅵ。

【相关案例】

虚标功率是潜规则？

背景与情境： 有着"职业打假人"之称的王海发布视频表示，某直播间售卖的破壁机和绞肉机均为虚标功率。其中，破壁机标注功率为300W，实际仅为105W；绞肉机标注功率为300W，实际功率为120W。直播页面曾显示假货退一赔三，产品售价为399元，当晚销售6.8万件。如果执行此项措施，该直播间的赔付金额则高达1亿元。

资料来源 根据网络资料整理.

问题：

1）针对上述案例，分析存在哪些思政问题。

2）从营销策划的角度，如何看待本案例中虚标功率事件？

【训练要求】

同第1章"基本训练"中本题型的"训练要求"。

□ 实训题

【训练项目】

阶段性体验-Ⅲ："价格策划"技术应用。

【训练目的】

见本章"章名页"之"学习目标"中的"实训操练"。

【训练内容】

专业能力训练：其"领域"、"'技术-技能'点"、"名称"及其"参照规范与标准"见表6-8。

表6-8 专业能力训练领域、"技术-技能"点、名称及其参照规范与标准

领域	"技术-技能"点	名称	参照规范与标准
"价格策划"技术应用	"技术-技能"点1	"制定价格策划"技术应用	1）能全面理解和把握"制定价格策划"技术。 2）能从"制定价格策划"的特定视角应用相应技术，有质量、有效率地进行以下操作： （1）系统体验"'制定价格策划'技术应用"的如下"技术-技能"操作，并体验"校企合作"中的"优势互补"： ①充分考虑和尽可能实现定价的价值，使其为企业增加竞争优势，消除企业和消费者之间的障碍，规避经营风险； ②充分发挥定价的作用，使其为企业承担采集市场有效信息、分析市场竞争环境、明确定价目标的任务； ③依照定价目标，正确选择定价方法。 （2）总结"实践学习"中关于"'技术-技能'点1"的"操作体验"和"校企合作"的"优势互补"

领域	"技术-技能"点	名称	参照规范与标准
"价格策划"技术应用	"技术-技能"点2	"修订价格策划"技术应用	1）能全面理解和把握"修订价格策划"的理论与实务知识。 2）能从"修订价格策划"的特定视角应用相应技术，有质量、有效率地进行以下操作： （1）系统体验"'修订价格策划'技术应用"的如下"技术-技能"操作，并体验"校企合作"中的"优势互补"： ①依照相关规则与程序进行修订价格策划运作； ②兼顾相关因素，根据定价策略的适用条件，慎重选择修订定价策略； ③全面评估和适当选择修订价格策划方案。 （2）总结"实践学习"中关于"'技术-技能'点2"的"操作体验"和"校企合作"的"优势互补"
	"技术-技能"点3	"调整价格策划"技术应用	1）能全面理解和把握"调整价格策划"的理论与实务知识。 2）能从"调整价格策划"的特定视角应用相应技术，有质量、有效率地进行以下操作： （1）系统体验"'调整价格策划'技术应用"的如下"技术-技能"操作，并体验"校企合作"中的"优势互补"： ①采取适当的方法，了解市场价格的变动情况； ②定期了解价格调整的市场反应； ③根据市场反应选择提价或降价。 （2）总结"实践学习"中关于"'技术-技能'点3"的"操作体验"和"校企合作"的"优势互补"
	"技术-技能"点4	"训练报告撰写"技术应用	1）能全面理解和把握"'训练报告'撰写"技术。 2）能充分应用"'训练报告'撰写"技术，有质量、有效率地进行如下操作： （1）合理设计关于"'价格策划'技术应用"的《训练报告》，其结构合理、层次分明。 （2）较规范地撰写上述《训练报告》。 （3）依照网络教学资源包中《学生考核手册》考表6-7中的"考核指标"和"考核标准"要求，撰写所述《训练报告》

职业核心能力和职业道德训练：其内容、种类、等级与选项见表6-9；各选项操作的"参照规范与标准"见本教材"附录三"的附表3和"附录四"的附表4。

表6-9　　　　职业核心能力和职业道德训练的内容、种类、等级与选项表

内容	职业核心能力							职业道德						
种类	自主学习	信息处理	数字应用	与人交流	与人合作	解决问题	革新创新	职业观念	职业情感	职业理想	职业态度	职业良心	职业作风	职业守则
等级	中级	中级	中级	中级	中级	中级	中级	认同级	认同级	认同级	认同级	认同级	认同级	认同级
选项		√		√	√	√	√		√		√	√	√	√

【训练任务】

1）对"'价格策划'技术应用"专业能力的各"技术-技能"点，依照表6-8中的"参照规范与标准"，实施应用相关技术的基本训练。

2）对表6-9中所列职业"职业核心能力"选项，依照本教材"附录三"附表3中相关"'技术-技能'点"的"参照规范与标准"，实施融入性"中级"强化训练。

3）对表6-9中所列"职业道德"选项，依照本教材"附录四"中"领域"的"参照规范与标准"，实施"认同级"相关训练。

【组织形式】

1）以小组为单位组成营销策划团队。

2）各营销策划团队结合项目需要进行适当的角色分工，确保组织合理和每位成员的积极参与。

【指导准备】

知识准备：

学生通过自主学习，预习如下知识：

1）"价格策划"的理论与实务知识。

2）本教材"附录一"的附表1中，与本章"职业核心能力"选项各"技术-技能"点相关的"'知识准备'参照范围"所列知识。

3）本教材"附录三"的附表3和"附录四"的附表4中，涉及本章"职业核心能力"选项各"技术-技能"点和"职业道德"选项各素质点的"参照规范与标准"知识。

操作指导：

1）教师向学生阐明"训练目的"、"能力与道德领域"和"知识准备"。

2）教师就"知识准备"中的第2）、3）项，对学生进行培训。

3）教师要指导学生从"'价格策划'技术应用"视角进行企业营销决策和业务运作情况调研、资料搜集与整理。

4）教师指导学生撰写"'价格策划'技术应用"的《实训报告》。

【训练要求】

1）实训前，学生要了解并熟记本实训的"训练目的"、"训练内容"、"训练

任务"与"训练要求",了解并熟记本教材网络教学资源包的《学生考核手册》中表考6-6、6-7所列"考核指标"与"考核标准"的内涵,将其作为本实训的操练点和考核点来准备。

2)将"训练任务"所列三种训练整合并落实到本实训的"活动过程"和"成果形式"中。

3)实训后,学生要对本次实训活动进行总结,在此基础上撰写相关《训练报告》。

【训练时间】

本章课堂教学内容结束后的双休日和课余时间,为期一周。

【情境设计】

将班级学生以小组为单位,组建营销策划训练团队。各团队分别选择一家开展"价格策划"的企业(或本校专业实训基地,或毕业生创业团队),从"'价格策划'技术应用"视角,参与企业该项目的运作,在依据表6-8中"'技术-技能'点1"至"'技术-技能'点3"的"参照规范与标准"系统体验各项操作的过程中,进行"校企合作"的"实践学习",并尝试"优势互补"。

【训练步骤】

1)以班级小组为单位组建学生"阶段性体验"训练团队,每队确定1人为队长,根据训练项目需要进行角色分工与协作。

2)各团队结合"训练任务",参照"情境设计",分别选择一家开展"价格策划运作"的企业(或本校专业实训基地,或毕业生创业团队),从"'价格策划'技术应用"视角,全程参与企业该项目运作,进行"校企合作"的"实践学习"。

3)依据表6-8中"'技术-技能'点1"至"'技术-技能'点3"的"参照规范与标准"、系统体验如下操作:

(1)依照表6-8中"'技术-技能'点1"的"参照规范与标准",从"'制定价格策划'技术应用"视角,进行"校企合作"的"实践学习",体验"'市场营销策划'胜任力"建构中"'制定价格策划'运作"能力要素生成;

(2)依照表6-8中"'技术-技能'点2"的"参照规范与标准",从"'变动价格策划'技术应用"视角,进行"校企合作"的"实践学习",体验"'市场营销策划'胜任力"建构中"'变动价格策划'运作"能力要素生成;

(3)依照表6-8中"'技术-技能'点3"的"参照规范与标准",从"'调整价格策划'技术应用"视角,进行"校企合作"的"实践学习",体验"'市场营销策划'胜任力"建构中"'调整价格策划'运作"能力要素生成;

4)各团队总结1)～3)项操作体验,撰写"基于'价格策划'技术应用"的《校企合作实践学习总结》,体验"'市场营销策划'胜任力"建构中"价格策划运作"的"专业互鉴"能力要素生成。

5)在"'价格策划'技术应用"的"专能"基本训练中,依照表6-9中相关训练选项的"参照规范与标准",融入"职业核心能力"的"中级"强化训练和"职业道德"的"认同级"相关训练。

6）各团队综合以上阶段性成果，依照表 6-8 中"'技术–技能'点 4"的
"参照规范与标准"撰写《"'价格策划'技术应用"训练报告》。其内容包括：
实训组成员与分工；实训过程；实训总结（包括对专业能力训练、职业核心能力
训练和职业道德训练的分析说明）；附件（指阶段性成果全文）。

7）在班级讨论、交流和修订各团队的《"'价格策划'技术应用"训练报
告》，使其各具特色。

【成果形式】

实训课业：《"'价格策划'技术应用"训练报告》。

课业要求：

1）"实训课业"的结构与体例参照本教材"课业范例"中的"范例综–3"。

2）将《校企合作实践学习总结》以"附件"形式附于《训练报告》之后。

3）在校园网的本课程平台上展示经过教师点评的班级优秀《训练报告》，并
将其纳入本课程的教学资源库。

单元考核

考核评价要求：同第 1 章"单元考核"的"考核评价要求"。

第 **7** 章
促销策划

学习目标

通过本章的学习，应该达到以下目标：

理论目标：学习和把握"促销策划"的相关概念，广告心理策划的原理，公共关系策划的构成要素，公共关系活动常用的媒介及其特点，人员推销策划的要素，广告策划、公共关系策划、营业推广策划、人员推销策划的内容，以及"同步链接""延伸阅读"等陈述性知识；能用其指导本章"同步思考"、"教学互动"和"基本训练"中"理论题"各题型的认知活动，正确解答相关问题；体验本章专业理论"初级学习"的横向正迁移，以及相关胜任力中"专业认知"要素的阶段性生成。

实务目标：学习和把握各种促销策划的方法、形式、步骤或流程，广告策划的实施与广告效果评价，公共关系活动的时机与媒介选择，营业推广的方式，人员推销的策略，以及"业务链接"等程序性知识，并将"4Cs"融入学习过程中；能以其建构"促销策划"的规则意识，正确解析本章"深度剖析"、"深度思考"、"教学互动"以及"基本训练"中"实务题"的相关问题；体验本章专业实务"初级学习"的横向正迁移，以及相关胜任力中"专业技能"要素的阶段性生成。

案例目标：运用本章理论与实务知识研究相关案例，培养和提高在"促销策划"特定情境下的多元表征专业能力；结合本章教学内容，依照相关规范或标准，对"课程思政7-1"专栏和章后"课程思政-Ⅶ"等案例中的企业及其从业人员进行思政研判，促进"立德树人"根本任务的落实；体验本章不规则知识"高级学习"中专业知识、通用知识与思政元素的协同性重组迁移，以及相关胜任力中"认知弹性"要素的阶段性生成。

自主学习：参加"自主学习-Ⅳ"训练。在实施《自主学习计划》的基础上，通过阶段性学习和应用"附录一"附表1"自主学习"（中级）"'知识准备'参照范围"所列知识，查阅、搜集、整理与综合"促销策划"前沿知识，讨论、撰写和交流《'促销策划'最新文献综述》，撰写《"自主学习-Ⅳ"训练报告》等活动，培养"自主学习"的通用能力（中级）；体验本章"自主学习"中"专能"与"通能"的"重组性"迁移，以及相关胜任力中"求知韧性"的阶段性生成。

引例 如何在大数据时代做促销

背景与情境： 促销让人很上瘾。"双11"促销季，照例各种打折，各种彩旗飘飘，简直是"要卖货，先卖萌"；同时照例有各种吐槽，诸如市场竞争愈发激烈，生意越来越难做，促销让消费者审美疲劳，效果越来越差等，不一而论。

搞促销"人艰不拆"，谈数据"不明觉厉"。其实如果你觉得"大数据"太过玄乎，叫它"小数据"也无妨。数据分析及应用从来就是一件发生在身边的事。你在登陆淘宝网的时候，要想知道一家店铺的销售业绩，是不是选择看它的销量？要想知道一家店铺的服务质量如何，是不是可以看它的评价和店铺动态评分？你在玩微信公众号当自媒体人时，是不是会经常关注用户分析，关注点击率和转发率？通过大数据，可以预测机票价格走势，为旅游者省钱；预测交通拥堵情况，帮助人们选择更好的时段和路线节省出行时间。真实的数字会告诉你许多秘密。在数据面前，市场变得透明。如果促销能够做到真正了解客户的需求，找到有效、而非最多的消费者，这就是大数据带来的成功促销。

资料来源 作者根据相关资料整理.

学习微平台

微课 7-1

同步案例7-1

小老板的生意经

背景与情境： 在一个菜场有几家卖豆制品的店铺，但只有A店的生意火爆，大家宁可排队等也不到旁边的店里买同样的东西。A店的价格和其他店铺是一样的，东西质量也差不多，甚至与其他店铺在同一个地方进货。仔细探寻，我们发现了一个非常简单的原因：A店无论顾客买什么东西都主动抹去零头。就这小小的几分钱或1角钱使A店获得了顾客的信赖，A店的生意越来越红火。

资料来源 根据百度文库相关资料整理.

问题： 看似简单的抹去零头，为什么能产生如此的促销效果呢？

分析提示： 这个案例表明，对于现代企业而言，仅仅开发出优秀的产品，为其制定有吸引力的价格，建立畅通的销售渠道，已经远远不够了。企业必须与现有的和潜在的消费者进行沟通，承担起沟通者和促销者的角色。从心理学的角度来看，事物本身并没有意义，有意义的是人对事物的反应。促销活动也一样，不要简单将促销力度与促销效果划等号，促销活动的成功并不是促销力度问题，如何让消费者感觉到获利才是关键。本案例中哪怕只是几分钱，一样能成为商品促销助推器，达到成功沟通与推动销售的目的。

在营销理论中，促销包括广告、公共关系、营业推广和人员推销四种方式。从总的指导思想来看，促销策略可分为拉引策略和推动策略。广告、公共关系、营业推广是通过多种促销手段吸引顾客的促销方式，称为**拉引策略**；人员推销是面对顾客直接推销的促销方式，称为**推动策略**。促销策划是策划主体对以上四种促销方式的战略运筹、决策与运用，已成为一种越来越频繁的短兵相接的"地面战争"，是企业营销策划中最普遍的策划项目，也是营销新人最先接触到的策划项目。因此，学习和掌握促销策划的谋略和技能具有重要的现实意义。

7.1　广告策划

7.1.1　广告策划概述

广告策划，是指在市场调查的基础上围绕广告目标的实现，制定系统的广告策略、创意表现与实施方案的过程。这一定义包含三个相互衔接、相互支撑的环节：

（1）在市场调查的基础上围绕广告目标的实现制定广告策略；

（2）按照广告策略进行创意与表现；

（3）向市场推广切实可行的实施方案。

广告策划有宏观和微观之分。宏观广告策划又称整体广告策划，是指对在同一广告目标统摄下的一系列广告活动的系统性预测和决策，即对包括市场调查、广告目标确定、广告定位、战略战术制定、经费预算、效果评估在内的所有运作环节进行的总体策划。微观广告策划又称单项广告策划，即单独对一个或几个广告运作的全过程进行的策划。无论是宏观广告策划还是微观广告策划，其目的都是以创意的方式提供产品的"附加价值"，增加企业在竞争中的机会，从而将产品提升为品牌，培养品牌忠诚。

广告策划是营销策划的一个子系统，而从广告活动的角度来看，广告策划本身又是一个系统工程，广告策划的内容可以用6M来概括。6M包括：

Market（市场）：对广告目标市场的选择及特征的把握；

Message（信息）：广告的卖点及诉求点，确定广告中的正确信息；

Media（媒体）：选择用什么媒体将广告中的信息传播给目标受众；

Motion（活动）：使广告产生效果的相关营销和促销活动；

Measurement（评估）：对广告的评估，包括事后、事中和事前的各种评估；

Money（费用）：广告活动需要投入的经费。

深度剖析7-1

背景资料：人工智能的发展给各个行业都带来了变革。在广告领域，人们可以通过各种方式使用人工智能来提高广告效果，如寻找并确定受众，进行完善的创意消息传递，形成受众特征，并制定可以优化客户既定目标的竞价策略。

问题：在大数据、人工智能背景下，促销策划者如何更有效地选择广告受众群体？

解析与讨论：一般我们会根据用户特征、用户行为、地区等因素来细分广告受众群体，但是如果想更精准地找到客户，需要考虑更多的因素，例如运用人工智能不带偏见或假设地去识别和定位潜在客户的数字媒体广告策略，则会成功地找到客户，而不仅仅是细分受众。

再比如，通过智能语音识别，可以实现语音交互式广告，来增添广告的互动性，提高人们的兴趣。通过智能文案系统，可以快速撰写广告标语，进行广告投放，提高广告创意的效率。在广告评估中，可以通过各个指标获取信息，并通过人工智能和机器学习不断优化，以达到更好的效果，从而实现更有效的广告促销。

资料来源 佚名. 人工智能的发展，对营销推广有哪些影响？［EB/OL］.［2019-06-06］. https: //www.sohu.com/a/318902440_100169009.有删改.

7.1.2 广告策划的实施过程

1）一般流程

广告策划的一般流程分为三个阶段，如图7-1所示。

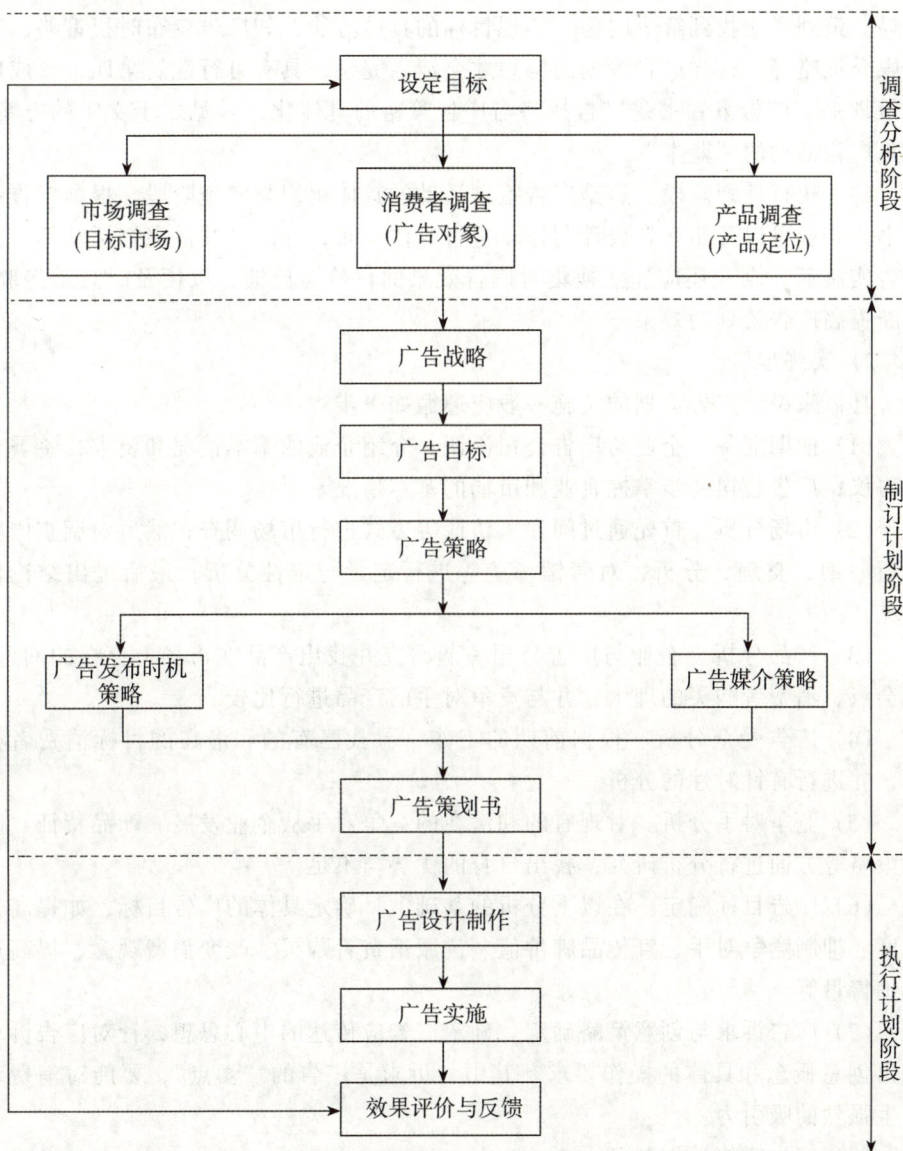

图7-1 广告策划的一般流程

（1）调查分析阶段。广告策划主要是针对企业营销过程中的某个问题或某个特定目标进行的，因此广告策划应设定清楚而准确的目标。为了达到既定目标，本阶段主要是对策划环境进行分析，即开展市场调查、消费者调查和产品调查，并分析研究所取得的资料。只有进行充分的调查分析，才能制定有针对性的广告战略和广告策略，使广告策划更加科学和可靠。

（2）制订计划阶段。这是策划者产生构想的阶段，其主要内容包括：第一，制定广告战略，就是确立广告策划的大致方向。第二，确立广告目标。广告目标与广告战略是相辅相成的。广告战略是围绕广告目标提出的，同时赋予广告目标以更明确的方向；广告目标是广告战略实施的核心环节。第三，确定具体的广告策略。策划者应找到解决问题、实现目标的具体方法，如广告发布时机策略、广告媒介策略等，这样广告策划的构想才会清晰完整，具有可行性。第四，形成广告策划书。广告策划书是广告战略与广告策略的具体化，是见之于文字的方案，也是广告活动的"蓝本"。

（3）执行计划阶段。这是广告策划活动的具体组织与实施阶段。根据广告策划书，企业可以开始广告设计制作、进行媒体发布，并配合其他促销活动等。在广告实施后，企业还应注意搜集对广告效果的评价与反馈，以便及时总结经验，不断提高广告策划的效果。

2）实施步骤

具体来说，广告策划的实施一般应遵循如下步骤：

（1）前期准备。企业与广告公司洽谈，介绍企业的基本情况和要求，签署合作协议；广告公司初步掌握企业和市场的基本情况。

（2）市场分析。首先通过问卷、访谈等方式进行市场调查；然后对调查内容进行归纳、整理、分析，对营销环境等进行定量与定性分析；最后提出结论性意见。

（3）产品分析。企业与广告公司一起研究并找出产品在市场上存在的问题、机会点、消费者购买的理由，并与竞争对手的产品进行比较。

（4）广告受众分析。根据前期的工作，寻找已有的和潜在的目标消费者群体，并进行有针对性的分析。

（5）竞争对手分析。对现有的和潜在的竞争对手从企业发展、产品特征、广告策略等方面进行分析研究，找出自身的优势与不足。

（6）广告目标确定。在以上分析的基础上，确定具体的广告目标，如提高知名度、抑制竞争对手、宣传品牌价值、说服消费者购买、改变消费观念、提高短期销售量等。

（7）广告诉求与创意策略确定。确定广告应传达的中心思想，针对广告诉求提出创意概念和具体的操作要求。其中，诉求是广告的"卖点"，要能对消费者产生强烈的吸引力。

（8）广告实施计划制订。

（9）广告预算分配方案确定。广告预算分配方案一般由企业提出，企业应及时与广告公司沟通，以使广告公司按照企业的资金状况确定预算。

（10）广告策划实施效果评估。为了确保广告策划的有效实施，企业应对广告策划的实施效果进行评估与监控，及时反馈各种信息，修正、调整不合理的内容。

（11）广告策划工作总结。企业还应对广告策划工作进行总结与评价。对工作中存在的问题进行客观的分析，提出可操作的改进方案；对其中的成功案例在企业内外进行宣传，形成二次传播，以扩大影响力。

学习微平台

微课7-2

7.1.3　广告心理策划

1）广告心理策划的含义

广告心理策划就是运用心理学的原理来策划广告。广告心理策划研究广告信息传播过程中消费者的心理与购买行为之间的关系，将心理学的方法和知识运用于广告。国外学者认为，广告心理策划就是运用和把握消费者的心理，通过广告媒体实现销售行为。首先，广告心理策划从知觉、兴趣、记忆、欲求等方面进行考虑，通过多种打动人心的手段展示广告内容。其次，广告心理策划从视觉、听觉等方面考虑媒体的特性，分析媒体的效果。最后，广告心理策划需要分析消费者的消费行为。

进行广告心理策划，不仅应了解消费心理的种类，而且应掌握广告心理策划的原理和方法。消费心理受地理、气候、民族、文化、宗教、传统等众多因素的影响，具有复杂性、发展性、变化性、多样性等特点。广告心理策划的原理一般包括需要原理、注意原理、联想原理、诉求原理等。广告心理策划主要采用以检验为中心的实验心理学方法、以诊断为中心的临床心理学方法、用于分析人际关系等的社会心理学方法。

业务链接7-1

广告心理策划的原理

（1）需要原理

需要是人们进行实践活动的原动力。人们之所以要购买某种商品，是因为它能满足人们的某种需要。因此，广告要获得成功，就必须了解人们的需要，针对人们的需要来确立广告诉求重点和设计广告。

（2）注意原理

注意是人们意识心理的一种机能，是心理活动对一定事物的指向和集中。引起人们对广告的注意，是广告成功的基础。注意是人们接触广告的开端，若广告不能引起人们的注意，就等于人们对广告视而不见、听而不闻，广告肯定会失败。因此，在设计广告时，应有意识地引起人们对广告的注意。

（3）联想原理

联想是指人们在回忆时，由当前感知的事物想起有关的另一个事物。运用各种手法激发人们有益的联想，能增强刺激的深度和广度，这也是广告策划时增强广告效果的一种手段。联想能加深人们对事物的认识，引起人们对事物的情感和兴趣，这对于形成购买动机和促成购买行为具有重要影响。进行广告心理策划时运用的联想原理，主要包括接近联想、连续联想、相似联想、对比联想、关系联想和颜色联想。

（4）诉求原理

诉求是指外界事物促使人们从认知到行动的心理活动。广告诉求就是告诉消费者他们有哪些需要、如何满足这些需要，并敦促他们为满足需要而购买商品。广告诉求主要包括知觉诉求、理性诉求、情感诉求、观念诉求。

2）广告心理策划的具体方法

人们从接触广告到做出购买行为一般都有一个心理过程，并且这个过程是环环相扣、逐级递进的。国外广告学家将这个过程分为五个阶段，即唤起注意（attention）—激发兴趣（interest）—刺激欲望（desire）—增强记忆（memory）—促使行动（action），又称 AIDMA 模型。

（1）唤起注意：诉诸感觉，引起注意。

（2）激发兴趣：赋予特色，引发兴趣。

（3）刺激欲望：确立信念，激发欲望。

（4）增强记忆：形成印象，加强记忆。

（5）促使行动：坚定信心，导致行动。

同步案例7-2

"这是康师傅的报复吗"上热搜　自黑式营销圈粉无数

背景与情境：2020年新冠疫情期间，网友去超市扫货时，意外发现超市方便面货架被抢购一空，唯独康师傅香菇炖鸡面无人问津，康师傅香菇炖鸡面也因此获得了"货架上惨遭嫌弃的方便面"称号。更有网友表示——就算封城了，康师傅香菇炖鸡面还是最难吃的！

然而，网友发现，不甘心的康师傅干脆来了一波"报复"，居然将香菇炖鸡面一下子铺满了货架。从微博网友曝光的超市图片来看，一眼望过去，满屏的绿色扑面而来。

由此，"这是康师傅的报复吗"瞬间登上微博热搜，引发网络热议。网友纷纷讨论起"康师傅香菇炖鸡面是否真的难吃""哪种口味的泡面好吃"等问题。康师傅也在自己的官方微博上及时跟进和回应热搜话题，为自己的产品发声。

资料来源　佚名. 疫情下品牌如何自救？七大经典营销案例引人深思［EB/OL］.［2020-03-02］. http://www.szzxyx.com/guandian/1577.html. 有删改.

问题：上述案例中康师傅是如何成功吸引消费者注意的？

分析提示：康师傅将香菇炖鸡面摆满货架，也许是为了缓解库存压力，也许是在玩自黑。但不可否认的是，康师傅凭借这波逆向思维操作，成功引起了市民、网友的注意，掀起了大范围的讨论，替企业品牌做了一波免费的广告宣传。康师傅跟吐槽的网友玩到一块儿，实力演绎越黑越"当红"，在无形中为品牌圈粉无数。

践行党的二十大精神，"中国制造"走出国门——坐红旗车，走中国路

党的二十大报告提出加快建设制造强国，红旗吹响了新征程的号角。红旗轿车是值得中国人自豪的国产品牌，它在大多数国人心目中，饱含着深深的民族情感。"红旗"已成为享誉世界的品牌。它是中国轿车工业的开端，也是中国人民自力更生、独立自主完成的产品，是自强民族精神的体现。

"行程万里，不忘初心"，习近平总书记的讲话，让一汽公司目标更明确、信心更坚定。公司遵循"第一汽车，第一伙伴"的核心价值观和"用户第一"的经营理念，践行"让中国每一个家庭都拥有自己的汽车"的产业梦想，一汽人正为建设"规模百万化、管理数字化、经营国际化"的新一汽而努力奋斗。了解品牌历史对学习"促销策划"，增强民族自豪感，树立中华民族的文化自信有着非常重要的思政意义和启示。

资料来源　作者根据相关资料整理.

7.1.4　广告效果评价

1）广告效果的含义

广告效果是广告作品通过广告媒体传播之后所发挥的作用，或者说是在广告活动中通过消耗和占用社会劳动而得到的有用效果。

广告效果有狭义和广义之分。狭义的广告效果是指广告所获得的经济效果，即广告的促销效果；广义的广告效果则是指广告目标的实现程度，也就是说广告作品通过被受众接触而产生的各种直接和间接的影响，以及引发的各种相应变化的综合。

2）广告效果测评

广告效果测评主要包括广告经济效果测评、广告心理效果测评和广告社会效果测评三个方面。

（1）广告经济效果测评

广告经济效果又称促销效果，是指广告活动促进产品或劳务的销售、增加企业利润的程度。显然，广告经济效果是企业广告活动中最基本、最本质和最重要的效果，也是广告效果测评的主要内容。

广告经济效果测评的方法：

① 店头调查法。店头调查法是指以零售商店为调查对象，对特定时间内广告商品的销售量、陈列状况、价格以及推销的实际情况进行调查的方法。

② 销售地域测定法。销售地域测定法是指选择两个类似条件的地区来测定广告效果的方法。一个地区进行有关的广告活动，称为"测验区"；另一个地区则不进行广告活动，称为"比较区"。测验结束后，将两个地区的销售情况进行比较，从而检验广告的效果。

③ 统计法。统计法是指运用有关统计原理与运算方法，推算广告费与商品销售的比率，以测定广告效果的方法。这种方法目前在我国较为流行，下面介绍

几种计算公式：

第一，广告费比率。

$$广告费比率 = \frac{广告费用}{销售额} \times 100\% \tag{7.1}$$

广告费比率越小，说明广告的效果越好。

第二，广告效果比率。

$$广告效果比率 = \frac{销售额增长率}{广告费增长率} \times 100\% \tag{7.2}$$

销售额增长率越大，同时广告费增长率越小，则广告效果比率越大，说明广告的效果越好。

第三，广告效益。

$$R = \frac{S_2 - S_1}{P} \tag{7.3}$$

式中：R为每元广告效益；S_2为实施广告后的平均销售额；S_1为实施广告前的平均销售额；P为广告费。

每元广告效益越大，说明广告的效果越好。

上述几个公式都是从广告费与销售额的关系方面来测评广告效果的，方法简单明了、容易掌握。需要说明的是，在实际营销活动中，销售额的变化往往受多种因素影响，广告因素只是其中一种。所以，运用统计法进行广告效果测评时，应尽量排除其他影响销售额变化的因素。

（2）广告心理效果测评

广告心理效果是指广告信息对广告受众心理刺激的程度，具体表现为广告活动对广告受众的认知、态度和行为的影响状况。这些影响状况包括：能否通过对广告受众心理的刺激使之产生消费动机；能否通过对广告受众心理的刺激培养其对特定品牌的信任、好感和忠诚；能否通过对广告受众心理的刺激使之发生潜移默化的变化，从而促使有利于广告主的局面出现。显然，广告心理效果实际上是一种内在的、能够产生持久作用的效果。这种效果主要通过广告作品自身产生，有时也被人们称为广告传播效果、广告说服效果等。

广告心理效果与广告对消费者的心理所产生的影响有关，它可能是认知方面的，也可能是情感方面的，还可能是行为方面的。因此在现代广告策划活动中，对广告效果的评价不仅要将产品的销售额作为指标，还要将消费者的认知、情感和行为的变化作为指标。

（3）广告社会效果测评

广告社会效果测评不仅是对广告计划的实施进行检查和评价，更重要的是随时对广告活动的开展情况进行反馈与控制，从而保证整个广告活动能够按照计划与目标进行。广告社会效果测评主要采用两种方法：事前测定和事后测定。

① 事前测定。事前测定一般在广告发布之前开展，主要是邀请有关专家学者、消费者代表等，从法规、道德、文化、艺术等方面，对即将推出的广告可能产生的社会影响做出预测，包括广告的诉求、表现手法、表达方式、语言等，然

后综合各方意见，对发现的问题及时进行修订和改正。

② 事后测定。事后测定在广告发布之后进行，可采用回函、访问、问卷调查等方法，及时搜集和整理广大消费者的反馈意见，分析研究社会公众对广告的态度、看法等，据此了解广告的影响程度，为下一步广告活动的开展提供参考意见。

对广告社会效果进行测评，也是关系企业和产品形象的大事，企业应给予足够的重视。

学习微平台

微课7-3

7.2　公共关系策划

7.2.1　公共关系策划的含义与构成要素

1）公共关系策划的含义

公共关系策划（简称公关策划），是指公关人员通过对公众进行系统分析，利用已经掌握的知识和手段，对公关活动的整体战略和策略进行统筹规划，即对于提出公关决策、实施公关决策、检验公关决策的全过程做出预先的考虑和设想。

（1）公共关系策划是公关人员的工作，由公关人员来完成。

（2）公共关系策划是为组织目标服务的。

（3）公共关系策划是建立在公关调研基础上的，既不是凭空产生的，也不能包括所有公关活动。

学习微平台

延伸阅读7-1

（4）公共关系策划可以分为三个层次，即总体公关战略策划、专门公关活动策划、具体公关操作策划。

（5）公共关系策划包括谋略、计划和设计三个方面的工作。

2）公共关系策划的构成要素

（1）策划者，也称策划工作者，是具体从事公共关系策划的人。策划者素质的高低决定了公共关系策划的质量和水平。

（2）策划目标，即公共关系策划活动要解决的问题、达到的目的。策划目标是策划工作的"航向"，使社会组织与公众建立良好的关系是公共关系策划的总目标。在这个总目标下，还有很多具体的目标，如怎样与公众沟通、如何化解公共关系危机等。

（3）策划依据，即在公共关系策划活动中被采集和利用的东西，这里主要是指各种相关的知识、信息。

（4）策划方法，即策划者进行公共关系策划时所采用的方式方法和各种技术条件、组织措施等。相关的思维方法、各种创意的手段、设计的程序、策划所采取的组织形式等均属于策划方法的范畴。

（5）策划方案，即公共关系策划活动形成的最终结果，它往往以策划报告书的形式来体现。

7.2.2　公共关系策划的形式与程序

1）公共关系策划的形式

公共关系是现代营销过程中必不可少的一种手段。它以形式的艺术性、效果的显著性、促销的隐蔽性而易于被消费者接受，乐于被企业采用。由于不同的组织在性质上存在差别、面临的状况不同，因此公共关系策划没有固定的形式，但其基本形式可以从宏观上具体分为以下几种：

（1）组织行为策划

组织是公共关系工作的主体，组织行为策划可以规范组织内部员工及组织自身的行为，对组织的长远发展是非常重要的。组织行为策划的内容包括生产行为策划、营销行为策划、领导行为策划等。

（2）组织环境策划

任何组织的发展都离不开特定的内部环境和外部环境，积极改造或适应环境可以为组织的发展创造有利的条件。比如，员工生活条件的改善可以调动员工的工作积极性，良好的外部环境可以为组织的发展创造更加轻松的氛围。

（3）组织形象策划

组织形象的改进不仅可以提高组织的知名度，而且可以提高组织的美誉度。组织形象策划的内容包括目前流行的CI形象设计等。

（4）改变公众态度和行为策划

公众的态度是影响组织和公众关系的一个重要指标，而公众态度的形成是一个渐进的过程。如何培养和保持公众对组织的正面评价，改变公众对组织的负面认识和评价，是公共关系策划的一项重要内容。

2）公共关系策划的程序

公共关系策划的程序就是按照时间顺序安排策划活动的步骤。只有按照科学的规律开展公共关系工作，公共关系策划才会取得理想的效果。公共关系策划的程序包括：

（1）综合分析，认识问题

如同医生拿到患者的一系列检查化验报告，想要得出一个理想的治疗方案，必须首先对这些资料再一次进行综合分析，确定问题所在，然后才能对症下药一样，公关人员进行公共关系策划的第一步工作，就是综合分析在公关调研中搜集的信息资料，对组织进行诊断，认识问题所在。

（2）确定目标，制订方案

① 确定目标。确定目标是公共关系策划中重要的一步，目标错误，其他皆错。所谓公共关系目标，是指公共关系策划活动所追求和渴望达到的结果。目标规定了公共关系活动要做什么，要做到什么地步，要取得什么样的效果。公共关系目标是公共关系全部活动的核心，是公共关系策划的依据，是公共关系工作的指南，是评价公共关系工作效果的标准，是提高公共关系工作效率的保障，也是公关人员努力的方向。

② 制订方案。公共关系目标一旦确定，便可制订具体的公共关系策划方案。一个完整的公共关系策划方案应包括以下几个方面的内容：

A. 目标系统。公共关系目标不是一个单项指标，而是一个目标体系。总目标下有很多分目标。长期目标要分解成短期目标；总目标要分解成项目目标、操作目标；宏观目标要分解成微观目标；整体形象目标要分解成产品形象目标、职工形象目标、环境形象目标。

B. 公众对象。任何一个组织都有其特定的公众对象，确定组织的公众对象是公共关系策划的首要任务之一。只有确立了公众对象，才能选定需要的公关人才、公关媒介及公关模式，才能将有限的资金和资源进行科学的分配和使用，从而减少不必要的浪费，取得最大的效益。

C. 选择公共关系活动模式。公共关系活动模式多种多样，不同的问题、不同的公众对象、不同的组织有不同的公共关系活动模式，没有哪一种公共关系活动模式可以解决所有问题。究竟选择哪一种公共关系活动模式，应根据公关目标、公关对象的权利要求等确定。常见的公共关系活动模式有：交际型公共关系活动模式、宣传型公共关系活动模式、征询型公共关系活动模式、社会型公共关系活动模式、服务型公共关系活动模式、进攻型公共关系活动模式、防御型公共关系活动模式、建设型公共关系活动模式、维系型公共关系活动模式、矫正型公共关系活动模式等。

D. 确定公关传播的媒介。媒介的种类很多，它们各有所长，亦各有所短，只有恰当选择，才能取得良好的效果。

E. 确定时间。确定时间即制定一个科学的、详尽的公关计划时间表。公关计划时间表应和既定的目标系统相配合，按照目标管理的办法，将最终的总目标、项目目标、每一级目标所需的总时间、起止时间全部列表。对于活动的起始时间，公关人员要善于抓住最有利的时机，以取得事半功倍的效果。

F. 确定地点。确定地点即安排好每一次活动的地点。每次公关活动要用多大的场地、用什么样的场地，都要根据公众对象的多少、公关项目的具体内容以及组织的财力预先确定好。

G. 制定公关预算。制定公关预算，即要清楚地知道组织的承受能力，做到量体裁衣。制定公关预算可以监督经费的开支情况，评价公关活动的成效。公共关系活动的开支构成大体包括：行政支出（包括劳动力成本、管理费用以及设施材料费）；项目支出（每一个具体的项目所需的费用，如场地费、广告费、邀请费以及咨询费、调研费等）；其他支出（如突发性事件支出）。

（3）分析评估，优化方案

通过认真分析信息情报，公关人员确定了公共关系目标，制订了公共关系策划方案，但这些方案是否切实可行，是否尽善尽美，都有赖于对方案的分析评估和优化。分析评估公共关系策划方案的标准有两条：一是看方案是否切实可行；二是看方案能否保证目标的实现。如果方案成功的可能性大，又能保证目标的实现，便可通过；否则，就要对方案加以修正优化。方案优化的过程，也是提高方案合理性的过程。

教学互动7-1

互动问题：企业公共关系策划方案应如何优化？

要求：同"教学互动1-1"的"要求"。

深度思考7-1

疑点：当今我们已进入流量时代。流量时代就是依托现在发达的互联网背景，利用大众的一些喜好快速地积攒人气，从而通过某些平台来变成"现金流"。这种利用对大众的影响力来"变现"的方式，可以一劳永逸。那么，有了火爆的流量，打开了市场，企业就不需要其他促销方式了，对吗？

释疑提示：流量是网络经济时代的硬背景，没有它，一切商业都是无源之水。当天降流量之时，企业也不能被幸运冲昏了头脑，这份关注是把"双刃剑"——带来机会，也带来风险。懂得运用流量的人会赚得盆满钵满，不懂的人却被淹没。若是自身过硬，自然不怕被放在聚光灯下审视，但仍需保持警惕，注意谣言和误读的出现，及时采取措施，以防企业声誉遭受伤害。

资料来源　河南玖鼎文化传媒.浅谈"流量时代"［EB/OL］.［2021-03-11］.https://zhuanlan.zhihu.com/p/356262802.有删改

（4）审定方案，准备实施

公共关系策划方案经过分析评估与优化后，应形成书面报告，然后由组织的领导决策层进行审定决断。任何公共关系策划方案都必须经过本组织的审核和批准，以使公共关系目标和组织的总目标保持一致，使组织的公共关系活动和其他部门的工作相协调，进而使策划方案得到决策层和全体员工的积极配合和支持。

策划方案能否得到决策层的认可，并最终组织实施，取决于三个因素：一是策划方案本身的质量，这是根本；二是策划方案的文字水平；三是决策者本身的决策水平。决策者在审定方案时，一要尊重公关人员的意见，但不要被其左右；二要运用科学的思维方法，对策划方案和背景材料进行系统的科学分析；三要依靠自己的直觉，抛弃一切表象的纠缠，这种直觉在应急决策时尤其重要。策划方案一经审定通过，便可组织实施了。

业务链接7-2

公共关系策划方案的基本格式

1）封面

（1）题目；

（2）策划者单位或个人名称；

（3）文案完成日期；

（4）编号；

（5）草稿或初稿应在标题下用括号注明，如写上"草案""送审稿""讨论稿""征求意见稿""修订稿""实施稿""执行稿"等字样。

2）序文

以简洁的文字作为一个引导。

3）目录

4）正文

5）附件

（1）活动筹备工作日程推进表；

（2）有关人员职责分配表；

（3）经费预算表。

学习微平台

案例分析7-1

7.2.3　公共关系活动的时机与媒介选择

1）公共关系活动的时机选择

我国自古就有"机不可失，时不再来"的名言。公共关系活动的时机选择有两层意思：一是选择时机要准确；二是把握时机要及时。一般来说，可以选定利用的时机有以下几种：组织创办和开业之时；组织更名、资产重组或与其他组织合作之时；组织内部改组、转型、品牌延伸之时；组织迁址之时；组织推出新产品、新技术、新服务之时；组织举办周年庆典或周期性纪念活动之时；组织的新股票上市之时；国际国内各种节日和纪念日到来之时；重大社会活动发生之时；组织需要提高知名度、美誉度、和谐度的其他时机。选择公共关系活动的时机时，我们还必须注意以下几点：

（1）尽量选择那些能够引起目标公众关注，又有新闻"由头"的时机。

（2）要善于利用节日，做可借节日传播组织信息的活动项目，同时要学会避开节日，和节日毫无关系的活动项目不仅不能借节日之势，反而会被节日气氛冲淡效果。

（3）尽量避开国内外重大事件。因为这时公众关注的焦点、热点是这些重大事件，组织的活动项目无法获得预期效果。有些国内外重大事件发生之时，也许是组织可借势之机，关键要看能否借题发挥。

（4）重大的公关活动不要同时开展两项以上，以免分散公众的注意力，削弱活动效果。

（5）要考虑公众，尤其是目标公众参与的可能性。

（6）要考虑当地的民俗风情，尽量使组织的活动与当地的风土人情相吻合。

同步案例7-3

促销的时机同样重要

背景与情境：英国著名的食品批发商立普顿在某年圣诞节到来前，为使其代理的奶酪畅销，在每50块奶酪中选一块装进一枚金币，同时用气球在空中散发传单大造声势，成千上万的消费者涌进销售立普顿奶酪的代销店，立普顿奶酪顿时成了市场中的抢手货。立普顿的行为也引起了同行的抗议和警察的干涉。

问题：面对以上情境，立普顿应如何抓住时机实施促销？

分析提示：面对以上情境，立普顿以退为进，抓住时机在各经销店前张贴通告：“亲爱的顾客，感谢大家对立普顿奶酪的厚爱。发现奶酪中有金币者，请将金币送回。”通告一贴出，消费者在“奶酪中有金币”的声浪中，反而更踊跃地购买。当警方再度干预时，立普顿又在报纸上刊登了一则广告，提示大家要注意奶酪中的金币，应小心谨慎、避免危险。这则广告表面上是应对警方，实际上是一次更有效的促销策划。同行却在“立普顿奶酪中有金币”这一强大的宣传攻势下毫无招架之力。

2）公共关系活动的媒介选择

（1）公共关系活动常用的媒介

公共关系活动常用的媒介有大众媒介、分众媒介和小众媒介，传统媒介和新兴媒介的区别。电视、报纸和广播等大众媒介被认为是传统媒介，互联网等则被认为是新兴媒介，利用网络开展的电子邮件营销、微博营销、微信营销和抖音营销正在迅速发展。安装在楼宇电梯旁边和医院候诊室里的液晶电视、火车和公交车上的移动电视，被看成是面对特定受众强制性发布广告的分众媒介。这些媒介现在还不是强势媒介，但是如果媒介形式新颖，受众指向性较好，费用也较经济，合理使用也是有效的，尤其是对广告预算不足、市场和受众面不宽的企业来说，不失为切实有效的选择。有时候，小众媒介的精准使用也有很好的效果。公共关系活动常用的媒介有如下几类：

① 印刷媒介（报纸、杂志、电话簿、挂历、宣传册、信函等）。
② 电子媒介（微信、微博、抖音、电视、广播、电影、电子显示屏幕等）。
③ 户外媒介（广告牌、旗帜、灯箱、车体、气球、建筑物、海报等）。
④ 其他媒介（打火机、手提袋、包装纸、雨伞、旅行包等）。

同步案例7-4

字节跳动买下《囧妈》版权，在旗下抖音等平台免费放映

背景与情境：受疫情影响，2020年贺岁电影纷纷取消上映，而徐峥导演的《囧妈》却在一片惨淡声中突围而出。字节跳动以6.3亿元的价格买下了《囧妈》的版权，宣布于大年初一在其旗下的抖音、西瓜视频、今日头条等平台上免费放映，邀请全国人民看电影。该操作获得了全民的一致好评，足不出户就能看电影，开了中国电影史上春节档电影在线首播的先例。抖音等平台的流量火速倍增，同时也增加了人们对品牌的好感度，提高了品牌的社会影响力。

资料来源　麦子明. 疫情之下，五个经典公关营销案例盘点［EB/OL］.［2020-02-24］.http://www.huodonghezi.com/news-2744.html. 有删改.

问题：字节跳动采用的是何种促销方式？其促销做法带给我们什么启示？

分析提示：字节跳动采用的是公共关系促销。疫情期间，企业营销的重点自然应放在线上，社会化营销更是重中之重。疫情无情，但企业如果借好势，依旧可以取得很好的公关传播效果。

（2）常用媒介的特点

常用媒介的特点见表7-1。

表7-1 **常用媒介的特点**

媒介	优点	缺点
报纸	灵活，及时，发行量大，可信度高	保存性差，重复阅读率低，发行区域小
杂志	选择性强，权威性高，保存期长，传阅者多	发行量低，无法保证版面
广播	大众宣传，成本低，选择性高	收费结构不规范，暴露时间短，效果差
电视	综合了视觉、听觉和动作，感染力强，到达率高	绝对成本高，干扰多，暴露时间短，观众选择性差
户外媒介	灵活，成本低，竞争少	受众选择性低，缺乏创新

（3）媒介的选择

媒介是公关信息传播的载体。公共关系策划者必须知晓各种媒介，了解各种媒介的优缺点，并要善于通过巧妙组合，形成优势互补的整合性传播效果。选择媒介的方法有以下几种：根据传播对象选择媒介；根据传播内容和形式选择媒介；根据组织实力选择媒介；根据组织的环境条件选择媒介。选择媒介的原则包括：联系目标原则、适应对象原则、依据内容区别原则、合乎经济原则等。

经济的发展带动了新兴传播媒介的不断发展，同时，新兴传播媒介的应用也非常广泛，包括楼宇电视、车载电视、卖场电视；手机电视、无线阅读器；电影、电视剧、音像制品；网上直播、微博、论坛、搜索引擎等。

7.3 营业推广策划

7.3.1 营业推广策划的含义、内容及流程

1）营业推广策划的含义

营业推广（sales promotion）又称销售促进、营销促进、销售推广。菲利普·科特勒给出的定义是："营业推广是刺激消费者或中间商迅速或大量购买某一特定产品的促销手段，包括各种短期的促销工具。"

营业推广策划就是根据企业营销目标，在充分研究市场的基础上，确定企业在某一阶段的营业推广目标，针对不同的促销对象，在适当的时机，选择富有创造性、激励性的营业推广方式，制订有效的营业推广促销行动方案。

2）营业推广策划的内容

营业推广策划的主要内容一般包括以下三个方面：

（1）促销形式，即为实现促销目标，采取何种促销方式。

（2）促销范围，包括产品范围（对哪种规格、哪种型号的产品进行促销）和

市场范围（促销活动的地理区域）。

（3）促销策略，包括何时进行、何时宣布、持续多长时间，以及折扣形式（直接或间接）等。

3）营业推广策划的流程

营业推广策划的流程如下：

（1）确定营业推广目标。营业推广目标是围绕着与商品有关的三个主角展开的。例如，针对消费者，营业推广的目标是刺激购买；针对中间商，营业推广的目标是争取合作，使其为企业经销产品，并使其对企业及企业的产品保持忠诚；针对推销员，营业推广的目标是鼓励他们多推销商品，刺激他们寻找更多的顾客。

（2）选择营业推广方式。营业推广方式有很多，企业在选择时，应考虑企业的营销目标、市场竞争状况、推销方式的成本与效益、推销时间等。

（3）制订营业推广方案。制订营业推广方案时应考虑推广的规模、推广的途径、推广持续的时间、推广的时机以及推广的经费预算等。

（4）测试营业推广方案。在执行方案前进行试点效果测试，确定推广规模是否最佳、推广形式是否合适、推广途径是否有效，试点成功后再全面实施营业推广方案。在测试过程中，要实施有效的控制，及时反馈信息、发现问题，并采取必要的措施调整和修改原方案。

（5）评估营业推广效果。最常用的方法是比较推广前、推广中、推广后的销售额数据，以评估营业推广效果的大小，总结经验教训，不断提升营业推广的效果。

7.3.2　营业推广的方式

营业推广的方式主要有营业宣传推广和营业销售推广两种。

1）营业宣传推广

营业宣传推广既具有广告宣传的功能，又是实现直接销售的有效手段。

（1）营业场所的装饰与布置

企业应根据销售商品的特点和目标市场消费者的行为特点对营业场所进行装饰与布置，为消费者提供一个赏心悦目、心情舒畅的购买环境，从而吸引更多现实购买者和潜在购买者。

（2）商品出样和陈列

样品是能够代表商品品质的少量实物，企业应做好商品出样，让顾客检验，以诱导顾客做出购买行为。同时，企业应根据所经营商品的特点进行陈列，这样一方面可以美化店容，另一方面可以展示商品，吸引购买者。

（3）橱窗布置

橱窗布置是营业推广的重要形式，它起着介绍商品、树立商品形象的作用。

（4）商品试验

商品试验是坚定顾客的购买信心、赢得顾客的重要手段。企业应根据商品的不同特点，采取不同的试验方法，以取信顾客。例如，音响可以试听、自行车可以试骑等。

（5）提供咨询服务

为顾客提供商品信息、传授商品知识、解决疑难问题，可以坚定顾客的购买信心。

2）营业销售推广

营业销售推广是刺激和鼓励成交的重要手段，包括针对消费者的推广、针对中间商的推广和针对推销人员的推广等。

（1）针对消费者的推广

① 赠送样品。在消费者购买之前，赠送一部分样品，以刺激消费者购买。

② 赠券。向消费者发放赠券，持券可以享受部分价格优惠。

③ 有奖销售。随销售商品发放奖券，达到一定数量后宣布开奖，中奖者可获得奖品、奖金。

④ 交易印花。当消费者购买某一商品时，企业会给予一定张数的印花，凑足若干张或达到一定金额后，消费者可以兑换某些商品。

⑤ 消费信贷。通过赊销或分期付款等方式推销商品。

⑥ 现场表演。通过现场演示介绍产品的用途和使用方法，增加消费者对商品的了解，以刺激消费者购买。

⑦ 特殊包装。

（2）针对中间商的推广

① 提供津贴。为了鼓励中间商积极推销新产品或库存过多的产品，企业可在一定时期内向购买该产品的中间商提供一定金额的津贴。

② 推销折扣。对于长期合作或销售努力的中间商给予一定的折扣，以感谢中间商做出的贡献。

③ 合作推广。与中间商一起进行广告宣传，共同开发市场，共同寻找潜在的消费者。

④ 节日公关。在节日来临之际，集中举办各类招待会、旅游等活动，邀请中间商参加，以增强彼此的合作。

⑤ 业务会议。在每年的销售旺季举行订货会、洽谈会，在短期内集中订货、补货，促成大量交易。

（3）针对推销人员的推广

① 销售红利。为了鼓励推销人员积极推销，企业可以按销售额或所获利润给予推销人员提成。

② 推销竞赛。为了刺激和鼓励推销人员努力推销商品，企业可确定一些推销奖励办法，对成绩优良者给予奖励。奖励可以是现金、物品，也可以组织旅游等。

③ 推销回扣。推销回扣是从推销额中提取出来的给予推销人员的奖励或酬劳。采用推销回扣方式把推销业绩与报酬结合起来，有利于推销人员积极工作、

努力推销。

④ 职位提拔。提拔业务做得出色的推销人员，促使其将好的经验传授给一般推销人员，这样有利于培养优秀的推销人员。

7.4　人员推销策划

7.4.1　人员推销策划的含义及步骤

1）人员推销策划的含义、要素及基点
（1）人员推销策划的含义

人员推销策划是指为了达到促销目标，运用各种推销技术和手段，帮助和说服现实的或潜在的顾客接受特定的产品、劳务及推销观点的整体活动过程。

（2）人员推销策划的要素

人员推销策划的要素包括推销人员、推销对象和推销产品等。

推销人员是主动向推销对象推销产品的主体。在现代推销活动中，"推销人员"已经突破了一般推销员和营业员的概念，既包括从事和参与企业推销活动的人员，还包括市场业务人员、工程技术人员、部门经理，甚至包括总经理。

推销对象是推销活动中接受推销人员推销的主体。推销对象不是指产品，而是指顾客。

推销产品是推销活动的客体。推销产品既包括有形产品，也包括服务和观念，是产品、服务和观念三个方面的综合体。

（3）人员推销策划的基点

一是人员推销策划要以顾客需求为中心；二是人员推销策划要不断创新；三是人员推销策划是一个系统工程。

2）人员推销策划的步骤
（1）明确推销任务，了解推销对象

明确推销任务是人员推销策划的前提，了解推销对象是为了满足顾客的需要，因为顾客购买企业的产品或服务本身就包含着对企业的认知以及由认知所形成的良好印象和感情。它具体包括以下几个问题：

第一，明确顾客的需要，以及能提供给顾客的产品。是工业品还是消费品？工业品是低值易耗品，还是关键设备，或是特种服务？消费品是日常消耗品，还是耐用品，或是炫耀消费品？第二，了解顾客的消费能力，明确顾客的购买动机。是感性动机，还是理智动机，或是偏爱动机？如果顾客购买的是工业品，那么是多层次的专家性购买，还是采用其他购买方式？因为这决定了推销产品的种类和数量。第三，对顾客的分布状况、产品的特性等因素进行综合考虑。

（2）确定推销方案

可供选择的人员推销方式有上门推销、会议推销、电话推销、信函推销等。

（3）确定推销人员

① 推销人员数量的确定。一般可采用两种方法：一是工作量法，就是根据销售量来决定销售人员的数量；二是增量法，就是随着销售地区的扩大或销售量的增加而逐步增加推销人员的数量。

② 推销人员的分派。通常有四种方式：一是按地区分派推销人员，即每个推销人员负责一个或几个地区的销售任务，并在该地区推销企业的所有产品。其优点是责任明确，比较容易发现新顾客，节省费用，有利于扩大产品的销售量。二是按产品类别分派推销人员。其优点是推销人员容易熟悉所推销的产品，适于推销技术复杂的产品。三是按用户类型分派推销人员。其最明显的优点是有利于推销人员掌握顾客的购买特点和购买规律，能够更好地满足顾客的需求。四是复合式分派推销人员。其优点是适用性、灵活性强，但组织管理较复杂，对推销人员的要求较高，适用于产品种类繁多、顾客复杂、销售区域分散的情况。

（4）选择推销技术

推销技术可以分为广义的推销技术与狭义的推销技术、传统的推销技术与现代的推销技术。广义的推销技术是指把自身的观点、主张、建议、形象、仪表、风格、信誉等推销出去的方法和技巧；狭义的推销技术是指通过寻找和接近顾客，把企业产品或劳务推销出去的方法和技巧。传统的推销技术是指以单纯的推销术、广告术为手段，只推销现有产品而不考虑顾客需要的各种方法和技巧；现代的推销技术是指运用各种现代化的工具和手段，针对顾客需求所采用的各种方法和技巧的总称，它需要产品从工艺设计、购进原料开始就服从于最终销售的要求，就服从于顾客的需求。

深度剖析7-2

推销产品的味道：让产品吸引顾客

背景资料：每一种产品都有自己的味道，乔·吉拉德特别善于推销产品的味道。乔·吉拉德在和顾客接触时，总是想方设法让顾客先"闻一闻"新车的味道。他让顾客坐进驾驶室，握住方向盘，自己触摸操作一番。如果顾客住在附近，乔·吉拉德还会建议顾客把车开回家，让顾客在自己的妻子（或丈夫）、孩子和领导面前炫耀一番，结果顾客很快就被新车的"味道"陶醉了。

资料来源　佚名. 乔·吉拉德，世界上最伟大的销售员［EB/OL］.［2017-09-09］. https：//www.sohu.com/a/190752872_670433.有删改.

问题：乔·吉拉德为什么要这么做呢？

解析与讨论：人们都喜欢自己来尝试、接触、操作，都有好奇心。乔·吉拉德在推销过程中巧妙运用了假定推销成功的方法来实现目标。因此，不论你推销的是什么，都要想方设法展示你的商品，并且要让顾客亲身参与。如果能吸引顾客的感官，就能掌握顾客的感情了。

7.4.2　人员推销的策略

1）人员推销的常见策略

（1）试探性人员推销策略

它又称刺激-反应策略，是指推销人员在事先不了解顾客具体需求的情况下，通过与顾客的渗透式交谈，观察顾客的反应，试探顾客的具体要求，然后根据顾客的反应进行宣传，刺激顾客产生购买动机，引导顾客做出购买行为的促销策略。

（2）针对性人员推销策略

它又称启发-配合策略，是指推销人员事先已了解了顾客的某些具体要求，针对这些要求积极主动地与之交谈，引起顾客的共鸣，从而促成交易的促销策略。

（3）诱导性人员推销策略

它又称需求-满足策略，是指推销人员通过与顾客交谈，激发顾客对所推销商品或劳务的需求欲望，促使顾客把满足自身需求的希望寄托在推销员身上，这时推销员再说明自己手头上正好有能够满足顾客需求的商品或劳务，使顾客产生购买兴趣，从而促使顾客做出购买行为的促销策略。

2）寻找顾客的方法

寻找顾客的方法见表7-2。

表7-2　　　　　　　　　　　　寻找顾客的方法一览表

寻找顾客的方法	含义	特点
地毯式访问法	推销人员在不太熟悉顾客的情况下，直接访问某一特定地区或某一特定行业的所有使用单位或个人，从中寻找目标顾客的方法	推销访问的面广、人多，事先没有特定的目标顾客，推销人员可以借机进行市场调查，有利于争取更多的目标顾客，但具有一定的盲目性
连锁介绍法	通过现有目标顾客的介绍来寻找可能购买该产品的准目标顾客的方法	以现有目标顾客的关系为基础，可以省力地寻找到众多准目标顾客；可以避免推销人员的主观盲目性；可以赢得准目标顾客的信赖；成交率较高
中心开花法	在某一特定的推销范围内发展一些有影响力的重点人物，在这些重点人物的协助下，把该范围内同类商品的使用单位或个人变成目标顾客的方法	以重点人物的影响力为基础；以重点人物的信赖为前提；通过重点人物的影响力来扩大商品的影响；难以确定谁是真正的关键人物

3）接近顾客的方法

接近顾客的方法见表7-3。

表7-3 接近顾客的方法一览表

接近顾客的方法	含义	应用技巧
介绍接近法	通过自我介绍或第三者的介绍来接近顾客，以推销商品的方法	优先使用此方法，除了进行必要的口头介绍外，还应主动出示有关的信函、名片或其他证件
商品接近法	直接利用所推销的商品引起目标顾客的注意和兴趣，进而转入洽谈的方法	此方法一般适用于名优特商品的推销
利益接近法	利用所推销的商品本身能够给目标顾客带来的实惠而引起目标顾客的注意和兴趣，进而转入洽谈的方法	直接陈述或提问，告诉目标顾客购买该商品能带来的好处
提问接近法	通过直接提问来引起目标顾客的注意和兴趣，进而进入洽谈的方法	以提问的方式接近目标顾客，以回答或解释问题的方式与目标顾客洽谈
调查接近法	利用调查的机会接近目标顾客，以推销商品的方法	突出推销重点，明确调查内容，争取顾客协助；做好调查准备，注意消除顾客的防备心理；运用恰当的调查方法，确保顺利接近

4）推销洽谈的方法

推销洽谈是人员推销活动中的关键环节，洽谈能否成功直接关系到推销的成败。推销洽谈的方法见表7-4。

表7-4 推销洽谈的方法一览表

推销洽谈的方法	含义	应用技巧
动意提示洽谈法	建议目标顾客立即购买的洽谈方法	应直接指出顾客的主要购买动机；提示语言应尽量简练、明确，以打动顾客；应考虑顾客的个性特征。例如："如果没有什么意见，请黄经理现在就拍板购买吧。"
直接提示洽谈法	劝说目标顾客购买所推销商品的洽谈方法	直接提示推销重点；尊重目标顾客的个性特征，避免冒犯；所推销的商品必须有容易被目标顾客接受的明显特征。例如："赵经理，请放心购买，这批货的质量绝对没有问题。如果您发现有质量问题，我们包退包换。"
相反提示洽谈法	利用反提示原理说服目标顾客购买所推销商品的洽谈方法	相反提示必须能够引起相反的反应；讲究语言艺术，注意说话的分寸；尊重目标顾客，善意刺激；不宜用于反应迟钝或特别敏感的目标顾客。例如："这批货数量大，您能做主吗？"

5）推销成交的方法

推销成交的方法见表7-5。

表7-5　　　　　　　　　　　　推销成交的方法一览表

推销成交的方法	含义	应用技巧
请求成交法	直接请求目标顾客成交的方法	看准成交时机；主动请求成交；避免向目标顾客施加过高的成交压力。例如："林总经理，既然没有别的意见，就请您在合约上签字吧。"
假定成交法	假定目标顾客已经接受推销建议而直接要求目标顾客成交的方法	应密切注意各种成交信号；必须具有十足的成交信心；必须适时地把成交信号转化为成交行动；创造有利的成交氛围。例如："李经理，这是合同书。"

同步思考7-1

　　问题：为什么说人员推销是开展产品促销的重要手段？

　　理解要点：人员推销是开展产品促销的重要手段，这主要是因为人员推销具有其他促销方法不具备的优点。例如，销售的针对性强，可以针对不同的顾客灵活机动地采用不同的手段和方法；服务好，可以针对顾客的不同需求进行售前、售后的服务，帮助顾客解决各种疑难问题；成功率高，推销人员可以直接面对顾客交谈，从而创造需求、满足需求。

课程思政7-1

250定律：不得罪任何一个顾客

　　背景与情境：在每位顾客的身后，都站着约250个人，即与顾客的关系比较亲近的人，包括同事、邻居、亲戚、朋友等。如果一个推销员在年初的一个星期里见到50个顾客，其中只要有2个顾客对他的态度感到不愉快，到了年底，由于连锁影响，就可能有500个人不愿意和这位推销员打交道，这就是乔·吉拉德的250定律。乔·吉拉德得出结论：在任何情况下，都不要得罪顾客。

　　在乔·吉拉德的推销生涯中，他每天都将250定律牢记在心，抱定生意至上的态度，时刻控制自己的情绪，不因顾客刁难，或是不喜欢顾客，或是自己心情不佳等原因而怠慢顾客。

学习微平台
随堂测7-1

学习微平台
随堂测7-2

　　问题：假如你在推销过程中遇到有意刁难、不讲道理的顾客，你会怎么办？

　　研判提示：乔·吉拉德的250定律已向营销人员表明：顾客永远都是主角。顾客不讲道理，营销人员不能以牙还牙，而要以自己的大度感化顾客，只有始终以顾客为核心，奉行"顾客永远是对的"这样的工作理念，才能赢得顾客，才能向社会传递正能量。

本章概要

　　□ 内容提要与结构

　　▲ 内容提要

　　● 促销包括广告、公共关系、营业推广和人员推销四种方式。其中，广告、公共关系、营业推广是通过多种促销手段吸引顾客的促销方式，称为拉引策略。人员推销是面对顾客直接推销的促销方式，称为推动策略。促销策划是策划主体对以上四种促销方式的战略运筹、决策与运用。

● 广告策划的一般流程分为三个阶段：调查分析阶段；制订计划阶段；执行计划阶段。

● 广告效果测评主要包括广告经济效果测评、广告心理效果测评和广告社会效果测评三种。

● 公共关系策划的形式包括：组织行为策划；组织环境策划；组织形象策划；改变公众态度和行为策划。

● 公共关系策划的程序包括：综合分析，认识问题；确定目标，制订方案；分析评估，优化方案；审定方案，准备实施。

● 公共关系活动的时机选择有两层意思：一是选择时机要准确；二是把握时机要及时。公共关系活动常用的媒介有印刷媒介、电子媒介、户外媒介、其他媒介。

● 营业推广策划就是根据企业营销目标，在充分研究市场的基础上，确定企业在某一阶段的营业推广目标，针对不同的促销对象，在适当的时机，选择富有创造性、激励性的营业推广方式，制订有效的营业推广促销行动方案。

● 人员推销策划的步骤包括：明确推销任务，了解推销对象；确定推销方案；确定推销人员；选择推销技术。

● 人员推销的常见策略包括试探性人员推销策略、针对性人员推销策略、诱导性人员推销策略。

▲ 内容结构

本章内容结构如图7-2所示。

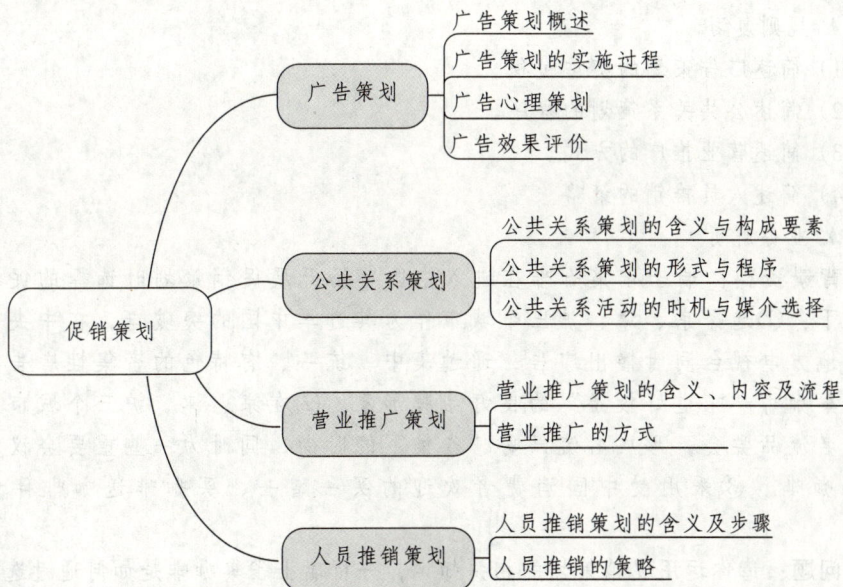

图7-2　本章内容结构

□ 主要概念和观念

▲ 主要概念

拉引策略　推动策略　广告策划　公共关系策划　营业推广策划

▲ 主要观念

拉引策略　推动策略

□ 重点实务和操作

▲ 重点实务

广告策划的一般流程与实施步骤　公共关系活动的时机与媒介选择

▲ 重点操作

"促销策划"知识应用

基本训练

□ 理论题

▲ 简答题

1）简述广告策划中的6M。

2）一个完整的广告策划包括哪些核心要素？

3）简述广告心理策划的原理。

4）公共关系策划有哪些构成要素？

5）公共关系活动常用的媒介有哪些？简述常用大众媒介的特点。

▲ 讨论题

如何选择公共关系活动的时机与媒介？

□ 实务题

▲ 规则复习

1）简述广告策划的实施过程。

2）简述公共关系策划的程序。

3）简述营业推广的方式。

4）简述人员推销的策略。

▲ 业务解析

背景资料：瑞士雀巢咖啡在进入中国市场开展促销策划时选择的促销策略如下：①选择京、津、沪三个城市作为其进军中国的突破口，在中央电视台和地方电视台同时播出广告，通过集中、统一、有特色的密集性广告，传播雀巢咖啡"味道好极了"的良好品牌形象。②在京、津、沪三个城市多次举办名流品尝会，形成名流只喝"雀巢"的时尚；同时为一些重要会议免费提供咖啡。③采用受中国消费者欢迎的买一赠一、买咖啡送咖啡伴侣等形式。

问题：请你运用促销策划的相关知识，分析瑞士雀巢咖啡是如何通过选用恰当的促销方式成功进入中国市场的。

□ 案例题

▲ 案例分析

【训练项目】

案例分析-Ⅶ。

【相关案例】

精心准备的促销策划活动为何会失败？

背景与情境：20××年年初，一位减肥用品经销商在浙江省南部一个富裕的县级市举办了主题为"减肥效果万人大公证"的促销策划活动。

（1）活动时间："3·15"消费者权益日。

（2）活动地点：仁寿堂大药房门前。

（3）活动内容：3月15日只需要花18元，就可以购买价值49元的××减肥胶囊。

（4）活动前媒体宣传：①3月12日至14日在当地《××日报》进行宣传促销活动。②3月10日至15日，在当地人民广播电台发布30秒钟的广告，其中90%的内容为产品功能介绍，广告最后是活动通知。时间从早8点到晚9点每天25次滚动播放。③3月8日至15日，在仁寿堂门口挂跨街横幅一条，内容为活动通知。

（5）活动经过：①现场促销员6名，由于报酬高，加上提前做了培训，因此促销员积极性很高，进入状态快。②为了使前来咨询的顾客对活动内容及产品清晰明了，现场设大展板两块。顾客咨询时，促销员一边发宣传单，一边介绍活动内容及产品。

（6）活动结果：现场只来了50名咨询的顾客，其中32人当场购买产品，合计销售80盒。

该经销商认为，活动从开始宣传到结束设计得很严密，与终端厂家的促销力度差不多。然而这次活动的结果与预期相差甚远，这使经销商大惑不解。

问题：

1）该经销商采取了哪些促销策略？

2）分析这次促销活动失败的主要原因。如果你是这次活动的策划者，你会怎样设计？

【训练要求】

同第1章"基本训练"中本题型的"训练要求"。

▲ 课程思政

【训练项目】

课程思政-Ⅶ。

【相关案例】

商业促销中的道德风险

背景与情境：某年"十一"国庆节，某大厦举办了一次促销活动，活动内容是：敢当众脱掉外衣仅留贴身内衣的女性，就可以在商场免费穿走任何价格、任何款式的一件羽绒服。结果，十几位女子宽衣解带抢衣服，一时弄得舆论哗然。

问题：

1）本案例中存在哪些思政问题？

2）试对上述问题做出你的思政研判，请你结合道德营销的观念谈谈这个案例带来的启示。

3）通过网上或图书馆等途径搜集你做思政研判所依据的相关规范。

【训练要求】

同第1章"基本训练"中本题型的"训练要求"。

□ 自主学习

【训练项目】

自主学习-Ⅳ。

【训练目的】

见本章"学习目标"中的"自主学习"。

【教学方法】

采用"学导教学法"和"研究教学法"。

【训练要求】

1）以班级小组为单位组建训练团队。

2）各团队依照本教材"附录三"的附表3中"自主学习"（中级）的"基本要求"和各技能点的"参照规范与标准"，确定长期学习目标，制订《自主学习计划》。

3）各团队实施《自主学习计划》，系统体验对本教材"附录一"的附表1"领域"中"自主学习"（中级）各技能点的"'知识准备'参照范围"所列知识和"文献综述"撰写规范的自主学习。

4）各团队以自主学习获得的"学习原理"、"学习策略"与"学习方法"知识为指导，通过院资料室、校图书馆和互联网查阅和整理近3年以"企业促销策划"为主题的国内外学术文献资料。

5）各团队以整理后的以"企业促销策划"为主题的文献资料为基础，撰写《"企业促销策划"最新文献综述》。

6）总结上述各项体验，撰写作为"成果形式"的训练课业。

【成果形式】

训练课业：《"自主学习-Ⅳ"训练报告》

课业要求：

1）内容包括：训练团队成员与分工；训练过程；训练总结（包括对各项操作的成功与不足的简要分析说明）；附件。

2）将《自主学习计划》和《"企业促销策划"最新文献综述》作为《"自主学习-Ⅳ"训练报告》的附件。

3）《"企业促销策划"最新文献综述》应符合"文献综述"规范要求，做到事实清晰、论据充分、逻辑合理。

4）结构与体例参照本教材"课业范例"的"范例综-4"。

5）在校园网的本课程平台上展示班级优秀训练课业，并将其纳入本课程的教学资源库。

━ 单元考核 ━➤

考核评价要求：同第1章"单元考核"的"考核评价要求"。

第8章
分销渠道策划

学习目标

理论目标： 通过本章学习，应该达到以下目标：
学习和把握"分销渠道策划"的相关概念，分销渠道策划的内容、价值、功能、类型，分销渠道创新的主要动力来源，渠道发展趋势特点和适用范围等陈述性知识；能用其指导本章"教学互动"和"基本训练"中"理论题"各题型的认知活动，正确解答相关问题；体验本章专业理论"初级学习"的横向正迁移，以及相关胜任力中"专业认知"要素的阶段性生成。

实务目标： 学习和把握分销渠道业务流程，分销渠道策划的原则与程序，分销渠道的结构设计、选择与评估，分销渠道的激励、扶持、检查与调整，分销渠道管理策划，以及"业务链接"等程序性知识，并将"4Cs"融入学习过程中；能以其建构"分销渠道策划"的规则意识，正确解析本章"深度思考""深度剖析"和"基本训练"中"实务题"的相关问题；体验本章专业实务"初级学习"的横向正迁移，以及相关胜任力中"专业规则"要素的阶段性生成。

案例目标： 运用本章理论与实务知识研究相关案例，培养和提高在"分销渠道策划"特定情境中的多元表征专业能力；结合本章教学内容，依照相关规范或标准，对"课程思政8-1"专栏和章后"课程思政-Ⅷ"等案例中的企业及其从业人员进行思政研判，促进"立德树人"根本任务的落实；体验本章不规则知识"高级学习"中专业知识、通用知识与思政元素的协同性重组迁移，以及相关胜任力中"认知弹性"要素的阶段性生成。

实训目标： 参加"'分销渠道策划'知识应用"的实践训练。在了解和把握本实训所及"专业能力训练领域"各"'技术-技能'点"名称、操作"参照规范与标准"，"职业核心能力与职业道德领域"相关"技能点"和"素养点"的"规范与标准"，以及"指导准备"和"知识准备"基础上，通过各项实训任务的完成、系列"技术-技能"操作的实施、《实训报告》的准备与撰写等有质量、有效率的活动，培养"分销渠道策划"的专业能力，强化"信息处理""与人交流""与人合作""解决问题"和"革新创新"等职业核心能力(中级)，并通过"认同级"践行"职业情感""职业态度""职业良心""职业作风""职业守则"等行为规范，促进健全职业人格的塑造；体验本章"实践学习"中"专能""通能""职业道德"元素的协同性"重组-产生"迁移，以及相关胜任力中"求知韧性"和"复合性技能"要素的阶段性生成。

打造"传统渠道+数字商务"供应链 助力乡村振兴

背景与情境： 党的二十大报告提出，全面推进乡村振兴。坚持农业农村优先发展，坚持城乡融合发展，畅通城乡要素流动。

2022年以来，重庆市石柱县商务委以数字化转型为主线、以构建新发展格局为引领，深入开展县域商业体系建设行动，助力石柱县华美商贸有限公司优化传统渠道、融合数字商务，创新打造出"传统渠道+数字商务"重要生活物资供应链，并完善下沉新路径，实现线上线下全面开花。具体措施是：

升级中心仓，打通消费链。坚持市场化原则，推动该公司构建、完善和畅通消费链，新增了4 000平方米仓储区，设置了产品展示区、酒水区、调味品区、粮油区等功能区域，可满足中小企业、个体商户一站式多样化需求。在产品展示区内，展示展销产品，让客户直观感受产品的外观特征，了解产品的生产来源、市场目标、卖点，以及在厂家内部的地位等产品信息。

打造数商圈，畅通流通链。在石柱县商务委的帮助下，该公司通过开设石柱电商网上店铺，上架日用品、农产品等产品，上年累计实现销售额达400万元。引进了舟谱数据店管家，开设"舟谱E店"上架产品2 000余款，让企业直接与客户建立联系、共享信息，缩短了企业和客户之间的距离，减少业务员跑单时间，实现线上推单、接单、结算，在2022年度累计实现销售额1.1亿元。为切实提高配送效率，配套开设了舟谱云仓，建成了以订单采集+仓储管理+物流配送+运营支撑+大数据分析等功能于一体的仓配管理系统，仓储管理部门从10名工人减少到5名，既降低了企业运营成本，又节省了从出库到装车的运输时间。

优化服务网，贯通供需链。为切实推动供应链下沉，更好满足农村群众的生产生活需要，在石柱县商务委的指导下，该公司推广应用"舟谱E店"新型交易模式，为本地生产流通企业、农村商业网点等提供集中采购、统一配送、销售分析、品牌授权、店面设计、库存管理等多样化服务，增强农村实体店铺经营水平和抗风险能力。目前，已在石柱县的20多个乡镇（街道），新增下沉配送网点200个，解决就业50余人，走上多赢发展之路。

资料来源　佚名. 县商务委打造"传统渠道+数字商务"供应链 助力乡村振兴［EB/OL］. ［2023-04-10］. http://cqszx.gov.cn/zwxx_260/bmjz/202304/t20230410_11860744_wap.html. 有删改.

分销渠道策划是企业营销策划的重要组成部分之一，它与产品策划、价格策划和促销策划既相互区别又相互联系。本章将系统阐述分销渠道的基本内容、分销渠道结构策划和分销渠道管理策划。

8.1　分销渠道策划概述

通过对市场需求、竞争态势和企业自身实力的分析决定了采用何种营销战略，以及设计和生产什么样的产品之后，企业应决定采用何种分销渠道将产品销给目标客户，这既是企业管理者要做的重要决策之一，也是企业对其渠道成员的一项重要承诺。分销渠道是企业重要的外部资源，企业分销渠道的建立通常需要很多年的积累与总结。因此，一个企业使用直接渠道还是间接渠道、大型经销商还是小型经销商、企业对经销商的培训和激励政策如何等，都将影响企业产品的定价、促销推广及广告决策。

8.1.1　分销渠道策划的含义

分销渠道策划是企业在创建全新的市场分销渠道，或改进现有分销渠道的过程中所做的决策。**分销渠道策划**即选择、设计、管理产品从生产者转移到消费者所经过的路线和通道的过程。分销渠道策划包括确定分销渠道目标、设计分销渠道结构、评估分销渠道方案、选择分销渠道成员、遵循分销渠道原则等内容。企业进行分销渠道策划时，既要考虑分销渠道的价值、功能、类型，还要考虑企业、产品、市场、竞争、消费者等诸多因素，高效的分销渠道是企业获取竞争优势的重要手段之一。

分销渠道是指产品或服务在从生产者向消费者转移的过程中，取得这种产品或服务的所有权或帮助转移所有权的所有企业与个人。分销渠道成员既包括经销商（含批发商、零售商等，取得所有权），代理商和后勤管理组织（帮助转移所有权）等，也包括处于渠道起点和终点的生产者与最终消费者，但不包括供应商、辅助商。分销渠道具有整体性、利益性和稳定性。分销渠道是一个闭环体系（如图8-1所示），企业在这个闭环体系中实现产品实体从生产者到消费者的转移，实现资金、信息从消费者到达生产者。

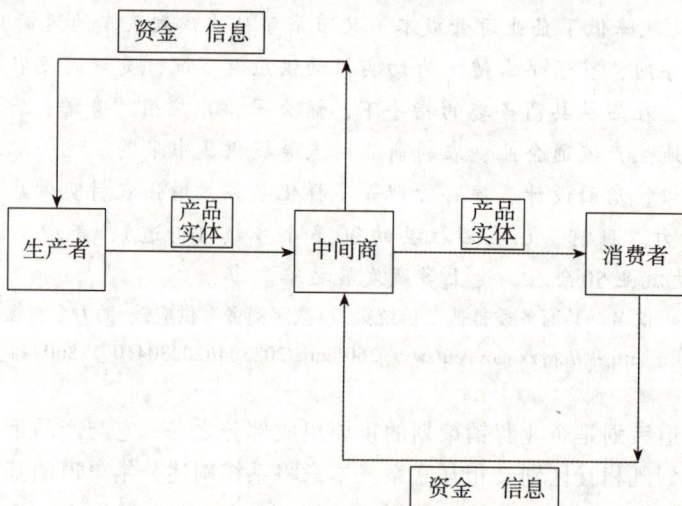

图8-1　分销渠道闭环体系

分销渠道业务流程是指分销渠道成员一次执行的一系列功能，是描述各成员活动或业务的概念。正向流程是从生产者流向中间商和消费者，如商流、物流、促销流；反向流程是从消费者流向中间商和生产者，如资金流；双向流程发生在分销渠道每两个交易成员之间，如信息流。分销渠道业务流程如图8-2所示。除了包含商流、物流、资金流、信息流和促销流等几大重要的功能外，分销渠道业务流程还可以详细分为三种渠道，即销售渠道、交货渠道和服务渠道，这三种渠道是不可能由一个企业来完成的。

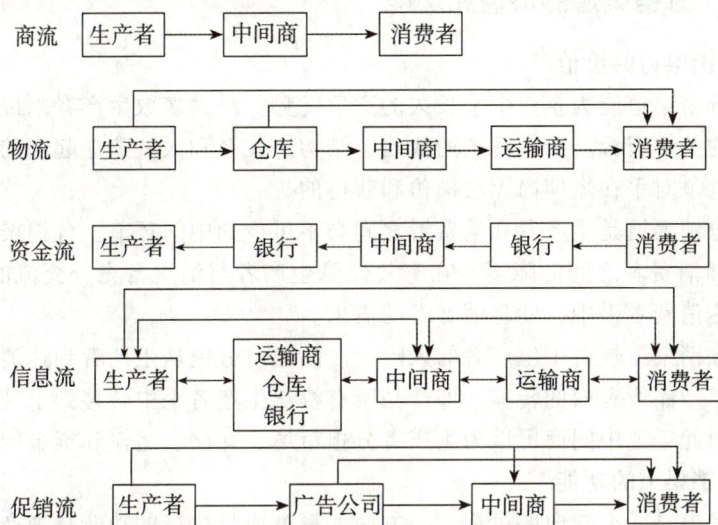

图8-2 分销渠道业务流程

（1）商流，是指产品所有权或持有权从一个渠道成员向另一个渠道成员转移的过程。

（2）物流，是指产品从生产者转移到消费者的运动过程，主要指产品的运输和存储。物流与商流最大的区别在于是否发生所有权的转移。

（3）资金流，是指渠道成员间随着产品及其所有权的转移而发生的资金往来流程。

（4）信息流，是指在分销渠道中，各渠道成员间相互传递信息的过程。信息流的重要性在于可以将消费者的需求和偏好及时、准确地反馈给生产者，以确保产品满足消费者的需求。

（5）促销流，是指通过广告、人员推销等活动，对分销渠道成员施加影响的过程。促销流从生产者流向中间商称为渠道促销，促销流从生产者或中间商流向消费者称为消费者促销，渠道成员都承担对消费者促销的责任。

同步思考8-1

问题：汽车4S店的含义是什么？作为分销渠道，汽车4S店的业务流程是怎样的？

理解要点：汽车4S店是一种以"四位一体"为核心的汽车特许经营模式，包括整车销售（sale）、零配件（spare part）、售后服务（service）、信息反馈（survey）等。汽车4S店的业务流程如下：顾客采购过程中产生了商流——顾客交钱完成了产品所有权的转移；顾客交钱产生了资金流；购买过程中4S店和顾客的交流，实现了将信息反馈给汽车制造厂家的信息流；4S店进货产生了物流——供应商将产品和零配件配送到店；在汽车的销售、保养和维修服务过程中，4S店采取各种措施实现了促销流。

8.1.2　分销渠道的价值和功能

1）分销渠道的价值

（1）分销渠道能为企业带来长久的竞争优势。对大多数生产者来说，分销渠道是企业的关键资源。依靠系统的战略、结构、关系和人员建立起来的分销渠道优势，是竞争对手在短期内无法模仿和获得的。

（2）分销渠道是生产者和消费者之间必不可少的中间环节。分销渠道可以疏通生产者和消费者之间的障碍，在有效保障生产者与消费者充分交流的基础上，使产品到达消费者手中，满足消费者的需求。

（3）分销渠道规避了生产者的风险。产品通过分销从生产者到达消费者手中时，引发了产品所有权的转移，即产品所有权从生产者手中转移到了其他渠道成员手中，因此渠道中间商可以为生产者分担市场、仓储、运输和资金的风险。

2）分销渠道的功能

分销渠道是一个双向的过程。一方面，渠道成员执行的功能是把产品从生产者手中转移到消费者手中，在不同的分销渠道中，这些功能是由不同的渠道成员承担的。当分销渠道发生变化时，这些功能的组合形式也会有所不同，但是需要承担的功能总量是不变的。另一方面，分销渠道的逆向过程又把资金和信息通过分销渠道回流到生产厂家，企业获取了生产所需要的资金、市场信息和消费者信息，从而为企业的生产和营销活动提供了重要的支持。

（1）传统功能

分销渠道的功能可以概括如下：

① 搜集和传播信息。搜集、分析、整理与消费者、竞争者及与营销环境有关的信息，并将这些信息及时传递给分销渠道各成员，最终汇集至生产者那里，从而为生产者的生产、定价和促销提供有价值的参考信息。

② 促销。根据消费者的需求有针对性地向消费者发送和传播产品或服务的信息，并以各种富有说服力、具有吸引力的手段吸引消费者做出购买行为。

③ 寻找消费者。为生产者寻找到不同细分市场的潜在目标消费者，解决生产者不知如何接触消费者、消费者不知在哪里能找到所需产品的问题。

④ 配合。按照消费者的要求调整供应的产品，包括分等、分类和包装等，以提高产品的让渡价值。

⑤ 谈判。在渠道成员间就产品价格及其他交易条款，按互惠互利的原则彼此协商、沟通，达成交易协议，以实现所有权或者持有权的转移。

⑥ 物流。提供运输、仓储、库存服务，以使产品从生产者手中转移到消费者手中。

⑦ 融资。生产者可以获得并分配资金，以负担渠道各项工作所需的费用。在产品销售过程中，渠道成员需要通过金融机构支付货款。

⑧ 分担风险。分销渠道各成员在分享利益的同时，还要共同承担由产品销

售、市场波动等各种不可控因素所带来的风险。

（2）新功能

新兴经济形态与 5G、人工智能、生物技术、大数据、云计算、物联网和智能移动终端 App 等新技术的融合将推动营销渠道的数字化、个性化、整合化、社交化和体验化发展，赋予了营销渠道一些新的功能：

① 数字化传播和互动。在数字经济和知识经济的背景下，渠道成为品牌和消费者之间数字化传播和互动的重要桥梁。社交媒体、移动应用和在线平台等渠道为品牌提供了直接与消费者互动的机会，可以通过内容营销、社交媒体推广等方式增强品牌认知度、建立用户关系，同时也方便消费者获取信息和提出问题。

② 个性化营销。渠道在新兴经济形态下能够更好地支持个性化营销。通过数据分析和人工智能，品牌可以更深入了解消费者的兴趣、偏好和购买行为，从而在不同渠道上提供个性化的推荐和定制化的产品或服务，增强购物体验。

③ 多元化销售机会。新兴经济形态创造了多样的销售机会。除了传统的实体店面，品牌可以在电商平台、社交媒体、直播平台等在线渠道上开展销售。这为消费者提供了更多选择，也为品牌拓展市场和增加销售渠道提供了便利。

④ 内容营销和品牌故事。渠道成为品牌传递故事和价值观的平台。通过内容营销、品牌故事的讲述等方式，品牌可以在不同渠道上传递自己的独特声音，与消费者建立情感联系，提升品牌忠诚度。

⑤ 实时互动和客户服务。互联网和移动技术的发展使得渠道成为实时互动和客户服务的重要场所。品牌可以通过实时聊天、在线客服等方式，迅速回应消费者的问题和需求，提供更便捷的客户服务体验。

⑥ 社交共享和口碑传播。在共享经济和社交媒体的影响下，消费者更容易分享自己的购物体验和意见。渠道成为了社交共享和口碑传播的平台，品牌可以通过积极的用户体验和社交媒体互动，引发消费者间的口碑传播，提高品牌影响力。

⑦ 整合营销和跨界合作。渠道在整合营销和跨界合作方面扮演重要角色。品牌可以通过多个渠道协同推出营销活动，同时与其他行业进行合作，创造更多创新的合作机会，拓展市场影响。

总的来说，新兴经济形态下，渠道不仅仅是销售产品的通道，更成为品牌传播、消费者互动、个性化定制和多样化销售的重要平台，为企业创造了更多的机会和挑战。通过灵活运用不同渠道，企业可以更好地满足消费者需求，建立品牌影响力，实现可持续的营销发展。

同步案例8-1

下沉市场是新战场，网红也是新的零售渠道

背景与情境：2019 年，中国快消品市场规模已超过 9 000 亿元，其中 59% 的增长额由下线城市贡献。

消费市场下沉、渠道变革是中国消费市场经历的深刻变化。下沉市场是中国

消费的新战场，线上与线下渠道的融合是必然的，网红也是新的零售渠道的一部分。市场下沉的同时，竞争也更加激烈，构建传统意义上的渠道已经不再是唯一重要的事情。过去提到产品销售都会强调分销，现在则需要关注从产品定价、包装到服务的整个流程，并且每个环节都要进行创新，最典型的例子就是运用数字媒体平台来推广产品。

2020年，消费市场要关注两件事情：一是跟社会发展相关的议题会越来越重要；二是高质量的产品和服务，尤其是那些结合个人消费体验、能给人带来便利的产品会更加受欢迎。

资料来源　李晓丹. 尼尔森中国区总裁贾斯汀·萨金特：下沉市场是新战场，网红也是新的零售渠道［EB/OL］.［2020-01-17］. https://www.toutiao.com/a6782841282587787789.有删改.

问题：如何看待网红也是新的零售渠道这一观点？

分析提示：2019年，零售渠道发生了颠覆性的变化，而直播就是其中最受关注的一个方面。直播实际上是将口碑传播更快地渗透到了地县级城市。随着网红直播带货这一形式的演化，在未来，网红不仅仅会代表品牌的形象，而且会直接带动产品的销售。在品牌建设和持续走量之间，品牌建设始终是核心，品牌始终需要代言人，而网红代言是品牌代言的一种新模式。实际上，直播带货、网红代言都是中国新零售变革的表象，更深刻的变化来自技术的进步以及线上线下销售从对立到重新融合。

8.1.3　分销渠道的类型

分销渠道按照不同的标准可分为不同的类型。**直接渠道**（也称零阶渠道），是指没有中间商参与，生产者直接将产品销售给消费者的渠道类型。**间接渠道**是指有一级或多级中间商参与，产品需要经过一个或多个中间环节才能销售给消费者的渠道类型。

1）按中间商的层级数划分

根据产品从生产者转移到消费者的过程中所包含的中间商购销环节的多少，分销渠道可以分为零阶渠道、一阶渠道、二阶渠道和三阶渠道（也称多阶渠道）等。

一般来说，零阶渠道和一阶渠道也称短渠道，二阶渠道和三阶渠道也称长渠道。长渠道与短渠道的优劣势对比见表8-1。

表8-1　　　　　　　　　　　　长渠道与短渠道的优劣势对比

类型	优点及适用范围	缺点及基本要求
长渠道	市场覆盖面广；企业可以将渠道优势转化为自身优势；一般消费品的销售较为适用；可以减轻企业的费用压力	厂家对渠道的控制程度较低；增加了渠道服务水平的差异性和不确定性；加大了对经销商进行协调的工作量
短渠道	厂家对渠道的控制程度较高；专利品、贵重商品的销售较为适用	厂家要承担大部分或部分渠道功能，必须具备足够的资源；市场覆盖面较窄

业务链接8-1

多渠道、少环节成为商流大趋势

多渠道、少环节，已经成为互联网时代渠道变革的抓手。传统的代理分销制已经遭到挑战，少环节的线上平台销售却依旧在增长。可以看到，全国连锁、地方连锁、家居连锁、电商平台、百货商场、专卖店、社区社交平台在相互争夺资源，单一渠道的重要性明显下降，线上渠道的崛起已是不可抗拒的潮流。因此，对渠道进行创新布局已成为制造商和品牌商的重要工作内容。调整变革现有渠道格局就是选择新兴互联网渠道，对原有渠道进行改造和重构。

拼多多是一个以社交媒体为介质的线上平台。其从一个不知名的小公司发展为中国第三大电商平台仅用了3年的时间，成长速度令人吃惊！因此，格兰仕与拼多多联手并不意外。

从拼多多层面来说，作为社交电商平台，拼多多希望把各种资源都拉到自己的平台上。多一个品牌，就会多引进一部分流量，而流量的多寡，决定了平台的价值与命运。格兰仕的含金量极高，拼多多绝不会视而不见，放弃去争取。

从格兰仕层面来说，与拼多多合作是顺应趋势的必然。"用户在哪里，格兰仕品牌就应该服务到哪里。"拼多多有近4亿的用户，格兰仕怎么能不加入拼多多的平台呢？在格兰仕看来，一二线市场的增量很难再有大的提高，而三至六线城市潜力巨大，借助拼多多寻找用户，不失为一个非常恰当的选择。

资料来源　山石．多渠道扁平化时代来临　格兰仕率先在多赛道上抢跑［EB/OL］．［2019-05-30］．https：//www.toutiao.com/a6696820259287990788.有删改．

2）按同一层级中间商的数量划分

根据在渠道中各环节使用同类型中间商数量的多少，分销渠道可以分为独家分销渠道（也称窄渠道）、密集分销渠道（也称宽渠道）和选择分销渠道三种，见表8-2。

表8-2　　　　独家分销渠道、密集分销渠道和选择分销渠道对比

分销渠道类型	含义	优点	缺点
独家分销渠道	在既定市场区域内，每个渠道层面只有一家经销商运作	竞争程度低；厂家与经销商的关系较为紧密；适用于专用产品的分销	缺乏竞争，顾客满意度可能会受到影响；经销商对厂家的反控制能力较强
密集分销渠道	凡是符合厂家要求的经销商均可参与分销	市场覆盖率高；比较适用于快速消费品的分销	经销商之间的竞争容易导致市场混乱，渠道的管理成本比较高
选择分销渠道	从申请者中选择一部分作为经销商	优缺点介于独家分销渠道和密集分销渠道之间	

3）按企业选择渠道模式的种类划分

根据企业选择渠道模式种类的多少，分销渠道可以分为单渠道与多渠道两种。单渠道是指生产者在一定的目标市场中，只选择一种分销渠道。多渠道是指

生产者在一定的目标市场中，选择多种分销渠道。多渠道模式的优点是能够降低销售成本，扩大市场覆盖面；缺点是渠道成员合作困难，易产生渠道冲突。

上述分销渠道类型的变化，主要体现在渠道的层级、宽度、广度等方面。

随着新兴经济形态和技术的发展，渠道类型的划分标准也在逐渐演变和扩展。传统的渠道类型划分如零售、批发、经销商等仍然存在，但在数字化和多样化的趋势下，出现了一些新的渠道类型划分标准。以下是一些新的渠道类型划分标准，见表8-3：

表8-3   新兴经济形态下新的渠道划分类型

渠道名称	说明
在线零售平台	随着电子商务的崛起，各种在线零售平台如电商网站、移动应用等成为重要的渠道；根据产品的特性和定位，可以进一步划分为B2C（企业对消费者）、C2C（消费者对消费者）、B2B（企业对企业）等不同类型的在线零售渠道
社交媒体平台	社交媒体不仅仅是社交和娱乐的场所，也是品牌推广和销售的渠道；通过社交媒体平台，品牌可以与消费者直接互动，展示产品，引导购买行为
直播销售平台	直播销售在近年来迅速崛起，成为一种新兴的渠道类型；通过直播平台，主播可以实时展示和介绍产品，与观众互动，促成销售
虚拟现实（VR）和增强现实（AR）平台	VR和AR技术正在渗透到零售和营销领域，为消费者提供虚拟试穿、虚拟漫游等体验；品牌可以通过这些平台提供更丰富的购物体验
物联网（IoT）平台	物联网技术使得物品可以互联互通，品牌可以通过物联网平台提供智能化的产品和服务，实现智能家居、智能健康等领域的渠道创新
订阅服务平台	订阅模式在数字经济中变得流行，各种订阅服务平台如流媒体、订阅箱等提供了持续消费的渠道；品牌可以通过订阅服务平台提供定期的产品和体验
智能设备和智能终端	智能手机、智能音箱、智能手表等智能终端成为品牌与消费者之间互动的重要渠道；品牌可以通过开发相关应用和功能，在智能终端上提供产品和服务
社区和社群	构建品牌社区或社群，通过线上线下结合的方式，为消费者提供交流互动、专业知识分享等价值，增强品牌认知和用户忠诚度

这些新的渠道类型划分标准反映了数字化、智能化和互联化的趋势，为企业提供了更多创新的机会，同时也要求企业更加灵活地调整营销策略，以适应多样化的渠道环境。

深度剖析8-1

背景资料： 在电商、社区团购、新零售、社交电商等新兴电商模式的冲击下，很多实体商家包括一些连锁企业开始有病乱投医，试图通过打通线上线下，做直播带货扭转困境。

问题：新的渠道模式出现了，并且有很多成功的案例，该怎么取舍呢？是不是应该跟随潮流改变原有渠道模式呢？

解析与讨论：新的模式虽好，但并不一定适合所有的实体企业，如果不根据自身的经营情况对症下药，只会加快倒闭的步伐。

并不是所有的企业都适合做直播带货，尤其是个体经营的实体门店。因为每一种商业模式，都有特定的属性。直播带货成败的关键，不是直播本身，而取决于供应链、资金以及直播销售人才。

另外还有很多厂家也在大张旗鼓地搞直播，岂不知这是在自毁前程。因为厂家做直播，运用的是 F2C 模式，从厂家直接到消费者。这样做，从短时间来看可能会提升资金流转的速度，可从长期发展来说并不是好事。厂家做直播其实就相当于在做直销，这势必会让中间商、零售商无路可走。因此，原有的中间商、零售商就会转投同行业其他厂家，这就会间接地壮大竞争对手的实力。

8.2　分销渠道结构策划

分销渠道结构策划即通过设计分销渠道来获取企业的竞争优势的过程。

8.2.1　分销渠道结构策划的原则

1）客户导向原则

企业若想获得发展，必须将客户需求放在第一位，树立以客户为导向的经营思想。这需要经过周密细致的市场调查研究，不仅要提供符合客户需求的产品，还必须满足客户在购买时间、地点以及售后服务方面的需求。

2）最大效率原则

企业选择合适的分销渠道模式，目的在于提高产品流通的效率，不断降低流通过程中的费用，使分销网络的各个阶段、各个环节、各个流程的费用合理化，从而降低产品成本，取得市场竞争优势，获得最佳效益。

3）发挥企业优势原则

企业应依据自己的特长，选择合适的渠道模式，以实现最佳的经济效益，获得良好的客户反应。同时，企业应发挥自优势，以保证各渠道成员通力合作，贯彻企业的战略与方针。

4）合理分配利益原则

这是渠道合作的关键，利益分配的不公常常是渠道成员矛盾冲突的根源。因此，企业应该设置一整套合理的利益分配制度，根据渠道成员承担的职能、投入的资源和取得的成绩，合理分配渠道合作所带来的利益。

5）协调及合作原则

渠道成员之间不可避免地存在竞争，在建立、选择分销渠道模式时，企业必须充分考虑竞争的强度，既要鼓励渠道成员之间的有益竞争，又要积极引导渠道成员的合作，协调其冲突，加强与各渠道成员的沟通，努力使各条渠道有序运行，实现既定目标。

6）覆盖适度原则

企业还应考虑产品是否有足够高的市场覆盖率以支持针对目标市场的销售任务，不能一味强调降低分销成本，这样可能会导致销售量下降。在分销渠道模式的选择过程中，企业也应避免扩张过度、分布范围过宽或过广，以免造成沟通和服务的困难，甚至无法控制和管理目标市场。

7）平衡可控原则

企业的分销渠道模式一旦确定，便需要花费相当大的人力、物力和财力去建立与巩固，整个过程是复杂且缓慢的。所以，企业应平衡各部分利益，轻易不要更换渠道模式及渠道成员。只有保持渠道的相对稳定，才能进一步提高渠道的效益。

同步思考8-2

问题：2004年，格力电器与国美电器宣布"分手"，这其实是一场不同销售渠道之间的较量。格力的"新兴连锁销售"与国美的"传统代理商销售"，谁将主导家电流通渠道呢？

理解要点：家电大卖场多处于商业旺地，场租成本高，再加上广告宣传、销售、配送、售后等方面的运作成本，总成本是一个不小的数目，而高成本、低售价只能靠压榨制造商去实现。另外，这些家电大卖场多设在大中城市，对于广大的农村市场来说，这样单一的渠道显然不能满足企业提高销量的要求。

8.2.2　分销渠道结构策划的程序

每个行业、企业都有自己的特性，因此分销渠道结构策划的程序也不尽相同。通常来说，分销渠道结构策划的程序如图8-3所示。

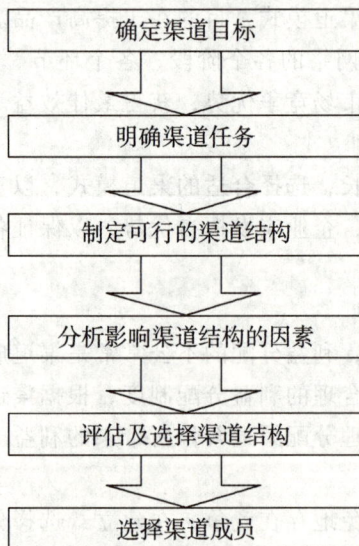

确定渠道目标

↓

明确渠道任务

↓

制定可行的渠道结构

↓

分析影响渠道结构的因素

↓

评估及选择渠道结构

↓

选择渠道成员

图8-3　分销渠道结构策划的程序

1）确定渠道目标

渠道目标是渠道设计者对渠道功能的预期，体现了企业的营销战略目标。分销渠道设计应达到畅通高效、覆盖适度、稳定可控、协调平衡等目标。此外，确定渠道目标时还应考虑经济环境、产品、顾客特性、中间商的优劣、竞争等因素。

渠道目标描述要具体，要使目标执行人员能够准确了解分销渠道在企业整体营销战略和营销组合中的作用，同时要评估所制定的渠道目标与企业的营销战略、营销目标、营销策略是否一致。在进行渠道目标一致性评估时，要做到从大到小，即首先检查渠道目标与公司层的企业战略目标是否一致，然后检查渠道目标与职能层的营销策划目标是否一致，最后检查渠道目标与操作层的产品目标、定价目标、促销目标是否一致，并且要注意公司层、职能层、操作层的横向相关性和相互影响性，如图8-4所示。

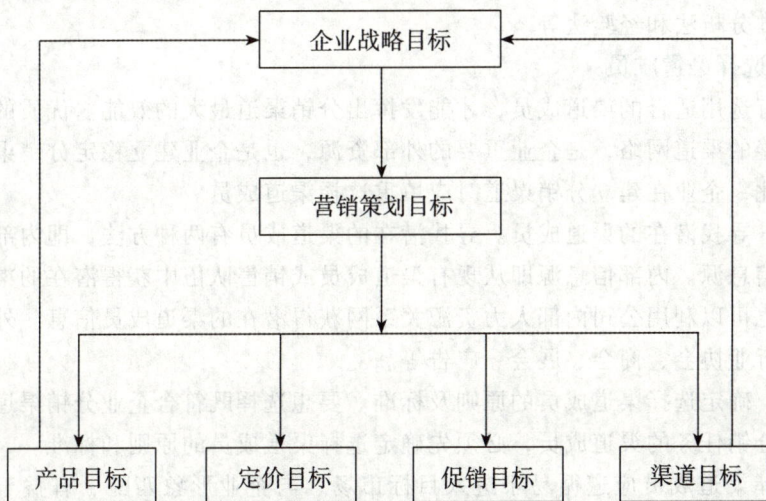

图8-4 渠道目标一致性评估

2）明确渠道任务

渠道设计者应根据分销渠道的促销、物流、融资、分担风险等功能，详细说明分销渠道成员应承担的任务。

3）制定可行的渠道结构

在确定了渠道目标、明确了渠道任务之后，渠道设计者应思考如何制定可行的渠道结构。

4）分析影响渠道结构的因素

渠道设计者必须对下列影响渠道结构的因素进行系统分析和判定：

（1）产品因素：需要考虑产品的价格、体积和重量、技术性、易毁损性和保质期等因素。

（2）市场因素：需要考虑购买批量大小、消费者的分布、消费者的购买习惯和心理等因素。

（3）生产企业本身因素：需要考虑企业的资金实力、销售能力、服务能力和发货限制等因素。

（4）经济效益：需要考虑成本、利润和销售量三个方面的因素。

（5）中间商特性：不同中间商的实力、特点不同，如不同的中间商在广告、运输、储存、信用、联系人员、送货频率等方面具有不同的特点，从而影响了企业对分销渠道的选择。

5）评估及选择渠道结构

渠道设计者综合考虑上述因素后，应设计出几种不同的分销渠道结构。究竟选择哪种渠道结构，还需要对已设计的渠道结构进行评估。渠道结构评估的实质是从那些看起来合理但又相互排斥的方案中选择最能满足企业长期目标的方案。

结合新经济形态，也要注意选择新的渠道模式。

评估渠道结构应遵循经济性、可控性和适应性的原则，选择渠道结构可采用交易成本分析法和经验法等。

6）选择渠道成员

只有选用适合的渠道成员，才能发挥出分销渠道最大的效能。优质的渠道成员与完善的渠道网络，是企业重要的外部资源，也是企业建立稳定分销渠道的基础。因此，企业在建立分销渠道时应慎重选择渠道成员。

（1）寻找潜在的渠道成员。寻找潜在的渠道成员有两种方法，即内部信息源和外部信息源。内部信息源即从现有渠道成员或销售队伍中获得潜在的渠道成员信息，也可以利用公司内部人力资源关系网获得潜在的渠道成员信息。外部信息源包括行业协会、商会、展会、广告等。

（2）确定选择渠道成员的原则及标准。要想选择既符合企业分销渠道战略又能完成分销任务的渠道成员，必须先确定选择渠道成员的原则和标准。

选择渠道成员应遵循易于进入目标市场、与企业形象匹配、有益于产品销售、可建立战略伙伴关系四项原则。

选择渠道成员的标准包括财务状况、信用、销售力、产品线、管理能力、经营状况和规模等。

（3）评估确定渠道成员。依据各项评估标准的重要性进行加权，对每个潜在的渠道成员进行打分，选择得分最高的渠道成员。

业务链接 8-2

网上卖 5 亿元，为什么还要开 1 000 家线下店？

"三只松鼠 2017 年要在线下开 100 家店，未来三到五年要开 1 000 家店。"三只松鼠线下体验店项目负责人说。这些话说完 31 小时后，三只松鼠公布，其 2017 年"双十一"全渠道（扣除线下）日销售额突破 5 亿元。既然三只松鼠线上做得如此成功，为何要大规模杀入线下呢？让我们看看三只松鼠进军线下店的逻辑。

到线下开实体店是为了解决两个问题：一是虚拟空间不能替代的线下体验问

题。未来线下只会存在便利、迅速地解决人们即时性需求的商业形态。二是互联网先进的地方是它把中间商去掉了，变成了直营体系，让利给消费者。如果到线下去，必须同款同价。

三只松鼠进军线下店，目的不是做销售，而是增强用户对品牌的感知，从而促进线上的销售。也许有一天线下不需要陈列产品，只是提供一个粉丝和企业互动的地方。

三只松鼠投食店在氛围营造和IP展现上下了很多功夫，如通过讲故事的方式，使购物体验变得更加精致。

资料来源　王亚奇.一天在网上卖5亿元，三只松鼠为什么还要开1 000家线下店？〔EB/OL〕.〔2017-11-19〕. http：//www.iheima.com/article-159882.html.有删改.

8.3　分销渠道管理策划

分销渠道是企业的一项重要无形资产，关乎企业的生死存亡。渠道成员间的通力合作，可以确保企业的物流、资金流、信息流顺畅，保证渠道成员实现多赢。

渠道管理是指企业为了实现营销目标而对现有渠道进行管理，确保渠道成员间、企业和渠道成员间相互协调、通力合作的一切活动。因此，渠道管理是企业管理中非常重要的一项内容，有效的渠道管理能够维护渠道成员间的相互关系，确保渠道成员的利益，促进渠道成员相互合作，保证产品持续成长。

8.3.1　分销渠道的激励与扶持

分销渠道管理的重要内容之一就是激励渠道成员。激励渠道成员是指企业为了调动渠道成员的积极性，促进渠道成员通力合作，最终达成分销渠道目标所采取的措施。中间商与制造商的需求是不同的，中间商并不认为自己是制造商雇用的供应链上的一员，中间商把所有产品都看作一个整体，关心的是客户需要的产品。若无激励措施，中间商不会保留单一的销售记录，制造商也无法获得自己产品的销售信息。渠道管理就是不断增强中间商与制造商的关系，针对中间商的需求提供持续的激励与扶持。

分销渠道的激励与扶持是指制造商部分参与中间商的经营管理工作，保证中间商把更多的精力投入本企业产品的销售工作中，让中间商感受到与制造商合作的价值。

分销渠道的激励与扶持主要有两种方法：一是直接激励；二是间接激励。

1）直接激励

直接激励是指通过提供物质奖励和金钱奖励来肯定中间商在销售量和市场规范操作方面的成绩。返利、价格折扣、促销活动、市场基金等是最常用的直接激励方法。

（1）返利。返利有过程返利和销量结果返利两种形式。过程返利是一种直接管理销售过程的激励方法，主要用于考察市场销售的规范性。在制定返利政策时，企业应综合考虑返利的标准（品种、数量、额度、等级水平），形式（货物、钱），时间（起止日期，返利月、季、年）及相关的附属条件。

（2）价格折扣。价格折扣包括数量折扣、现金折扣、季节折扣等。

（3）促销活动。中间商非常欢迎促销活动。制造商可采用自己负担或与中间商共同分担的方法开展促销活动。在促销时要注意，促销目标、促销力度、促销内容、促销时间、考评方法、费用申报、活动管理的设计等应与企业营销目标保持一致。在促销活动中，制造商也要派人员协助中间商进行产品陈列、活动安排与培训等。

（4）市场基金。市场基金包括合作基金、开拓基金、发展基金等，它可以调动中间商合作的积极性。

2）间接激励

间接激励是指通过帮助中间商获得更好的管理销售方法，培养其追求更高挑战的技能，从而提高销售绩效，而这一过程也加深了合作双方的感情联系。常用的间接激励方法有以下几种：

（1）培训中间商。通过培养销售体系需要的专业人才，提高中间商的管理水平、增值能力、销售推广能力和商务、宣传、服务的规范性，进而提升销售体系的竞争力，使中间商与制造商共同成长。制造商的职责就是规划并建立渠道培训体系，策划并组织实施渠道培训。

（2）向中间商提供营销支持。帮助中间商建立进销存报表，做好安全库存数的确定和先进先出库存管理。进销存报表的建立，可以帮助中间商了解某一周期的实际销售数量和利润；安全库存数的确定，可以帮助中间商合理安排进货；先进先出库存管理可以减少即期品（即将过期的商品）的出现。

通过对中间商提供间接和直接激励，制造商可与中间商发展长期合作关系，但是对中间商的激励必须适度，过频的激励会削弱激励的效果，过低水平的激励达不到预期的激励效果，过高水平的激励会增加制造商的成本。因此，制造商应先评估后激励，实施激励措施前要先确定好激励的水平和频度，对不同的中间商采用不同的激励措施。

教学互动 8-1

互动问题：

1）中间商和制造商的利益既存在一致性，又有分割的矛盾，对此你怎么看？

2）请分析连锁门店销售的优劣势。

要求：同"教学互动 1-1"的"要求"。

3）渠道成员管理新举措

在新兴经济形态和新技术融合的背景下，渠道成员管理方面有一些新的创举。以下是一些被广泛注意的创新举措：

（1）数字化培训和培训平台。借助云计算和在线教育技术，企业可以建立数字化培训平台，为渠道成员提供在线培训和学习资源。这样的平台可以提供实时更新的培训内容,帮助渠道成员掌握最新的产品知识、市场趋势和销售技巧,提升其专业水平和服务能力。

(2)数据驱动的绩效评估。利用大数据和业绩分析工具,企业可以对渠道成员的绩效进行数据驱动的评估。通过搜集和分析销售数据、客户反馈等信息,可以更客观地评估渠道成员的表现,并有针对性地提供帮助和支持,激励其持续提高业绩。

(3)社交合作和共享知识库。创建一个社交合作平台,让不同渠道成员之间可以交流经验和分享成功案例。通过共享知识库,渠道成员可以从彼此的经验中学习,发现最佳实践,共同解决问题,促进合作共赢。

(4)个性化支持和服务。基于大数据和人工智能技术,企业可以了解每个渠道成员的需求和特点,并提供个性化的支持和服务。例如,根据渠道成员的地域特点和市场情况,量身定制营销推广方案,帮助其更好地开展业务。

(5)知识分享和远程支持。利用云计算和视频会议等技术,企业可以远程向渠道成员提供知识分享和培训支持。无论渠道成员在哪个区域,都可以轻松获得企业的支持和指导,加强合作和沟通。

(6)奖励和激励机制。为了激励渠道成员取得更好的业绩,企业可以引入创新的奖励和激励机制。例如,根据销售绩效设定奖励计划,推出销售竞赛和激励活动,为表现优异的渠道成员提供丰厚的奖励和回报。

这些创新举措可以帮助企业更有效地管理渠道成员,提升其业绩和服务水平,同时加强渠道成员与企业之间的合作关系,共同促进业务的发展和市场的拓展。

8.3.2　分销渠道的检查与调整

分销渠道构建完成后并不是一劳永逸的,企业必须定期检查中间商的表现、评估渠道绩效,在此基础上对渠道的结构进行必要的评估与调整,从而提高渠道的绩效,增强渠道的活力,实现企业的分销渠道目标。

1)分销渠道的检查

分销渠道建立起来后,企业必须定期按一定标准(如销售量达成情况、库存情况、破损处理情况、促销合作情况、货款结算情况、交货时间等)衡量中间商的绩效,评估是否需要取消那些影响渠道绩效的中间商。

(1)渠道绩效评估的流程。**渠道绩效评估是指企业运用科学方法对其分销渠道系统的绩效进行客观考核与评价的过程。**渠道绩效评估的流程包括建立渠道绩效评估标准和制定渠道绩效评估制度。

① 建立渠道绩效评估标准。建立渠道绩效评估标准是进行公平、公正的渠道绩效评估的基础,渠道绩效评估标准可采用历史比较法或区域比较法,从渠道组织、渠道运行、渠道服务、渠道经济性的角度来建立。

② 制定渠道绩效评估制度。这是提高分销渠道效率的好方法,该制度的建立可使管理者认清分销渠道存在的不足,从而及时改进,保持分销渠道目标与企

业营销目标的一致性。

（2）渠道绩效评估的内容。渠道绩效评估的内容包括渠道管理组织、渠道运行状况、渠道服务质量和渠道经济效益四个方面。

深度思考8-1

疑点：随着电商、直播等渠道形式的出现，渠道扁平化可以更好地实现了。在这样的形势下，为了降低风险、降低成本，可能仍需要渠道经销商的存在，那么对渠道经销商还要进行培训吗？

释疑提示：为提高渠道经销商的专业素质和业务水平，以确保其能够更好地推动产品销售和客户服务，可以开展多方面的培训活动，比如以下内容：产品知识培训，市场调研和竞争情报培训，销售技巧和沟通能力培训，服务和售后支持培训，电子商务和数字化销售培训，法律法规和合规培训，团队协作和领导能力培训，管理和运营知识培训等。

2）分销渠道的调整

检查与评估分销渠道后，为了适应不断变化的环境，企业应及时改进影响渠道效率的渠道安排。分销渠道的调整包括调整中间商、调整分销渠道、建立新的分销渠道三种方法。

（1）调整中间商，增加或减少个别的中间商。在产品生命周期的不同阶段，一直保持竞争优势的分销渠道是没有的。对于新产品，企业需要专门设计分销渠道，培养第一批用户，所以可以采用独家分销渠道；对于成熟期的产品，因其标准化程度高，消费者认可度高，所以可以采用密集分销渠道。

（2）调整分销渠道，增加或减少特定的分销渠道。现有分销渠道不可避免地会与理想的渠道出现差距，如果不调整现有渠道，渠道的能力就会随着时间的推移而减弱，消费者也会转向那些能满足他们需求的分销系统。因此，当消费者的购买行为发生变化时，企业必须及时调整分销渠道。

（3）建立新的分销渠道。这是指在一个特定的市场上，建立新的分销渠道。不断变化的营销环境使企业面临着越来越多的竞争者，通过单渠道销售产品已经越来越难，因此许多企业开始进行多渠道分销，以扩大市场覆盖面、增加销售量、降低分销成本。

课程思政8-1

董明珠电商迷局：直播火了，格力的渠道商却造反了

背景与情境：董明珠的直播火了，这个自带网红气质的企业家以一种从来没想过的方式火爆网络。先来介绍一下董明珠直播的成绩，她5场直播就实现了累计销售额178亿元，占到了格力电器上半年销售总额的1/4。这个成绩在直播圈里不仅称得上优秀，甚至堪称卓越。

但现实往往很残酷，就在董明珠直播火爆的这段日子里，经销商却出了

大事！

原来，格力山东销售公司的业务骨干带着手下的人全部跳槽到竞争对手美的那里去了，并且成立了美的在山东的第四家业务公司。这让格力的销售团队以及经销商队伍感到非常震惊。

最近几年，格力和经销商的关系出现了不确定性，其根本矛盾在于返利无法取现，只能通过货款的形式抵扣，总部出台政策从来不征求经销商的意见，导致有一些政策可能不符合经销商当地的市场情况，而经销商又无处可以申诉。

随着电商经济的兴起，董明珠的网店越来越火，直播的火爆仅仅是压垮经销商的最后一根稻草。

董明珠把自己的直播二维码下放到线下门店，让线下门店帮忙引流，但最终的出货却不经过经销商。这就让经销商很尴尬了，经销商手里还有很多库存没有卖出去，消耗了经销商的客户产生的订单，却不从经销商这里走，销售带来的返利应该如何算也没有明确。

所以，对于董明珠的直播，经销商不仅没有热情，反而非常抵触。此外，还有一个非常重要的原因，那就是董明珠在直播间里的促销补贴力度非常大，甚至比经销商的拿货价还要低，这对经销商来说是一种灾难。这样看来，山东销售公司的反水也可以说是一种必然。

对空调等白色家电产品来说，直播只是销售的开始，产品的后续服务还需要线下门店来维护。董明珠如果想把直播当作格力再次突破的一种方式，那么她需要做的并不是提高直播的质量和水准，而是要维护好与经销商的关系。

资料来源　苏道博. 董明珠电商迷局：直播火了，格力的渠道商却造反了［EB/OL］. ［2020-08-11］. https://www.toutiao.com/a6859666004910440971.有删改.

问题：如何破解新兴电商渠道对线下渠道的冲击？

研判提示：新兴电商渠道打破了原有线下渠道的地域区隔，并且在商业模式设计上带来了边际成本较低的优势，从而对传统线下渠道产生了挤压。企业应摸索出一套行之有效的对策，以从容应对新兴商业渠道的冲击。如果企业没有及时建立新兴商业渠道与传统线下渠道的共赢机制，就很容易出现新、老渠道争夺同一批消费者、产品一样价格却不一样的现象。

8.3.3　分销渠道创新

1）渠道创新的动力

激烈的市场竞争促使企业不断进行技术、产品和促销等方面的创新。然而，在渠道方面，大多数企业仍沿用了经营初期传统的渠道模式和管理方式。经济的发展必然带来分销渠道的变革。面对市场经济从粗放型向集约型转变的新环境，传统渠道模式在效率、成本及可控性等方面的劣势日益突出，其"自我意识"和不稳定性对企业的经营效率、竞争力和经营安全形成的局限与威胁逐渐显现，因此对分销渠道的重新整合成为企业关注的话题。概括来说，分销渠道创新的动力主要来自以下方面。

（1）旧的渠道结构无法满足市场发展的需求。市场发展进入了新阶段，传统渠道模式已经难以适应新的要求。从渠道成员地位变化的角度来看，我国分销渠道的发展经历了从重视厂家阶段到重视中间商阶段，最终进入重视消费者阶段的过程。重视消费者阶段的特征是企业的一切活动都围绕着消费者展开，一切以消费者的满意为目标。这就要求企业要以最方便的途径让消费者购买到产品，要以最快的速度对消费者的购买需求和评价做出反应。然而，在传统渠道模式下，由于中间商与厂家一般不是一对一的关系（属于买卖型关系而非合作型关系），且二者的利益关系是相对独立的，因此每个环节上的保价行为都会使双方形成对立，这就阻碍了厂家与消费者的直接沟通，影响了渠道的效率。

（2）分销渠道成本控制成为渠道管理的重点。竞争越充分，企业的利润越薄，因此渠道成本的控制就显得非常重要。近年来，我国市场的供求关系发生了极大的变化，许多领域供大于求，企业已经进入微利时代，渠道利润也越来越小。此外，流通领域的进一步对外开放促使国际流通巨头加快了在我国扩张的步伐，这些状况都使得控制渠道成本成为必然。

（3）对分销渠道的辐射力和控制力的要求更高。企业在经营初期是相当弱小的，资源也十分缺乏，这时利用中间商的网络资源推广产品是一种合理、有利的方式，但付出的代价是形成了对中间商的依赖性。随着企业规模越来越大，品牌影响力也不断提高，为了规避渠道风险并为后续产品奠定渠道基础，企业对渠道辐射力和控制力的要求会更高。一些企业甚至可以凭借自身的财力和市场管理经验组建自己的分销网络，如对中间商实行特许经营、把渠道成员纳入自己的控制之内等。因此，从市场竞争的需要和企业的长远利益来看，掌握渠道主动权具有十分重要的意义。

（4）新技术的出现和广泛运用。随着以互联网为代表的新技术和新经济模式的出现，新的销售模式也得到了广泛应用。此外，随着互联网在全球范围内的普及和物流运输业的发展，网购正为越来越多的人所追捧，这也催生了新的分销渠道模式。

2）渠道发展趋势

新兴经济形态与5G、人工智能、生物技术、大数据、云计算、物联网和智能移动终端App等新技术的融合将为营销渠道带来一系列新的趋势和发展方向。以下是一些主要的趋势：

（1）数字化渠道的普及。随着数字经济的发展和智能移动终端App的普及，消费者购物和服务行为越来越数字化。因此，营销渠道将越来越依赖数字化渠道，如电商平台、社交媒体、移动应用等来推广产品和服务，与消费者建立更直接、更便捷的连接。

（2）数据驱动的个性化推荐。大数据和人工智能等技术的应用将使营销渠道能够更准确地了解消费者的喜好和需求，从而实现个性化推荐和定制化营销。这些技术可以根据消费者的历史购买行为、浏览记录和兴趣偏好，向其推荐相关的产品和服务，提高购买转化率和用户满意度。

（3）强调全渠道整合。新技术的融合将推动营销渠道的全渠道整合发展。企业需要将线上线下渠道进行有效整合，提供一致的品牌形象和消费体验。例如，通过物联网技术，实现线上线下渠道的无缝衔接，提供更便捷的购物体验和服务。

（4）社交媒体和影响力营销。社交媒体的普及使得营销渠道更加注重社交影响力。通过社交媒体平台和影响者，企业可以更好地传播品牌信息，扩大品牌影响力，吸引更多潜在消费者。

（5）体验式营销。在体验经济的影响下，营销渠道也将更加注重创造愉悦和有吸引力的购物体验。例如，通过增强现实（AR）技术，消费者可以在虚拟现实环境中试穿服装或体验产品，提高购买决策的满意度。

（6）增强的数据安全和隐私保护。随着数据的大规模搜集和利用，数据安全和隐私保护将成为营销渠道发展的重要方面。企业需要加强数据安全措施，遵守相关法律法规，保护消费者的个人隐私，提高消费者对渠道的信任和忠诚度。

同步案例8-2

让女性两眼放光　这家公司把数字化运营和私域流量玩明白了

背景与情境： 从来没有喊过自己是高端品牌的Lululemon，其实把线上、线下和私域流量玩得透透的，让穿上它的人都觉得自己高端、自信，这才是好品牌应该有的状态。

一直以来，不少人对Lululemon的印象是产品不错，价格稍贵，女性喜欢，但同时可能他们没有意识到的是，Lululemon的拥趸可以那么疯狂地爱着它！

两位女性约饭，席间，无意中提到了Lululemon，两人顿时两眼放光，约有20分钟左右的时间，两人一直在说该品牌的优点，以及自己的热爱。饭后，还到旁边的Lululemon专卖店去参观体验。

这两位女性都是Lululemon最精准的目标客户，可见产品在初创期，就选择好了自己的目标人群，用短短20年时间，成为继"大鹅"之后，又一让中产疯狂的加拿大品牌。

谁能想到在前有耐克、阿迪，国内有安踏、李宁等一众运动品牌的情况下，Lululemon在窄众的瑜伽裤赛道冲了出来，目前公司的市值已经接近400亿美元。

如果细说Lululemon的成功，概括起来大致有这么几点：

第一，产品过硬，舒适又时尚。

最初在进行瑜伽服设计时即十分人性化，如将紧身背心拉长，使得搭配瑜伽裤外穿时可遮挡部分臀部，改进了市面运动服装的缺陷。

此后，为了增加瑜伽服的时尚感和实用性，还加上"暗兜""夜晚闪""两面穿"等独特设计。

第二，定位非常精准——中产女性。

lululemon的客户通常在24~36岁之间，受教育程度高，这群追求品质和生活态度积极的女孩被称为"super girl"。

对这些消费者来说，虽然价格稍贵，但她们也可以承受。买得多了，会觉得有点肉疼，但商品换来的时尚感和满足感完全冲抵了"痛感"。试问，哪个女生不是一边喜欢买买买，一边说自己乱花钱呢？如果这个钱花得值，产品质量好，那她们更会继续买单！

当她们在获得商品带来的满足之后，势必会影响到身边的爱人，那么Lululemon的男性市场也会被慢慢拉动。

第三，广泛借助社区瑜伽体验馆进行免费的课程体验，使潜在消费者在体验和互动中感受品牌文化。

在北京、上海这样的超一线城市举办线下活动，让消费者身穿lululemon瑜伽服，一同开启万人热汗的超级运动派对。

第四，lululemon以社区运营的形式，将运营模式进行了去中心化，充分赋权给每一家门店。每家门店再依靠品牌大使向周边瑜伽场馆、运动健身场所进行"人肉渗透"。

Lululemon与知名的瑜伽和健身教练合作，通过提供免费服装等无费置换方式邀请他们微代言。

第五，找到最合适的推广平台。

不请明星代言，但是在小红书上"种草"，通过课程活动介绍、穿搭指导等方式，让更多的人去体验lululemon的产品和文化，为线下实体店引流。

2019年，lululemon和国内最大的运动健身App Keep平台联合打造定制课程。以线上运动课程提供的便利性，打破线下运动课程在时间与场地上的局限，吸引了百万全新的瑜伽习练者。

2016年，lululemon进入中国市场，到现在也就七八年时间，但已经把品牌和瑜伽文化完美契合，将每一个做瑜伽的人都要有一件lululemon的理念植入人心。

真正的品牌"私域流量"肯定不单单是在线上或者线下，但是Lululemon特有的营销方式，打通了线上线下，还能方便参与课程练习。

从那两位双眼放光的女性眼中就能看出来，无论是数字化运营还是私域流量，lululemon都玩明白了。

资料来源　老狼聊财经. 让女性两眼放光 这家公司把数字化运营和私域流量玩明白了[EB/OL].［2023-02-13］. https://www.toutiao.com/article/7199433055772082748. 有删改.

问题：如何看待以上的案例？

分析提示：在新的经济形态下，零售渠道发生了颠覆性的变化，其除了直接带动产品的销售，还对品牌的建设和推广起到重要的作用。在品牌建设和持续走量之间，品牌建设始终是核心，线上线下结合不仅仅是围绕原来的渠道功能，而且产生了新的模式和作用。

总的来说，新兴经济形态与5G、人工智能、生物技术、大数据、云计算、物联网和智能移动终端App等新技术的融合将推动营销渠道的数字化、个性化、整合化、社交化和体验化发展。营销人员需要紧跟技术和市场的发展趋势，灵活应用新技术和渠道，以满足消费者不断变化的需求和期待。

学习微平台

延伸阅读 8-1

学习微平台

随堂测 8-1

学习微平台

随堂测 8-2

─ 本章概要 ➡

□ 内容提要与结构

▲ 内容提要

● 分销渠道策划即选择、设计、管理产品从生产者转移到消费者所经过的路线和通道的过程。分销渠道策划包括确定分销渠道目标、设计分销渠道结构、评估分销渠道方案、选择分销渠道成员、遵循分销渠道原则等内容。

● 分销渠道结构策划的程序如下：确定渠道目标；明确渠道任务；制定可行的渠道结构；分析影响渠道结构的因素；评估及选择渠道结构；选择渠道成员。

● 使渠道成员通力合作的方法是：激励与扶持渠道成员，与渠道成员建立伙伴关系，定期检查、评估渠道成员的表现和渠道绩效，及时调整、改进渠道。分销渠道策划也需要及时跟进最新趋势，创新分销渠道模式。

▲ 内容结构

本章内容结构如图 8-5 所示。

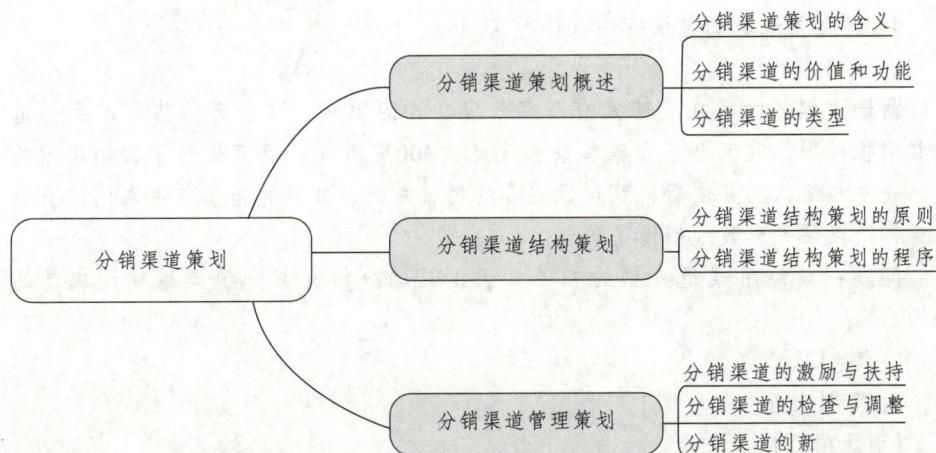

图 8-5　本章内容结构

□ 主要概念与观念

▲ 主要概念

分销渠道策划　分销渠道　分销渠道业务流程　直接渠道　渠道管理　渠道绩效评估

▲ 主要观念

分销渠道结构策划　分销渠道管理策划

□ 重点实务和操作

▲ 重点实务

分销渠道结构策划的程序　分销渠道的激励与扶持

▲ 重点操作

"分销渠道策划"知识应用

⟜ **基本训练** ⟹

□ 理论题

▲ 简答题

1）简述分销渠道的价值、功能与类型。

2）影响渠道结构的因素有哪些？

3）简述分销渠道的发展趋势及其原因。

▲ 讨论题

1）什么样的分销渠道结构较为合理？

2）供应商选择渠道成员是单边决定吗？

□ 实务题

▲ 规则复习

1）简述分销渠道结构策划的流程。

2）分销渠道策划需要考虑哪些因素？

3）简述分销渠道策划的原则。

4）简述渠道激励与扶持的具体做法。

▲ 业务解析

背景资料：宜家在全球拥有多家分店。2019财年，在新开门店和电商渠道的共同推动下，宜家全年净销售额首次突破400亿欧元。宜家进行了营销渠道角色、关系和组织实务创新，获得了整合的经营系统，并且凭借参与者之间的有效配合，比以往更有效地创造了价值。

问题：请运用渠道策划的相关知识，具体分析宜家分销渠道建设成功的原因。

□ 案例题

▲ 案例分析

【训练项目】

案例分析-Ⅷ。

【相关案例】

网红经济的发展与新零售渠道变革

背景与情境：2018年以来，各类网红层出不穷，直播电商等新业态高速崛起，产业链商业模式日渐清晰，"内容即营销，流量即渠道"的逻辑更是重塑了传统商业格局。网红经济发展的背后是人口、技术、产业等因素的共同推动，网红经济正在对流量、渠道、营销、商业模式等产生深远的影响……

网红经济是随着网红的产生而发展起来的，是网红们在获得受众的关注后，自身或者团队利用知名度进行变现，进而获得经济利益的商业模式。不论是KOL（关键意见领袖）还是KOC（关键意见消费者），都只是网红的一种载体或表现形式。

在流量重构方面，首先是用户的注意力向短视频、直播等内容迁移，对短视频、直播的消费占据了越来越多用户的注意力时长。其次是碎片化场景带动了流量分层，私域流量兴起。随着移动互联网流量红利衰减，消费场景日趋碎片化，用户注意力日趋分散，企业获客成本高企，用户的转化效率也随之大打折扣。

在渠道变迁方面，网红经济正在缩短消费决策链条。KOL带货、社交电商等作为网红经济的重要表现形式，因其社交互动性强、转化率高等优势，正在快速崛起。与此同时，零售开始从"人找货"向"货找人"变迁，渠道竞争格局迎来重塑。

此外，在网红经济时代，零售渠道环节实现了从产地（或品牌）到消费者的直接对接，在一定程度上缩短了渠道链条，提升了产业链效率。

资料来源　佚名. 网红经济的发展与新零售渠道变革［EB/OL］.［2020-05-21］. https：//www.toutiao.com/a6829105613864174083.有删改.

问题：

1）新零售的分销渠道策略有哪几种？

2）网红经济与传统商业模式相比，其成功之处在哪里？

【训练要求】

同第1章"基本训练"中本题型的"训练要求"。

▲ 课程思政

【训练项目】

课程思政-Ⅷ。

【相关案例】

家居企业"减负"经销商

背景与情境：国家统计局的统计数据显示，中国中小企业贡献了2/3的GDP，创造了80%的城镇就业，创造了50%以上的税收。可见，中国中小企业的命运与中国经济息息相关。

在疫情的影响下，大部分中小企业面临生存危机。2020年1月29日，家居卖场红星美凯龙宣布全国免租1个月，2月2日又宣布旗下82家自营商场继续对经销商免租1个月，其他家居行业厂商和卖场也频频为经销商减租、减负。从眼前看，难倒很多经销商维持经营的第一个迫在眉睫的问题是现金流，免租、减租、提供贷款是一个切实有效的办法；从长远看，还需要有系统的减负帮扶、自救办法。

资料来源　胡道成. 120个家居企业"减负"经销商案例［EB/OL］.［2020-02-18］. https：//www.sohu.com/a/374051415_120119101.有删改.

问题：

1）分析本案例中企业对经销商"减负"存在的思政问题。

2）对上述问题做出你的思政研判。

【训练要求】

同第1章"基本训练"中本题型的"训练要求"。

□ 实训题

【训练项目】

阶段性体验-Ⅳ："分销渠道策划"技术应用。

【训练目标】

见本章"章名页"之"学习目标"中的"实训目标"。

【训练内容】

专业能力训练：其"领域"、"'技术-技能'点"、"名称"及其操作"参照规范与标准"见表8-4。

表8-4　专业能力训练领域、"技术-技能"点、名称及其参照规范与标准

领域	"技术-技能"点	名称	参照规范与标准
"分销渠道策划"技术应用	"技术-技能"点1	"分销渠道策划概述"技术应用	1）能全面把握"分销渠道策划概述"中的技术。 2）能从"分销渠道策划概述"的特定视角应用相关技术，有质量、有效率地完成以下操作： （1）系统体验"'分销渠道策划概述'技术应用"的如下"技术-技能"操作，并体验"校企合作"中的"优势互补"： ①充分考虑和尽可能实现分销渠道的价值，使其为企业增加竞争优势，疏通生产者和消费者之间的障碍，规避生产者的风险。 ②充分发挥分销渠道的功能，使其为企业承担搜集和传播信息、促销、寻找消费者、配合、谈判、物流、融资和分担风险等任务。 ③按中间商的层级数、同一层级中间商的数量和企业选择渠道的模式，准确划分并根据需要扬长避短地选择分销渠道。 （2）总结"实践学习"中关于"'技术-技能'点1"的"操作体验"和"校企合作"的"优势互补"
	"技术-技能"点2	"分销渠道结构策划"技术应用	1）能全面把握"分销渠道结构策划"的技术。 2）能从"分销渠道结构策划"的特定视角理解并应用相应技术，有质量、有效率地完成以下操作： （1）系统体验"'分销渠道结构策划'技术应用"的如下"技术-技能"操作，并体验"校企合作"中的"优势互补"： ①依照相关规则进行程序化运作。 ②全面评估和适当选择渠道结构。 ③兼顾相关因素，慎重选择分销渠道成员。 （2）总结"实践学习"中关于"'技术-技能'点2"的"操作体验"和"校企合作"的"优势互补"

续表

领域	"技术-技能"点	名称	参照规范与标准
"分销渠道策划"技术应用	"技术-技能"点3	"分销渠道管理策划"技术应用	1）能全面把握"分销渠道管理策划"技术。 2）能从"分销渠道管理策划"的特定视角理解并应用相应技术，有质量、有效率地完成以下操作： （1）系统体验"'分销渠道管理策划'技术应用"的如下"技术-技能"操作，并体验"校企合作"中的"优势互补"： ①采取适当方法，有效激励和扶持经销商。 ②定期检查和适当调整中间商。 ③通过大型化、多渠道组合、发展网络分销和渠道结构扁平化等途径进行分销渠道创新。 （2）总结"实践学习"中关于"'技术-技能'点3"的"操作体验"和"校企合作"的"优势互补"
	"技术-技能"点4	"'训练报告'撰写"技术应用	能充分应用《训练报告》撰写技术，有质量、有效率地进行如下操作： （1）合理设计关于"'分销渠道策划'技术应用"的《训练报告》，其结构合理、层次分明。 （2）较规范地撰写上述《训练报告》。 （3）依照网络教学资源包中《学生考核手册》表考8-7中的"考核指标"和"考核标准"要求，撰写所述《训练报告》

职业核心能力和职业道德训练：其内容、种类、等级与选项见表8-5；各选项操作的"参照规范与标准"见本教材"附录三"的附表3和"附录四"的附表4。

表8-5　　职业核心能力和职业道德的训练内容、种类、等级与选项表

内容	职业核心能力						职业道德						
种类	自主学习	信息处理	数字应用	与人交流	与人合作	解决问题	革新创新	职业观念	职业情感	职业理想	职业态度	职业良心	职业作风	职业守则
等级	中级	中级	中级	中级	中级	中级	中级	认同级	认同级	认同级	认同级	认同级	认同级	认同级
选项		√		√	√	√	√	√			√	√	√	√

【训练任务】

1）对"'分销渠道策划'"专业能力的各"技术-技能"点，依照表8-4中"参照规范与标准"，实施应用相关知识的基本训练。

2）对表8-5中所列职业"职业核心能力"选项，依照本教材"附录三"附

表3的相关"'技术-技能'点""参照规范与标准",实施融入性"中级"强化训练。

3)对表8-5中所列"职业道德"选项,依照本教材"附录四"中"领域"的"参照规范与标准",实施"认同级"相关训练。

【组织形式】

1)以小组为单位组成营销策划团队。

2)各营销策划团队结合实训任务进行适当的角色分工,确保组织合理和每位成员的积极参与。

【指导准备】

知识准备:

学生通过自主学习,预习如下知识:

1)该企业的相关产品或项目知识。

2)"分销渠道策划"的理论与实务知识。

3)本教材"附录一"的附表1中,与本章"职业核心能力"选项各技能点相关的"'知识准备'参照范围"所列知识。

4)本教材"附录三"的附表3中涉及本章"职业核心能力"选项,以及"附录四"的附表4中涉及"职业道德"选项的"参照规范与标准"知识。

操作指导:

1)教师向学生阐明"训练目的"、"训练任务"和"知识准备"。

2)教师就"知识准备"中的第2)、3)项,对学生进行培训。

3)教师要指导学生从"'分销渠道策划'技术应用"视角进行企业营销决策和业务运作情况调研、资料搜集与整理。

4)教师指导学生撰写"'分销渠道策划'技术应用"的《实训报告》。

【训练要求】

1)实训前,学生要了解并熟记本实训的"训练目的"、"训练内容"、"训练任务"与"训练要求",了解并熟记本教材网络教学资源包的《学生考核手册》中表考8-6、8-7所列"考核指标"与"考核标准"的内涵,将其作为本实训的操练点和考核点来准备。

2)将"训练任务"所列四种训练整合并落实到本实训的"活动过程"和"成果形式"中。

3)实训后,学生要对本次实训活动进行总结,在此基础上撰写相关《训练报告》。

【训练时间】

本章课堂教学内容结束后的双休日和课余时间,为期一周。

【情境设计】

将班级学生以小组为单位,组建营销策划训练团队。各团队分别选择一家开展"分销渠道策划运作"的企业(或本校专业实训基地,或毕业生创业团队),从"'分销渠道策划'技术应用"视角,参与企业该项目的运作,在依据表8-4

中""技术－技能'点1"至""技术－技能'点3"的"参照规范与标准"系统体验各项操作的过程中，进行"校企合作"的"实践学习"，并尝试"优势互补"。

【训练步骤】

1）将学生组成若干营销策划团队，每个团队确定1人为队长，结合项目需要进行角色分工。

2）各团队结合"训练任务"，参照"情境设计"，分别选择一家开展"分销渠道策划运作"的企业（或本校专业实训基地，或毕业生创业团队），从""分销渠道策划'技术应用"视角，全程参与企业该项目运作，进行"校企合作"的"实践学习"。

3）依据表8-4中""技术－技能'点1"至""技术－技能'点3"的"参照规范与标准"、系统体验如下操作：

（1）依照表8-4中""技术－技能'点1"的"参照规范与标准"，从""分销渠道策划概述'技术应用"视角，进行"校企合作"的"实践学习"，体验""市场营销策划'胜任力"建构中""分销渠道策划概述'运作"能力要素生成；

（2）依照表8-4中""技术－技能'点2"的"参照规范与标准"，从""分销渠道结构策划'技术应用"视角，进行"校企合作"的"实践学习"，体验""市场营销策划'胜任力"建构中""分销渠道结构策划'运作"能力要素生成；

（3）依照表8-4中""技术－技能'点3"的"参照规范与标准"，从""分销渠道管理策划'技术应用"视角，进行"校企合作"的"实践学习"，体验""市场营销策划'胜任力"建构中""分销渠道管理策划'运作"能力要素生成；

4）各团队总结1）～3）项操作体验，撰写"基于'分销渠道策划'技术应用"的《校企合作实践学习总结》，体验""市场营销策划'胜任力"建构中"分销渠道策划运作"的"专业互鉴"能力要素生成。

5）在""分销渠道策划'技术应用"的"专能"基本训练中，依照表8-5中相关训练选项的"参照规范与标准"，融入"职业核心能力"的"中级"强化训练和"职业道德"的"认同级"相关训练。

6）各团队综合以上阶段性成果，依照表8-4中""技术－技能'点4"的"参照规范与标准"，撰写《""分销渠道策划'技术应用"训练报告》。其内容包括：实训组成员与分工；实训过程；实训总结（包括对专业能力训练、职业核心能力训练和职业道德训练的分析说明）；附件（即阶段性成果全文）。

7）在班级讨论、交流和修订各团队的《训练报告》，使其各具特色。

【成果形式】

实训课业：《""分销渠道策划'技术应用"训练报告》。

课业要求：

1）"实训课业"的结构与体例参照本教材"课业范例"中的"范例综-3"。

2）将《校企合作实践学习总结》以"附件"形式附于《训练报告》之后。

3）在校园网的本课程平台上展示经过教师点评的班级优秀《训练报告》，并将其纳入本课程的教学资源库。

单元考核

考核评价要求：同第1章"单元考核"的"考核评价要求"。

综合训练

【训练项目】

终极体验-综:"市场营销策划"技术综合应用。

【训练目标】

参加"'市场营销策划'技术综合应用'"的"传承-创新"训练。在了解和把握本实训所及"专业能力训练领域"各"'技术-技能'点"名称、操作"参照规范与标准","职业核心能力与职业道德领域"相关"技能点"和"素养点"的"规范与标准","指导准备"和"知识准备",并把"产学研结合"和"教学闭环"(特别是自主学习)中获得的"技术更新"融入教材各章"传承技术"的基础上,通过综合应用各章"'传承-发展'技术",系列"技术-技能"操作的实施,《"'市场营销策划'技术综合应用"训练报告》的撰写、讨论与交流等有质量有效率的活动,培养"'市场营销策划'技术综合应用'"的"传承-发展"专业能力,强化"职业核心能力"("高级"全选项),并通过践行"职业道德"("认同级"全选项)行为规范,促进健全职业人格的塑造,体验"'传承-发展'型"营销策划胜任力终极生成。

【训练内容】

专业能力训练:其"能力领域"、"统整点"、"名称"及其"参照规范与标准"见表综-1。

表综-1   **专业能力训练领域、统整点、名称及其参照规范与标准**

能力领域	统整点	名称	参照规范与标准
"市场营销策划"技术应用	统整点1	"'传承-创新'技术-技能"群1	(1) 能将第2章"传承技术"与"产学研结合"和"教学闭环"(特别是自主学习)中获得的相关"技术更新"融为一体; (2) 能全面应用其"融合技术",正确进行"'营销调研策划'运作",系统体验其"传承-发展"胜任力生成
	统整点2	"技术-技能"群2	(1) 能将第3章"传承技术"与"产学研结合"和"教学闭环"(特别是自主学习)中获得的相关"技术更新"融为一体; (2) 能全面应用其"融合技术",正确进行"'企业战略策划'运作",系统体验其"传承-发展"胜任力生成

续表

能力领域	统整点	名称	参照规范与标准
"市场营销策划"技术应用	统整点3	"技术-技能"群3	(1) 能将第4章"传承技术"与"产学研结合"和"教学闭环"（特别是自主学习）中获得的相关"技术更新"融为一体； (2) 能应用其"融合技术"，正确进行"'市场细分与定位策划'运作"，系统体验其"传承-发展"胜任力生成
	统整点4	"技术-技能"群4	(1) 能将第5章"传承技术"与"产学研结合"和"教学闭环"（特别是自主学习）中获得的相关"技术更新"融为一体； (2) 能全面应用其"融合技术"，正确进行"'产品策划'运作"，系统体验其"传承-发展"胜任力生成
	统整点5	"技术-技能"群5	(1) 能将第6章"传承技术"与"产学研结合"和"教学闭环"（特别是自主学习）中获得的相关"技术更新"融为一体； (2) 能全面应用其"融合技术"，正确进行"'价格策划'运作"，系统体验其"传承-发展"胜任力生成
	统整点6	"技术-技能"群6	(1) 能将第7章"传承技术"与"产学研结合"和"教学闭环"（特别是自主学习）中获得的相关"技术更新"融为一体； (2) 能全面应用其"融合技术"，正确进行"'促销策划'运作"，系统体验其"传承-发展"胜任力生成
	统整点7	"技术-技能"群7	(1) 能将第8章"传承技术"与"产学研结合"和"教学闭环"（特别是自主学习）中获得的相关"技术更新"融为一体； (2) 能全面应用其"融合技术"，正确进行"'分销渠道策划'运作"，系统体验其"传承-发展"胜任力生成
	统整点8	"技术-技能"群8	能应用《训练报告》撰写技术，有质量、有效率地进行如下操作： 1) 合理设计关于"市场营销策划'技术综合应用"的《训练报告》，其结构合理、层次分明。 2) 较规范地撰写上述《训练报告》。 3) 依照网络教学资源包中《学生考核手册》考核表考综-1中的"考核指标"和"考核标准"要求，撰写所述《训练报告》

　　职业核心能力和职业道德训练：其内容、种类、等级与选项见表综-2；各选项的操作"规范与标准"见本教材附录三的附表3和附录四的附表4。

表综-2　　　**职业核心能力与职业道德训练内容、种类、等级与选项表**

内容	职业核心能力							职业道德						
种类	自主学习	信息处理	数字应用	与人交流	与人合作	解决问题	革新创新	职业观念	职业情感	职业理想	职业态度	职业良心	职业作风	职业守则
等级	中级	中级	中级	中级	中级	中级	中级	认同级	认同级	认同级	认同级	认同级	认同级	认同级
选项	√	√	√	√	√	√	√	√	√	√	√	√	√	√

【训练任务】

1) 全面融合第2、3、4、5、6、7、8章"实训题""技术准备"中所列技术与相关章"技术更新"中所列技术，做好本次实训的"'传承-发展'技术"准备。

2) 应用相关技术，对表综-1所列专业能力领域各统整点，依照其"参照规范与标准"，实施"'传承-发展'型"基本训练。

3) 应用相关知识，对表综-2所列职业"核心能力"和"职业道德"选项，依照本教材"附录三"的附表3的"参照规范与标准"，分别实施融入性"中级"强化训练和"认同级"相关训练。

【组织形式】

(1) 以小组为单位组成"'市场营销策划'技术综合应用"训练团队。

(2) 各训练团队结合"训练任务"进行适当的角色分工，确保组织合理和每位成员的积极参与。

【指导准备】

1) 技术准备

(1) 全面重温第2、3、4、5、6、7、8章"实训题"的"技术准备"所列知识。

(2) 表综-1中"'技术-技能'群1"至"'技术-技能'群7"的"参照规范与标准"知识。

(3) 本教材"附录一"的附表1中，"职业核心能力"（中级）全选项各"'技术-技能'点""'知识准备'参照范围"所列知识。

(4) 本教材"附录三"的附表3中"职业核心能力"（中级）全选项各"'技术-技能'点"，以及"附录四"的附表4中"职业道德"（认同级）全选项各素质点的"参照规范与标准"知识。

2) 操作指导

(1) 教师向学生阐明"训练目的"、"训练任务"和"技术准备"。

(2) 教师就"技术准备"中的第 (2)、(3)、(4) 项，对学生进行培训。

(3) 教师指导学生撰写《"'市场营销策划'技术综合应用"训练报告》。

【情境设计】

班级学生以小组为单位，组建"'营销策划'技术综合应用"训练团队，分别选择一家开展营销策划综合运作业务且不同于"范例-3""情境设计"中的企业，进行营销策划合作训练。各团队应用本实训"指导准备"中"知识准备"所列知识，在与企业员工的营销策划中系统进行如下操作：

调查该企业"'××产品营销策划'综合运作"中存在的不足和问题，提出优化建议；以"统整点1"至"统整点7"的"'技术-技能'操作"体验为据，对该企业原"'××产品营销策划'综合运作"进行优化调整，制订《"'××企业××产品营销策划'综合运作"优化方案》；将"职业核心能力"训练和"职业道德训练"融入上述专业能力的"综合训练"中；撰写并在班级交流以上述操作为内涵的《"'市场营销策划'技术应用"训练报告》。

【训练要求】

（1）实训前学生要了解并熟记本综合训练的"训练目的"、"能力与素质领域"、"训练任务"与"指导准备"

（2）通过"训练步骤"，将"训练任务"所列（2）和（3）整合到本次训练的"活动过程"和"成果形式"中。

【训练时间】

本课程课堂教学内容结束后，安排两周时间进行"终极体验"训练。

【训练步骤】

1）以班级小组为单位组建学生"终极体验"训练团队，每队确定1人为队长，结合项目需要进行角色分工与协作。

2）各团队结合"训练任务"，参照"情境设计"，分别选择一家不同于"范例-3"的开展"市场营销策划综合运作"的企业，从"'市场营销策划'技术综合应用"视角，全程参与并调查实习企业（或本校专业实训基地，或毕业生创业团队）的"市场营销策划综合运作"现状，分析其成功经验、存在不足及尚待解决的问题，系统体验如下操作：

（1）依照表综-1中"统整点1"的"参照规范与标准"，从"'营销调研策划'技术应用"视角，参与并调查实习企业（或本校专业实训基地，或毕业生创业团队）该业务的各项运作，分析其成功经验、存在不足及尚待解决的问题，提出优化建议或方案，体验"'市场营销策划'胜任力"建构中"'营销调研策划'运作"的"传承-发展"能力要素生成；

（2）依照表综-1中"统整点2"的"参照规范与标准"，从"'企业战略策划'技术应用"视角，参与并调查实习企业（或本校专业实训基地，或毕业生创业团队）该业务的各项运作，分析其成功经验、存在不足及尚待解决的问题，提出优化建议或方案，体验"'市场营销策划'胜任力"建构中"'营销基本战略'运作"的"传承-发展"能力要素生成；

（3）依照表综-1中"统整点3"的"参照规范与标准"，从"'市场细分与定位策划'技术应用"视角，参与并调查实习企业（或本校专业实训基地，或毕业生创业团队）该业务的各项运作，分析其成功经验、存在不足及尚待解决的问题，提出优化建议或方案，体验"'市场营销策划'胜任力"建构中"'市场细分与定位策划'运作"的"传承-发展"能力要素生成；

（4）依照表综-1中"统整点4"的"参照规范与标准"，从"'产品策划'技术应用"视角，参与并调查实习企业（或本校专业实训基地，或毕业生创业团队）该业务的各项运作，分析其成功经验、存在不足及尚待解决的问题，提出优化建议或方案，体验"'市场营销策划'胜任力"建构中"'产品策划'运作"的"传承-发展"能力要素生成；

（5）依照表综-1中"统整点5"的"参照规范与标准"，从"'价格策划'技术应用"视角，参与并调查实习企业（或本校专业实训基地，或毕业生创业团队）该业务的各项运作，分析其成功经验、存在不足及尚待解决的问题，提出优化建议或方案，体验"'市场营销策划'胜任力"建构中"'价格策划'运作"的"传承-发展"能力要素生成；

（6）依照表综-1中"统整点6"的"参照规范与标准"，从"'促销策划'技术应用"视角，参与并调查实习企业（或本校专业实训基地，或毕业生创业团队）该业务的各项运作，分析其成功经验、存在不足及尚待解决的问题，提出优化建议或方案，体验"'市场营销策划'胜任力"建构中"'促销策划'运作"的"传承-发展"能力要素生成；

（7）依照表综-1中"统整点7"的"参照规范与标准"，从"'分销渠道策划'技术应用"视角，参与并调查实习企业（或本校专业实训基地，或毕业生创业团队）该业务的各项运作，分析其成功经验、存在不足及尚待解决的问题，提出优化建议或方案，体验"'市场营销策划'胜任力"建构中"'分销渠道策划'运作"的"传承-发展"能力要素生成；

（8）各团队总结上面（1）～（7）项操作体验，撰写基于"'市场营销策划'技术综合应用"的《"××企业'市场营销策划'综合运作"优化方案》，体验"'市场营销策划'胜任力"建构中"革新创新"能力要素的强化。

3）在上述"专业能力"基本训练中，依照表综-2的"参照规范与标准"，融入"职业核心能力"的"高级"强化训练和"职业道德"的"认同级"相关训练，体验"'市场营销策划'胜任力"建构中"专能""通能""职业道德"的"传承-发展"融合要素生成。

4）各团队综合以上阶段性成果，撰写《"'市场营销策划'技术综合应用"训练报告》（内容包括："团队成员与分工""训练过程""训练总结""附件"），体验"'市场营销策划'胜任力"建构中《训练报告》撰写能力要素生成。

5）在班级讨论、交流和修订各团队的《训练报告》，使其各具特色，体验体验"'市场营销策划'胜任力"建构中"团队协作"和"与人交流"等"'通能'要素"的强化。

【成果形式】

1）训练课业：《"'市场营销策划'技术综合应用"训练报告》

2）课业要求：

（1）"训练课业"的结构与体例见本教材"范例综-3"。

（2）将《"'××企业××产品营销策划'综合运作"优化方案》以"附件"形式附于《训练报告》中。

（3）在校园网平台上展示经过教师点评的班级优秀《训练报告》，并将其纳入本课程教学资源库。

（4）将经过教师点评的班级优秀《训练报告》赠送所选企业，作为本课程"产学研结合"的"校本学习"最终成果。

课业范例

范例综-1

□ 案例题
▲ 案例分析

【训练项目】

案例分析-范。

【相关案例】

营造爱情神话的哈根达斯

背景与情境： 哈根达斯是冷饮品牌经营的典范，在快速消费品品牌营销策划方面，有许多值得学习之处。

1）将享受做成艺术和经典

在品牌林立的冰激凌市场上，当大部分冰激凌品牌都在街口的流动雪糕车上销售，用低价和好口味吸引更多回头客时，诞生于1961年的哈根达斯却将自身定位为顶级雪糕的代表，以自我沉醉、愉悦万分的感官享受作为卖点，占领了高端消费市场。哈根达斯的目标顾客是出入高级餐厅和高档卖场的奢侈品消费人群，哈根达斯精心为其打造以"尊贵"著称的冰品，采取了比同类竞争品牌高出30%～40%的定价策略。装修精致的咖啡馆式店面设在繁华的小资生活区，这使得哈根达斯迅速脱颖而出，对艺术活动的频繁参与同样显示了哈根达斯对不凡品位的追求。

2）赋予产品象征意义

哈根达斯为冰激凌甜蜜香滑的口感赋予了各种带有浓情意味的象征——情人的亲吻、指尖的缠绕、绵长温柔的拥抱，进而将品牌的目标顾客从尊贵一族调整为对爱情怀有旖旎幻想的女性族群。围绕着情人品牌形象与尊贵冰品的定位，哈根达斯在营销上的低调路线赋予了其神秘与矜持感，契合情人间"我在你眼中独一无二"的情感需求。

3）产品宣传主题清晰

1996年，当哈根达斯在上海开第一家店的时候，一句"爱她，就带她去哈根达斯"的广告词瞬间在年轻群体中引发情感共鸣。现在，在消费文化日渐成熟的中国城市，越来越多的居民已经有足够的消费能力回应哈根达斯的品牌内涵。哈根达斯的尊贵定位和情感内涵在中国已不再是小众得以独享的韵味。

4）具有较大盈利空间的价格策略

哈根达斯进军欧洲市场时，采取了撇脂定价策略，其价格比同类竞争品牌高出30%～40%。

5）情感内涵的延伸

从最初的"爱她，就带她去哈根达斯"，显示出对爱情中"归属感"的强调，到2004年"慢慢融化"中对"沉醉"时刻的彰显，到2009年"一起融化"中对"分享"这种更深层次情感内涵的传达，哈根达斯所传递的"情人之爱"的品牌内涵在不断升华，现在它更注重在精神层面培育爱情的意味。哈根达斯的情感内涵深化使其更贴近目标客户在情感上"体验弥足珍贵"的诉求。

互联网的出现，不仅使消费者购买商品更加便捷，也使消费者拥有了更多的选择，这给传统零售企业造成了不小的打击。今天，哈根达斯面对电子商务的挑战，是否也需要调整战略呢？

资料来源　佚名. 哈根达斯：传情盛物是如何做营销的？［EB/OL］.［2013-12-30］. https：//www.shichangbu.com/know_info/19647.html.有删改.

问题：

1）以哈根达斯营销策划的成功为例讨论快消品营销策划的一般规律。

2）如果你是哈根达斯的中国市场经理，请提出一个可以解决电子商务冲击的策划方案，说明该方案中相关策划的理论依据。

【训练要求】

同第1章"基本训练"中本题型的"训练要求"。

"营造爱情神话的哈根达斯"案例分析提纲

（项目团队队长：　　　　　　　　项目团队成员：　　　　　　　　　）

1）关于"知识点"分析

（1）团队成员分别分析快消品哈根达斯的营销策略。

（2）团队讨论各成员整理的本案例涉及的"知识点"，由团队队长汇总。

（3）团队讨论本案例"背景与情境"涉及哪些知识点。

（4）团队汇总讨论（3）的内容，形成阶段性成果。

2）关于"快消品现状"分析

（1）团队成员应用本案例相关"知识点"的知识，逐一分析"快消品现状"。

（2）团队讨论各成员分析的"快消品现状"，由组长汇总。

3）关于"营销经理策划方案"设计

（1）团队成员模拟本案例中的营销经理，应用本案例涉及的快消品营销策划知识，研究设计"营销经理策划方案"。

（2）团队讨论各成员设计的"营销经理策划方案"，由组长汇总。

4）撰写、讨论与交流《案例分析报告》

（1）团队长组织组员，综合以上阶段性成果，形成《案例分析报告》。

（2）在班级讨论、交流各团队的《案例分析报告》。

（3）团队修改《案例分析报告》，提交教师点评。

"营造爱情神话的哈根达斯"案例分析报告

案例分析人：＿＿＿＿＿＿（＿＿＿＿级＿＿＿＿专业＿＿＿＿班）

指导教师：＿＿＿＿＿＿（＿＿＿＿＿学院＿＿＿＿系）

1）本案例涉及的"知识点"

本案例从快消品哈根达斯的角度，研究了快消品在开展市场营销策划时的战略，哈根达斯营造的爱情神话已发展为不可复制的标杆，哈根达斯如手持弓箭的爱神丘比特，成为"情人之爱"最广为人知的代言之一。

本案例涉及的"知识点"主要有以下方面：

（1）企业战略策划，实施差异化战略。

（2）目标市场策划，包括产品的市场细分、目标顾客选择与调整、市场定位与竞争策划。

（3）产品策划，包括产品开发、品牌开发与塑造策划等。

（4）价格策划，定价策略的选择。

（5）促销策划，营造独一无二的氛围，始终对目标顾客具有强大的吸引力。

2）知识应用（I）："快消品现状"分析

（1）快速消费品（FMCG）是指那些使用寿命较短、消费速度较快的消费品。快消品依靠消费者高频次和重复的使用来获得利润和实现价值，是目前市场上竞争比较激烈的产品，如白酒、牛奶、葡萄酒、食用油、香烟、方便面、饮料、瓶装水、饼干等。对很多人来说，与耐用消费品相比，快消品是一个独特的、相对完整和富有特征的领域。时至今日，快消品行业已经发展成为全球最大的产业之一，它的通路、广告和公关都具有不同的特色。

（2）理解推动快消品购买行为的原因。快消品企业具有品牌建设方面的新想法，能够触摸到目标市场的情感需求，赋予产品象征意义。

（3）市场定位的转换。准确理解顾客需求，以便在同类产品中找准定位，找出目标顾客群，占据更大的市场份额。哈根达斯先是针对出入高级餐厅和高档卖场的奢侈品消费人群，为其精心打造以"尊贵"著称的冰品，然后将消费人群调整为对爱情怀有旖旎幻想的女性族群。

（4）促销方式与众不同。哈根达斯主要出现在高级酒店和餐厅，对艺术活动的频繁参与，同样显示了它对不凡品位的追求。

（5）情感内涵的延伸。哈根达斯在欧美市场大获成功，除了对"尊贵"及"罕有"品牌气质的强调以外，与浪漫爱情的关联也成为其成功的关键要素。这种定位使产品与目标客户间的情感得以维系，无论是该品牌广告中对于"爱她，就带她去哈根达斯"的极尽渲染和强调，还是顾客在品味冰品时脑中泛起的种种联想，都将顾客群体更牢固地锁定在幻想、渴望、尝试和享受中。

（6）电子商务的发展。电子商务已经对传统销售渠道构成了威胁，企业必须积极应对。

3）知识应用（II）："营销经理策划方案"设计

（1）参与变革，哈根达斯需要参与到互联网带来的变革之中，这需要运用企业战略策划中的调整理论，以及由此引发的竞争策划、促销策划、价格策划、渠道策划理论中的调整理论。

（2）针对互联网用户，设计新款产品，培养顾客对新款产品的认同感，提高市场影响力。

（3）树立互联网思维模式，拟订市场营销策划方案，追求较好的经济效益回报。

（4）针对组织经营战略变革过程中涉及的相关部门进行培训，以适应新环境的挑战。

（5）做好经营战略变革过程中市场营销策略的调整，虽然要有别于一般产品追求市场覆盖率、方便消费者购买的做法，但是也要设计好产品的服务策略。

范例综-2

▲ 课程思政

【训练项目】

课程思政-范。

【相关案例】

夺命快递

背景与情境： 2013年11月28日深夜，潍坊捷顺通快递有限公司（圆通速递在当地的加盟公司，以下简称捷顺通公司）工作人员在卸载由武汉发往潍坊的快件运输车时，嗅到刺激性气味，2名员工呕吐。公司作业现场负责人随即疏散员工，并将上述2名员工送医院医治，同时将车辆放置通风处。29日清晨，捷顺通公司与湖北发件企业取得联系，将呕吐员工症状告知发件企业，发件企业称该液体为氯乙腈，对人体危害较小。随后，捷顺通公司于29日晚对通风放置的车辆再次进行快件处理，又有3名员工出现胸闷等症状，公司将3名员工送至潍坊市某医院观察治疗。

30日早上，捷顺通公司再次致电发件企业，询问寄递物品到底是何物，发件企业称为氟乙酸甲酯，不是上次告知的氯乙腈。随后，捷顺通公司报警，同时联系119对污染源进行处理。

山东省邮政管理局通报称，在5名工作人员出现不同程度的中毒症状后，捷顺通公司没有按照有关规定和程序向当地邮政管理部门报告，而是自行对疑似污染快件进行了隔离，并于11月29日10时左右将同一车次的其他快件先后投出。直到30日中午，才报告潍坊市邮政管理局。

12月2日下午，捷顺通公司又向潍坊市邮政管理局报告称，同一车次已先期发往广饶县的某快件收件人29日收件后头晕恶心，送医院治疗后死亡。同日，山东省邮政管理局督导组到达潍坊督办广饶居民死亡事件及同车次1 844件快件的排查情况。4日早上，1 844件快件全部排查完毕，发现问题件4件，除广饶死亡1例外，另有胶州、寿光2位收件人收货后有头晕、恶心等异常反应，黄岛1

位用户收到鞋子后有异味拒收退回。

据查，由武汉同一网店发往潍坊的鞋子共69票，通过对此69票逐一追查，发现其中13票作为污染件封存留仓，56票已经发出。发出去的56票，除发现的4票问题件外，其他52票均无异常。另据通报称，除污染源外，相关部门对前期遭受污染的153件快件，均按程序进行了处理。圆通速递官网12月20日发布的"关于广饶事件的声明"称，湖北荆门一家化工企业经圆通速递当地加盟网点向山东某制药厂寄递一件物品，称该物品无毒无害，收件人员按照公司制度对该物品进行了验视。邮寄过程中由于种种原因，造成外包装破损，致使液体泄漏。

资料来源 吴书光. 快递为何致人死亡：圆通明知是问题件还投递［EB/OL］.［2013-12-21］. https：//finance.qq.com/a/20131221/001696.htm? pgv_ref=aio2012&ptlang=2052.有删改.

问题：

1）本案例中，快递公司与湖北荆门化工企业各自存在哪些思政问题？

2）试对上述问题做出你的思政研判。

3）对照本教材内容和网上调研资料，说明你做思政研判所依据的相关规范。

4）请对本案例中快递公司与湖北荆门化工企业的行为做出评价。

【训练要求】

同第1章"基本训练"中本题型的"训练要求"。

"夺命快递"研判提纲

（项目团队队长： 项目团队成员： ）

1）关于"思政问题"分析

（1）小组成员分别分析研究本案例中快递公司与湖北荆门化工企业的思政问题。

（2）小组讨论各成员整理的本案例中快递公司与湖北荆门化工企业涉及的思政问题。

（3）小组讨论快递公司与湖北荆门化工企业的行为。其行为导致了收件人死亡，快递公司多名员工送医院治疗，这违背了企业的经营目标——客户利益至上，违背了诚信原则，危害了社会公共安全。

（4）组长汇总讨论（3）的分析内容，形成阶段性成果。

2）关于"思政研判"

（1）小组成员应用本案例，对两家企业的思政问题逐一进行研判。

（2）小组讨论各成员分析的"思政研判"内容，对两家企业违背道德伦理的行为进行研判。

（3）组长汇总讨论（2）的分析内容，形成阶段性成果。

3）关于"做思政研判所依据的相关规范"

（1）小组成员分别通过网络及图书馆查找资料，研究"做思政研判所依据的相关规范"。

（2）小组讨论物流企业经营与生产企业管理应该有的职业操守。

（3）组长汇总讨论（2）的分析内容，形成阶段性成果。

4）关于"对案例做评价"

（1）小组成员分别对该案例进行评价。

（2）小组讨论各成员的"对案例做评价"内容。

（3）组长汇总讨论分析（2）的内容，形成阶段性成果。

5）撰写、讨论与交流《思政研判报告》

（1）组长组织组员，综合以上阶段成果，形成《思政研判报告》。

（2）在班级讨论、交流各组的《思政研判报告》。

（3）小组修改《思政研判报告》，提交教师点评。

"夺命快递"思政研判报告

1）案例综述

案例主要讲述了这样一个事件：湖北荆门一家化工企业通过圆通速递向制药厂快递化学品，并称该物品无毒无害，发现问题后谎称该物品为氯乙腈，对人体危害较小。快递公司未认真履行验视义务，并且在员工出现中毒症状后，没有按照有关规定和程序向当地邮政管理部门报告，而是自行对疑似污染快件进行了隔离，还将同一车次的其他快件先后投出，最后导致1位收件人死亡。

这反映了快递行业既缺乏应有的职业道德，也缺乏清晰的发展战略。

2）问题分析

（1）湖北荆门化工企业明知氟乙酸甲酯液体有毒，却谎称该物品无毒无害，在对快递公司隐瞒真相的情况下，将产品进行邮递。该企业丧失了基本的职业道德底线，存在危害社会公共安全的主观故意，从而导致了悲剧的发生。

（2）快递公司没有履行基本的验视制度，其行为丧失了职业道德。在公司员工出现中毒症状后，没有警醒意识，未采取有效措施，任凭有毒快递流通到消费者手中，导致"夺命快递"事件的发生，这是严重的丧失职业道德的行为，置员工和公众的安全于不顾。

（3）研判依据有三：其一，湖北荆门化工企业明知所寄液体有毒，却当作无毒无害物品实施快递；当快递公司员工出现身体不适之后，快递公司追问该化工企业快递物品为何物时，仍然没有唤起该化工企业的责任意识，该化工企业再次谎称所寄出物品是氯乙腈，这有违基本的职业良心。其二，快递公司没有履行验视制度，有违职业道德、行业规范和邮政法规。其三，当员工出现中毒症状时，快递公司自行对疑似污染快件进行了隔离，并于同日将同一车次的其他快件先后投出。其四，快递公司的运输过程存在野蛮装卸的嫌疑，造成外包装破损，致使液体泄漏，污染到其他快件，最终导致恶性事件发生。

（4）从以上研判来看：湖北荆门化工企业人员、快递公司收件人员、快递公司运输人员等的职业观念存在较大的问题；其职业良心、职业守则的某些要素连"顺从级"都未达到。

3）结论

（1）保证商品的安全性与品质是每个企业基本的职业道德，也是企业每一位员工都应该遵守的行为规范和准则。湖北荆门化工企业瞒报邮寄物品，快递公司无视验视义务，运输过程操作不当，使有毒物品泄漏，直接危害到公共安全，系严重违法行为。

（2）职业道德在工作过程中发挥着重要作用，我们不仅要熟悉并努力践行，而且要熟练掌握所需的法律及专业背景知识。

（3）本思政研判对我们有很好的教育启示意义。践行道德规范应知法守法、诚信为本、实事求是、善待顾客、善待物品，开展业务需要有职业观念、职业良心并遵守职业守则。

➡️ 范例综-3 ➡️

【训练项目】

终极体验-范："市场营销策划"技术综合应用。

【训练目标】

参加"'市场营销策划'技术综合应用"的校企合作"传承-发展"训练。在了解和把握本实训所及"专业能力训练领域"各"'技术-技能'点"名称、操作"参照规范与标准"，"职业核心能力与职业道德领域"相关"技能点"和"素养点"的"规范与标准"，"指导准备"和"知识准备"，并把"产学研结合"和"教学闭环"（特别是自主学习）中获得的"技术更新"融入教材各章"传承技术"的基础上，通过综合应用各章"'传承-发展'技术"，系列"技术-技能"操作的实施，《"'市场营销策划'技术综合应用"训练报告》的撰写、讨论与交流等有质量有效率的活动，培养"'市场营销策划'技术综合应用"的"传承-发展"专业能力，强化"职业核心能力"（"高级"全选项），并通过践行"职业道德"（"认同级"全选项）行为规范，促进健全职业人格的塑造，体验"校企合作"、"交流互鉴"的"'传承-发展'型"营销策划胜任力终极生成。

【训练内容】

专业能力训练：其"能力领域"、"统整点"、"名称"及其"参照规范与标准"见表范-3-1。

表范-3-1   **专业能力训练领域、统整点、名称及其参照规范与标准**

能力领域	统整点	名称	参照规范与标准
"市场营销策划"技术应用	统整点1	"'传承-创新'技术-技能"群1	（1）能将第2章"传承技术"与"产学研结合"和"教学闭环"（特别是自主学习）中获得的相关"技术更新"融为一体； （2）能全面应用其"融合技术"，正确进行"'营销调研策划'运作"，系统体验其"传承-发展"胜任力生成； （3）总结"实践学习"中关于"统整点1"的"操作体验"和"校企合作"的"优势互补"

续表

能力领域	统整点	名称	参照规范与标准
"市场营销策划"技术应用	统整点2	"技术−技能"群2	(1) 能将第3章"传承技术"与"产学研结合"和"教学闭环"（特别是自主学习）中获得的相关"技术更新"融为一体； (2) 能全面应用其"融合技术"，正确进行"'企业战略策划'运作"，系统体验其"传承−发展"胜任力生成； (3) 总结"实践学习"中关于"统整点2"的"操作体验"和"校企合作"的"优势互补"
	统整点3	"技术−技能"群3	(1) 能将第4章"传承技术"与"产学研结合"和"教学闭环"（特别是自主学习）中获得的相关"技术更新"融为一体； (2) 能应用其"融合技术"，正确进行"'市场细分与定位策划'运作"，系统体验其"传承−发展"胜任力生成； (3) 总结"实践学习"中关于"统整点3"的"操作体验"和"校企合作"的"优势互补"
	统整点4	"技术−技能"群4	(1) 能将第5章"传承技术"与"产学研结合"和"教学闭环"（特别是自主学习）中获得的相关"技术更新"融为一体； (2) 能全面应用其"融合技术"，正确进行"'产品策划'运作"，系统体验其"传承−发展"胜任力生成； (3) 总结"实践学习"中关于"统整点4"的"操作体验"和"校企合作"的"优势互补"
	统整点5	"技术−技能"群5	(1) 能将第6章"传承技术"与"产学研结合"和"教学闭环"（特别是自主学习）中获得的相关"技术更新"融为一体； (2) 能全面应用其"融合技术"，正确进行"'价格策划'运作"，系统体验其"传承−发展"胜任力生成； (3) 总结"实践学习"中关于"统整点5"的"操作体验"和"校企合作"的"优势互补"
	统整点6	"技术−技能"群6	(1) 能将第7章"传承技术"与"产学研结合"和"教学闭环"（特别是自主学习）中获得的相关"技术更新"融为一体； (2) 能全面应用其"融合技术"，正确进行"'促销策划'运作"，系统体验其"传承−发展"胜任力生成； (3) 总结"实践学习"中关于"统整点6"的"操作体验"和"校企合作"的"优势互补"

能力领域	统整点	名称	参照规范与标准
"市场营销策划"技术应用	统整点7	"技术-技能"群7	(1) 能将第8章"传承技术"与"产学研结合"和"教学闭环"（特别是自主学习）中获得的相关"技术更新"融为一体； (2) 能全面应用其"融合技术"，正确进行"'分销渠道策划'运作"，系统体验其"传承-发展"胜任力生成； (3) 总结"实践学习"中关于"统整点7"的"操作体验"和"校企合作"的"优势互补"
	统整点8	"技术-技能"群8	能应用《训练报告》撰写技术，有质量、有效率地进行如下操作： (1) 合理设计关于"市场营销策划'技术综合应用"的《训练报告》，其结构合理、层次分明。 (2) 较规范地撰写上述《训练报告》。 (3) 依照网络教学资源包中《学生考核手册》考核表考综-1中的"考核指标"和"考核标准"要求，撰写所述《训练报告》

　　职业核心能力和职业道德训练：其内容、种类、等级与选项见表范-3-2；各选项的操作"规范与标准"见本教材附录三的附表3和附录四的附表4。

表范-3-2　　职业核心能力与职业道德训练内容、种类、等级与选项表

内容	职业核心能力							职业道德						
种类	自主学习	信息处理	数字应用	与人交流	与人合作	解决问题	革新创新	职业观念	职业情感	职业理想	职业态度	职业良心	职业作风	职业守则
等级	中级	中级	中级	中级	中级	中级	中级	认同级	认同级	认同级	认同级	认同级	认同级	认同级
选项	√	√	√	√	√	√	√	√	√	√	√	√	√	√

【训练任务】

　　1) 全面融合第2、3、4、5、6、7、8章"实训题""技术准备"中所列技术与相关章"技术更新"中所列技术，做好本次实训的"'传承-发展'技术"准备。

　　2) 应用相关技术，对表范-3-1所列专业能力领域各统整点，依照其"参照规范与标准"，实施"'传承-发展'型"基本训练。

　　3) 应用相关知识，对表范-3-2所列职业"核心能力"和"职业道德"选项，依照本教材"附录三"的附表3的"参照规范与标准"，分别实施融入性"中级"强化训练和"认同级"相关训练。

【组织形式】

　　1) 以小组为单位组成"'市场营销策划'技术综合应用"训练团队。

　　2) 各训练团队结合"训练任务"进行适当的角色分工，确保组织合理和每

位成员的积极参与。

【指导准备】

1）技术准备

（1）全面重温第2、3、4、5、6、7、8章"实训题"的"技术准备"所列知识。

（2）表范-3-1中"'技术-技能'群1"至"'技术-技能'群7"的"参照规范与标准"知识。

（3）本教材"附录一"的附表1中，"职业核心能力"（中级）全选项各"'技术-技能'点"、"'知识准备'参照范围"所列知识。

（4）本教材"附录三"的附表3中"职业核心能力"（中级）全选项各"'技术-技能'点"，以及"附录四"的附表4中"职业道德"（认同级）全选项各素质点的"参照规范与标准"知识。

2）操作指导

（1）教师向学生阐明"训练目的"、"训练任务"和"技术准备"。

（2）教师就"技术准备"中的第（2）、（3）、（4）项，对学生进行培训。

（3）教师指导学生撰写《"'市场营销策划'技术综合应用"训练报告》。

【训练要求】

1）实训前学生要了解并熟记本综合训练的"训练目的"、"能力与素质领域""训练任务"与"指导准备"。

2）通过"训练步骤"，将"训练任务"所列2）和3）整合到本次训练的"活动过程"和"成果形式"中。

【训练时间】

本课程课堂教学内容结束后，安排两周时间进行"终极体验"训练。

【情境设计】

班级学生以小组为单位，组建"'市场营销策划'技术综合应用"训练团队。各团队分别选择一家开展"营销策划综合运作"、且不同于"范例-3"的企业（或本校专业实训基地，或毕业生创业团队），全程参与企业该项目运作，在依据表范-3-1中"统整点1"至"统整点7"的"传承-发展''技术-技能'群"的"参照规范与标准"、系统体验全部操作过程中，进行"校企合作"的"实践学习"，并尝试"优势互补"。

【训练步骤】

1）以班级小组为单位组建学生"终极体验"训练团队，每队确定1人为队长，根据训练项目需要进行角色分工与协作。

2）各团队结合"训练任务"，参照"情境设计"，分别选择一家开展"市场营销策划综合运作"的企业（或本校专业实训基地，或毕业生创业团队），从"'市场营销策划'技术综合应用"视角，全程参与企业该项目运作，进行"校企合作"的"实践学习"，并尝试"优势互补"。

3）依据表范-3-1中"统整点1"至"统整点7"的"参照规范与标准"，系统体验如下操作：

（1）依照范-3-1中"统整点1"的"参照规范与标准"，从"'营销调研策划'技术应用"视角，进行"校企合作"的"实践学习"，体验"'市场营销策划'胜任力"建构中"'营销调研策划'运作"的"传承-发展"能力要素生成；

（2）依照范-3-1中"统整点2"的"参照规范与标准"，从"'企业战略策划'技术应用"视角，进行"校企合作"的"实践学习"，体验"'市场营销策划'胜任力"建构中"'企业战略策划'运作"的"传承-发展"能力要素生成；

（3）依照范-3-1中"统整点3"的"参照规范与标准"，从"'市场细分与定位策划'技术应用"视角，进行"校企合作"的"实践学习"，体验"'市场营销策划'胜任力"建构中"'市场细分与定位策划'运作"的"传承-发展"能力要素生成；

（4）依照范-3-1中"统整点4"的"参照规范与标准"，从"'产品策划'技术应用"视角，进行"校企合作"的"实践学习"，体验"'市场营销策划'胜任力"建构中"'产品策划'运作"的"传承-发展"能力要素生成；

（5）依照范-3-1中"统整点5"的"参照规范与标准"，从"'价格策划'技术应用"视角，进行"校企合作"的"实践学习"，体验"'市场营销策划'胜任力"建构中"'价格策划'运作"的"传承-发展"能力要素生成；

（6）依照范-3-1中"统整点6"的"参照规范与标准"，从"'促销策划'技术应用"视角，进行"校企合作"的"实践学习"，体验"'市场营销策划'胜任力"建构中"'促销策划'运作"的"传承-发展"能力要素生成；

（7）依照范-3-1中"统整点7"的"参照规范与标准"，从"'分销渠道策划'技术应用"视角，进行"校企合作"的"实践学习"，体验"'市场营销策划'胜任力"建构中"'分销渠道策划'运作"的"传承-发展"能力要素生成；

（8）各团队总结上面（1）～（7）项操作体验，撰写基于"'市场营销策划'技术综合应用"的"校企合作，优势互补"总结，体验"'市场营销策划'胜任力"建构中"专业互鉴"能力要素的生成。

4）在上述"专业能力"基本训练中，依照表范-3-2的"参照规范与标准"，融入"职业核心能力"的"高级"强化训练和"职业道德"的"认同级"相关训练，体验"'市场营销策划'胜任力"建构中"专能""通能""职业道德"的"传承-发展"融合要素生成。

5）各团队综合以上阶段性成果，依照范-3-1中"统整点8"的"参照规范与标准"撰写《"'市场营销策划'技术综合应用"训练报告》（内容包括："团队成员与分工""训练过程""训练总结""附件"），体验"'市场营销策划'胜任力"建构中《训练报告》撰写能力要素生成。

6）在班级讨论、交流和修订各团队的《训练报告》，使其各具特色，体验体验"'市场营销策划'胜任力"建构中"团队协作"和"与人交流"等"'通能'要素"的进一步强化。

【成果形式】

1）训练课业：《"'市场营销策划'技术综合应用"训练报告》

2）课业要求：

（1）将关于"'××企业××产品营销策划'综合运作"的《校企合作实践学习总结》以"附件"形式附于《训练报告》中。

（2）在校园网平台上展示经过教师点评的班级优秀《训练报告》，并将其纳入本课程教学资源库。

（3）将经过教师点评的班级优秀《训练报告》赠送所选企业，作为本课程"产学研结合"的"校本学习"最终成果。

"'市场营销策划'技术综合应用"训练报告

××××年××月××日，我们——××职业技术学院市场营销策划团队——来到有合作关系、位于风景秀丽的××市西郊的××公司，全程参与了该公司的"'××产品营销策划'综合运作"，系统体验了"表范-3-1"中"统整点1"至"统整点7"的"'技术-技能'群"操作，并在本次"实践学习"中初步尝试了校企"优势互补"。现将关于本次实训的情况说明如下：

1）实训团队名称

我们作为以班级小组为单位组建的"'市场营销策划'技术综合应用"训练团队，全称"××公司××产品市场营销策划团队"，又名"××拓荒者团队"。"××"是指××公司的产品品牌；"拓荒者"意寓"创造希望与力量"，即希望"××拓荒者团队"能为该公司××产品的市场推广和销售开拓一片新的发展空间。

2）实训过程

（1）专业能力训练

"××拓荒者团队"通过"校企合作"，全程参与该公司"'××产品营销策划'综合运作"过程中，通过依照表范-3-1的"参照规范与标准"，进行"统整点1"至"统整点7"的"技术-技能"系统操作，系统体验了"'营销策划'胜任力"建构中各种"'传承-发展'能力要素"的生成。

（2）相关情况说明

①实习公司情况

A.××公司背景

××公司成立于×年×月，位于××市××镇，是一家集研发、生产、营销、贸易于一体的综合性公司，也是一家面向市场、致富农民的民营企业。

××公司致力于食用菌高档菌种的培育研究和新鲜食用菌深加工项目的开发，以拉长增值产业链。目前，××公司拥有十大系列高档食用菌优良品种，年产500万棒，被授予"××市农业产业化经营重点龙头企业"的称号。

××公司现有员工80人，其中科技人员28人，资深专家6人；拥有高级职称者6人。××公司与××省农业科学院、××工业大学建有长期战略合作关系，科技力量较强。××公司十分重视食品的安全生产，建有严格的食品生产规章制度与操作规程，保证用户吃得放心。

B.××公司产品情况

××公司经过长时间的研发，解决了用新鲜菌与面粉糅合生产高档菌挂面的诸多工艺难题，保存了挂面中高档菌的营养要素，食之鲜滑爽口、营养保健。××公司现拥有六个品种的食用菌营养保健挂面，该产品为国际首创。

C.××公司产品市场营销现状

该公司××产品刚刚研发成功，经过业内专家和普通消费者的试吃，人们对产品的口感和营养配方的科学性给予了肯定，处于产品在推向市场的过程中。

D.实习公司"营销策划团队"情况

该公司的营销力量相对薄弱，营销团队组建不久，成员来自各方，其知识与能力参差不齐，经验丰富程度不同。

该公司"营销策划团队"由五位成员组成，其中的三位成员值得一提：

第一成员工姓于，是从其他企业新调来的，营销策划经验较为丰富。

另一位张姓成员是本科营销专业的应届毕业生，专业理论功底较深。他指出：本公司在"市场调研"和"企业战略营销"方面应当加把力，"知己知彼方百战不殆"。营销策划的首要任务是，在本公司生产产品前，要进行周密的市场实际调研，包括了解竞争对手及其产品品牌策略和竞争策略、公司面临的宏观和微观环境等，做到心中有数。

第三位李姓成员是应用本科营销专业的毕业生，在"市场细分"、"目标市场选择"等理论知识上也很有见地。他强调："营销策划"的知识前提之一，是要重视消费者行为规律，对"消费者决策过程"、"影响消费者决策的个人因素""环境因素"和"营销因素"等消费者行为要素有充分的认知。

同各具所长的三位公司员工多日相处合作，我们获益匪浅。

②"××拓荒者团队"团队情况

对于"××拓荒者团队"来说，本次"'市场营销策划'技术综合应用"作为"终极体验"，是以先前"'校本学习'＋'阶段性体验'＋'融为一体的技术更新'"为基础，这使我们能够在以下方面揭示出实习公司"营销策划运作"的不足，并提出改进建议：

A.关于市场调研运作

在市场调研方面，实习公司在"企业"、"品牌"和"产品类型"上，对国内市场情况了解不足，影响了自身的产品优势定位。

B.关于市场推广运作

实习公司尽管依靠先进的研发能力研制出××产品，且产品质量和技术均处于领先地位，但在市场推广上，对面临的"准入资质""品牌""销售渠道"等壁垒估计不足，缺少必要的应对准备。

C.关于产品促销运作

实习公司由于"市场调研"和"市场推广"不到位，广告缺乏明确的诉求，目标市场选择不明确，因此无法进行有效的品牌宣传和产品宣传，市场知名度和美誉度有待提升。

D.关于产品分销渠道运作

与上述问题相关，该公司由于目前在目标市场选择、目标顾客需求及其消费习惯和消费心理研究方面不够深入，对渠道结构的选择和渠道管理未拿出明确方法。

E.关于数字化时代营销特点

实习公司对"数字代时代营销特点"缺少深入研究，对如何实现诸如"从以产品为核心到经用户为信心核心""从单向传播到网络传播""从硬性广告到基于用户画像数据的精确广告""从线上电商和线下门店等多渠道和跨渠道购买到全域社交零售电商渠道购买"等转向，实习公司心中无数。

（3）撰写《校企合作实践学习总结》

"××拓荒者团队"综合"专能"训练过程中校企双方的"交流互动"情况，通过撰写《校企合作实践学习总结》，"终极"体验了"'营销策划'胜任力建构"中"专业'技术-技能'"的"互学互鉴"能力要素生成。

（4）融入性训练

"××拓荒者团队"通过应用表范-3-2的"参照规范与标准"，将"职业核心能力"的"高级"强化训练和"职业道德"的"认同级"相关训练融入专业训练，"终极"体验了"'营销策划'胜任力建构"中"专能"与"通能"和"职业道德"元素融合的"'素质-技术-技能'要素"的继续生成。

（5）撰写《训练报告》

"××拓荒者团队"综合以上成果，撰写《"'市场营销策划'技术综合应用"训练报告》，"终极"体验了"胜任力建构"中"'训练报告'撰写"的"'技术-技能'要素"生成。

（6）收尾

"××拓荒者团队"通过在班级讨论、交流和修订各团队的《训练报告》，"终极"体验了"'市场营销策划'胜任力建构"中"团队协作"和"与人交流"等"通能要素"的生成。

3）训练总结

（1）关于"专能"训练

"××拓荒者团队"在"'市场营销策划'技术综合应用"的训练过程中，通过与实习公司"营销策划团队"的"交流与互动"、诸多"统整点"的系统操作，既加深了对"市场营销策划"知识的理解，又完成了"市场调研策划"、"企业战略策划"、"市场细分与定位策划"、"产品策划"、"价格策划"、"促销策划"、和"分销渠道策划"等技术"综合应用"的实践任务，终极体验了"'营销策划胜任力'建构"中诸多"传承-发展"专业要素的系统生成。

（2）关于"通能"与"职业道德"的融入性训练

在训练前，"××拓荒者团队"对相关"技术知识"进行了预习，重温了"职业核心能力"（中级）和"职业道德"（认同级）全选项的"知识准备"和"参照规范与标准"，这对于实施"融入性训练"是十分必要的，有助于克服实训过程中"整合性操作"的盲目性。对于本课程"'营销策划'胜任力建构"的收官来说，这些训练更是必不可少。

4）附件

校企合作实践学习总结

在经历了一个学期的本课程"校本学习"和诸多"阶段性体验"之后，"××拓荒者团队"终于有机会全程参与企业的"市场营销策划综合运作"。此前与各章教学内容相关的"实践学习"，都是局部的、阶段性的；这次的"实践学习"是全面、系统的综合性体验。

（1）主要收获

本次"终极体验"的主要收获体现在以下两方面：

①牛刀小试

"××拓荒者团队"借助自身的前述"强项"，针对实习公司在××产品"市场营销策划综合运作"中存在的不足和问题，提出了如下优化建议：

A.关于"市场调研策划运作"的优化建议

一是发挥企业优势。从行业发展情况看，随着人民生活水平提高，生活节奏加快，功能性、营养性的中高档挂面纷纷进入市场，大型企业遍布全国各地，行业集中度开始提高。公司可以发挥"××市农业产业化经营重点龙头企业"的优势，进入行业发展快速通道。

二是扩大产品优势。目前，中国挂面产品发展的总趋势是健康化、营养化、功能化和便捷化。实习公司××产品在市场上出现的时机正好：国内其他企业在生产挂面时，大都通过添加禽蛋、蔬菜、水果、杂粮等辅料，使挂面更有营养、口味更加丰富。本公司主打产品是通过添加食用菌，使挂面在已有格局上向健康方向发展，能够进一步满足消费者的需求。实习公司应为××产品制定高端策略，打造新品牌形象。

三是拓展类型优势。由于现代生活节奏加快，既味道鲜美又简便快捷的挂面产品成为更多消费者的选择。实习公司的主打食用菌挂面产品应向"轻烹饪、多风味"方面发展，满足"将一把面变成一顿饭"的市场需求。

B.关于"市场细分与市场定位策划运作"的优化建议

在"市场细分与市场定位"上，建议将目标顾客选定为中国的年轻父母。如今，中国父母对儿童的早期营养和健康极为看重，这对于××产品来说是一件好事。原有面食制品类别中缺乏专门针对儿童的营养健康产品，这恰恰应该成为××产品追求的目标。

××产品具有独特的配方和工艺，经过有关权威部门的认证，口味也很受试吃顾客欢迎，健康和科学的配方应作为××产品的主要诉求，即坚持差异化的市场定位。

C.关于"市场推广运作"的优化建议

在"市场推广"方面，建议实习公司着重研究挂面行业"三大壁垒"的"突

破对策":

一是"准入资质壁垒"。食品行业与消费者的日常生活关系密切，食品安全关系到消费者的健康，我国对食品的生产、经营实行严格的准入制度。《中华人民共和国食品安全法》（2021年修正）》对相关许可做出了明确的规定，企业只有具备符合规定的生产条件以及完善的食品安全管理体系才可以进行食品生产和经营活动。食品行业相关法律法规对企业准入进行了严格管控，形成了较高的行业准入壁垒。实习公司的产品应严格对标上述食品安全管理体系及相关法律法规，把好质量关，为突破资质壁垒创造前提条件。

二是"品牌壁垒"。品牌的知名度与产品质量好坏相关。随着社会经济水平的提高，消费者在选择产品时，除了对产品的基本功能有需求外，会更加注重优质品牌的选择，拥有良好声誉的知名品牌更容易受到消费者的青睐。挂面与消费者日常饮食息息相关，产品质量的好坏关系到消费者的饮食健康。实习公司应以××产品的"健康化""多类型""高质量"优势为基础，拉高产品知名度，借以在消费者中建立起明显的品牌优势，突破品牌壁垒。

三是"销售渠道壁垒"。挂面作为一种快速消费品，企业销售渠道的状况决定了消费者能否容易获得相应的产品，完善的销售渠道是保障实习公司长期发展的重要基础。

D.关于"数字化时代营销策略"的优化建议

随着互联网的迅速发展和普及，传统食品营销面临着巨大的变革和挑战。数字化时代为实习公司提供了许多新的机遇和策略。

a.互联网与食品营销的结合

互联网与食品营销的结合已经成为当今食品行业的趋势。通过互联网，实习公司可以更好地与消费者进行互动交流，实现信息的传递和产品的推广。其相关策略优化建议如下：

——电子商务：实习公司可以通过建立电子商务，将产品直接销售给消费者，借以降低中间环节成本，提高销售效率。

——社交媒体营销：通过社交媒体，如百度、微博、抖音等，实习公司可以与消费者进行互动，发布产品、促销活动等信息，提高品牌知名度和用户参与度。

——数据分析和个性化营销：借助互联网和大数据技术，实习公司可以搜集和分析消费者的行为数据，了解他们的喜好和需求，从而进行个性化的产品推荐和定制化营销。

——网络营销策略：实习公司可以通过搜索引擎优化（SEO）、搜索引擎营销（SEM）、内容营销、直播营销等手段，提高企业在互联网上的曝光率和品牌价值。

b.数字化时代的营销新策略

——移动互联网营销：随着智能化的普及，移动互联网已经成为人们获取信息和产品的重要渠道。实习公司可以通过开发移动应用程序（App）等，与消费者建立更紧密的联系，提供个性化的服务和购物体验。

——虚拟现实和增强现实：虚拟现实（VR）和增强现实（AR）技术可以帮助企业为消费者提供更丰富、更真实的消费场景。实习公司可以利用这些技术，开展虚拟试吃、虚拟购物等活动，增加消费者的参与度，提高其购买意愿。

——无人零售：无人零售是指利用自动售货机、无人超市等技术，在没有人工服务的情况下进行商品销售。实习公司可以通过无人零售的，提供更便捷、快速的购物体验，减少人力成本，提高利润率。

c.实施这些策略需要注意的事项

——技术投入和人才培养：互联网和数字化技术需要实习公司进行相应的投入和培训，以确保技术的稳定和有效运行。

——数据安全和隐私保护：在搜集和利用用户数据时，实习公司需要遵守相关法律法规，保护用户的隐私权和数据安全。

——与传统渠道的协同发展：实习公司的互联网和数字化策略应与传统销售渠道相结合，形成互补效应，提高整体销售效果。

②他山之石

"××拓荒者团队"的另一方面收获，来自本次"实践学习"过程中与实习公司"营销策划团队"的"合作交流"。

A.专业操作层面

实习公司"营销策划团队"于姓员工提出的关于公司"促销策划运作"如下改进建议，令我们耳目一新：

第一，应将试吃作为促销的重要手段，借以提高××产品的知名度。

第二，应利用好国内健康安全食品的相关展会，将展会作为产品亮相的机会，树立××公司良好的形象。

第三，广告传播应首先以原产地的省会城市为主，再扩大到各中小城市，最后将××产品发展成为大家都喜爱的面食产品。

第四，为节省初期推广费用，建议选择海报、传单、报纸和网络新媒体，突出表现××产品口感出色、健康安全、配方科学、有助于儿童健康成长等特点。

第五，应同主要社会组织合作，开展健康食品知识大赛。

于姓员工的"优化建议"比我们在"校本学习"实务教学中学到的相关内容更加具体，也更具操作性。

B.学科理论层面

与实习公司张、李两位员工"合作交流"中最值得一提的，是他们关于"学科理论"的看法，使我们大有"茅塞顿开"之感。

第一，关于专业理论。"合作交流"使"××拓荒者团队"认识到：市场营销理论是对市场营销活动客观规律的认识和总结，这些规律包括消费者行为规律、市场竞争规律、营销组合规律、营销决策规律等。充分认知和把握这些规律，可以帮助企业更好地制定营销策略和实施营销活动，提高企业市场竞争力和销售业绩。一句话：不以"营销理论"为指南的"营销实践"，是盲目的实践。

对于整体性"营销实践"来说是如此，对于作为其组分的"营销策划实践"来说更是如此。

第二，关于"科学"与"人文"理论。"合作交流"使"××拓荒者团队"认识到：市场营销策划运作与"科学精神"和"人文精神"是相互渗透、相互促进的。

"科学精神"和"人文精神"是"科学素养"和"人文素养"的核心，后者应当与"政治素质"和"专业素质"一起，作为新时代中国高职高专"素质教育"的基本组成部分。

培育"科学精神"和"人文精神"的主要途径，是相关"通识"的"知识应用"。对于高职学生来说，这些"通识"主要包括"四论一理"，即"现代科学技术概论"、"人文社会科学概论"、"毛泽东思想和中国特色社会主义理论体系概论"、"中华优秀传统文化概论"和"马克思主义哲学原理"。应当高度重视作为"必修通识课"的这些"科学"与"人文"理论的"校本学习"。

（2）"体验"与"交流"融为一体

总体来讲，本次"营销策划综合运作"的过程，是"胜任力结构"类型不同、各有侧重的校企团队成员通力合作的过程。在这一过程中，双方团队的表现各有特色：

我方团队以先前诸多"阶段性体验"为基础，具有表范-3-1中"专能"各"统整点"基本训练和表范-3-2中"通能"与"职业道德"融入训练的系统获得性。这些"获得性"使我们在"营销策划综合运作"上，能够以"技术应用"见长。

公司方团队的典型成员分别在"实际操作""学科知识""学科应用"上更具优势：他们既有"高等学历资格"，又有丰富的实际工作经验。

"××拓荒者团队"成员的"传承-发展"型"营销策划胜任力"，就是在"融'终极体验'和'交流互鉴'于一体"的"校企合作实践学习"中生成的。

范例综-4

□ 自主学习

【训练项目】

"自主学习-范"。

【训练目的】

参加"自主学习-范"训练，在制订和实施《自主学习计划》的基础上，搜集、整理和综合以"企业经营战略"为主题的中外文献资料，撰写、讨论与交流《"企业经营战略"最新文献综述》等活动，体验"自主学习"（初级）及其迁移。

【教学方法】

采用"学导教学法"和"研究教学法"。

【训练要求】

1）以小组为单位组建学生训练团队。

2）各团队依照本教材"附录三"的附表3中"自主学习"（初级）的"基本要求"和各技能点的"参照规范与标准"，确定长期学习目标，制订《自主学习计划》。

3）各团队实施《自主学习计划》，系统体验对本教材"附录一"的附表1"领域"中"自主学习"（初级）各技能点的"'知识准备'参照范围"所列知识和"文献综述"撰写规范的自主学习。

4）各团队以自主学习获得的"学习原理"、"学习策略"与"学习方法"知识为指导，通过院资料室、校图书馆和互联网查阅和整理以"企业经营战略"为主题的国内外学术文献资料。

5）各团队以整理后的以"企业经营战略"为主题的文献资料为基础，撰写《"企业经营战略"最新文献综述》。

6）总结上述各项体验，撰写作为"成果形式"的训练课业。

【成果形式】

训练课业：《"自主学习-范"训练报告》

课业要求：

1）内容包括：训练团队成员与分工；训练过程；训练总结（包括对各项操作的成功与不足的简要分析说明）；附件。

2）将《自主学习计划》和《"企业经营战略"最新文献综述》作为《"自主学习-范"训练报告》的附件。

3）《"企业经营战略"最新文献综述》应符合"文献综述"规范要求，做到事实清晰、论据充分、逻辑合理，不少于3 000字。

4）在校园网的本课程平台上展示班级优秀训练课业，并将其纳入本课程的教学资源库。

"自主学习-范"训练报告

1）团队成员与分工

（1）团队构成

本小组设小组长1人，小组成员5人，共计6人。

（2）任务分工

小组长主要负责不同训练阶段的时间进度安排，定期组织讨论，汇总阶段性成果，综合、整理及汇报文献综述成果；A同学负责国内企业经营战略研究相关学术文献的搜集、整理工作，企业经营战略概念相关文献综述的撰写及汇报工作；B同学负责国外企业经营战略研究相关学术文献的搜集、整理工作，企业战略模式相关文献综述的撰写及汇报工作；C同学负责国外企业经营战略研究相关学术文献的搜集、整理工作，国外企业经营战略研究相关学术文献分布情况的分析及汇报工作；D同学负责国内企业经营战略研究相关学术文献的搜集、整理工作，国内企业经营战略研究相关文献研究方向的分析及汇报工作；E同学负责国内企业经营战略研究相关学术文献的搜集、整理工作，国内企业经营战略研究相关文献研究方法的分析及汇报工作。

2）训练过程

（1）时间进度安排

本训练为期三周。第一周完成"训练要求"中第1）、2）、3）项要求规定的任务；第二周完成"训练要求"中第4）和5）项要求规定的任务；第三周完成"训练要求"中第6）项要求规定的任务。

（2）训练实施

①训练第一周

在教师指导下，由组长组织团队成员自主学习本教材"附录三"的附表3中"自主学习"（初级）的"基本要求"和各技能点的"参照规范与标准"，制订了《自主学习计划》，完成了"训练要求"中第1）、2）、3）项要求规定的任务。

②训练第二周

在教师指导下，团队成员实施《自主学习计划》，应用本教材"附录一"的附表1中"自主学习"（初级）各技能点的"'知识准备'参照规范"所列知识和"文献综述"撰写规范知识，完成了"训练要求"中第4）和5）项要求规定的任务。

首先，我们对企业经营战略研究相关文献进行搜索。其中，针对国外文献，以 Elsevier_ScienceDirect 数据库为基础，将"business strategy"、"enterprise strategy"和"strategy"分别作为摘要、篇名和关键词（abstract，title and keywords），搜索相关文献；针对国内文献，以中国知网（CNKI）数据库为基础，将"企业经营战略"拆分成"经营战略"、"企业战略"和"战略"，并分别作为摘要、篇名和关键词，搜索相关文献。经小组总结发现：国外企业经营战略研究文献集中出现在《战略管理杂志》（Strategic Management Journal）及《哈佛商业评论》（Harvard Business Review）学术期刊上；国内企业经营战略研究文献则集中出现在知名高校学报、《管理世界》和《商场现代化》等学术期刊上。企业经营战略研究涵盖企业经营、战略选择、竞争行为、企业目标、战略环境、战略实施行为等方面。

其次，小组成员根据各自的企业经营战略研究内容分工进行文献梳理和综述撰写工作。经小组总结发现：企业经营战略概念研究包括计划学派、设计学派、定位学派、企业家学派等。计划学派的代表人物安索夫（Ansoff）认为，企业战略是一条贯穿企业经营与产品和市场之间的"共同经营主线"。设计学派的代表人物安德鲁斯（Andrews）认为，战略是关于企业宗旨、目的和目标的一种模式，和为达到这些目标所制定的主要政策，通过这样的方式，战略界定了企业目前从事什么业务和将要从事什么业务，企业目前是一种什么类型和将要成为什么类型。定位学派的代表人物、美国哈佛大学商学院的迈克尔·波特（Michael Porter）教授认为，竞争战略是公司为之奋斗的一些终点（目标）与公司为达到它们而寻求的途径（政策）的结合物；战略的本质是定位，即制造竞争中的取舍效应，选择何者可为以及何者不可为。企业家学派则认为，战略是一种远见，即一种与形象和方向感相关的看法。这种远见产生于领导者的头脑中，是其个人构思的产物。国内的顾乃康、沈艺峰、覃志刚等学者从经济学的角度以及系统论的角度，深入研究了企业战略管理的内涵。

最后，各成员修改和完善相关研究内容的文献综述。针对企业经营战略概念研究，补充有关企业战略特征方面的研究成果，包括系统性、长远性、竞争性等特征；针对企业战略模式的研究，补充国内外学者关于企业战略类型研究的成果，包括多元化、一体化、集中化等模式。组长对修改后的各部分综述进行汇总，形成《"企业经营战略"最新文献综述》，于本周末组织小组讨论。组长就最终成果进行汇报，各个组员就本次训练进行经验交流和问题总结。

③训练第三周

组长组织团队成员，总结对落实"训练要求"中第1）、2）、3）、4）和5）各项要求的体验，撰写作为最终成果的《"自主学习-范"训练报告》。

3）训练总结

（1）关于文献搜集

团队成员能够在较短的时间内掌握运用校内网络平台查找国内外学术文献的方法，在国内外学术期刊上成功搜集到企业经营战略研究相关学术文献。但是，由于语言的限制，小组成员在国外学术文献查找方面存在错查漏查、主题混淆的现象，需要进一步加强对国外学术文献的阅读能力和查找能力。

（2）关于文献分类整理

团队成员能够按发表年份、期刊、研究内容、研究取向、研究方法等对海量文献进行分类整理，并从中总结相关研究的发展特征和趋势。但是，小组成员在学术期刊的等级、类别、质量的判断方面存在不足，需要进一步提升对国内外学术期刊背景信息的了解程度，以及对具有较大影响力的国内外学术期刊的辨识能力。

（3）关于文献综述撰写

团队成员能够在文献搜集和整理的基础上，对自己所负责研究内容的相关研究成果进行总结，并予以评述，但在对具体研究内容的归纳以及有代表性、有影响力的学术成果的甄别方面存在不足，需要进一步培养学术语言表达能力、归纳能力，培养对核心研究文献的甄别能力。

（4）关于"自主学习"融入性训练

《"企业经营战略"最新文献综述》从资料搜集、讨论、撰写到交流和修订，始终是在融入"自主学习"这一"通能"之"强化训练"的过程中进行的；不仅如此，本次训练等级为"初级"，做好本次训练，将为本课程由"初级"转向"中级"最终提升到"高级"打下基础，从而进一步提高了我们的"自主学习"能力。

团队全体成员都认识到：在学科知识更新周期大大缩短的今天，许多在校学习的知识毕业后已经过时。只有学会学习，导入关于"学习理论"、"学习方法"

与"学习策略"的"自主学习"机制，才能赋予自身应对"知识流变"的无限潜力。

4）附件

➢ 附件1

自主学习计划

（1）学习时间

××××年××月××日—××××年××月××日，为期三周。

（2）学习小组成员

组长、A同学、B同学、C同学、D同学、E同学，共计6人。

（3）学习目标

掌握搜集和运用信息的方法，能够熟练运用国内外的学术网络平台搜集关于企业经营战略研究的文献资料。

掌握学习的认知策略、元认知策略和资源管理策略，能够对国内外企业经营战略研究的文献进行规范整理和分类。

掌握有效利用资源的策略以及项目论证和测评的方法，能够对国内外企业经营战略研究的学术成果进行评述，并清晰表达自己的学术观点。

掌握编写计划和检查调控计划执行的方法，对自主学习进度、关键时间节点、各阶段任务有清晰的界定和严格的执行。

掌握团队合作的策略和方法，在组长的组织协调下，基于前期的分工及中后期的合作，通过团队的努力一起完成企业经营战略的自主学习任务。

（4）学习阶段

共分三个阶段：第一阶段完成"训练要求"中第1）、2）和3）项要求规定的任务；第二阶段完成"训练要求"中第4）和5）项要求规定的任务；第三阶段完成"训练要求"中第6）项要求规定的任务。

（5）学习困难和变化预估

在学习过程中，可能在如何学习和应用与"自主学习"相关的"通识"与"规范"、如何对国外学术文献进行快速有效的阅读、如何对国内外学术期刊的背景信息进行准确把握、如何对某一学术问题的研究成果进行清晰归纳、如何运用规范的学术语言对学术成果进行综述撰写等方面存在困难；在小组讨论会的时间确定上，可能需要根据小组成员的情况进行调整。

（6）学习计划实施

①三个学习阶段。

第一周完成"训练要求"中第1）、2）和3）项要求规定的任务。

第二周完成"训练要求"中第4）和5）项要求规定的任务，即完成应用"知识准备"所列知识，进行相关文献搜集及分类整理和"文献综述"撰写及修改工作。

第三周完成《"自主学习-范"训练报告》的撰写工作。

②四次小组讨论。

第一次小组讨论：组长组织小组讨论，明确训练目的、要求及任务分工。

第二次小组讨论：组长于第一周末组织小组讨论，各成员进行成果汇报，组长整理各成员的成果。

第三次小组讨论：组长于第二周末组织小组讨论，各成员就撰写内容进行汇报，经小组讨论后，组长提出修改及完善意见。

第四次小组讨论：组长于第三周末组织小组讨论，汇报最终成果，各成员就本次训练进行经验交流和问题总结。

（7）学习进度检查

通过每阶段末的小组讨论，适时检查各小组成员的学习进度。通过第一周末的小组讨论，检查"训练要求"中第1）、2）和3）项要求的落实情况；通过第二周末的小组讨论，检查"训练要求"中第4）和5）项要求的落实情况，即各成员"知识准备"所列知识的应用、文献搜集与整理和《"企业经营战略"最新文献综述》初稿撰写情况；通过第三周末的小组讨论，检查"训练要求"中第6）项要求的落实情况，即本次训练的问题交流和经验总结情况。

➤ **附件2**

"企业经营战略"最新文献综述提纲

（1）文献搜集

①小组成员查找并搜集将"经营战略""企业战略""战略"（"business strategy""enterprise strategy""strategy"）分别作为摘要、篇名和关键词的文献。

②小组讨论各成员搜集的企业经营战略研究相关文献，由组长汇总。

（2）文献整理

①小组成员应用搜集到的企业经营战略研究相关文献，分析企业经营战略研究的现状和进展。

②小组讨论各成员分析的"企业经营战略研究现状与进展"，由组长汇总。

（3）文献综述撰写与汇报

①组长组织成员，综合以上成果，形成《"企业经营战略"最新文献综述》。

②在班级以PPT形式交流、汇报并讨论各组的《"企业经营战略"最新文献综述》。

③小组修改《"企业经营战略"最新文献综述》，并提交教师点评。

➤ **附件3**

"企业经营战略"最新文献综述

（项目组组长：　　　　　　项目组成员：　　　　　　　　）

（1）文献搜集及整理

针对国外文献，以Elsevier_ScienceDirect数据库为基础，将"business strategy"、"enterprise strategy"和"strategy"分别作为摘要、篇名和关键词（abstract, title and keywords），搜索相关文献；针对国内文献，以中国知网（CNKI）数据库为基础，将"企业经营战略"拆分成"经营战略"、"企业战略"和"战略"，并分别作为摘要、篇名和关键词，搜索相关文献。对1995—2016年间的企业经营战略研究文献进行搜索，共搜索到文献 2 089 篇。经整理后发现：

①国内外分布

国外关于企业经营战略研究的文献共有 641 篇，国内关于企业经营战略研究的文献共有 1 448 篇，国内成果较多。

②时间分布

对 1995—1999 年、2000—2004 年、2005—2009 年、2010—2016 年四个时间段进行划分，搜索到的文献数量情况见表范-4。从表范-4 中可以发现，无论是国内研究文献还是国外研究文献，总体上均呈现出上升趋势，且以 2005 年为节点，呈现出快速增长的趋势。

表范-4　　　　　国内外企业经营战略研究文献数量分析

范围	检索词	检索项	1995—1999 年	2000—2004 年	2005—2009 年	2010—2016 年
国外	business strategy	abstract, title and keywords	15	26	54	65
国外	enterprise strategy	abstract, title and keywords	21	28	65	103
国外	strategy	abstract, title and keywords	27	38	77	122
国内	经营战略	摘要、篇名和关键词	16	81	227	381
国内	企业战略	摘要、篇名和关键词	4	13	62	157
国内	战略	摘要、篇名和关键词	15	69	185	238

③期刊分布

国外企业经营战略研究文献集中出现在 Strategic Management Journal 及 Harvard Business Review 学术期刊上，占国外所有企业经营战略研究文献的 57% 左右；国内企业经营战略研究文献集中出现在知名高校学报、《管理世界》和《商场现代化》等学术期刊上，占国内所有企业经营战略研究文献的 55% 左右。

（2）文献综述成果

从国内外企业经营战略研究的进程可以发现，当前企业经营战略研究主要集中在企业经营战略概念研究、企业多元化战略研究、企业营销战略研究、企业战略环境研究等方面。现针对这些方面的研究现状分别进行阐述：

①企业经营战略概念研究

企业经营战略概念研究包括计划学派、设计学派、定位学派、企业家学派等。计划学派的代表人物安索夫（Ansoff）认为，企业战略是一条贯穿企业经营与产品和市场之间的"共同经营主线"。设计学派的安德鲁斯（Andrews）认为，战略是关于企业宗旨、目的和目标的一种模式，和为达到这些目标所制定的主要政策，通过这样的方式，战略界定了企业目前从事什么业务和将要从事什么业务，企业目前是一种什么类型和将要成为什么类型。定位学派的代表人物、美国哈佛大学商学院的迈克尔·波特（Michael Porter）教授认为，竞争战略是公司为之奋斗的一些终点（目标）与公司为达到它们而寻求的途径（政策）的结合物；

战略的本质是定位，即制造竞争中的取舍效应，选择何者可为以及何者不可为。企业家学派则认为，战略是一种远见，即一种与形象和方向感相关的看法。这种远见产生于领导者的头脑之中，是其个人构思的产物。国内的顾乃康、沈艺峰、覃志刚等学者从经济学的角度以及系统论的角度，深入研究了企业战略管理的内涵。

②企业多元化战略研究

多元化是一种常见的公司战略，自20世纪50年代以来，多元化经营一直是企业战略管理研究领域备受关注的焦点问题。许多企业在多元化发展过程中提高了企业的竞争力，提升了企业地位，使企业拥有更强的规避风险的能力，同时也有许多企业在运用多元化战略的过程中不但没有达到预期效果，还使企业陷入困境。

安索夫把多元化战略分为四种类型：横向多元化、纵向多元化、同心多元化和混合多元化。赖利把多元化战略分为三种类型：主导型多元化、相关型多元化和无关型多元化。

国内学者覃志刚在其著作《企业多元化经营绩效：理论与实证》中对多元化与绩效等问题进行了全方位的理论与实证研究，实证检验了多元化经营的绩效以及多元化经营的影响因素，对我国企业实施多元化经营提出了有益的建议。尹义省则从企业成长的角度来定义多元化，他认为企业多元化有动态和静态两方面的含义。从静态的角度来看，企业多元化是指企业的产品或服务跨一个以上产业的经营方式；从动态的角度分析，企业多元化是指企业进入新产业的一种成长行为。张卫国认为，多元化的程度及类型都会影响企业的绩效，相关多元化经营比非相关多元化经营的企业绩效要好。

总体来讲，国内学者大多认为多元化战略可以分为三种类型：垂直型多元化、相关型多元化和无关型多元化。

③企业营销战略研究

长期以来，被营销理论界广为接受的4P理论是由美国学者杰罗姆·麦卡锡提出的，4P市场营销战略能从复杂的营销变数中找到最重要的因素，并将单纯的因素上升为一组策略，从而更好地适应日益复杂的营销环境。安索夫最早提出了基于产品市场的企业战略模式，也足以说明市场营销战略的作用是极为重要和突出的。

面对当前营销环境的变化，国内学者谢忠发论述了体验的性质及基本特征、体验经济形态与传统经济形态的区别后，着重探讨了体验经济时代企业营销战略调整的思路，强调树立满足消费者欲望和增强客户体验的营销理念应该以满足消费者心理及个性化需求为营销重点。李永诚通过分析认为，绿色营销是一种可持续发展战略，也是生态文明建设的内在要求，他以湖北省恩施土家族苗族自治州为例，提出了生态资源型民族地区推进绿色营销的思路与对策。赵越从准确定位、错位经营、创新业态入手，提出通过重组、并购和扩张实现连锁化经营，建议培育组织核心竞争力，以获取竞争优势。

④企业战略环境研究

进入21世纪以后，科技的迅猛发展，全球化步伐的加快，顾客需求的多样化及产品设计周期、产品生命周期的缩短，都要求企业提高自身能力，从而适应不断变化的环境。在这种背景下，基于企业内部环境分析和企业内外部环境综合分析的战略理论得到了进一步的发展。沃纳菲尔特提出了"企业的资源基础论"，意味着资源论的诞生。该理论的基本思想是把企业看成资源的集合体，将目标集中在资源的特性和战略要素市场上，并以此来解释企业可持续的优势和相互间的差异。波特提出了钻石模型，该模型可以说是关于企业战略的综合分析理论。波特认为，生产要素、需求条件、支持产业与相关产业、企业战略四大要素创造了国家环境，企业在其中诞生并学习如何竞争，同时指出在国家经济中，钻石体系会形成产业集群，其内部的产业之间形成了互助关系。企业社会关系理论中的企业社会关系是与企业社会资本概念相联系的概念。该理论认为，一个企业既要处理好企业内部各部门之间的关系，又要处理好与竞争对手、供应商、客户、互补生产商、潜在生产商、政府、企业协会、大学、研究所、社区及其他组织之间的关系，从而使企业的社会资本最大化。从企业社会关系的角度考虑企业经营战略的理论主要有博弈论、超强竞争理论、新制度主义理论、企业家理论等。另外，核心能力理论也在此阶段诞生。

参考文献：

［1］ANSOFF.Strategie for diversification ［J］. Harvard Busines Review，1957（9）：113–124.

［2］RUMELT.Strategy, Structure and economic performance ［M］. Boston：Harvard Business Sclool Press，1974：16–24.

［3］KRUGMAN. Increasing return and economic geography ［J］. Journal of Political Economy，1991（99）：483–499.

［4］WRIGLEY. Divisional autonomy and diversofication ［J］. DBA Thesis，Harvard University，1970：47–49.

［5］STULZ R M. Managerial discretion and optimal financing policies ［J］. Journal of Financing Economics，1990（26）：3–27.

［6］MEYER, ROBERTS. Orgernizational prospects，influences costs，and ownership change ［J］. Journal of Economics and Management Strategy，1992（1）：9–35.

［7］GRIFFITH. Understanding multi‐level institutional convergence effects on international market segments and global marketing strategy ［J］. Journal of World Business，2010，45（1）：59–67.

［8］KIM, SONG, KIM.A new marketing strategy map for direct marketing ［J］. Knowledge-Based Systems，2009，22（5）：327–335.

［9］科特勒，洪瑞云，梁绍明，等. 市场营销管理 ［M］.梅清豪，译. 2版. 北京：中国人民大学出版社，2000：599–645.

［10］安索夫．战略管理［M］．邵冲，译．北京：机械工业出版社，2010：52-68．

［11］波特．竞争战略［M］．陈小悦，译．北京：华夏出版社，2005：44-56．

［12］彭罗斯．企业成长理论［M］．赵晓，译．上海：上海人民出版社，2007：105-126．

［13］韦里克，孔茨．管理学：全球化视角［M］．马春光，译．11版．北京：经济科学出版社，2004：37-48．

［14］覃志刚．企业多元化经营绩效：理论与实证［M］．北京：中国财政经济出版社，2009：110-114．

［15］尹义省．适度多角化：企业成长与业务重组［M］．北京：生活·读书·新知三联书店，1999：54-55．

［16］张卫国，袁芳，陈宇．上市公司多元化经营与公司业绩［J］．管理世界，2007（1）：47-49．

［17］李永诚．生态资源型民族地区生态文明建设中的绿色营销战略——以湖北省恩施州为例［J］．前沿，2009（12）：122-125．

［18］谢忠发．体验经济在企业营销战略调整中的应用［J］．中小企业管理与科技，2009（12）：76-77．

［19］赵越．新时期我国大型连锁超市市场营销战略之探讨［J］．商场现代化，2009（32）：5-7．

［20］罗森．顶尖营销［M］．北京：企业管理出版社，2003：121-194．

［21］晁钢令．市场营销学教程［M］．上海：上海财经大学出版社，1999：365-419．

［22］林成安．促销管理［M］．北京：北京工业大学出版社，2004：215-232．

主要参考文献及网址

[1] 科特勒，凯勒，切尔内夫．营销管理 [M]．陆雄文，蒋青云，牛赵伟韬，等译．16版．北京：中信出版社，2022.

[2] 里斯，特劳特．定位：争夺用户心智的战争 [M]．邓德隆，火华强，译．北京：机械工业出版社，2021.

[3] 吴健安，聂元昆．市场营销学 [M]．7版．北京：高等教育出版社，2022.

[4] 杨勇．市场营销：理论、案例与实训 [M]．5版．北京：中国人民大学出版社，2023.

[5] 尹一丁．市场营销二十讲 [M]．北京：清华大学出版社，2023.

[6] 章金萍．市场营销实务 [M]．5版．北京：中国人民大学出版社，2021.

[7] 李丽娜，隋东旭．新媒体营销与运营 [M]．北京：清华大学出版社，2023.

[8] 林海．新媒体营销 [M]．北京：高等教育出版社出版社，2019.

[9] 王丽丽．市场营销策划：理论、实务、案例、实训 [M]．3版．北京：高等教育出版社，2019.

[10] 尚德峰，王世胜．网络营销 [M]．北京：中国人民大学出版社，2020.

[11] 程宇宁．整合营销传播：品牌传播的策划、创意与管理 [M]．3版．北京：中国人民大学出版社，2022.

[12] 曾天地．消费心理学 [M]．北京：中国人民大学出版社，2019.

[13] 李为．渠道管理 [M]．北京：中国人民大学出版社，2020.

[14] 汪秀英．企业形象策划 [M]．上海：上海财经大学出版社，2022.

[15] 周宏敏，高捷闻．市场调研实务 [M]．北京：中国人民大学出版社，2020.

[16] 彭英．数字营销 [M]．北京：清华大学出版社，2023.

[17] 邓士昌、谢佩洪．人工智能与未来营销 [M]．北京：清华大学出版社，2023.

[18] 彭英．大数据营销 [M]．北京：清华大学出版社，2023.

[19] 人民网，http：// www.people.com.cn.

［20］新华网，http：// www.xinhuanet.com.

［21］今日头条网，http：// www.toutiao.com.

［22］梅花网，http：//www.meihua.info.

［23］品牌网，https：//www.chinapp.com.

［24］大数据导航，http：//hao.199it.com.

［25］数英网，https：//www.digitaling.com.

附 录

附录一 职业核心能力强化训练"知识准备"参照范围

附表1　　职业核心能力强化训练"知识准备"参照范围

领域	等级	"技术－技能"点	"知识准备"参照范围
自主学习	初级	确定短期学习目标	激发学习动力的方法；学习的基本原理；确定目标的原则和方法；编写学习计划的基本规则；取得他人帮助和支持的方法与技巧
		实施短期学习计划	学习的基本原理；学习的方法和技巧；计划落实、控制和调整的方法和技巧；节约时间的诀窍
		检查学习进度	学习方法与学习效果的关系；检查目标进度的方法和技巧（总结、归纳、测量）；成功学的基本要求
	中级	确定中期学习目标	学习的基本原理；确定目标的原则和方法；编写学习计划的基本规则；获得他人帮助和支持的方法或技巧
		实施中期学习计划	学习的基本原理；学习的方法和技巧；计划落实、控制和调整的方法和技巧；关于方法的知识；时间管理的诀窍
		检查学习进度	成功学的基本要点；项目目标检查、总结、归纳的方法；学习迁移的原理与应用知识；学习的观察、认知记忆及提高效率的规律；养成良好学习习惯的方法
	高级	确定长期学习目标	搜集和运用信息的方法；有效资源利用的策略；项目论证和测评的方法；编写计划和检查调控计划执行的方法；团队合作的策略和方法
		实施长期学习计划	学习的方法和技巧；有关学习与实践关系的原理；计划落实、控制和调整的方法和技巧；关于思维方法的知识；目标管理的诀窍
		检查学习进度	成功学的基本要点；项目目标检查、总结、归纳的方法；学习迁移的原理与应用知识；学习的观察、认知记忆及提高效率的规律；养成良好学习习惯的方法
信息处理	初级	获取信息	信息的含义、特征与种类；信息搜集的原则、渠道和方式；文献和网络索引法；一般阅读法；计算机和网络相关知识
		整理信息	信息的分类方法与原则；信息筛选方法与要求；信息资料手工存储方法；计算机信息存储方法；计算机其他相关知识
		传递信息	信息传递的种类与形式；口语和文字符号的信息传递技巧；现代办公自动化技术；计算机和网络相关技术
	中级	获取信息	信息的特征与种类；信息搜集的范围、渠道与原则；信息搜集方法（观察法、询访法）；计算机相关知识；网络相关知识
		开发信息	信息筛选、存储的方法与原则；信息资料的分析、加工的方法；新信息生成或信息预测的方法
		展示信息	口语和文字符号信息展示的技巧；多媒体制作与使用技术；计算机相关应用技术
	高级	获取信息	调查研究的方法和原理；信息搜集的范围、方法（问卷法、检索法、购买法、交换法）和原则；信息搜集方案选择；计算机和网络相关技术
		开发信息	信息资料鉴别方法；信息资料核校方法；信息资料分析方法；信息资料编写方法（主题提炼、标题选择、结构安排、语言组织）；信息资料加工方法；计算机信息生成知识
		展示信息	口语和文字符号的信息表达技巧；多媒体制作技术；科学决策知识；信息反馈方式与要求；网页设计与网络使用知识；知识产权知识

续表

领域	等级	"技术–技能"点	"知识准备"参照范围
数字应用	初级	采集、解读数据信息	获取数据的方法（测量法、调查法、读取法）；数的意义（整数、小数、分数及百分数）；常用测量器具的功能与使用方法，常用单位，单位的换算；近似的概念与精度；图表（数表扇形统计图、条形统计图、示意图）知识
		进行数字计算	计算方法（笔算、口算、珠算、计算器计算）；整数、分数四则运算；近似计算；验算（逆算法、估算法、奇偶对应法）
		展示和使用数据信息	评价指标；最大值、最小值；平均值；精度
	中级	解读数据信息	获取数据信息的渠道与方法（测量法、调查法、读取法）；数的意义（整数、分数、正数、负数）；总量与分量，比例；误差、精度、估计；复合单位（如速度、速率等）；图表（数表、扇形统计图、条形统计图、折线图、示意图）知识
		进行数据计算	计算方法（笔算、计算器计算、查表、Excel等软件）；整式、分式四则运算，乘方、开方；近似计算（误差估计）；验算（逆算法、估算法、奇偶对应法）
		展示和使用数据信息	评价指标；最大值、最小值；平均值、期值、方差；绝对误差、相对误差；图表的制作
	高级	解读数据信息	数据信息源的筛选原则（多样性、代表性、可靠性）；数据的采集方案；图表（数表、坐标、比例尺）；频率、频率稳定性；平均、加权平均；误差分析、估算
		进行数据计算	计算方法（笔算、计算器计算，查表，编程计算，Excel等软件）；整式、分式四则计算，乘方、开方；函数（幂函数、指数函数、对数函数、三角函数、反三角函数、复合函数）；近似计算（误差分析）；验算（逆算法、估算法）
		展示和使用数据信息	评价指标；最大值、最小值；平均值、期值、方差；绝对误差、相对误差；图表的制作
与人交流	初级	交谈讨论	与人交谈主题相关的信息和知识；正确使用规范语言的基本知识；口语交谈方式和技巧；身体语言运用技巧
		阅读和获取资料	资料查询和搜索的方法；一般阅读的方法；文件资料归类的方法；词典类工具书的功能和使用方法；各种图表的功能；网上阅读的方法
		书面表达	与工作任务相关的知识；实用文体的应用；图表的功能和应用；素材选用的基本方法；写作的基本技法；逻辑和修辞初步技法
	中级	交谈讨论	与交谈主题相关的知识和信息；正确使用规范语言的基本知识；口语交谈的技巧；身体语言运用技巧；掌握交谈心理的方法；交谈的辅助手段或多媒体演示技术；会谈和会议准备基本要点
		简短发言	与发言主题相关的知识和信息；当众讲话的技巧（包括运用身体语言的技巧）；简短发言的辅助手段或多媒体演示技术
		阅读和获取资料	资料查询和搜索方法；快速阅读的原理与方法；文件归类的方法；各种图表的功能
		书面表达	与工作任务相关的知识；实用文体的应用；图表的功能和应用；素材选用的基本方法；文稿排版和编辑的技法；写作的基本技法；逻辑和修辞常用技法
	高级	交谈讨论	与会谈主题相关的知识和信息；语言交流的艺术和技巧；交谈的辅助手段或多媒体演示技术；总结性话语运用的技巧；谈判的心理和技巧；会议准备的基本要点；主持会议的相关程序
		当众讲演	与发言主题相关的知识和信息；演讲的技巧和艺术；演讲辅助手段或多媒体演示技术
		阅读和获取资料	资料查询和搜索的方法；快速阅读的技巧；各种图表的功能
		书面表达	与工作任务相关的知识；实用文体的应用；图表的功能和应用；素材选用的基本方法；文稿排版和编辑的技法；写作的基本技法；逻辑和修辞技法

领域	等级	"技术–技能"点	"知识准备"参照范围
与人合作	初级	理解合作目标	活动要素的群体性与分工合作的关系；职业团队的概念、特征与种类，组织的使命、目标、任务；自身的职业价值，个人在组织中的作用
		执行合作计划	服从的基本概念，指令、命令的含义；求助的意义，人的求助意识；职业生活的互助性，帮助他人的价值
		检查合作效果	工作进度的概念，影响工作进度的因素；工作过程的检查，调整工作程序；工作汇报的程序和要领
	中级	制订合作计划	聚合型团队、松散型团队和内耗型团队的特征；组织内部的冲突情况，剖析内耗型团队的心理根源；合作双方的利益需求和社会心理需求
		完成合作任务	民族、学历、地域、年龄等差异；人的工作和生活习惯、办事规律；宽容的心态，容忍的方法
		改善合作效果	使他人接受自己意见、改变态度的策略；在会议上提出意见和建议的规则；改变自己的态度，接受他人批评指责的心理准备
	高级	调整合作目标	领导科学与管理方法；组织文化的形成与发展；目标管理与时间管理
		控制合作进程	人际交往与沟通的知识和相关能力；有效激励的方法与技巧；批评的途径、方法和注意事项
		达到合作目标	信息的采集与整理，组织经济效益的统计学知识；员工绩效测评的基本方法和程序；合作过程的风险控制意识和防范
解决问题	初级	分析问题提出方案	分析问题的方法；归纳问题的方法；对比选择的方法；判断和决策的方法；关于相关问题本身的专业知识和发展规律的认识
		实施计划解决问题	撰写工作计划的相关知识；信息检索、文献查询的有关方法；逻辑判断、推理的相关知识；解决问题的技巧
		验证方案改进方式	分析和检查问题的方法；跟踪调查的方法；工作总结的规则和写作方法
	中级	分析问题提出方案	分析问题的方法；归纳问题的方法；对比选择的方法；判断和决策的方法；关于相关问题本身的专业知识和变化规律的认识
		实施计划解决问题	应用写作学中关于撰写工作计划的相关知识；信息检索、文献查询的有关方法；逻辑判断、推理的相关知识；解决问题的技巧；与他人合作的知识和方法
		验证方案改进计划	分析和检查问题的方法；跟踪调查的方法；工作总结的规则和写作方法
	高级	分析问题提出对策	决策科学的系统知识；形式逻辑、辩证逻辑思维的系统知识和方法；分析问题的系统知识和技巧；群体创新技法的系统知识；数学建模方法；关于相关问题本身的专业知识和变化规律的认识
		实施方案解决问题	关于撰写工作计划的系统知识；信息检索、文献查询的系统知识和方法；有关价值工程、现场分析和形态分析的知识；解决问题的技巧；有关进度评估的知识；与人合作的系统知识和方法
		验证方案改进计划	分析和检查问题的方法；跟踪调查的方法；工作总结的规则和写作方法；创新技法

续表

领域	等级	"技术-技能"点	"知识准备"参照范围
革新创新	初级	揭示不足提出改进	关于思维和创造性思维的一般知识；关于思维定式和突破思维障碍的知识；关于相关事物本身的专业知识和发展规律的认识
		做出创新方案	列举类技法和设问类技法的原理、特点、适用范围和具体操作的知识；有关分解类技法、组合类技法、分解组合类技法的原理、特点、适用范围和具体操作方法的知识；搜集信息、案例的知识和方法
		评估创新方案	有关创新成果价值评定的知识；可行性分析的知识；撰写可行性报告的知识
	中级	揭示不足提出改进	有关思维障碍形成的知识；横向、逆向、灵感思维的知识；换向、换位思维的知识；逻辑判断和推理的知识；关于相关事物本身的专业知识和发展规律的认识
		做出并实施创新方案	有关类比类技法和移植类技法的知识；有关德尔斐法和综摄法的知识；有关还原法、换向思考类技法的知识
		评估创新方案	有关项目可行性测评的技术；有关最佳方案评估的知识；撰写评估报告的知识
	高级	揭示不足提出改进	创新能力构成和提升的知识；有关事物运动、变化和发展的知识；灵活运用各种思维形式的知识；关于相关事物本身的专业知识和发展规律的认识
		做出并实施创新方案	有关价值工程、现场分析和形态分析的知识；针对不同事物运用不同创新方法的知识；综合运用各种创新方法的知识
		评估创新方案	可持续创新的知识；有关创新原理的知识；有关知识产权的知识；技术预测和市场预测知识

资料来源 中华人民共和国劳动和社会保障部职业技能鉴定中心. 职业核心能力培训测评标准（试行）[M]. 北京：人民出版社，2007. 本表参照"资料来源"所列文献相关内容提炼与编制。

附录二　案例分析训练和考核参照指标与内容

附表2　　　　　　　　　　案例分析训练和考核参照指标与内容

考核指标		考核内容	分项成绩
形成性考核 $\sum 50$	个人准备 $\sum 20$	案例概况；讨论主题；问题理解；揭示不足；创新意见；决策标准；可行性方案	
	小组讨论 $\sum 15$	上课出席情况；讨论发言的参与度；言语表达能力；说服力大小；思维是否敏捷	
	班级交流 $\sum 15$	团队协作；与人交流；课堂互动等方面的满意度；讨论参与的深度与广度	
课业考核 $\sum 50$	分析依据 $\sum 8$	分析依据的客观性与充分性	
	分析步骤 $\sum 8$	分析步骤的恰当性与条理性	
	理论思考 $\sum 8$	理论思考的正确性、深刻性与全面性	
	解决问题 $\sum 8$	理解问题与解决问题能力的达标性	
	革新创新 $\sum 10$	揭示不足与提出改进能力的达标性	
	文字表达 $\sum 8$	文字表达能力的强弱性	
总成 $\sum 100$			
教师评语			签名： 20　年　月　日
学生意见			签名： 20　年　月　日

（说明：本表用于章后"基本训练"和书后"综合训练与考核"中的"案例题"，作为其"考核指标"与"考核内容"的参照）

附录三　职业核心能力训练和考核参照规范与标准

附表3　　　　　　　　　　**职业核心能力训练和考核参照规范与标准**

领域	等级	基本要求	"技术-技能"点	参照规范与标准
自主学习	初级	具备学习的基本能力，在常规条件下能运用这些能力，以适应工作和学习要求	确定短期学习目标	能明确学习动机和目标，并计划时间、寻求指导
			实施短期学习计划	能按照行动要点开展工作、按时完成任务，使用不同方式、选择和运用不同的学习方法实现目标，并能对计划及时做出调整
			检查学习进度	能对学习情况提出看法、改进意见和提高学习能力的设想
	中级	主要用理解式接受法，对有兴趣的任务可以用发现法掌握知识信息；在更广泛的工作范围内灵活运用这些能力，以适应工作岗位各方面的需要	确定中期学习目标	能明确提出多个学习目标，列出实现各目标的行动要点，确定实现目标的计划，并运筹时间
			实施中期学习计划	能开展学习和活动，通过简单的课程和技能训练，提高工作能力
			检查学习进度	能证明取得的学习成果，并能将学到的东西用于新的工作任务
	高级	能较熟练灵活地运用各种学习法在最短时间内掌握急需知识信息；能广泛地搜集、整理、开发和运用信息，善于学习、接受新的事物，以适应复杂工作和终身发展的要求	确定长期学习目标	能根据各种信息和资源确定要实现的多个目标及途径，明确可能影响计划实现的因素，确认实现目标的时限，制定行动要点和时间表，预计困难和变化
			实施长期学习计划	能保证重点、调整落实、处理困难、选择方法，通过复杂的课程和技能训练提高工作能力
			检查学习进度	能汇总学习成果、成功经验和已实现的目标，证明新学到的东西能有效运用于新选择的职业或工作任务
信息处理	初级	具备进入工作岗位最基本的信息处理能力，在常规条件下能搜集、整理并传递适应既定工作需要的信息	获取信息	能通过阅读、计算机或网络获取信息
			整理信息	能使用不同方法、从多个资源中选择、搜集和综合信息，并通过计算机编辑、生成和保存信息
			传递信息	能通过口语、书面形式，用合适的版面编排、规范的方式展示、电子手段传输信息
	中级	在更广泛的工作范围内获取需要的信息，进行信息开发处理，并根据工作岗位各方面的需要展示组合信息	获取信息	能定义复杂信息任务，确定搜寻范围，列出资源优先顺序，通过询访法和观察法搜寻信息
			开发信息	能对信息进行分类、定量筛选、运算分析、加工整理，用计算机扩展信息
			展示信息	能通过演说传递信息，用文字图表、计算机排版展示组合信息，用多媒体辅助信息传达
	高级	广泛地搜集、深入地整理开发、多样地传递、灵活地运用信息，以适应复杂的工作需要；具备信息处理工作的设计与评估能力，并表现出较强的组织与管理能力	获取信息	能分析复杂信息任务，比较不同信息来源的优势和限制条件，选择适当技术、使用各种电子方法发现和搜寻信息
			开发信息	能辨别信息真伪，定性核校、分析综合、解读与验证资料，建立较大规模的数据库，用计算机生成新的信息
			展示信息	能用新闻方式发布、平面方式展示、网络技术传递，利用信息预测趋势、创新设计，搜集信息反馈，评估使用效果

续表

领域	等级	基本要求	"技术-技能"点	参照规范与标准
数字应用	初级	具备进入工作岗位最基本的数字应用能力，在常规条件下能运用这些能力适应既定工作的需要	采集、解读数据信息	能按要求测量并记录结果，准确统计数目，解读简单图表，读懂各种数字，并汇总数据
			进行数字计算	能进行简单计算并验算结果
			展示和使用数据信息	能正确使用单位，根据计算结果说明工作任务
	中级	在更广泛的工作范围内，灵活地运用数字应用能力，以适应工作岗位各方面的需要	解读数据信息	能从不同信息源获取信息，读懂、归纳、汇总数据，编制图表
			进行数据计算	能从事多步骤、较复杂的计算，使用公式计算结果
			展示和使用数据信息	能使用适当方法展示数据信息和计算结果，设计并使用图表，根据结果准确说明工作任务
	高级	具备熟练把握数字和通过数字运算来解决实际工作中的问题的能力，以适应更复杂的工作需要	解读数据信息	能组织大型数据采集活动，通过调查和实验获取、整理与加工数据
			进行数据计算	能从事多步骤的复杂计算，并统计与分析数据
			展示和使用数据信息	能选择合适的方法阐明和比较计算结果，检查并论证其合理性，设计并绘制图表，根据结果做出推论，说明和指导工作
与人交流	初级	具备进入工作岗位最基本的与人交流能力，在常规条件下能运用这些能力适应既定工作的需要	交谈讨论	能围绕主题，把握讲话的时机、内容与长短，倾听他人讲话，多种形式回应；使用规范易懂的语言、恰当的语调和连贯的语句清楚地表达意思
			阅读和获取资料	能通过有效途径找到所需资料，识别有效信息，归纳内容要点，整理确认内容，会做简单笔记
			书面表达	能选择基本文体，利用图表、资料撰写简单文稿，并掌握基本写作技巧
	中级	在更广泛的工作范围内，灵活运用这些能力以适应工作岗位各方面的需要	交谈讨论	能始终围绕主题参与，主动把握讲话时机、方式和内容，理解对方谈话内容，推动讨论进行，全面准确传达一个信息或观点
			简短发言	能为发言作准备，当众讲话并把握讲话内容、方式，借助各种手段说明主题
			阅读和获取资料	能根据工作要求从多种资料筛选有用信息，看懂资料的观点、思路和要点，并整理汇总资料
			书面表达	能掌握应用文体，注意行文格式；组织利用材料，充实内容要点；掌握写作技巧，清楚表达主题；注意文章风格，提高说服力
	高级	在工作岗位上表现出更强的组织和管理能力，通过运用与人交流的能力适应更复杂的工作需要	交谈讨论	始终把握会议主题，听懂他人讲话内容并做出反应，主持会议或会谈，全面准确表述复杂事件或观点
			当众讲演	能为讲演作准备，把握讲演的内容、方式，借助各种手段强化主题
			阅读和获取资料	能为一个问题或课题找到相关资料，看懂资料的思路、要点、价值和问题，分析、筛选和利用资料表达主题
			书面表达	能熟悉专业文书，把握基本要求；有效利用素材，说明内容要点；掌握写作技巧，清楚恰当表达主题；采用适当风格，增强说服力

续表

领域	等级	基本要求	"技术-技能"点	参照规范与标准
与人合作	初级	理解个人与他人、群体的合作目标，有效地接受上级指令；准确、顺利地执行合作计划；调整工作进度，改进工作方式；检查工作效果	理解合作目标	能确定合作的基础和利益共同点，掌握合作目标要点和本单位人事组织结构，明确个人在团队中的职责和任务
			执行合作计划	能接受上级指令，准确、顺利地执行合作计划
			检查合作效果	能通过检查工作进展情况，改进工作方式，促进合作目标实现
	中级	与本部门同事、内部横向部门、外部相关部门共同制订合作计划；协调合作过程中的矛盾关系，按照计划完成任务；在合作过程中遇到障碍时提出改进意见，推进合作进程	制订合作计划	能与本部门同事、组织内部横向部门、组织外部相关部门共同制订合作计划
			完成合作任务	能与他人协同工作，处理合作过程中的矛盾
			改善合作效果	能判断合作障碍，表达不同意见，接受批评建议，弥补双方失误
	高级	根据情况变化和合作各方的需要，调整合作目标；在变动的工作环境中，控制合作进程；预测和评价合作效果，达成合作目的	调整合作目标	能发现各方问题，协调利益关系，进行有效沟通，调整合作计划与工作顺序
			控制合作进程	能整合协调各方资源，妥善处理矛盾，排除消极因素，激发工作热情
			达到合作目标	能及时全面检查工作成效，不断改善合作方式
解决问题	初级	具备进入工作岗位最基本的解决问题的能力，在常规条件下能根据工作的需要，解决一般简单和熟悉的问题	分析问题提出方案	能用几种常用的办法理解问题，确立目标，提出对策或方案
			实施计划解决问题	能准备、制订和实施被人认可并具有一定可行性的计划
			验证方案改进方式	能寻找方法，实施检查，鉴定结果，提出改进方式
	中级	在有限的资源条件下，根据工作岗位的需要，解决较复杂的问题	分析问题提出方案	能描述问题，确定目标，提出并选择较佳方案
			实施计划解决问题	能准备、制订和实施获得支持的较具体计划，并充分利用相关资源
			验证方案改进计划	能确定方法，实施检查，说明结果，利用经验解决新问题
	高级	在工作岗位上表现出更强的解决问题的能力，在多种资源条件下，根据工作需要解决复杂和综合性问题	分析问题提出对策	在提出解决问题的对策时，能分析探讨问题的实质，提出解决问题的最优方案，并证明这种方案的合理性
			实施方案解决问题	在制订计划、实施解决办法时，能制订并实施获得认可的详细计划与方案，并能在实施中寻求信息反馈，评估进度
			验证方案改进计划	在检查问题、分析结果时，能优选方法，分析总结，提出解决同类问题的建议与方案

续表

领域	等级	基本要求	"技术–技能"点	参照规范与标准
革新创新	初级	在常规工作条件下，能根据工作需要，初步揭示事物的不足，运用创新思维和创新技法进行创新活动	揭示不足提出改进	能揭示事物不足，提出改进意见
			做出创新方案	能在采纳各方意见的基础上，确定创新方案的目标、方法、步骤、难点和对策，指出创新方案需要的资源和条件
			评估创新方案	能进行自我检查，正确地对待反馈信息和他人意见，对创新方案及实施做出客观评估，并根据实际条件加以调整
	中级	根据工作发展需要，在更广泛的工作范围内揭示事物的不足，较熟练地运用创新思维和创新技法进行创新活动，并对创新成果进行分析总结	揭示不足提出改进	能在新需求条件下揭示事物的不足，提出改进事物的创新点和具体方案
			做出并实施创新方案	能从多种选择中确认最佳方案，并利用外界信息、资源和条件实施创新活动
			评估创新方案	能按常规方式和专业要求，对创新改进方法和结果的价值进行评估，根据实际条件进行调整，并指导他人的创新活动
	高级	在工作岗位上表现出更强的创新能力，在复杂的工作领域，能根据工作需要揭示事物的不足，熟练运用创新思维和创新技法进行创新活动，对创新成果进行理论分析、论证、总结和评估，并指导他人的创新活动	揭示不足提出改进	能通过客观分析事物发展与需求之间的矛盾揭示事物的不足，提出首创性的改进意见和方法
			做出并实施创新方案	能根据实际需要，设计并实施创新工作方案，并在条件变化时坚持创新活动
			评估创新方案	能按常规方式和专业要求，对创新方法和结果进行检测和预测风险；针对问题调整工作方案，总结经验，指导他人，提出进一步创新改进的方法

资料来源　中华人民共和国劳动和社会保障部职业技能鉴定中心．职业核心能力培训测评标准（试行）（共7册）及其训练手册（共6册）［M］．北京：人民出版社，2007．本表参照"资料来源"所列文献相关内容提炼、编制与修订。

（说明：本表用于章后"基本训练"和书后"综合训练与考核"的"实训题"，作为"职业核心能力强化训练"之"考核指标"与"考核标准"的参照）

附录四　职业道德训练和考核参照规范与标准

附表4　　　　　　　　　　职业道德训练和考核参照规范与标准

领域	参照规范与标准
职业观念	对职业、职业选择、职业工作、职业道德和企业伦理等问题具有正确的看法
职业情感	对职业或职业模拟有愉快的主观体验、稳定的情绪表现、健康的心态、良好的心境，具有强烈的职业认同感、职业荣誉感和职业敬业感
职业理想	对将要从事的职业种类、职业方向与事业成就有积极的向往和执着的追求
职业态度	对职业选择或模拟选择有充分的认知与积极的倾向和行动
职业良心	在履行职业义务时具有强烈的道德责任感和较高的自我评价能力
职业作风	在职业模拟、职业实践或职业生活的自觉行动中，具有体现职业道德内涵的一贯表现
职业守则	爱国爱企，自尊自强；遵纪守法，敬业爱岗；公私分明，诚实善良；克勤克俭，宾客至上；热情大度，清洁端庄；一视同仁，不卑不亢；耐心细致，文明礼貌；团结服从，大局不忘；优质服务，好学向上

资料来源　中华人民共和国劳动和社会保障部. 国家职业标准：营销师 [M]. 北京：中国劳动和社会保障出版社，2002.本表参照"资料来源"所列文献相关内容编制。

（说明：本表用于章后"基本训练"和书后"综合训练与考核"的"实训题"，作为市场营销专业"职业道德相关训练"之"考核指标"与"考核标准"的参照）

附录五　能力训练与考核参照采分系数

附表5　　　　　　　　　　　能力训练与考核参照采分系数

系数	达标程度
90%~100%	能依照全部考核要求，圆满、高质地完成此种能力所属各项技能操作，其效率与稳定性俱佳
80%~89%	能依照多数考核要求，圆满、高质地完成此种能力所属各项技能操作，其效率与稳定性较佳
70%~79%	能依照多数考核要求，较圆满、高质地完成此种能力所属各项技能操作，其效率与稳定性一般
60%~69%	能依照多数考核要求，基本完成此种能力所属各项技能操作，其效率与稳定性一般
60%以下	只能依照少数考核要求，基本完成此种能力所属各项技能操作，其效率与稳定性较低

（说明：本表用于章后"单元考核"和"综合训练与考核"，作为"职业核心能力"、"职业道德"和"专业能力"考核达标程度的参照）